中华人民共和国史研究文库

新中国外交战略与实践研究

王巧荣 著

当代中国出版社
Contemporary China Publishing House

图书在版编目(CIP)数据

新中国外交战略与实践研究 / 王巧荣著 . -- 北京 :
当代中国出版社 , 2022.9
ISBN 978-7-5154-1198-9

Ⅰ . ①新…　Ⅱ . ①王…　Ⅲ . ①外交战略—研究—中国
Ⅳ . ① D820

中国版本图书馆 CIP 数据核字(2022)第 135540 号

出 版 人　冀祥德
责任编辑　陈　莎　周显亮
责任校对　康　莹
印刷监制　刘艳平
封面设计　胡椒书衣
出版发行　当代中国出版社
地　　址　北京市地安门西大街旌勇里 8 号
网　　址　http://www.ddzg.net
邮政编码　100009
编 辑 部　(010)66572180
市 场 部　(010)66572281　66572157
印　　刷　北京润田金辉印刷有限公司
开　　本　787 毫米 × 1092 毫米　1/16
印　　张　22.25 印张　2 插页　329 千字
版　　次　2022 年 9 月第 1 版
印　　次　2022 年 9 月第 1 次印刷
定　　价　72.00 元

《中华人民共和国史研究文库》

编辑委员会

《中华人民共和国史研究文库》

总　序

历史研究是一切社会科学的基础，重视历史、研究历史、借鉴历史是中华民族5000多年文明史的优秀文化传统。中国共产党继承了这一优秀文化传统，积极倡导学习历史、研究历史，尤其是学习中共党史、中华人民共和国史（或简称“新中国史”）、改革开放史和社会主义发展史。习近平总书记指出：“重视历史、研究历史、借鉴历史，可以给人类带来很多了解昨天、把握今天、开创明天的智慧。”

党的历史、新中国的历史，是中国共产党为中国人民谋幸福、为中华民族谋复兴的奋斗史，是我们党、国家和民族的宝贵精神财富。中华人民共和国的成立，开启了中华民族发展进步的历史新纪元。从那时起，即有学者开始对中华人民共和国史进行研究。1956年6月，黄炎培在一届全国人大三次会议上提出，应“及时收集和保存建国史料”，并“加以整理”。

党的十一届三中全会后，伴随党的思想路线的重新确立和对中华人民共和国正反两方面历史经验的深刻总结，新中国史研究逐渐引起党和国家以及学术界的高度关注。经过多年的艰辛探索与开拓创新，新中国史研究取得了众多学术成果，成为中国历史研究中一个最年轻的学科。

党的十八大以来，以习近平同志为核心的党中央高度重视历史，特别是党史和新中国史。习近平总书记强调：“历史是最好的教科书。”“学习党史、国史，是坚持和发展中国特色社会主义、把党和国家各项事业继续推向前进的必修课。这门功课不仅必修，而且必须修好。”在开展“不忘初心、牢记使命”的主题教育中，党中央专门印发通知，要求各地区各部门各单位把学习党史、新中国史作为主题教育重要内容，不断增强守初心、担使命的思想自觉和行动自觉。

当代中国研究所于 1990 年 6 月 28 日经中共中央批准成立，研究和编纂中华人民共和国史、收集和编辑国史资料、出版国史研究著作，是当代所的主要职责，也是当代所人的崇高使命。当代中国研究所成立 30 年来，撰写并经中央审定出版了《中华人民共和国史稿》序卷和一至四卷，目前正在撰写五至七卷；编纂出版了每卷 100 万字的《中华人民共和国史编年》，该书为集资料性、研究性和学术性为一体的大型编年史书。在此期间，当代中国研究所和其主管的当代中国出版社，还参与组织编辑出版了 152 卷、210 册、总计 1 亿字的大型史料性丛书——《当代中国》丛书；与中国大百科全书出版社合作编写了《中华人民共和国国史百科全书》。为迎接新中国成立 70 周年，受中央委托，当代中国研究所组织编写出版了《新中国 70 年》《中华人民共和国简史（1949—2019）》《新中国社会主义发展道路 70 年》等新中国史基本著作和六卷本《中华人民共和国史研究丛书》。此外，为了普及国史知识和消除历史虚无主义的影响，还编写出版了大众读物《中华人民共和国史小丛书》，并计划到2022年出版80种，向党的二十大献礼。上述图书均在国内外产生了重要影响，树立了新中国史研究的学术标杆，成为全国干部群众学习新中国史的基础性教材。

今天，我们已经进入中国特色社会主义新时代，正在向着社会主义现代化强国迈进，并日益走近世界舞台的中心，为整个人类社会做出越来越大的贡献。新中国的发展不是一帆风顺的，在探索建设社会主义的过程中，中国共产党遇到许多困难，也遭遇不少挫折。一些别有用心的人抓住新中国史上的曲折失误不放并夸大渲染，使一些领域成为历史虚无主义的重灾区。当代中国正经历着我国历史上最为广泛、深刻而急剧的社会变革，也正进行着人类历史上最为宏大而独特的实践创新。习近平总书记指出："当代中国是历史中国的延续和发展。新时代坚持和发展中国特色社会主义，更加需要系统研究中国历史和文化，更加需要深刻把握人类发展历史规律，在对历史的深入思考中汲取智慧、走向未来。"

历经30年不懈努力，当代中国研究所已经成为以马克思主义为指导、具有一流学术水平、汇聚一流科研人才的国史研究基地。30年来，当代所人始终以为国家写史、为人民立传为己任，牢记党和人民重托，真实记录中国共产党带领全国人民进行社会主义革命、建设和改革的光辉历程，全面反映中华民族从站起来、富起来到强起来的历史性进步，科学总结新中国每个历史阶段各方面建设的经验教训。

今年是当代中国研究所的"而立之年"，为进一步落实中央赋予当代中国研究所"存史、资政、育人、护国"的神圣职责，当代中国研究所决定设立《中华人民共和国史研究文库》(以下简称《文库》)，为当代中国研究所以及国内外从事新中国史研究的专家学者提供一个发表学术成果的平台。入选本《文库》的标准为：以毛泽东思想、邓小平理论、“三个代表”重要思想、科学发展观和习近平新时代中国特色社会主义思想为指导，坚持辩证唯物主义和历史唯物主义的立场、观点、方法，坚持实事求是、论从史出的原则，书写和记录中国共产党领导中国人民进行社会主义和新中国建设与发展的理论创新和伟大实践，总结历史经验。《文库》的目标是打造一个能够充分展示中华人民共和国史研究成果，发挥经世致用、资政育人功能的高端权威学术平台。

“装点此关山，今朝更好看。”伴随着新中国前进的步伐，中华人民共和国史研究空间广阔，任重道远。我们希望中华人民共和国史研究工作者继承优良传统，以高度的历史自觉和历史意识、宽广的历史视野和唯物史观、强烈的文化自信和历史担当，总结历史经验，揭示历史规律，把握历史趋势，服务当代，垂鉴后世，承先启后，继往开来。当代中国研究所作为党中央赋予职能、中国社会科学院直接领导的专门研究中华人民共和国史的科研机构，有责任努力构建中华人民共和国史的学科体系、学术体系、话语体系，打造史学研究的中国学派。这一目标的实现，不仅有赖于所内全体人员的不懈奋斗，也需要所外各个方面的支持和参与。本《文库》就是这样一个服务于上述目标的开放的、持久的学术成果前沿阵地，我们期待所内外的学者写出无愧于时代和人民的历史著作并列入本《文库》，在存史、资政、育人、护国工作中做出更大贡献。

姜　辉

2020 年 5 月 22 日

目　录

第三部分　中美关系

第四部分　南海问题及领土主权安全

导　言

2003年6月我从中共中央党校战略研究所博士研究生毕业进入当代中国研究所以来，在所领导及所学术前辈的亲切关怀和谆谆教诲下，在所广大同事及国内同人的帮助和支持下，从一个青涩的学者逐渐成长为相对成熟的学者。伴随学术年龄的增长，我在当代中国外交、中美关系及相关问题的领域研究取得一些进展，并陆续公开发表了一些学术成果。本书收录了我进入当代中国研究所前后，公开发表的有关中国外交及中美关系问题的部分研究成果。

在新中国70多年的外交实践中，中国的外交战略经历了一个发展变化的过程。国际国内环境的变化是中国外交战略调整、发展、变化的主要依据。就国际环境而言，美国作为当今世界的一个超级大国，对二战结束以来国际局势的发展变化有着关键性的影响，也是对中国外交决策有着重要影响乃至决定性影响的一个因素。因此，把握和判断美国的对外战略特别是对华战略走向不仅是中国对美决策的依据，而且在相当程度上是中国外交决策依据。中美关系、对美外交也一直是中国开展对外关系、外交工作的重要内容，一度甚至是重中之重。在新中国70年外交实践中，中国对美政策的决策相当程度上直接影响着中国外交战略的决策。因此，我们在新中国外交实践中常见到对美外交政策的调整直接导致中国外交战略的调整。考虑到对美外交在中国外交中的重要地位，本人多年来关于中国外交战略研究中，对中美关系、对美外交，特别是对中国对美外交中的重点、难点及热点问题给予较多的关注。本书四个部分所收论文，基本上都是围绕这些问题的学习和研究的体会。

准确把握国际发展大势是外交决策的前提和依据，因而，关于中国所面临的国际环境的研究是研究中国外交不可回避的问题。本书第一部分6篇论文，着重分析中国外交和中美关系相关问题领域里的国际因素。APEC是中国参加的第一个官方的区域多边组织。在加入WTO前，中国把APEC作为中国加入WTO的“演练场”，并对APEC的发展作出了积极贡献。1986年，中国提出加入关税贸易总协定申请后，经过16年漫长的“马拉松式”艰苦谈判，在2001年WTO多哈第四届部长会议上，终于获准加入WTO。当时，学界关于中国“入世”后APEC对中国的意义有不同的声音。对此，《APEC对“入世”后中国的意义》一文，分析了中国加入WTO后APEC对中国的影响。文章认为，“入世”前APEC增进了中国的经济利益，缓解了中国与其他国家的贸易争端，为中国加入WTO创造了条件。“入世”后APEC对中国的意义尽管面临一些挑战，诸如WTO将吸引人们更多的关注力，APEC作为中国“入世”的“桥梁”作用减弱等问题。但APEC对中国来说，具有WTO不可替代的作用：APEC的合作内容跟中国的经济生活更密切相关，APEC更有利于中国发挥发展中大国的作用和影响。通过APEC这个舞台，中国一方面可加强同亚太各国和地区的交流与合作，建立起相互联系和信任的机制；另一方面，中国又可以提出和倡导自己的主张，发挥作为发展中大国的作用和影响，缓冲来自发达国家的压力，从而维护发展中国家的利益。《解读提高应对国际局势和处理国际事务的能力》一文，是学习中共十六届四中全会《中共中央关于加强党的执政能力建设的决定》的体会，文中从世界观、决策及实践三个层面，探讨了提高应对国际局势和处理国际事务的能力问题。文章认为，从世界观层面上讲，要用宽广的世界眼光观察世界，要从全球的视角对国际局势发展变化的基本特点与走势作总体的科学的把握。从决策层面上讲，就是要掌握处理国际事务的主动权。制定一个正确的、灵活有效的对外战略是掌握处理国际事务主动权的关键。从实践层面上讲，就是提高国际交往的本领。其他 4 篇是关于中美关系的影响因素的研究。《论抗日战争时期美国对华政策的调整》一文，系统分析了美国在抗日战争不同阶段对华政策的发展变化，这一时期特别是抗战后期美国的对华政策对中华人民共和国成立前夕中国外交政策的确立产生了相当的影响。

本书第二部分 8 篇文章，主要是关于新中国外交政策及其实践的研究。《周恩来与中国国际地位的提高》一文，以分析周恩来对新中国国际地位提高所作出的贡献为切入点，总体上探讨了新中国前期中国外交政策及其成就。《20 世纪 80 年代初中共对中国外交战略的调整》《论 20 世纪 90 年代中国的伙伴关系外交》两文，分别探讨了 20 世纪八九十年代中国的外交战略的发展变化。20 世纪 80 年代初中国外交战略的调整是中华人民共和国成立以来中国外交战略发展史上的一次具有里程碑意义的重大调整，它是中国外交战略思想、战略目标及战略途径的全面调整，由此提升了中国的国际地位，为中国经济建设创造了相对有利的环境。20 世纪 90 年代中国的外交是一种新型的合作外交，它是对中国独立自主和平外交政策的新发展，是在新的历史条件下对和平共处五项原则的具体坚持，对中国外交目标的实现起到了积极的推动作用。《中国新一届领导人对欧外交》一文，探讨了党的十八大以后前两年中国的对欧外交。文章认为，党的十八大以后，中共中央依据国际国内形势的变化，从战略全局和中国发展的实际需要出发，高度重视中国对欧外交，对中欧关系及欧盟在中国外交战略中的作用与地位作出新判断。提出打造中欧“和平、增长、改革、文明”四大伙伴关系，积极推动中国对欧外交的发展。然而，随着中国国力的迅速提升，欧盟及其成员国对中国崛起表现出的复杂心理，再加上美国因素及双边经贸因素的影响，使他们的对华政策充满不确定性，进而使中国的对欧外交面临挑战。《以合作共赢为核心构建新型国际关系》及《以“中国方案”助推亚太区域合作》两文，研究了党的十八大以后以习近平同志为核心的党中央关于国际秩序及亚太区域合作的新思想、新理念。《陈云对外经济交往思想及启示》一文，在系统研究关于陈云经济交往有关论述的同时，简要探讨了20世纪50—70年代中国经济外交及其经验启示。

本书第三部分7篇文章，重点研究中美关系问题。《周恩来与20世纪70年代初中国对美政策的调整》《试析1975年福特访华及其意义》两文，利用美国解密档案及中方相关文献资料，系统研究了20世纪70年代前半期中国对美政策调整过程、中美关系正常化停滞不前的原因及中美双方为维持中美关系的发展所做出的努力。《邓小平与建交初期的中美关系》一文，着重研究了20世纪70年代末至纪80年代初期邓小平对促进中美关系发展的贡献。东欧剧变、苏联解体后，大规模杀伤性武器包括核武器扩散对国际社会构成严重威胁。中美作为两个核大国，在防止核扩散问题上承担有共同的义务，但两国在一些重大问题上存在不小分歧。《中美关系中的防扩散问题》一文，系统探讨了不同历史时期，中美两国在核扩散问题上的分歧与合作。台湾问题是中美关系中最敏感的问题，《中美关系中的台湾问题》一文，探讨了2002年以前中美关系中台湾问题的来龙去脉，美国对台政策的主要目标及中美两国在台湾问题上的主要分歧及合作的基础。《中美关系40年：历程、特点及经验启示》一文，对中美建交40年的历史进行了回顾和总结。

本书第四部分7篇文章，围绕中美在南海问题上的博弈，探讨了新中国的南海政策、维护国家海洋权益及领土主权安全问题。《奥巴马执政时期的美国南海政策及其对亚太局势的影响》一文，系统探讨了奥巴马执政8年美国南海政策发展变化、美国插手南海问题的原因及其对亚太局势的影响。进入20世纪80年代后，伴随《联合国海洋法公约》的签署及改革开放的逐步开展，出于主权安全和经济发展的考虑，中国政府开始采取较为积极的南海政策。《南海争端中的美国因素及其对中国维护南海权益的影响》一文，着重分析了20世纪90年代至2010年间，美国南海政策的发展变化及其对中国维护南海权益的影响。《20世纪80年代中国的南海政策》一文，探讨了这一时期中国政府为维护南海权益所采取的一系列措施、成就及其影响。《改革开放前新中国的海洋权益管理》《新时期中国的海洋权益管理》两文，探讨了自中华人民共和国成立至2014年间，中国政府维护国家海洋权益的举措、成就及其局限性。

本书所收论文基本上是原文收录，不过，为保持本书体例统一，对论文中部分标题序号及注释略加改动。另外，对个别表述进行了进一步规范。

第一部分

国际形势及外交环境

APEC对“入世”后中国的意义

在中国加入WTO之前，APEC是中国加入的唯一一个国际经济合作组织。自1991年中国加入APEC以来，积极参与了APEC的一切活动，特别是2001年，在国际政治经济形势非常严峻的情况下，中国在上海成功举办了APEC第十三届部长级会议和第九届领导人非正式会议，为APEC的发展作出了不可磨灭的贡献。

第二次世界大战结束后，在美国等西方国家的大力推动下，1947年10月，英、美、法等23个国家在瑞士日内瓦签订了《关税及贸易总协定》(简称“关贸总协定”，GATT)，旨在通过达成互惠互利协议，大幅度地削减关税和其他贸易障碍，取消国际贸易中的歧视待遇等措施，以促进国际商品流通。1995年1月1日，关贸总协定演变为世界贸易组织(WTO)，成为一个以规则为基础的全球性的贸易组织。中国是关贸总协定的创始国之一。中华人民共和国成立后，台湾当局一度非法窃据中国席位。1950年3月，台湾当局宣布退出总协定，从1965年始，又以“观察员”身份列席总协定会议。1971年11月，在中国恢复联合国合法席位后，关贸总协定撤销了台湾当局的“观察员”资格。1986年7月11日，中国政府正式提出恢复关贸总协定缔约国地位的申请。[①] 在关贸总协定演变为世界贸易组织后，中国继续申请加入世贸组织。在2001年多

① 参见《中国申请恢复关贸总协定缔约国地位》，《人民日报》1986年7月13日。

哈 WTO 第四届部长会议上，批准了中国加入 WTO 的申请。① 中国经过了长达 16 年的马拉松式的艰苦谈判，终于成为 WTO 正式成员。加入 WTO 对中国具有重要的意义，将对中国社会的各个方面产生重要的影响。中国加入 APEC 后，积极参与 APEC 贸易自由化进程，也一直将 APEC 作为中国加入 WTO 的“演练场”。因而，有人认为，中国加入 WTO 后，APEC 对中国就意义不大了，作者对此有不同看法。本文就“入世”对 APEC 对我国的意义的影响谈一些看法。

一、APEC 对“入世”前中国的意义

在中国“入世”前，APEC 对中国具有重要的意义。随着改革开放的扩大和深入发展，中国与世界的联系越来越密切，尤其是中国经贸的发展与外界的关联性越来越大，中国政府充分认识到推进国际化和参与区域经济合作的重要性和利益所在。因此，在 1986 年，中国政府就向 GATT 总部提出“复关”的申请。WTO 成立后，中国积极要求加入 WTO，同时也积极参加地区合作组织，特别是 APEC 合作交流。中国自 1991 年加入 APEC 以来，积极参与 APEC 的各项活动，为其发展发挥了建设性的作用。

（一）中国为 APEC 的机制形成作出了贡献

针对有些发达国家主张 APEC 应像其他区域经济组织那样建立一套约束机制，中国主张，APEC 应是一个协商与合作机构，不搞机制化，不具有指令职能，不进行讨价还价的谈判，因为 APEC 成员的利益差别巨大，采取这样的方式符合本地区的实际，有利于各成员的不同权益和要求得到较好的平衡，有助于发展各个成员的能力，促进共同发展。如果使 APEC 高度机制化，具有指令性和强制性职能，APEC 将会受到强势发达成员的控制，会对处于弱势地位的发展中成员造成很大的压力。在中国等亚洲一些国家的坚持下，APEC 最终确立了“APEC 方式”，这一方式

① 参见《世界贸易组织第四届部长级会议协商一致：中国加入世贸组织决定获通过》，《人民日报》2001 年 11 月 11 日。

承认多样性，强调自主自愿、协商一致、灵活渐进等原则。

（二）推动贸易和投资自由化

关于建立并实现亚太贸易和投资自由化问题，中国赞成在 APEC 范围内制定一个实现区域贸易和投资自由化的长远目标。1994 年，APEC 印度尼西亚茂物会议期间，APEC 成员体关于贸易和投资自由化目标的时间表问题出现了分歧。茂物会议前，关于 APEC 时间表问题有三种方案。1994 年 8 月，APEC 名人小组提交了题为《实现 APEC 展望——亚太自由与开放贸易》的报告。报告建议将“在本地区实现自由、开放的贸易与投资”确定为 APEC 的长远目标，并建议将 2020 年作为实现这一目标的最后期限，发达成员、新兴工业经济及发展中成员分别于 2010 年、2015 年和 2020 年实现这一目标。[①]1994 年 10 月中旬，APEC 名人小组发表了《APEC 工商界的蓝图——增长和共同繁荣战略》的报告。报告强调，要迅速向自由贸易的投资自由化迈进，提出 APEC 发达经济体应在 2002 年实行贸易投资自由化，其他经济体应不晚于 2010 年。东道主印尼在其“茂物宣言草案”中提出实现贸易投资自由化要有一个确定的日期，可以考虑不同的时间表，如 2000/2005/2010，或 2005/2010/2015 年。[②] 在广泛听取意见后，把时间表修订为发达经济体不晚于 2010 年，发展中成员不晚于 2020 年完成贸易投资自由化。面对三种方案，APEC 成员体中有不同的反应。发达国家希望设一个时间表，或 2010 年，或 2020 年，有些国家如马来西亚希望不要设时间表。中国在时间表问题上赞成 APEC 实现贸易投资自由化，并原则上赞成通过一个意向性的时间表，但考虑到 APEC 多样性的特点，主张应根据不同的经济发展水平制定不同的时间表，在不同的领域也要采取不同的时间表的做法。实现这个长远目标，应遵循开放和不歧视的原则。处在不同经济发展水平的成员，可以有不同的实施贸易自由化的时间表，不同的领导也可以采取不同的进度和做法。中国立场与印尼的立场相近，中国的态度对印尼是一个很大的支持。这样，最终确立了 APEC 发展方向——茂物目标，即 APEC 发达成员不

---

① Report of Eminent Person Group to APEC Ministers, “A Vision for APEC: Towards an Asia–Pacific Economic Community”. 亚太经济合作组织官网（https://www.apec.org）。

② 参见王嵎生：《亲历 APEC》，世界知识出版社 2000 年版，第 53 页。

晚于2010年、发展中成员不晚于2020年实现贸易和投资自由和开放的目标。

茂物目标确立后，中国为推动APEC贸易和投资自由化，做出了一些具体的承诺并采取了一系列相应的行动。1995年11月大阪会议期间，中国宣布把4000多种商品的平均关税降低30%[①]，成了会议期间的一个大新闻，对于大阪《行动议程》的通过起到了积极的作用。作为首期投入，1996年4月起，中国降低了4900个税号的关税税率，算术平均关税率由35.9%降到23%。[②]在中国的单边行动计划中，从1997年到2000年的目标是将关税税率的算术平均水平降到15%。为配合这一承诺，1997年10月1日起，中国又降低了现行税则中6633个税号的关税税率。自1992年，中国多次大范围降低关税生产率。1997年降税与1992年相比，算术平均生产率从43.2%降为17%，降幅为60.6%；加权平均生产率从32.7%降低到13.3%，降幅为59.3%。[③]在温哥华会议上，江泽民主席还郑重宣布，中国政府决定到2005年把工业品的平均关税降至10%。[④]在非关税措施方面，中国从1993年开始多次大幅度削减进口配额，许可证目录。在单边行动计划中，中国承诺2000年前，确定审查所有非关税措施，逐步减少放宽非关税措施，并确保非关税措施的透明度；2010年进一步减少非关税措施；2020年后，取消所有不符合WTO协议的非关税措施。[⑤]这种举动对APEC的贸易自由化进程必然产生一种推动作用，从而向世人显示了中国对待亚太经合组织成员间进行经济合作的建设性姿态。

促进经济技术合作。经济技术合作在APEC的发展进程中起着重要的作用。中国是加强APEC内经济技术合作的积极倡导者和坚定的支持者。中国认为，APEC成员经济和技术发展水平极不平衡，经济技术合作

---

① 参见《钱其琛答中国记者问强调贸易投资自由化应有一定灵活性》，《人民日报》1995年11月20日。

② 参见《国务院发出通知决定改革和调整进口税收政策》，《人民日报》1995年12月29日。

③ 参见《根据国务院决定自十月一日起我国再次大幅降低进口关税》，《人民日报》1997年9月26日。

④ 参见《在亚太经合组织第五次领导人非正式会议上的讲话》，《人民日报》1997年11月27日。

⑤ *Individual Action Plan, The People's Republic China, 1996.* APEC官网（http://www.apec-iap.org）。

正是缩小经济差距的重要途径。但是，由于发达成员一味强调贸易投资自由化的重要性，经济技术合作一直处于相对滞后状态。在中国和其他发展中成员的推动下，经济技术合作在APEC中的重要地位逐渐凸显出来。1996年马尼拉APEC部长级会议通过了《APEC加强经济合作与发展框架宣言》。1998年吉隆坡举行的APEC领导人非正式会议上，通过了江泽民主席1997年在温哥华会议上倡议的《走向21世纪的APEC科技产业合作议程》，这是亚太经合组织在加强经济技术合作上迈出的重要一步；中国还出资1000万美元，建立产业合作基金。2001年上海会议，中国提出“亚太经合组织人力资源能力建设促进项目”。所有这些，都体现了中国在亚太经合组织中的建设性作用。

中国成功举办了2001年APEC年会。2001年，中国在上海承办了APEC年会，作为21世纪的第一次年会，是在一个不同寻常的艰难时刻召开的。这次会议围绕“新世纪、新挑战：参与、合作，促进共同繁荣”主题，讨论了三大议题，即加强能力建设，开拓未来发展机遇，使各成员进一步分享全球化和新经济带来的好处；促进贸易和投资自由化，推动建立更加合理的多边贸易体制；加强宏观政策对话，为亚太地区可持续发展创造有利的宏观环境。本次会议发表了《领导人宣言》，通过了《上海共识》《数字APEC战略》《反恐声明》《北京倡议》等一系列文件，有人认为，这次会议是继西雅图会议、茂物会议、大阪会议之后APEC发展的又一个里程碑。

由此可见，中国在加入WTO之前，采取了积极的APEC政策，为APEC的发展作出了积极的贡献。中国之所以如此积极参与APEC的活动，因为在中国加入WTO前，APEC是中国加入的唯一一个区域性经济合作组织，对中国具有重要的意义。

首先，增强中国的经济利益。1978年末，中国拉开改革开放序幕。改革的过程实际上就是改变过去那种高度集中的计划经济的做法，不断扩大市场机制的作用。改革解放了生产力，促进了经济的大发展，20世纪80年代初，中国政府提出要在人口增加3亿的情况下，争取在本世纪末使国民生产总值翻两番。这一目标已提前5年实现。从1992年开始，中国经济每年以10%的速度在增长，1995年的国内生产总值已达到5.76

万亿元（人民币）。中国目前的任务是争取在20世纪末实现两个根本性转变，即经济体制由传统计划经济向市场经济、经济增长方式由粗放型向集约型转变，争取在21世纪中期达到中等发达国家的水平。中国所要建立的社会主义市场经济体制是一种能够利用国内国外两个市场、两种资源的高度开放的经济体制。通过参加亚太经济合作组织，实现与其他亚太经济合作组织成员经济的结合，是中国经济与整个国际经济接轨与融合的重要内容和首要步骤。亚太地区是中国的主要利益所在。从对外经贸关系来看，1991年，中国近80%的对外贸易和93%的外资来自APEC成员体。此后，中国与APEC成员的贸易额逐年上升，1999年，中国与APEC其他20个成员的贸易额高达2709亿美元，占当年贸易总额的75%，2000年，这个数字已经增长到4743亿美元。在吸引外资方面，1999年，中国从APEC成员吸收外资达309亿美元，占全国新签合同外资金额的75%，而2000年增长到400亿美元，占实际吸收外资总额的76.89%。[①]可见，一个日益开放的亚太地区，对中国经济的繁荣和发展至关重要。

其次，缓解中国与其他国家的贸易争端。随着出口的扩大，中国与其他国家，特别是与美国的贸易争端增加。由于没有加入WTO，中国处于非常不利的地位。美国每年一度的最惠国待遇审查和重批，给中国造成很大的麻烦，成为一个久拖不决的老问题。中国可以通过APEC机制缓解来自美国的压力，特别是通过非歧视原则制止美国对中国最惠国待遇的年度重审。

（三）为中国加入WTO创造条件

中国在1986年积极要求恢复在GATT中的席位，最初几年的WTO复关谈判比较顺利，1989年，北京政治风波后，以美国为首的西方发达国家故意抬高对中国复关的要价，使中国复关进程受阻。在中国加入WTO遇到困难的情况下，积极参与APEC的活动就变得更为重要，具有特别的意义。与WTO不同，APEC具有很大的自主性和灵活性，中国参与APEC的活动不必像WTO那样付很高的"入门费"。作为一个发展中

① 参见王嵎生：《亲历APEC》，世界知识出版社2000年版，第14页。

国家，中国需要时间和空间安排自己的改革和开放，这是 APEC 的优势所在。APEC 与其他区域经济合作组织不同，APEC 与 GATT/WTO，在目标、原则上存在一致性，在发展进程上存在互动性，在合作内容上，APEC 对 WTO 有所超越。中国在 APEC 中的所作所为推动了中国加入 WTO 的进程。为加入 WTO，在工作组的压力下，中国不得不一次次修改自己的承诺。但是 APEC 大阪会议后中国的关税减让幅度大大超过了自己早先对入关的承诺。中国在 1995 年 APEC 第二次高峰会议时宣布，尽管不是 WTO 成员，仍有选择地执行乌拉圭回合协定。不久之后，中国决定签署信息技术协定。这些实际上超出了加入 WTO 的承诺。参与 APEC 的各项合作，为中国加入 WTO 谈判创造了有利的条件。同时，在合作中，我国也积累一些参与国际经济合作的经验，为以后在范围更广的国际经济合作中维护国家利益服务。事实上，中国政府也一直把参与 APEC 的活动作为加入 WTO 前的演练场。

（四）为实现新时期中国外交目标提供了舞台

新时期中国外交工作的目标是为实现国家发展战略创造一个良好的国际环境，因此，中国外交工作要做好两个方面的工作：在处理好大国关系的同时，积极发展同周边国家的睦邻友好关系，为中国发展经济创造一个有利的和平安全的周边环境；发挥自己的影响，做一个负责任的大国。中国周边国家几乎都是 APEC 成员，其中有世界主要大国美国、日本、俄罗斯；有经济发达国家澳大利亚、新西兰以及加拿大；还有新兴经济体东盟、中国香港和中国台北。另外，中国外交工作的重点和难点，诸如政治安全、领土主权和祖国统一等一系列问题，大多数都在 APEC 里有所反映。中国可充分利用 APEC 的活动，政治上为中国进一步搞好睦邻关系以及改善和发展中美、中日关系服务，同时进行必要的斗争，趋利避害。

二、APEC 对“入世”后中国的意义面临挑战

2001 年多哈 WTO 第四届部长会议批准了中国的“入世”申请，中国经过 16 年的艰苦谈判，终于成为 WTO 的正式成员。中国“入世”后，

APEC 对中国的意义将面临挑战。

（一）WTO 将吸引人们更多的关注力

中国正式“入世”，不仅对中国改革开放、市场经济的建立和现代化建设产生重要而深远的影响，而且对中国的国际地位产生了重要影响。首先，正式“入世”，为中国赢得了作为世界上人口大国的尊严。中国将以正式成员身份堂堂正正地参加 WTO 首轮谈判和 WTO 所举行的一系列例会。其次，为中国参与制定 21 世纪的国际经贸游戏规则提供了一个具有挑战性的机遇。

然而，作为 WTO 的新成员，中国不仅享有 WTO 成员的权利，而且要承担相应的义务，有许多工作要做。在中国加入 WTO 16 年的谈判过程中，不断地作出承诺，在双边协议中有承诺，最集中的承诺是在 1999 年 11 月 15 日中美之间达成的双边协议；在多边谈判中也作出了很多承诺。另外，WTO 有一套严格的规则机制，它类似于一个国家的法律，是每个国家都要遵守的，是每个成员的义务。中国的义务包括两部分：一是 WTO 基本规则中所规定的义务，二是在与其他国家谈判中所作出的承诺。这又体现在两方面：一个方面是过去的做法如果跟 WTO 的基本规则不一致，就要做出修改；另一方面是如果作出承诺之后还没有制定相应的管理规定，就要制定新的法律。所有这些与 WTO 接轨的工作，将吸引国内各界人士的主要精力，对其他经济合作组织的注意力相应地会少一些，包括对 APEC。

（二）APEC 作为中国“入世”的桥梁作用减弱

在中国“入世”前，APEC 是中国参加的唯一一个区域性经济合作组织，中国积极参与了 APEC 的一切活动，同时，加大国内改革开放的力度，为加入 WTO 积极准备。中国对 APEC 的贡献，向世界展示了中国改革开放的决心和毅力，也向世界展示了中国是一个负责任的大国的良好国际形象，从而中国增强了融入国际社会的吸引力，加快了中国“入世”的步伐。中国“入世”后，APEC 作为加入 WTO“试验场”的作用下降，由于 APEC 21 个成员体除俄罗斯、越南之外都是 WTO 的成员，中国与 APEC 成员体之间的经贸关系以及贸易争端大多都可以在 WTO 框架内解决，再加上多年来的“入世”宣传，使人们普遍对 WTO 给中国带来的利益寄以很理想的希望，诸如中国“入世”可以获得所有乌拉圭回合谈判中有关市场准入方面的权利，中国企业在国际贸易中不受歧视待遇，中国将有权参与今后世贸组织的法规的制定，并对建立 21 世纪的多边贸易体系进程产生影响等，使许多人产生 APEC 对中国不再有太大意义的感觉。

（三）APEC 自身的因素

1997 年亚洲金融危机爆发后，APEC 面临诸多挑战：首先，APEC 的凝聚力降低。由于 APEC 在应对危机方面作用不大，使遭受危机袭击的成员体对 APEC 的期望值降低，他们另辟蹊径，寻求自救，对推动 APEC 发展的热情降低。其次，贸易和投资自由化进程受阻，人们对 APEC 存在的价值产生怀疑。自茂物目标确立后，APEC 贸易和投资自由化发展势头良好，一年一个新台阶，在马尼拉会议各成员体递交各自单边行动计划的基础上，1997 年温哥华会议上又提出提前自愿部门自由化行动计划（EVSL）。由于种种原因，EVSL 行动失败。1998 年 APEC 吉隆坡年会上，决定把此项行动移到 WTO 上讨论，从此 APEC 贸易和投资自由化进程进入调整期。APEC 将自身最核心的内容转移到 WTO 去后，其自身的生存价值受到怀疑。再次，次区域组织对 APEC 的影响。目前，亚太地区存在的次区域组织有 10 多个，对 APEC 发展影响比较大的有 3 个，即北美自由贸易联盟、东盟自由贸易区及澳新紧密经济联系协定。次区域贸易集团在金融危机后的活动有所加强。除已有的次区域贸易集团外，一些新的区域贸易集团、小多边自由贸易区以及双边贸易协定正在酝酿和发展中。次区域内部如能较快地实现自由化，有助于促进 APEC 的自由化进程，但次区域组织的活跃发展，也有使 APEC 虚化之忧。所有这些因素，降低了 APEC 在人们心目中的地位。

三、加入 WTO 后 APEC 对中国仍具有重要意义

尽管加入 WTO 将对 APEC 对中国的作用产生重要影响，但笔者认为不能因此忽视 APEC 的作用。因为 APEC 对中国来说，具有 WTO 不可替代的意义。

（一）APEC 的合作内容与中国经济生活更密切

APEC 作为亚太地区最大的经济合作组织，其合作的目的是促进亚太地区经济持续发展，缩小成员体间的差距，增进成员体福利。中国作为亚太地区最大的发展中国家，亚太地区的繁荣与稳定对中国至关重要。APEC 合作内容是贸易和投资自由化、贸易和投资便利化、经济技术合作三个轮子一起转。APEC 的贸易和投资自由化的目标、原则与 WTO 相一致，中国及 APEC 成员体在这一领域每前进一步，都将促进 WTO 的发展。在中国“入世”前，中国对 APEC 有些超 WTO 的行动感到有压力，成为 WTO 成员后，这些压力将有所缓解。随着经济全球化的发展，全球性的经济问题将越来越多，有些问题比较敏感，如农业、环境、竞争政策、政府采购透明度以及贸易便利化等，在 WTO 这个全球性的多边组织中，解决这些问题难度会大一些。由于 WTO 的运行机制，可能会使有些问题久拖不决，成本高昂，如乌拉圭回合谈判，历时 8 年之久，谈判成本相当高。区域组织具有 WTO 无可比拟的优势，范围小，对一些对区域发展非常重要的敏感领域进行尝试性的合作，相对容易一点。如果合作成功，一方面可以促进本区域贸易自由化的发展，另一方面，可以为在全球领域促进这些领域的发展积累一些经验。APEC 的独特运行方式，可以在某些领域领先 WTO，中国可以在这些领域的合作中，根据自身的经济发展水平和社会承受能力，探索在这些领域合作的关键之所在，为在 WTO 制定相关领域的规则时，更好地维护本国利益积累经验。APEC 经济技术合作这项内容是 WTO 没有的，经济技术合作对中国的发展非常重要。随着改革开放的深入发展，资金和技术对中国经济进一步发展的制约作用越来越大，APEC 这项合作内容为中国开展国际经济合作开辟了良好的渠道。尽管目前 APEC 经济技术合作开展不尽如人意，但 APEC 成员体对经济技术合作对 APEC 发展的重要作用已达成共识，相信以后这一领域会有很好的发展。

（二）有利于发挥中国作为发展中大国的作用和影响

中国既是亚太也是世界最大的发展中国家，中国经济的持续稳定增长，必将为世界经济的发展注入新的活力，带来勃勃生机。中国不仅需要广泛发展与世界各国的关系，而且也希望能发挥自己的影响。对中国来说，WTO 和 APEC 都为中国提供了一个舞台，相对而言，APEC 是一个更好的舞台，因为中国还只是一个地区性的发展中国家。作为亚太地区的一个发展中国家，中国应该首先搞好与亚太地区各国的关系，在亚太地区发挥应有的影响，然后再走向世界。通过这个舞台，中国一方面可加强同亚太各国和地区的交流与合作，建立起相互联系和信任的机制；另一方面，中国又可以提出和倡导自己的主张，发挥发展中大国的作用和影响，缓冲来自发达国家的压力，从而维护发展中国家的利益。再者，中国加入 APEC 已有 10 多年的历史，在这 10 多年的发展历程中，中国积极参与了 APEC 的一切活动，为 APEC 的发展作出了贡献，同时积累了相当的进行国际经济合作的经验，深知 APEC 的运行机制和规则，知道在特殊情况下如何维护国家的利益和发挥自己的影响。而 WTO 是一个具有 144 个成员的全球性的多边贸易组织，从 GATT 生效至今已有半个世纪的历史。在这半个世纪的历程中，在发达国家的主导下，制定了一系列的规则和运行机制。作为 WTO 一个发展中新成员，中国首先应深入领会 WTO 已有规则精神实质，做好国内各项工作与 WTO 接轨工作，所以，作为 WTO 成员，中国在 WTO 中的作用还是有限的。

（三）APEC 对实现中国全局性外交目标具有特别重要的意义

党的十五大以来，中国改革开放进入攻坚阶段，再加上加入 WTO 的催化作用，中国改革开放的步伐将进一步加快，为巩固已经取得的改革开放成果和实现中国的发展战略目标，除了需要一个良好的国内环境外，还必须有一个和平稳定的国际环境，这就对中国外交工作提出了更高要求。中国外交工作的目标是为实现国家发展战略目标服务。APEC 为我国开展全方位外交提供了广阔的空间，中国可以充分利用 APEC 的活动，如利用一年一度的部长级会议和成员体领导人非正式会议期间，开展部长外交、首脑外交、双边外交和多边外交，政治上为中国进一步搞好睦邻关系以及改善和发展大国关系服务，同时在涉及中国领土主权、国家安全等重大问题上进行必要的斗争，趋利避害，维护国家利益。

（四）APEC 是中国促进祖国统一大业的重要阵地

根据中国同 APEC 达成的有关备忘录的规定，中国以主权国家身份加入 APEC，台湾则以“地区经济”加入。这一定位规定台湾入会的正式称谓是“中国台北”，台与会人员级别受到严格的限制，只能由负责经济事务的官员参会，其作为“地区经济”，也无权举办领导 APEC 非正式会议等高级别的活动。这符合中国长期坚持的一个中国的原则，遏制了台湾岛内外制造分裂祖国的种种图谋，有利于促进祖国的统一大业。毫无疑问，中国积极参与 APEC 的经济合作，是 20 世纪 90 年代以来中国经济外交的重要举措，其意义十分重大。

综上所述，WTO 与 APEC 作为中国融入国际社会的两个渠道，对中国有着非常重要的意义，在中国“入世”遇到困难的情况下，中国积极参与了 APEC 的一切活动，为 APEC 的发展作出了贡献。中国正式“入世”后，中国融入国际社会的步伐将大大加快，同时 APEC 对中国的意义将面临新的挑战。经过将近一代人的不懈努力，中国才最终成为 WTO 的正式成员，对于这来之不易的机遇，人们更加珍惜，与 WTO 的接轨工作将吸引人们更多的注意力，对 APEC 的关注可能会少一些。在中国“入世”前，APEC 曾在中国与 WTO 间起桥梁作用，“入世”后，APEC 的这一功能减弱，可能会使一些人认为 APEC 对中国将不再有太大的意义。然而，决不能因此而忽视 APEC 的作用。APEC 作为亚太地区最大的区域经济合作组织，经过 10 多年的发展壮大，对亚太地区乃至世界经济都产生了重要影响，APEC 对中国仍有 WTO 不可替代的作用。亚太地区是中国有着重要利益的地区，作为一个区域组织，APEC 的合作行动计划与中国的经济生活密切相关，APEC 为中国这样一个地区性的大国发挥应有的作用提供了舞台。亚太地区是中国外交工作的重点，APEC 有利于中国实现全局性外交目标。因此，无论过去、现在还是将来，APEC 对中国的意义不可小视。

［原载《贵州师范大学学报》2002 年第 6 期］

“9·11”事件对中国外交环境的影响及中国的外交应对

2001 年 9 月 11 日，恐怖分子袭击美国纽约世贸大厦事件，震惊了美国，也震惊了世界，它对美国及国际社会造成了强烈的冲击，也对中国外交的国际环境产生了深刻的影响，使中国面临的外交环境更加复杂多变。这种复杂多变的外交环境，在给中国的外交决策提供机遇的同时，也提出了新的挑战。“沉着应对，趋利避害”是应对当前国际环境的基本外交方略。

一、“9·11”事件对中国外交环境的影响

“9·11”事件是 2001 年 9 月 11 日发生在美国纽约恐怖主义袭击世贸大楼事件，是美国自独立以来在本土遭受的最严重的袭击事件，它对美国社会产生了深远的影响，同时也对国际社会产生了重大影响。

（一）“9·11”事件促进了大国关系的调整

“9·11”事件使各大国就“反恐”问题积极寻求共识，开始加强在“反恐”领域的合作与协调。“9·11”事件爆发后，面临国际恐怖主义的巨大威胁，美国政府不得不对其外交政策进行调整，使国际关系尤其是美国与其他主要国家的关系发生了一些引人注目的变化。众所周知，小布什上台之初，推行“单边主义”的外交政策，对美俄关系、美中关系都产生了相当的影响，连美欧之间也龃龉不断。然而，“9·11”恐怖袭击事件

后，美国却迫不及待地协调与欧洲盟国的关系；同时为了组织“反对恐怖主义的国际联盟”，美国又不得不拉拢以前的竞争对手俄罗斯和新的构想敌中国；美国也促使日本调整国内法，派兵支援。

对于美国遭受恐怖袭击，不仅美国的传统盟友对美国表示了同情和支持，非盟友国家也表示支持美国打击恐怖主义。为加强在反恐方面的合作，联合国安理会5个常任理事国以及德国、日本等一些地区大国间的高层互访和会晤增多，热线电话通话频繁。大国纷纷在“反恐”问题上持合作立场，对大国关系的改善起到了催化作用，美俄、中美关系出现好的发展势头，美国与其盟国之间的分歧淡化，大国间出现了更加缓和与合作的气氛。

在大国关系中，美俄关系调整幅度最大。小布什上台之初，美对俄采取强硬的外交政策，尤其是在一些涉及俄罗斯根本利益问题上咄咄逼人，使美俄关系经历了曲折。“9·11”事件为双边关系的发展提供了契机。在危难之时，美国需要俄国为其战略利益服务。对于俄罗斯来说，“9·11”事件为俄美修好、重塑俄大国形象提供了机遇。因此，“9·11”事件后，俄罗斯积极配合美国打击恐怖主义行动。面对美国准备对阿富汗发动军事打击，以及美国在中亚及其他地区的活动，普京与中亚和独联体国家元首磋商频繁，并派出联邦安全会议秘书鲁沙伊洛和总参谋长克瓦什宁到中亚穿梭访问，协调与中亚各国的立场。9月24日深夜，普京在莫斯科发表电视讲话表示，俄将与国际反恐怖联盟进行情报合作，准备向美国提供用于人道主义物资运输的空中走廊，不反对中亚国家向美国提供机场，向阿富汗的北方联盟提供武器和军事装备。[①]11月初，美国国防部部长拉姆斯菲尔德访问俄罗斯，普京会见了拉姆斯菲尔德，俄美两国国防部部长也举行了会谈，双方主要讨论了国际反恐怖合作战略稳定和反导等问题。俄方表示俄罗斯和美国强力部门之间的对话是俄美合作的一个重要方面，它为两国关系其他方面的发展创造了必要的信任气氛。[②]11月13日—15日，普京访美，双方讨论了两国关系，战略和安全，阿富

① 《普京访美引人关注》,《人民日报》2001年11月13日。

② 《普京说美俄应建立新型关系》,《人民日报》2001年11月12日。

汗战争以及中东局势等问题。[1] 军控问题是此次首脑会晤的最明显成果，美国将在今后 10 年内把其核弹头数目减少到 1700—2200 枚。美国拥有 7013 枚核弹头，俄罗斯拥有 5858 枚核弹头。俄罗斯准备削减 2/3 的核弹头，这意味着俄将把其核弹头的数量控制在 2000 枚以内。[2] 同年 12 月美国宣布退出 1972 年美苏签署的《反弹道导弹条约》之后，俄罗斯反应平静。美国也缓和了此前对俄的强硬立场，不再指责俄在车臣采取的军事行动，允诺考虑取消"瓦尼克－杰克逊修正案"对俄的贸易限制，支持俄加入世贸组织，等等。美俄关系的调整将对其他大国关系，尤其是中美、中俄关系产生一定影响。

（二）"9·11"事件使非传统安全因素对国际安全的影响凸显，国际安全问题更加趋向多元化

冷战结束后，随着全球化、一体化迅速发展，各国间经济日益相互依赖，因此，各国的利益和安危更紧密地联系在一起。同时，诸如生态环保、走私贩毒、恐怖主义、金融动荡等非传统安全因素对人类社会的威胁日益受到人们的重视。"9·11"事件表明，恐怖主义、贩毒等非传统安全问题的危害在加剧。恐怖主义采取的恐怖行动不同于一般的恐怖行为，它以严密的组织体系为基础，以相当的财力作后盾，违背人类公认的道德准则，精心策划组织恐怖行动，滥杀无辜，造成巨大财产损失，引起社会恐慌。"9·11"事件表明，恐怖主义已成为人类社会的一大公害，对一切形式的恐怖主义必须坚决打击。但由于民族矛盾激化、贫富差距悬殊以及宗教极端势力的存在，各种形式的恐怖主义仍困扰着不少国家和地区。围绕恐怖主义与反恐怖主义的斗争，成为影响当前及今后一段时间国际安全形势走向的重要因素。

与此同时，一些热点问题仍对地区乃至国际安全造成严重威胁。一直影响和危及地区或国际安全的极端民族主义、种族主义，在"9·11"事件后出现了新的情况。巴以流血冲突愈演愈烈，至今未走出"以暴制暴"恶性循环的怪圈。中东和平前景令人担忧。阿富汗的战火加剧了印

---

① 《美俄峰会结束》,《人民日报》2001 年 11 月 17 日。

② 参见《布什与普京会谈 双方宣布将大幅度削减核武器》,《人民日报》2001 年 11 月 15 日。

巴在克什米尔问题上的对立。2001 年 10 月 1 日，印控克什米尔首府斯利拉加发生了一起炸弹爆炸事件，造成约 100 人伤亡。随后，印巴两国在克什米尔 29 个地点发生大规模交火。[①]

“9·11”事件后，一些大国军事战略调整的力度加大。日本、德国借反恐之机加快向海外派兵的步伐，两国海军已进入印度洋，实现了冷战以来的重大突破。一些大国增加军费、强化军事同盟的举措引人关注，双边或多边军事演习频繁举行。大宗军事技术合作项目和军事采购合同有增无减，高新技术武器的研发试验和装备工作进入了新阶段。以军事实力为后盾谋取战略和经济利益，仍是今天不少国家的政策取向。

（三）“9·11”事件加剧了美国乃至世界经济衰退的态势

美国经济经过持续 10 年高速增长，自 2000 年第四季度起，以 IT（信息技术）为代表的泡沫经济破灭，美国经济开始走向衰退。“9·11”事件无疑加剧了这一态势。2001 年 11 月，联合国欧洲委员会关于“欧洲和北美经济秋季”报告中评估：“9·11”事件大约给美国造成的直接损失达 2000 亿美元。[②]而对消费者和投资者信心的打击属于扩散效应，是持久和难以量化的。从 2000 年下半年开始，美、欧、日三大经济实体同时出现滑坡，全球化所带来的“一损皆损”的负面影响更见凸显。

总之，“9·11”事件使大国在“反恐”问题上寻求到了利益汇合点，开始加强在“反恐”领域的合作与协调，促进了大国关系调整，“9·11”事件对国际安全的影响将是深远的。另外，“9·11”事件作为一次突发事件，使美国和世界经济衰退加深和复苏推迟。

二、中国外交面临的机遇与挑战

“9·11”事件对国际关系、国际安全以及世界经济产生了重要影响，但它对国际格局的影响是有限的，冷战后国际格局的基本力量对比以及主要矛盾和发展趋势，既不会因一两次事件而改变，也不会为某些国家

① 参见《印巴军队在克什米尔大范围交火》，《人民日报》2001 年 10 月 7 日。

② 参见《9·11 事件使美国损失 2000 亿美元》，中国网 2001 年 11 月 16 日。

和国家集团所左右。因此，中国外交仍然面临机遇与挑战，正如朱镕基总理在九届五次代表大会指出的：2001 年，国际形势变化起伏。但和平与发展作为时代的主题并未改变，世界多极化发展趋势并未改变，我国面临的国际环境仍然是机遇大于挑战。和平与发展作为时代的主题没有改变。尽管国际风云变幻莫测，世界政治结构分化组合纷繁复杂，经济形势发展中的不确定因素增多，但由于世界作为一个整体，各国经济利益紧密交织，相互依存又彼此制约，在今后一个较长时期内争取和平的国际环境，避免新的世界大战，是有可能的。在国际关系中，大国关系依然是冲突与合作、借重与制约并存，国际社会间的竞争仍然主要是以经济为基础、以科技为先导的综合国力的竞争。

（一）世界多极化的发展趋势没有改变

俄罗斯、中国以及欧盟主要国家仍然积极推动建立多极世界，重振大国地位仍然是俄罗斯的外交战略。坚持独立自主，反对霸权主义和强权政治是中国外交政策的重要原则。欧盟在实现经济一体化的同时，也在加速政治和防务一体化进程，希望成为未来多极世界中的重要一极。日本和德国都在积极开展外交活动，寻求成为联合国安理会常任理事国，继续从经济大国迈向政治、军事大国。世界多极化的趋势不可阻挡。更重要的在于，世界是丰富多彩的，这种多样性本身就预示着必将走向多极化。可以断定，任何追求单极世界的努力，必将遭到各种力量的有力掣肘。

与此同时，我们也应看到中国外交面临严峻挑战：首先，"9·11"事件没有改变美国的霸权心态。"9·11"事件使美国与其他大国在反对恐怖主义方面找到了共同利益的汇合点，也因此使大国关系有所改善。然而，"9·11"事件并没有改变世界总格局，"9·11"事件没有改变当今主要大国综合国力的对比，没有改变军事实力的对比。"9·11"事件摧毁了象征着美国经济繁荣的高耸入云的世贸中心，破坏了象征美国军事实力的五角大楼，虽然给美国造成的经济损失将高达 2000 亿美元，但是对拥有近 10 万亿美元国内生产总值的美国来说，"9·11"事件并没有从根本上削弱美国的经济实力，更谈不上给美国的军事力量造成任何损失。"9·11"事件也没有改变美国的全球战略。美国仍然谋求世界唯一超级大国地位，建立单极世界，仍然在继续推行单边主义的外交政策。如今，“反恐”又给美国推行单边主义外交披上了“合法”外衣，美国可以借“反恐”之名行霸权之实。如在阿富汗战争中，美国为了维护其在阿富汗的垄断权利，竭尽全力限制欧盟维和部队的行动；在扩大“反恐”目标上，美国威胁说必要时由美国自己决定，而不受欧洲国家的约束。美国不仅以反恐划线，站在美国一边的是朋友，否则是敌人，而且借“反恐”战争趁机扩大势力范围。美国借在阿富汗的“反恐”军事行动，已把军队推进到中亚，美国多年的愿望终于如愿以偿。

（二）“9·11”事件后，中国的周边安全环境存在诸多不确定因素

从地缘意义上看，中国的周边条件并不优越，有 2 万多公里的陆地边界，与 15 个国家接壤，还有 1.8 万多公里的海岸线，与 11 个国家相邻。长期以来，中国周边国家经济发展水平不一，民族宗教问题复杂，意识形态各异，历史上的恩恩怨怨较多，当今世界上一些引人注目的地区性冲突、宗教极端主义事件、国家分裂主义活动、大宗毒品走私、国际恐怖主义活动等也都频频发生在中国的周边地区，这使中国周边环境面临的消极因素较多。诚然，经过长期不懈的努力，中国周边环境已大为改善，但中国周边环境仍将面临诸多变数。由于美国并未放弃旧的冷战思维，遏制和防范中国的政策依然不变，美国这次有可能借“反恐”之名在中国周边扩大其影响。目前还搞不清楚美国“反恐”战争的真正目的是什么？美国是否会长期驻留中亚？美国中亚行动将对中国西部、西北边境产生怎样的影响？加之周边一些国家比如日本、印度等的走向尚不明朗，以及地区热点变化尚存不确定性，等等，这些都对中国外交决策提出了挑战。

（三）美俄关系拉近对中美、中俄关系产生什么影响，目前引起国内外一些人士的关注

如前所述，“9·11”事件后，美俄关系有了较大的改善，因此，有人担心在中美俄“新三角”关系中中国的战略地位会发生变化。如何应对中美俄这种“新三角”关系，使中国在中美俄互动关系中处于主动地位，对中国外交工作提出了新的要求。

三、中国的外交应对

中国外交的主要目标是为实现中国经济发展战略营造一个良好的国际环境。为实现这一目标，面对如此复杂多变的国际局势，中国外交应采取江泽民在 2002 年元旦新年讲话中谈到的“沉着应对，趋利避害”的外交方略。具体来说，应采取以下应对措施：

（一）应继续坚持邓小平同志“韬光养晦，有所作为”的外交策略思想

这一策略思想虽然是 20 世纪 90 年代初邓小平同志针对东欧剧变、苏联解体的特殊背景提出的，但至今仍然没有过时，并应该成为我国 21 世纪初外交战略的重要指导思想。“韬光养晦，有所作为”的核心是，首先把中国自己的事情办好，提高综合国力；其次是在关系中国主权、安全以及经济发展利益的大是大非问题上坚持原则、坚持斗争、有所作为，而在我力所不及，又不直接涉及我主权安全和根本利益的国际问题上有所不为。而有所为的“度”是以不干扰、不破坏、不中断中国的经济建设为准，以不损害中国的统一利益为线，做到有理、有利、有节。

（二）开展多边外交，塑造良好的国家形象和谋求和平的周边环境

针对中国周边安全环境复杂多变的局势，中国应积极开展全方位、多边外交，加强与周边国家的沟通和联系，树立负责任的大国形象，消除一些周边国家对中国将以一个什么样的姿态崛起而心存的疑惑。长期以来，中国一贯重视双边外交，并且强调通过双边协商解决同邻国的纠纷。但是，冷战结束以来，中国对多边外交的态度变得更加积极。经过多年的外交努力，中国多边外交取得了显著成绩，中国不仅参与联合国和其他世界性国际组织的多边外交活动，还积极倡导和参加一些地区多边外交活动。突出表现在中国积极参与了 APEC 的各项活动；中国还积极参与了东盟地区论坛及东盟与中国、日本、韩国首脑会晤；1997 年，中国又与美国、朝鲜、韩国共同努力，启动了朝鲜半岛四方会谈；在 2001 年中国与东盟领导人会议上，中国与东盟领导人确定中国与东盟在

10年内建立自由贸易区的目标。中国在推动多边外交时，创造性地提出了一些新的观念。例如，中国向APEC提出加强经济技术合作的倡议，中国在安全问题上提出了“共同安全”的概念，谋求国与国之间解决争端、发展合作的“上海合作组织”以及“上海精神”，等等。通过参与多边活动，中国可以宣传自己的观点和主张，加强与周边国家的沟通与联系，增进互信和睦邻友好关系，为中国发展战略谋求一个和平的周边环境。

（三）理顺大国关系

缓和和改善与大国的关系，有利于稳定国际环境，也有利于中国的发展。在大国关系中，中美关系是最复杂的双边关系。中美两国有分歧与矛盾，也有利益共同点。冷战结束以来，中美关系一直在曲折中发展。美国对华采取两面政策：一方面，对中国有遏制与防范，在台湾、人权、西藏等问题上不断给中国制造麻烦；另一方面，在地区与全球安全问题上又需要中国的合作。美国对华政策两面性在最近小布什的对华政策中，表现得更突出。在前不久的近4个月里，小布什两度访华，在反恐、经贸等领域愿意与中国合作，这就缓和了他刚上台时中美关系的紧张局面。但同时，美国牵制中国的一面不仅没有减弱，而且在加强。最近美国采取了一系列的行动，给中美关系带来了负面影响。如允许台湾所谓“国防部长”汤耀明访美，违反了中美“三个联合公报”中的有关规定；美国国防部近期出台了一个文件，称在台湾出事时，美国将使用武力等，显示出美国公然干涉中国内政的企图。但是，总体来说，中美关系还是不断改善。据统计，2000年，中美双边贸易达到744.7亿美元，美国是中国的第二大贸易伙伴，同时也是中国最大的出口市场。而中国则是美国的第四大贸易伙伴。过去20年，两国贸易年均增长超过18%。美国是中国出口增长最快的市场之一，中国也是美国出口增长最快的市场之一。过去10年，美国对华出口年均增长16%以上。[①] 双方人员交流增多。中美双方经贸关系的迅速发展，美国企业在华利益的日益增强，使美国尽管对中国综合实力快速增长有所防范，但小布什政府仍寻求与中国建

---

① 参见《中美经贸合作继续健康发展》，《人民日报》2001年6月22日。

立建设性的合作关系。因此，2001 年 7 月，美国国务卿鲍威尔访华时强调：美国不寻求与中国为敌，美国能够与中国建立"更加稳定、更加具有建设性的关系"[①]。中国非常重视中美关系，因为中美关系关乎中国战略全局，针对美国对华政策的两面性，中国应以斗争与合作的两手来应对，做到"合而有斗，斗而不破"，推动中美关系在曲折中向前发展。

中国要高度重视与俄罗斯的关系。俄罗斯是中国的北邻，发展中俄关系对稳定中国周边环境具有重要意义。冷战后，两国关系发展势头良好，两国建立起"战略协作伙伴关系"。2001 年 7 月，中俄两国元首正式签署《中俄睦邻友好合作条约》，为两国发展长期友好关系奠定了法律基础。条约作为指导 21 世纪中俄关系发展的纲领性文件，在总结历史经验的基础上，概括了中俄关系的主要原则、精神和成果，将两国和两国人民"世代友好、永不为敌"的和平思想用法律形式确定下来。条约确认，两国的友好关系是建立在不结盟、不对抗、不针对第三国基础上的新型国家关系。中俄元首坚信，以条约为坚实基础，中俄关系在本世纪里必将达到新的更高水平。[②]进一步发展与俄关系，要在加强政治合作的同时，兼顾双方经贸互利合作。2000 年，双方贸易额是 80 亿美元[③]，尽管较前些年发展较快，但与中俄两国政治关系发展相比，还是有些不相称。与此同时，中国也要重视发展同其他大国的关系。日本、德国、法国、英国等都是具有相当影响的大国，中国同这些国家在政治、经济、安全、文化等方面联系密切，也是中国创造良好的国际环境的重要方面。而且，冷战后中美关系跌宕起伏，中国发展同其他国家关系在一定程度上可以弥补中美关系的缺陷，而中国同这些国家关系的发展实际上也有利于中美关系的改善。

[原载《河南大学学报》(教育科学版)2003 年第 3 期]

① 《鲍威尔表示美愿与中国发展更加良好关系》,《人民日报》2001 年 7 月 22 日。

② 参见《中俄两国元首签署睦邻友好合作条约》,《人民日报》2001 年 7 月 17 日。

③ 参见《中俄合作进入快速道》,《人民日报》2001 年 9 月 11 日。

解读提高应对国际局势和处理国际事务的能力

坚持独立自主的和平外交政策，不断提高应对国际局势和处理国际事务的能力，是加强党的执政能力建设的主要任务之一。改革开放多年来，中国的国际交往日益频繁，国际联系日益广泛。因此，中共十六届四中全会通过《中共中央关于加强党的执政能力建设的决定》（以下简称《决定》）强调，我们党要在复杂多变的国际形势下，领导人民抓住机遇，应对挑战，实现全面建设小康社会的宏伟目标，为维护世界和平与促进共同发展作出贡献，就必须正确应对国际局势，妥善处理国际事务和国际关系，为现代化建设争取良好的国际环境和周边环境。为此，《决定》提出了提高四个方面能力的要求。

一、科学地把握国际局势的大局，提高战略思维能力

这是从世界观层面对提高应对国际局势和处理国际事务能力提出的要求。把握国际局势的大局就是要用宽广的眼界观察世界，从全球的视角对国际局势发展变化的基本特点与走势作总体的科学的把握。冷战结束后，国际形势发展变化的基本特点与走势主要表现在以下几个方面：

第一，经济全球化趋势日益加深。科学技术的进步特别是信息技术的飞速发展，促使经济全球化进程加快，世界经济从资源配置到生产和流通领域的融合达到前所未有的程度。各国、各地区经济相互渗透性增强，竞争也更加激烈。经济全球化给人们的生产和生活带来直接的、深

刻的影响使它作为一个无法回避的现实问题摆在世界各国面前，有机遇也有挑战。在不合理的国际经济旧秩序依然存在的背景下，经济全球化虽然为发展中国家提供了发展机遇，但与占据优势地位的发达国家相比，显然是不均等的发展中国家将承受更大的压力和挑战。正确认识经济全球化，制定主动参与、应对经济全球化的发展战略，是发展中国家经济发展进程中必不可少的。

第二，世界多极化趋势日益明显。当前世界政治格局呈现“一超多强”的竞争态势。“一超”不等于“一极”，“一超多强”表明世界的几大主要力量呈现不均衡状态，反映了世界政治格局中主角的多样性及其关系结构的复杂性。尽管国内外学术界围绕冷战后世界格局究竟是单极化还是多极化的问题争论不休，然而10多年来的国际形势表明，单极世界难以构筑，多极化趋势不可逆转。

第三，借重、合作与牵制、防范共同构成大国关系的重要内涵。冷战格局被打破后，昔日国与国之间的关系发生了极其复杂的变化，国际关系重新分化组合，国家利益成为各国拓展对外关系的基本出发点。大国间更加重视体现国家现实利益的相互借重与合作，在激烈竞争和相互牵制中寻找新的利益平衡点。

第四，和平与发展仍是时代主题，但新旧矛盾相互交织，各种冲突接连不断，天下并不太平。冷战结束使国际社会摆脱了美苏两霸造成的战争威胁，人类不再是两极对抗的“人质”。维护持久和平、实现共同发展、推动世界进步成为各国人民的共同诉求。由于国际力量对比严重失衡，发达国家与发展中国家的发展差距持续拉大，原两极格局掩盖着的矛盾与冷战结束后新产生的矛盾相互交织，世界各地因民族、宗教、资源、价值观、战略利益等因素引发的对抗和冲突此起彼伏。涉及中国国家安全、主权与尊严的重大事件时有发生。民族分裂势力、宗教极端势力、政治激进势力、反文明反人类的邪教势力沉渣泛起，恐怖主义和各种非传统安全因素、非对称性威胁对世界的和平与发展构成重大威胁。各国在安全领域中的利益共同性与合作的必要性较前增多。

从上述当前国际局势的发展变化的基本特点和走势来看，中国面临的国际环境确实是复杂多变，机遇与挑战并存。因此，《决定》强调：为了提高我们党的执政能力，必须坚持用宽广的眼界观察世界，以提高科学判断国际形势和进行战略思维的水平。所谓宽广的眼界观察世界，就是要站在全球的高度来观察世界。深刻认识国际关系的复杂性、敏感性、脆弱性和斗争的长期性，科学总结国际关系历史变迁的经验，做到审时度势、因势利导、内外兼顾、趋利避害；善于从国际形势和国际条件的发展变化中把握发展方向，用好发展机遇，创造发展条件，掌握发展全局。

二、掌握处理国际事务的主动权

这是从决策层面对提高应对国际局势和处理国际事务能力提出的要求。要掌握处理国际事务的主动权，关键是要制定一个正确的、灵活有效的对外战略。

对外战略是一个国家对较长一个时期整个国际格局、本国国际地位、国家利益和目标以及相应的外交和军事政策等总的认识和策划。要制定正确的对外战略，必须对整个国际格局、国际形势的发展方向有总体上的判断，正确认识压力或挑战的来源和性质，并设法适应所处的国际环境。同时，必须在对自身国家实力和国际地位有正确的认识和评估基础上，对本国的国家利益和主要战略目标给予明确的定位。

中华人民共和国成立以来外交实践表明，维护国家利益一直是维护中国外交战略的出发点和归宿。今后一个时期，中国外交战略的目标：首先是维护中国的安全，即保障领土、边界和基本主权不受侵犯，实现国家的政治统一；其次是服务于国内现代化建设目标，为中国特色社会主义现代化建设争取良好的国际环境和周边环境；再次是推进世界的和平、发展与进步事业，努力成为地区性的和全球性的有影响力的、负责任的大国，维护我国人民和各国人民的共同利益。

实现上述外交战略是一项艰巨的任务。每一个目标的实现都充满机遇与挑战，而且各个目标之间还需要平衡与整合。因此，如何制定一套切实可行的外交方针、原则及政策，掌握处理国际事务的主动权，是我们党和我国政府面临的一个严峻考验。

长期以来，中国坚持以和平共处五项原则来处理国际关系，贯彻独立自主的和平外交政策。我们在中华人民共和国成立以来的外交工作实践中积累了宝贵的经验。在全面建设小康社会的新时期，坚持独立自主的和平外交政策仍然是中国外交的一个基本政策。“独立自主”是坚持从中国人民的根本利益和各国人民的共同利益出发，根据事情本身的是非曲直确定我们的立场和政策；“和平外交”就是我们走和平发展道路，永远不称霸。同时，伸张正义，支持公道，反对霸权主义和强权政治，反对恐怖主义。

正确处理与大国、周边、发展中国家的外交关系，并积极开展多种形式的外交活动，是掌握处理国际事务的主动权的重要环节。大国在世界上具有举足轻重的作用，因此，大国外交是中国改善和发展对外关系的重点。大国关系稳，世界就稳；中国与大国关系好，外部环境就好，现代化建设的条件就更有利。周边和亚太地区是中国的安全屏障，是对外经济交往的重要对象和外资引进的主要来源，也是中国成为世界强国的出发地和战略依托地。因此，实施“与邻为善，以邻为伴”睦邻友好政策，是营造稳定周边环境所必须。加强与发展中国家的互利合作也是我们争取主动外交的一个重要方面。中国作为一个发展中国家，与其他发展中国家有着共同的历史经历，如今又面临“发展”这一共同的历史任务，在反对霸权主义、抵制强权政治、推动建立公正合理的国际政治经济新秩序、促进世界多极化进程方面存在着共同利益。另外，发展中国家资源丰富，市场广阔，经济发展处于不同阶段，这些为中国同其他发展中国家开展互利合作经济关系开辟了广阔空间。开展除双边外交之外的多种形式外交也是掌握外交主动权所必须，通过在不同的国际场合开展多渠道的外交，促进国家利益的实现。

中国争取处理国际事务的主动权，还要积极参与国际事务的活动，倡导符合自己国家利益的国际主张，树立起负责任的大国形象。伴随中国综合国力的增长，中国对国际事务参与程度日益加深，在参与合作解决全球性问题时，中国也提出了自己的国际理念，如推动国际关系民主化，加速推进国际政治，多极化主张及倡导“新安全观”，维护和尊重世界的多样性，等等。这些主张是中国理想的国际新秩序的基本理念，是中国外交战略的一面旗帜。

三、提高国际交往的本领

这是在实践层面对提高应对国际局势和处理国际事务能力提出的要求。国际交往本领跟一国国际交往的经验有关，一国国际交往的经验越丰富，该国国际交往的本领就越高超。同时，国际交往经验的积累与一国国际交往的广度和深度有关，这一切又都建立在一国的国际竞争力和国际影响力的基础上。中华人民共和国成立后，中国由于长期受外界封闭，再加上计划经济体制下的中国实行自我封闭，中国参与国际交往的程度比较低，改革开放后，中国的综合国力有所提高，中国参与国际交往的程度也有所提高。然而，很多研究结论表明，无论是从中国经济的国际竞争力来看，还是从中国国际政治参与的水平来说，中国对国际经济资源分配及重大国际事务的参与程度远不能与八国集团的成员相比拟。

提高国际交往的本领，就要全面认识和把握国际因素对我国的影响，充分利用有利因素，积极化解不利因素。随着改革开放多年，中国经济快速增长，中国综合国力得到大幅度的提高，中国对国际社会也产生了重大的影响。如何与日益强大起来的中国相处，国际社会有不同的声音。一些西方敌对势力不愿意看到中国和平发展为一个世界性强国，一直利用各种场合、各种途径，以人权、民主、自由、贸易、民族和宗教，甚至香港和台湾问题为武器，对中国实行“分化”和“西化”的政治图谋，并利用周边国家对中国和平发展的戒心而鼓噪“中国威胁”。这些是中国走和平发展道路的严重障碍，克服这一障碍将是一个长期的复杂的任务。要克服这一障碍，自我封闭肯定不行，这不符合中国的国家利益，中国外交实践也已经证明这条路不行。在当前国际国内背景下，克服这一障碍的最有效的途径必须是通过广泛参与国际交往活动。通过广泛开展国际交往活动，在国际舞台上进行有理、有节的斗争，高扬人权、自由、民主、法治等普遍价值，向国际社会宣传这些方面我们所取得的实际进步和进展，进一步推动形成有利于中国发展的国际舆论。

另外，通过广泛参与国际交往活动，向国际社会学习和熟悉国际规则和国际惯例，增长国际交往知识，尽快融入国际体系，使中国能有机会直接参与国际规则的磋商、制定、修改和调整，维护中国的权益。

四、坚决维护国家安全

中共十六届四中全会《决定》强调要始终把国家主权和安全放在第一位，坚决维护国家安全。这是非常现实的态度。在以民族国家为基本行为体的世界格局中，国家安全问题始终是各国政治家们首先关注的基本政治问题。国家如果不能保障其自身的安全，国家发展也就无从谈起。主权独立和国家制度的稳定是国家安全的最重要内容，国家对内要防止内部动乱，消除不稳定因素，维护国家安定；对外要防止外部力量的干涉和控制，保持国家的独立自主。在经济全球化过程中，发展中国家总体上处于不利地位，它们遇到了比发达国家更大的风险，维护国家主权与安全成为一个突出的问题。

中国共产党执政以来，在维护国家主权、保障国家安全、实现国家利益方面取得了巨大成就。但是，在改革开放和社会主义现代化建设的新时期，中国在领土主权完整及安全领域还存在一些突出的问题，这些使执政党的执政能力面临新的考验。这些问题包括传统安全和非传统安全两个方面。在传统安全方面，台湾海峡两岸尚未实现政治上的统一，制约着中国的现代化建设和中华民族的全面振兴；无论是陆地还是海洋，中国还有一定规模的被占领土和海洋权益，尚未实现最终的领土完整；民族分裂势力还威胁着多民族国家的统一与安全；国际政治中的霸权主义和强权政治还对中国的主权独立构成一定的威胁和干涉。在非传统安全方面存在的问题，主要是由于中国社会经济快速增长引起的人口、资源、环境之间的紧张关系所致。例如人口与资源的巨大压力问题、生态安全问题、地区发展不平衡问题、外部其他经济压力与风险等。两类安全问题交织在一起，对中国现代化建设构成严重威胁，这就要求中共中央和中国政府从全球视角，从国内和国际的相互关系，对这两类安全威胁因素作系统的认识，增强国家安全意识，完善国家安全战略，抓紧构建维护国家安全的科学、协调、高效的工作机制。坚决防范和打击各种敌对势力的渗透、颠覆和分裂活动，有效防范和应对来自国际经济领域的各种风险，确保国家的政治安全、经济安全、文化安全和信息安全。

［原载《理论视野》2005年第2期］

基辛格的中国观

作为第一个访问新中国，经历中美关系“震撼世界的一星期”的美国高层人士，在过去 40 多年中，基辛格出访中国 50 余次，有着“最了解中国的美国人”之称。他关于中国的论述很多，但他的新作《论中国》，首次尝试以专著形式系统阐述他关于中国的见解，重点分析和梳理中国自鸦片战争以来的外交战略，试图从“围棋文化”与《孙子兵法》中探寻中国人的战略思维模式。

基辛格认为，中国的独特性主要表现在：中国有着历史悠久的中华文明，有着中央王朝的国际秩序观，有着独具特色的战略文化。基辛格用中国围棋和国际象棋作对比，阐述中西方之间战略思维和处事方式的差异。他说，如果说国际象棋是讲究一举定胜负的战斗，这是西方“直来直往”的做法；围棋则是一场旷日持久的战役，采取战略包围做法，逐渐消磨对方的战略潜力。中国的战略家强调心理战略和政治因素，取胜以攻心为上，避免直接交战，这是中国“以势取胜”的做法。

基辛格在这部书中探讨了近代中国的外交。近代中国在文化、经济和政治方面接连遭受重创，鸦片战争后，中国人传统的自我形象受到了几乎所有可能的冲击。威胁来自四面八方，其表现形式均为中国所鲜见。几百年来的优势地位扭曲了天朝对现实的认知。自命不凡的优越感只会让不可避免的屈辱感显得更加强烈。然而，中国虽然历经战乱，但中国作为万邦之上国的信念始终如一。靠着这种信念，中国经过自己的奋斗，最终战胜了困难。中国的政治家在一个痛苦而且屈辱的过程中，最终保住了濒于崩溃的中国式世界秩序的道义遗产和领土遗产。支撑中国度过这场危机的是极具中国传统的两资源：一是外交官的分析能力，中国制定了巧妙的战略方针，挑动在华蛮夷互相争斗，“以夷制夷”，防止了任何一国独霸中国；二是中国人民的坚韧不拔和文化自信。中国人民依靠坚忍和自信，通过艰难抗争，为日后中国的复兴带来了希望。

基辛格在书中重点探讨了当代中国外交，他试图揭示中国外交战略的制定机制和决策背后的文化传统，特别是对“一边倒”的外交政策、抗美援朝、中美建交、三次台海危机等重大外交事件作出了独特的解读。基辛格认为，毛泽东时期中国的外交风格更接近于传统中国的外交风格。中华人民共和国成立之初，贫穷落后，国力军力薄弱，又面临众多挑战。中国政府借鉴了“防止战略包围”这一围棋概念来看待中国所面临的威胁。依据这种传统的理念，新中国在军事上所采取的对抗以及所呈现的态势，使得几乎所有外国观察家都深感意外，大惑不解，也让对手们手足无措。任何国家或国家集团，无论属于哪个意识形态阵营，只要中国政府认识到它在中国周边布下了太多的“棋子”，中国就要冲出包围。中国遏制威胁的手段是中国式的威慑。在西方，威慑概念是指给可能侵略别国的国家造成与它可能获得的利益不成比例的破坏，目的是避免战争。毛泽东认为西方的威慑概念过于消极，他决不会让中国消极地等着挨打，而是要争取主动。在某种层面上，这和西方的先发制人概念有相似之处——预料要发生攻击而先动手。

不过西方先发制人的目的是取得胜利和军事优势，毛泽东的先发制人战略在于对心理因素的高度重视，目的不在于从军事上击败对方，而是给对方心理上的打击，让对方就此住手。在中国人看来，恢复了心理上的对等就实现了真正的威慑。这一战略有三个特点：精心分析长远趋势，侧耳细听研究战术选择，冷静探讨行动决定。20世纪50年代两次台海危机、1962年中印边境冲突、1969年珍宝岛事件及1979年对越自卫反击战，都是在这一理念指导下采取的行动。中国在处理与美、苏两个超级大国的关系时，超越权力政治的传统理念，不是通过寻求共同利益达到目的，而是对交叉重叠的矛盾加以利用。中国通过利用苏美彼此的戒惧来同时反抗两个超级大国，以在斗中求存。这是中国传统心理战的高超运用，以心理的力量来掩饰实际的虚弱。此外，中央天朝的优越感，使中国在对外交往中绝不显示出有求于人的姿态，而是设法让对方主动提出中方喜欢的建议，然后中方予以认可，好像是给了对方一种个人恩惠。同时，也绝对不愿对压力低头。在基辛格 1971 年访华前，中美为了谁先向对方发出邀请颇费周折；1989 年北京发生政治风波之后，面对西方压力，中国领导人决不愿示弱，都是这一传统的当代体现。

作为一个外交官、战略家，基辛格论述中国外交战略思维的独特性主要是为应对中美关系面临的挑战献言献策。20 世纪 60—70 年代，中美面临共同的威胁促使两国走到一起。1971 年 7 月，基辛格秘密访华，中美关系开始破冰。40 年间，两国关系一路磕磕绊绊，双方既有尖锐对立，也有相互合作。冷战后，中美关系出现多次起伏与危机，却始终保持“斗而不破”。随着中国经济持续 30 年高速发展，中国的综合实力大大增强，各种版本的“中国威胁论”也甚嚣尘上。一些西方政客把中国的崛起看作对美国霸权地位的挑战，中美“世纪决战”的论调曾鼓噪一时。在此背景下，基辛格就中美关系向何处去提出了自己的看法。基辛格认为，中美合作关系对世界稳定与和平至关重要，美国与中国之所以彼此需要，是因为两国都太大，不可能被他人主导；太特殊，不可能被转化；太相互依赖，承受不起彼此孤立。中美关系不必也不应成为零和博弈。基辛格希望中美共同演进：两国都注重国内必须做的事情，在可能的领域开展合作，调整关系，减少冲突，任何一方都不完全赞同对方的目标，也不假定利益完全一致，但双方都努力寻找和发展相互补充的利益。借鉴二战后欧洲国际问题的解决方案，基辛格提出了“太平洋共同体”的构想，试图为中美关系寻找未来出路。他期待现在的领导人为自己也为后人，建设一个所有相关国家愿望都能在其中表达和实现的世界秩序；继续完善 30 多年来的成功磋商机制，倡导建立在互尊、互信基础之上的地区政治概念，才能打消中国担心美国会遏制其发展的疑虑，避免苏美冷战转为中美对决，杜绝再现英德两国为争霸而爆发世界大战那样的惨剧。

作为中国问题专家，基辛格对中国人民的自信和坚忍不拔的民族精神表达了钦佩之情。作为一个现实主义者，基辛格是地道的美国国家利益捍卫者，正如他所说，他“终生都在从美国人的视角反思如何缔造和平”。加之精于均势外交、忧患权力转移、注重意识形态，他对一些问题的看法或分析难免会带有“美国中心主义”或“西方中心主义”痕迹。比如从两种世界秩序观的角度解读鸦片战争，把美国第七舰队部署到台湾海峡说成是美国试图迫使中国接受它的国际秩序观，等等，就无法令中国人信服。基辛格关于中国传统文化因素对当代中国外交战略的影响的见解有一定的合理成分，这一分析视角也对我们中国学者有很大的启发。作为一个有悠久历史文化传统的文明古国，中国古代优秀的传统文化不仅为中华民族所继承和发扬，也对世界文明作出了卓越的贡献，因而，中国当代外交战略中深含中国传统文化的因子，是理所当然的。如：中国对主权不受干涉的高度重视，中国对在国家间关系中使用强制力的勉强态度，中国政府的“不称霸”“和谐世界”“韬光养晦”以及和平共处五项原则等表述，都与中国传统文化有关。研究、解释并传播中国战略中的民族文化风格，实际上应该是中国的责任。基辛格带给我们的启示是：在国家整体快速崛起之际，中国学界需要自己拿出令人信服的研究，而不是被别人解释。同时，他的有些关于中国传统文化因素与当代外交战略的关系观点也有牵强之嫌。随着工业化和全球化浪潮的逐步推进，中国越来越深入地融入当代世界体系，当代中国战略思维中现代因子会越来越多。

中美关系是当今世界上最重要的双边关系，这种关系对国际经济趋势和国际政治格局的影响独一无二。同时，中美关系也是世界上最复杂的双边关系。冷战后，中美两国学者曾屡次试图找到一个言简意赅的词汇或词组来定位中美关系，先后提出过“战略伙伴”“战略竞争对手”“竞合”“两国集团”等。基辛格提出“太平洋共同体”的构想，是基于他一贯的以均势求和平的思想，基于他对中美两国“独特性”的理解，基于他对世界大势的长远判断而提出的方案。基辛格没有对“共同体”进行可操作性的设计，只设想在“共同体”大框架里，中国不必担心美国与其他国家发展关系是围堵中国，美国也不必担心中国与其他国家发展关系是排挤美国。到时，亚太新秩序是包括亚太所有国家的联合体，而不是一个划分为“中国集团”与“美国集团”的两极体系。这是对中美关系理想的发展方向的一种展望，基辛格以他自己的方式加入了这场辩论，这种努力也势必对中美两国的决策者和战略界产生影响。在全世界繁荣与进步离不开合作与共赢的大趋势下，中美关系不能再像一战前的英德关系，出现单方输赢的“历史重演”。希望如基辛格所说的那样，未来的 40 年中，中美之间不再是“震撼世界”，而是协力建设世界。

[原载《北京党史》2013 年第 1 期]

美国究竟在焦虑什么

作为一个年轻的合众国，美国在其 200 多年的历史中，由一个英属殖民地组建的邦联国发展成为当今世界独一无二的超级大国，除得益于它特殊的地缘优势、资源禀赋和历史机遇外，它以“基督教传统、自由、平等、民主、个人主义”为核心的美国文化和价值观也发挥了积极的作用。随着经济全球化、国际格局多极化的深入发展，特别是 2008 年全球国际危机爆发后，美国经济的深度调整，多年积聚的诸多老问题再度激化，一系列新问题新矛盾的产生，催生了社会思潮极端化现象的出现，对美国传统文化及价值观造成相当冲击，进而引发美国出现一定程度的文化焦虑现象。

一、美国的文化焦虑表现

文化有广义和狭义之分。“广义指人类历史实践过程中所创造的物质财富和精神财富的总和。狭义指社会意识形态，以及与之相适应的制度和组织机构。”[①] 本文指的是狭义的文化概念。焦虑是人们的一种心理活动。从心理学视角看，“往往是人们因为惧怕某些事物或情境所产生的一种情绪体验”[②]。文化焦虑是指人们对特定的社会意识形态、价值观念因受

① 《辞海》，上海辞书出版社 1990 年版，第 1731 页。

② 张震、蒋晓虹主编：《心理学》，北京师范大学出版社 2016 年版，第 228 页。

某种或某些因素的影响而发生变化所产生的不适应、忧思、焦躁及恐惧情绪。在美国思想文化史中，《五月花号公约》、政治理论家约翰·洛克的思想理论、《独立宣言》、《联邦宪法》所提倡的“基督教传统、自由、平等、民主、个人主义”的原则和理念，构成了美国文化和价值观的核心。因此，一直以来，美国人在文化方面存在着与生俱来的优越感，认为美国是受上帝青睐的，是全世界自由与民主的榜样。2008 年美国次贷危机引发世界金融海啸，充分暴露了美国奉行的新自由主义的众多弊端，经济问题丛生，贫富差距进一步加大，美国主导国际事务的能力下降，民主失灵，族裔族群矛盾加深。这些现象对美国人所坚持的文化和价值观产生相当的负面影响，在美国社会中引发一定程度的文化焦虑。

（一）贫富分化加剧，引发美国民众对平等问题的焦虑

2012 年以来，美国经济复苏步伐逐步加快，失业率不断降低。据统计，到 2018 年 7 月，美国私营部门企业主已经连续 101 个月增加工作岗位，自 2010 年初以来，已经连续增加了 1950 万个工作岗位，2018 年 1—7 月，美国私营部门企业主增加工作岗位达 150 万个，失业率达 3.9%，降到美国 20 年前的低位。[①] 但是，工人工资增长却低于预期。美国联邦劳工统计局的数据显示，7 月，非管理层私营部门员工的平均时薪为 22.65 美元，比 6 月高出 3 美分，比上年同期高出 2.7%。与过去 5 年来美国的平均工资的增幅（2%—3%）一致。但在 2007—2008 年金融危机爆发前几年里，美国的平均时薪通常同比增长 4% 左右。然而，在剔除通胀因素后，如今的平均时薪与 1978 年的购买力大致相当。同时，需要指出的是，美国中产家庭与高收入家庭的收入差距在扩大。2016 年，中产阶级家庭（52% 的美国成年人）的收入中位数为 78442 美元，与 2000 年大致相同；高收入家庭（19% 的美国成年人）收入中位数为 187872 美元，比 2000 年的 183680 美元增长 4192 美元；低收入家庭（29% 的成年人）的收入中位数为 25624 美元，低于 2000 年的 26923 美元。这使得 1970 年以来中低收入与高收入者间差距进一步拉大。1970 年，高收入家庭的收

① Drew Desilver, “For Most U.S. Workers, Real Wages Have Barely Budged in Decades,” August 7, 2018. 皮尤研究中心官网（http://www.pewresearch.org）。

入中位数是中等收入家庭收入的 2.2 倍，是低收入家庭收入的 6.3 倍。这些收入比率在 2016 年分别上升到 2.4 和 7.3 倍。[①] 收入分配不平等加深了美国贫困人口贫困的程度，根据美国人口普查局的定义，处于贫困线以下的美国贫困人口在全民中的比例达到了至少 20 年来的最高水平。2016 年为 45.6%，高于 1996 年的 39.5%。[②] 收入分配不平等导致美国人对美国经济体系的公平性普遍持怀疑态度，大多数人认为经济不平等是美国的一个问题，48% 的人认为经济不平等成为美国的一个非常大的问题。这使一些人对美国奉行的“让每个人都享有成功的平等权利和机会”信条产生质疑。

（二）政治极化现象日益严重，引发美国民众对民主失灵的担心和忧虑

近年来，美国政治生活中政治极化问题日益严重。政治极化是指共和、民主两党的政治精英在政治价值观方面日趋极端化，彼此之间的共识与相似之处越来越少。奥巴马执政时期，共和党和民主党在政府、种族、移民、社会安全保障、环境保护等基本政治价值观上的分歧达到创纪录水平。特朗普上任以来，民主、共和两党关于上述问题的分歧进一步拉大。如关于政府社会安全保障问题，皮尤研究中心 2017 年的一次调查显示：2017 年，71% 的民主党人和倾向于民主党的独立人士认为，政府应该采取更多措施帮助有需要的人，而 2011 年，民主党持这种观点的比例只有 54%；2017 年，只有 24% 的共和党人支持政府采取更多措施帮助有需要的人，与 2011 年的 25% 几乎没有变化，这是自 1994 年以来的最低水平，而在 2007 年，共和党持这种观点的比例是 45%。对于政府为穷人提供的福利问题，2017 年，76% 的民主党人认为穷人生活很艰难的原因，是政府没有提供足够福利让他们过上体面的生活，创 23 年来民主党持这种观点的人数比例的新高。只有 25% 的共和党人持这样的观点，而有 65% 共和党人认为，穷人过得很轻松，因为他们不用作任何回报就

---

① Rakesh Kochhar, “The American Middle Class is Stable in Size, But Losing Ground Financially to Upper-income Families,” September 6, 2018. 皮尤研究中心官网（http://www.pewresearch.org）。

② Kristen Bialik, “Americans Deepest in Poverty Lost More Ground in 2016,” October 6, 2017. 皮尤研究中心官网（http://www.pewresearch.org）。

能得到政府福利。[1] 自 1994 年以来，在两党成员中，对对方负面看法的比例增长了一倍。两党在总统工作支持率上分歧也非常严重，特朗普就任一年的支持率使其成为自 1953 年艾森豪威尔总统以来支持率党派极化最严重的总统。在 2017 年 2 月、4 月和 6 月的三次调查中，平均 88% 的共和党人对他的工作表现表示满意。相比之下，只有 8% 的民主党人持这样的观点。[2] 由于共和、民主两党政治主张分歧越来越大，对美国的政治架构甚至民众生活都产生了深刻影响。从政治架构层面而言，由于两党政治精英的极化，使其越发难以在众多重要议题上达成妥协，“党争”使美国政府“停摆”现象不断发生，整个政治体系的功能失调危险性日益增大。从民众生活层面而言，政治极化的加剧使得普通民众在一些争议议题上的矛盾加深，导致普通民众之间对抗情绪的积聚。

（三）美国白人工薪阶层对文化变化的焦虑，使美国的文化多元主义面临严重挑战

美国是·个移民国家。不同时代、来自世界各地不同民族的人，在保留自己民族风俗习惯和宗教信仰的同时，也逐渐认同美国社会的基本制度和核心价值观。美国因而成为一个包容多元文化的“大熔炉”，文化多元主义成为美国文化的一个特点，也成为促进美国发展的一个有利因素。随着经济全球化的进一步加深，美国移民数量也快速增长。2016 年，居住在美国的外国出生人口达到创纪录的 4370 万，占美国人口的 13.5%。自 1965 年《移民与归化法案》生效以来，美国移民人数增加了两倍多，预计到 2065 年，居住在美国的移民人数将再增加近一倍。从 2000 年以来，来自出生在亚洲（南亚、东亚）、墨西哥和拉丁美洲等地区的人数超过了来自出生欧洲和加拿大的人数[3]，引发美国部分“白人至上主义者”的焦虑。在 2016 年美国大选中，68% 的白人工薪阶层选民

---

① “The Partisan Divide on Political Values Grows Even Wider,” October 6, 2017. 皮尤研究中心官网（http://www.pewresearch.org）。

② “The Partisan Divide on Political Values Grows Even Wider,” October 6, 2017. 皮尤研究中心官网（http://www.pewresearch.org）。

③ Jynnah Radford and Abby Budiman, “Facts on U.S. Immigrants, 2016: Statistical Portrait of the Foreign-born Population in the United States,” September 14, 2018. 皮尤研究中心官网（http://www.pewresearch.org）。

表示，美国的生活方式需要受到保护，不受外国影响。近一半的人认为：“情况变化太大了，我在自己的国家经常感觉自己像个陌生人。”[①] 由移民问题引发了美国关于国家认同问题的讨论。2017 年 3 月，“美联社与位于芝加哥大学的国家意见研究中心对 1004 位成年人做的民调发现，美国有 71% 的人认为：‘美国正在失去代表国家的信念和价值。’有 47% 的人认为，非法移民威胁着美国式生活；15% 的人认为合法移民威胁着美国式生活。57% 的人认为，新移民应当融入美国的主流文化，同时有 42% 的人认为，由于新移民的入境，美国文化应当逐渐改变。该民调发现，左右两翼都关心‘国家认同’，虽然他们关心的内容相反。右翼担心‘基于基督教的文化价值’和‘欧洲移民的传统’受到挑战，左翼担心‘建国以来接纳世界各方移民’的传统被打破。不论左右都说：我几乎不认识今天的美国”[②]。可见，多元文化主义成为当前美国人面临的一个纠结问题。

（四）美国领导国际事务能力和意愿减弱，引发美国人对美国国际影响力下降的忧虑

进入 21 世纪以来，美国发起的反恐战争和伊拉克战争严重损伤了美国硬实力。2008 年金融危机使美国的经济实力雪上加霜，美国的软实力也严重受挫。冷战结束后，美国极力推崇的“华盛顿共识”也受到越来越多国家的怀疑。由于综合实力的相对下降，美国领导国际事务能力和意愿都有所减弱。奥巴马时期，美国在应对“伊斯兰国”（ISIS）宗教极端组织及叙利亚等问题上或表现不力或优柔寡断，引发国际社会特别是美国盟友对美国领导力的怀疑。特朗普执政以来，打着“美国第一”旗号，把美国利益放在第一位，到处“退团”“退群”，也引发美国社会各界关于国际社会对美国看法的关注。2017 年，68% 的美国人认为，美国不像过去那样受到其他国家的尊重。对此，共和、民主两党的看法也存在很大分歧。42% 的共和党人和倾向共和党的独立人士认为，美国不像

① Daniel Cox, PhD, “Beyond Economics: Fears of Cultural Displacement Pushed the White Working Class to Trump,” May 9, 2017. 公共宗教研究所（https://www.prri.org）。

② 熊璩：《美国的伟大和焦虑都与川普无关——兼与丛日云教授商榷》，美国华人网 2018 年 9 月 26 日。

过去那样受人尊敬。这是10多年来该政治派别持这一观点人数最多的一次。有28%的人认为这是美国面临的一个重大问题。在奥巴马执政的不同时期，多数民主党人都认为美国在国际上不那么受尊重。2016年，有58%的人这么说。2017年，87%的民主党人认为，美国不像过去那样受到尊重了，70%的人说这是一个重大问题。[①] 由此可见，美国国内对美国国际影响力日益下降普遍担忧。

二、当前美国文化焦虑的原因

文化焦虑通常作为一种群体性的社会心理反应，诱发因素有多种。有文化自身发展因素，更多的是文化所赖以存在的社会存在的急剧变化，造成社会意识的不适应而产生的一些情绪反映。由于社会存在始终处于或急或缓的发展变化中，作为社会存在的反映，社会意识不总与社会存在保持一致。因此，由社会意识与社会存在不相适应所引发的文化焦虑虽然是一种负面情绪，但也是一种相对普遍的社会心理反应。当前美国文化焦虑的主要原因是，经济全球化及国际格局多极化的快速发展，引发美国社会及美国的国际地位发生显著变化，进而导致美国文化上的不适应。

（一）经济全球化给美国社会带来一系列新问题

二战结束以来，经济全球化以前所未有的规模与速度席卷全球，特别是冷战结束后，经济全球化发展到全新的阶段，对世界各国都产生了深远的影响。在应对全球化所提供的机遇与挑战面前，各个国家不同程度地从全球化中获益，但也都遇到了各自不同的问题。

对美国而言，全球化推动美国经济结构发生了深刻变化。美国从世界最大的制造大国变成了最大的消费大国，从最大的实体经济变成最大的虚拟经济，从最大的出口大国变成最大的进口大国，从最大的债权国变成最大的债务国。经济结构变化诱发一系列社会问题。最为突出的是

---

① "Partisans Have Starkly Different Opinions About How the World Views the U.S.," November 9, 2017. 皮尤研究中心官网（http://www.pewresearch.org）。

收入分配不平等现象日益严重。如上文所述，美国国内的上层成为全球化的获益者，中产阶级却成为全球化中的失败者，美国制造业向国外转移和经济脱实入虚，导致了部分美国蓝领工人失业，进一步降低了低收入群体收入水平。收入分配不平等进一步扩大了美国贫富的差距，进而加剧了各阶层间的矛盾。这也是导致美国政治极化、民主失灵的一个主要因素。全球化还推动了人口的跨境流动。21 世纪以来，非传统白人地区出生的移民，特别是从墨西哥、拉美国家来的移民急剧增加，不仅带来了犯罪、恐怖主义等社会问题，也带来了文化和价值观的冲突，而且新移民所取得的低薪工作机会被处于底层的“老移民”视为抢占了他们的工作机会。这使美国存在已久的族裔矛盾问题、阶层矛盾更加突出，同时也使美国多元文化主义引发国家认同问题日益凸显。

（二）国际格局多极化快速发展对美国全球性霸权构成严峻挑战

冷战结束以来，以中国为代表的新兴发展中经济体，在经济全球化大潮下，抓住机遇，趋利避害，在经济实力持续快速发展的基础上，综合国力和国际影响力都得到显著提升。2008 年，国际金融危机引发世界经济衰退，美国及西方发达国家的实力地位相对下降，美国作为世界中心力量主导国际事务的能力和意志大大弱化。中、俄、印等新兴大国在国际权力结构中的地位得到提高，对国际经济、政治和安全事务的发言权和影响力在不断增强。特别是中国自 2012 年以来更积极地参与全球治理，提出构建人类命运共同体、“一带一路”、建立亚投行、设立丝路基金等一系列构建国际新秩序的新理念及参与全球治理的“中国方案”，树立了开放的负责任的大国形象。中国快速崛起及中国在国际事务中影响力的提高，对美国在世界特别是在亚太区域的霸权地位构成了挑战。为应对中国崛起的挑战，奥巴马政府提出“美国决不当第二”，“21 世纪规则的制定权不能由中国说了算”，并加快在亚太区域的战略部署。高举“美国第一”大旗执政的特朗普政府，2018 年 3 月以来，在中美经贸关系上对中国步步紧逼，并在台湾、南海问题上小动作不断。这给中国外交及两国关系带来一定麻烦，但对于中国实现中华民族伟大复兴的“中国梦”的决心与意志很难产生影响。这一点美国应该是心知肚明，因而美国对自身国际地位变化非常焦虑。

三、对当前美国文化焦虑的分析

当前美国文化焦虑是美国民众对经济全球化带来的国内社会问题及国际格局多极化促发的美国国际地位面临的挑战不适应所产生的质疑、忧思、恐惧情绪。作为一种普通大众心理活动，当前美国文化焦虑对美国的社会生活、政治生活产生了一定的负面影响。如 2017 年 8 月，在弗吉尼亚州夏洛茨维尔发生暴力事件，进一步加剧了美国社会已经严峻的族群冲突。美国民主失灵问题造成美国民众对美国政府信任度的持续降低。美国国家选举研究会自 1958 年开始调查研究对政府的信任问题，当时 75% 的美国人相信联邦政府几乎总是或大部分时间都在做正确的事情。到 20 世纪 60 年代，随着越南战争的升级，美国民众对政府的信任开始下降。美国民众对政府的信任，1970—1990 年在 33% 和 44% 间波动，1991—2007 年大体在 22% 和 55% 间波动，期间只有 1994 年是 17%。而自 2007 年以来，美国民众对政府的信任大多数年份没有超过 30%。2017 年，美国民众对政府的信任是 18%，接近历史低点 2011 年的 17%。[①]

需要指出的是，当前美国文化焦虑表现在美国文化核心要素如民主、平等、个人主义、自由等问题上有不同程度的体现，但当前美国文化焦虑情绪总体上还是可控的。主要是因为美国民众对美国主流价值观的看法总体上是正面的，40% 的美国民众认为美国长期坚持的原则精神是美国成功的动力，60% 的人认为美国民主制度运转良好，与其他发达国家的政治体系相比，68% 的美国民众认为美国政治体系在平均水平以上，其中有 40% 的人认为美国政治体系最好或好于其他发达国家。尽管美国民众对美国当前经济体系的公平性普遍（65%）持怀疑态度，但 61% 的美国人认为，通过努力工作能够获得成功。美国民众对移民问题持积极

---

① “Public Trust in Government: 1958–2017,” December 14, 2017. 皮尤研究中心官网（http://www.pewresearch.org）。

看法的人也越来越多。1994 年，只有 31% 的美国人持移民为美国强盛作出贡献的看法，而有 63% 的美国人持移民给国家带来了更多负担的看法。2011 年，45% 的美国人持移民为美国强盛作出贡献的看法，大约有 44% 的美国人持移民给国家带来了负担的看法。2017 年，65% 的美国人认为，移民的辛勤工作和才华为美国强盛作出了贡献，只有 26% 的美国人认为移民给国家带来了负担。[①] 尽管美国民众对于美国国际地位相对下降有所担忧，但有 56% 的美国人认为美国是世界上最伟大的国家之一，29% 的美国人认为美国是最伟大的国家，只有 14% 的美国人认为美国不如其他国家。[②]

本文分析依据的主要资料来源是美国皮尤研究中心及其他研究中心近年来就有关问题的民意调查报告。由于民意调查众所周知的局限性，有些问题有可能没有完全反映问题真貌，但大体反映了问题的基本情况。总体来看，随着经济全球化及国际格局多极化的深入发展，美国面临日益严重的国际国内问题对美国长期坚持的价值观念及战略理念构成挑战，一定程度上引发了当前美国的文化焦虑，这种焦虑情绪对当前美国的社会生活和政治生活造成一定程度的负面影响，但总体上是可控的。

［原载《人民论坛》2018 年 10 月 15 日］

① “The Partisan Divide on Political Values Grows Even Wider,” October 6, 2017. 皮尤研究中心官网（http://www.pewresearch.org）。

② “The Partisan Divide on Political Values Grows Even Wider,” October 6, 2017. 皮尤研究中心官网（http://www.pewresearch.org）。

论抗日战争时期美国对华政策的调整

自 1937 年 7 月中国抗日战争全面爆发到 1945 年 8 月 15 日日本宣布投降及 9 月 13 日向中国投降，美国基于其自身利益的考虑，对华政策经历了一个不断调整的过程，先后采取了“避免介入”“援华制日”“结盟抗日”“扶蒋反共”政策。不同的政策对中美关系及中国对日战争产生了不同的影响，特别是“扶蒋反共”政策给中国政治留下了极其负面的影响。国民党政府凭借美国全方位的支持，战后在国内推行独裁、反共反人民的政策，导致中国内战爆发。

一、美国“避免介入”政策（1937 年 7 月—1938 年 10 月）

1937 年 7 月 7 日，日本军队在卢沟桥发动了全面侵华战争。事变发生后，南京国民政府为了争取国际社会的同情与援助，在实行就地武力抵抗的同时，不断呼吁英美等国制止日本侵略。南京国民政府认为，英、美在远东拥有重要利益，又是《九国公约》的签署国，有制止日本侵略的法律义务；只要英、美合作出面制止日本侵略，就能避免中日间战祸蔓延。然而，美国此时却在远东推行“避免介入”政策，既不劝说中国“牺牲主权以购买和平”，也不支持中国对日采取行动的请求，甚至一再拒绝英国提出的联合“调停”中日冲突的建议。

7 月 12 日，针对中国要求美国出面调解的请求，美国国务卿赫尔表示，美国对中日双方保持“公正、友好的态度”，目前美国试图调停“就会触怒日本”，希望双方“都要克制”，拒绝了中国的要求。[①]美国还拒绝了英国先后在7月14日、20日提出的英美联合出面“调停”所谓“中日冲突”的建议。美国既不愿采取任何实际行动，以免得罪日本，但也不愿看到日本在中国肆意妄为。作为《九国公约》签署国，面对日本侵华对该公约的冲击，7月16日，美国国务卿赫尔发表了一个声明，要求中日双方都遵守国际社会所认可的准则，以维护中国的正常生活秩序。声明认为，目前在世界若干地区存在着紧张局势，表面看来，这仅仅牵涉到邻近的那些国家，但归根结底必然会涉及整个世界。武装冲突已经发生或即将发生的形势，使所有国家的权利和利益都受到了或将会受到严重的影响。赫尔声称美国政府的政策在于在本国和国际上自我克制；在推行政策时不使用武力，不干涉他国内政；通过和平谈判和协商的途径，调整国际关系中的有关问题；信守国际协议；维护条约不可侵犯的原则；贸易机会均等。[②]但美国这时并没有促使这个声明的原则付诸实现的行动计划。[③]8月13日，上海战火燃起。上海是英美等列强在华利益最为集中的地方，上海战争不仅将使中日间矛盾更加激化，而且会大大损害英美在华利益。对于日本侵略的扩大，美国的反应是重申“7·16”声明原则的普遍意义。美国国务院在8月23日的声明中表示，我们不想评判争端的是非，我们呼吁各方不要诉诸战争，从当前的远东争端一开始，我们就努力劝告中日双方政府，重要的是避免军事行动，维持和平。[④]在调解所谓“中日冲突”问题的布鲁塞尔会议前夕，美国政府指示赴会的代表：强调在会议自始至终的每一阶段，美国政府都不希望被推到前台去充当未来行动的带头人或建议者。[⑤]

美国此时采取“避免介入”政策的主要原因是：第一，孤立主义、和平主义思潮此时正在美国盛行。美国的孤立主义思想具有深刻的历史

---

① 参见［美］约瑟夫·C. 格鲁：《使日十年》，蒋相泽译，商务印书馆1983年版，第214页。

② Statement by the Secretary of State, Washington, July 16, 1937, Papers Relating to the Foreign Relations of the United States, Japan, 1931–1941, Vol. I, p. 326.

③ 参见陶文钊等主编：《抗日战争时期中国对外关系》，中共党史出版社1995年版，第34页。

④ Press Release Issued by the Department of State on August 23, 1937, Papers Relating to the Foreign Relations of the United States, Japan, 1931–1941, Vol. I, pp.356–357.

⑤ 参见［美］约瑟夫·C. 格鲁：《使日十年》，蒋相泽译，商务印书馆1983年版，第224页。

根源。1796年9月17日，美国第一任总统华盛顿在《告别演说》中讲道："我们对待外国的重大的行为准则是，在扩大我们的商务关系的同时，尽可能少与它们发生政治关系。"不能把美国的"命运与欧洲任何一部分的命运纠缠在一起，以至使我们的和平与繁荣卷入欧洲的野心争夺、利益、情绪或反复无常的罗网中去"。这些话被后来美国的孤立主义者奉为圭臬。孤立主义者认为，美国有得天独厚的两洋保护，世界上其他国家间发生的纠纷与美国关系不大，美国无须卷入。他们反对美国采取"国际主义"的外交政策。美国参加第一次世界大战某种程度上刺激了孤立主义者，在他们看来，参战是个错误，是政府的非中立政策把美国推向战争的。一战结束后，美国和平主义、孤立主义思潮一度盛行。这股思潮对当时美国的外交政策产生着不可忽视的制约作用。第二，当时国际上对侵略者盛行绥靖之风。20世纪30年代世界经济大萧条后，国际社会发生了深刻的变化，在欧洲，德、意两国法西斯势力上台后，在国内实行法西斯独裁统治，为转移国内矛盾，不断散布对凡尔赛体系不满的言论并开始一步步向该体系发起冲击。面对法西斯分子的侵略扩张，英、法等国采取绥靖政策，以妥协退让换来暂时的和平。日本发起对中国的全面侵略后，它们以为用同样的办法来安抚日本就可以换取自己的在华利益不受损害。在1937年9月、10月间所谓"讨论"中日争端的国联会议上，在11月的《九国公约》会议上，英、法代表互相观望，态度暧昧。在11月的《九国公约》会议之前，英国首相张伯伦明白地表示了英国政府的立场："到这个会议上去谈什么经济制裁、经济压力和武力是完全错误的。我们是在这里缔造和平，而不是扩大冲突。"[①] 法国更认为，想通过召开有这么多国家参加的会议来做成什么事情完全是徒劳的。因此，美国总统罗斯福在10月12日的一次广播演说中说："这次会议的目的是通过协议求得当前中国情势的解决……我们的宗旨是要同包括中国和日本在内的其他签字国合作。"[②] 可见，英、法、美等国的态度互相影响，谁也不愿出头来制止侵略，伸张正义。第三，日本此时的侵略还没有对美国

① ［美］赫伯特·菲斯：《通向珍珠港之路——美日战争的来临》，周颖如、李家善译，商务印书馆1983年版，第14页。

② 关在汉选译：《罗斯福选集》，商务印书馆1982年版，第163页。

的在华利益构成根本威胁。长期以来，美国对华坚持“门户开放”政策，就是通过“门户开放”“机会均等”来分享列强在华的侵略利益。日本在发动全面侵华战争之初，采取尽量避免与列强发生正面冲突政策，还口口声声保证尊重第三国在华权益。因此，美国此时对日本的侵华动向还处于观望阶段。一些美国人估计日本发动战争的目标是把苏联假想为敌。日本“北进苏联”的计划，正好符合美国反共主义的要求，借日本之手打击苏共，正是美国求之不得的事情。第四，美国在日本有着重要的经济利益。日本是美国三大重要出口市场之一，1932—1939 年，美国对日输出占美国总出口额的 7.3%—9.9%。[①]1937—1938 年，美国经济衰退正在萌芽，在这种背景下，日本市场对美国资本家来说尤为重要，他们反对制裁日本。

美国对日本侵华的“避免介入”政策，在很大程度上怂恿了日本的侵略行为。主要表现为：一是由于美国在这一时期上采取观望态度，其他列强也不愿出面干预，以西方列强为主导的国际组织自然也不会有所作为，致使日本更加肆无忌惮地扩大侵略范围。二是由于美国没有对日本采取经济制裁，日本侵略者可以源源不断地从与美国贸易中获得战略物资。1937—1938 年，从美国进口的军需品占日本军需品总进口额的 55%，日本从美国进口石油占日本总进口额的 50%；1937 年，美国对日本废钢铁的出口数量是 1931 年的 40 倍，价值达 3741 万美元，占日本废钢铁总进口额的 90%。[②] 可见，此时日美贸易方面给美国企业带来了可观的利润，同时对日本的侵华战略也是一种怂恿行为。

二、“援华制日”政策（1938 年 12 月—1941 年 12 月）

1938 年 10 月武汉会战结束，中国抗日战争进入相持阶段后，日本调整了对华政策。11 月 3 日近卫内阁发表的第二次对华声明，更加露骨地表明了日本侵华政策的目标，声明宣称，日本要建立“日满华三国合作”

① 参见陶文钊：《中美关系史（1911—1949 年）》，上海人民出版社 2004 年版，第 152 页。

② 参见杨生茂主编：《美国外交政策史（1775—1989）》，人民出版社 1991 年版，第 337 页。

的“东亚新秩序”。日本提出建立“大东亚新秩序”的设想，是对美国的“门户开放”政策的直接挑战，严重损害了美国在华利益。这就促使美国的远东政策开始转向“援华抗日”。1938 年 12 月，美国向国民党政府提供 2500 万美元的桐油借款。这是美国走向援华的第一步。

1940 年 3 月 30 日，就在汪伪政权宣告成立的当天，美国政府率先发表不予承认的严正声明，斥责日本用武力在中国扶持傀儡政权，强调重庆国民党政府是中国唯一的合法政府①，并宣布再次向国民党政府提供 2000 万美元的贷款；10 月 22 日，再次向中国提供 2500 万美元贷款的援助；1941 年 2 月 4 日，美国又向中国提供 5000 万美元的贷款。② 此后又多次向中国提供贷款。1941 年 8 月起，美国志愿人员组成航空“飞虎队”参加中国对日作战。③1941 年 5 月 6 日，美国宣布《租借法》适用于中国。④ 美国对日本的遏制力度不断加大。1938 年 12 月 30 日，美国政府针对《近卫声明》提出异议，指出美国政府不承认任何一个国家有必要和有理由在一个不属于它主要范围的地区内规定一个“新秩序”的条件和状况，并自命为这个“新秩序”的掌权者和代言人。⑤1939 年 7 月，美国通知日本废除《日美通商条约》。9 月起，美国对日本的“道义禁运”的范围逐步扩大。禁运范围从制造飞机用的主要金属铝、镁和钼到生产航空汽油的一切方法、设备和技术资料，直至废钢铁，实行全部禁运。

美国这一时期对华政策的变化主要原因是：第一，美国与日本争夺亚洲太平洋区域霸权的矛盾日益尖锐。日本侵华战争的扩大，使美国开始意识到日本在中国实行的政策确实反映出日本想谋求控制整个亚洲和

---

① Statement by the Secretary of State, March 30, 1940, Papers relating to the foreign relations of the United States, Japan, 1931–1941, Vol. IIII, p. 60.

② 参见陶文钊等主编：《抗日战争时期中国对外关系》，中共党史出版社 1995 年版，第 254、257、262 页。

③ 参见陶文钊：《中美关系史（1911—1949 年）》，上海人民出版社 2004 年版，第 178 页。

④ 参见陶文钊等主编：《抗日战争时期中国对外关系》，中共党史出版社 1995 年版，第 265—266 页。

⑤ The American Ambassador in Japan (Grew) to the Japanese Minister for Foreign Affairs (Arita), Tokyo, December 30, 1938, Papers relating to the foreign relations of the United States, Japan, 1931–1941, Vol. I, p. 824.

太平洋地区。特别是《近卫声明》提出了“大东亚新秩序”计划，表示要独霸亚洲太平洋区域，公然向美国“门户开放”政策挑战，使美国感到它在亚太地区的利益受到严重威胁，因而美国对日本在亚太地区的侵略扩张再也不能容忍下去，不得不对日本采取一些制裁措施。第二，美国对中国战场的战略意义有了新的认识。在中日战争刚开始时，美国的一些观察家都对中国持悲观态度，以为最多两三个月，中国就要失败。然而战争的发展并未如这些人所料。尽管中国在战争初期遭受了重大损失，但中国军民的顽强抵抗毕竟打破了日本速战速决的构想，迫使日本陷入持久消耗战中。中国人民在抗日战争中表现出的英勇顽强精神使美国领悟到中国抗战对于维护远东和平，对于维护它们自身在远东利益的战略意义。特别是在日本实施“南进”计划，并与德、意缔结同盟条约后，美国政府把日本和德国作为东西方的敌人而联系起来，认为日本不只是一个地区性的不稳定因素，而且与德意两国一同构成了对现存世界秩序的威胁。从这一认识出发，中国的战略地位就显得更为重要，中国成了美国借以遏制日本的一支重要力量。

然而，美国这一阶段“援华制日”政策的目的是想推迟与日本正面交锋的时间。“援华”在于增强中国进一步抗日的能力，“帮助中国使之成为不断缠住日本和消耗日本力量的地方”[①]，“制日”是为了在军备物资方面给日本侵略势力制造一些困难。“援华制日”政策的上限是避免与日本发生正面的冲突。主要原因是美国还没有做好两洋同时作战的准备。随着日本侵略势力的进一步猖獗，美国政府也认识到太平洋战争不可避免。但是在20世纪30年代，由于受绥靖主义、和平主义势力的影响，美国从精神到物资上都没有充分做好战争准备，面对一触即发的战争，美国的策略是尽量使太平洋战争推迟爆发，以便为自己赢得备战的时间。特别是在欧洲战争爆发后，美国政府认为对世界和平的主要威胁来自欧洲，西方文明的主要敌人是希特勒，因此，美国采取的是“先欧后亚”的战略。鉴于欧洲局势日益恶化，英国苦撑待援，美国政府必须全力控

---

① ［美］罗伯特·菲斯：《通向珍珠港之路——美日战争的来临》，周颖如、李家善译，商务印书馆1983年版，第144页。

制大西洋，以便确保英国海上通道畅通无阻。所以，美国的远东政策是尽量避免与日本在西南太平洋的直接冲突，以便集中力量首先挫败主要敌人德国，因此必须把对日制裁保持在一定限度内，因为严厉的经济制裁措施“将会促使日本为了在经济上达到自给自足铤而走险”[①]。正因为这一原因，美国曾一度热衷于与日本谈判，试图通过牺牲中国局部利益与日本达成妥协。

三、结盟抗日（1941年12月—1944年9月）

太平洋战争爆发，推动了美国与中国结成反法西斯战争的同盟，美国政府进一步调整制定了它的战时对华政策。为使中国政府能更积极有效地组织对日作战，牵制日军在太平洋上的行动，为美国的“全球战略”服务，美国的对华政策由援华制日转到结盟抗日。具体说来，美国采取了以下几个方面的政策：

（一）加强与中国的军事合作

首先，建立中国战区。太平洋战争爆发后，世界反法西斯阵线的形成，使中国抗日战争正式与世界反法西斯战争融为一体。为了更好地发挥中国在远东地区反法西斯主战场的作用，在罗斯福的建议下，正式成立了中国战区，蒋介石任总司令，下辖中、美、英三国代表组织联合作战参谋部。不久，罗斯福任命史迪威为中国战区参谋长，并兼任中缅印战区美军司令。[②]其次，改编和训练中国参加与美联合作战的部队。把原属于中国空军建制的美国空军志愿队并入美国陆军建制，改编为美国陆军第14航空队，后又与中国空军混编成军。同时，美国还为中国训练了大批军官，仅印度拉姆加尔训练中心，到1944年10月为中国培训军官5368名。[③]最后，中美为加强情报合作，1943年7月，在重庆成立中美特种技术合作所。

---

① ［美］约瑟夫·C. 格鲁：《使日十年》，蒋相泽译，商务印书馆1983年版，第360—361页。

② 参见石源华：《中华民国外交史》，上海出版社1994年版，第571页。

③ 参见吴东之编：《中国外交史》（民国时期，1911—1949年），河南人民出版社1990年版，第524页。

（二）加大对华援助的力度

中美结盟后，美国加大了对华援助的数额。1942 年 2 月，美国给中国巨额贷款 5 亿美元，超过了 1937 年到 1941 年 7 月贷款总数的两倍，而且未规定利率、偿还期、担保及借款用途。美国也加大了对中国租借物资的援助。美国《租借法案》出台后，由于美国在租借物资分配中执行“重欧轻亚”的原则以及援华物资运输存在严重困难，中国实际得到的租借物资十分有限。1942 年 6 月，根据《租借法案》，双方又签订了《中美租借协定》。该协定的签署，使中国在无偿获取美国大宗军事援助方面取得了充分的法律依据。据美方统计，战时美国对华租借援助总额 8.46 亿美元，其中除 2000 万美元须偿还外，其余都是无偿赠予。[①] 这一时期的美国援助已超过苏联而占第一位，大大提高了中国的抗战能力，同时，也进一步增强了国民党政府对美国的依赖。

（三）提高中国的国际地位

太平洋战争爆发后，美国政府一面与中国合作抗日，一面在世界反法西斯阵线中提高中国的国际地位。如在 1941 年 12 月—1942 年 1 月举行的阿卡迪亚会议上，罗斯福不顾丘吉尔的反对，坚持将中国列入《联合国家宣言》4 个领衔国之一，与美苏英并列。1942 年 10 月，美国宣布取消在华治外法权，并于次年 1 月与中国正式签订新约。同月，美国不顾苏联反对，支持中国作为《世界普遍安全宣言》的签字国。11 月，中美英在开罗举行最高级会晤，蒋介石与罗斯福、丘吉尔就战时及战后的军事、政治、经济极为广泛的议题交换了看法，共同商订了对日战争大计，发表了《开罗宣言》。宣言正式文件规定：中国应取得它作为四强之一的地位，并以平等的地位参与四强小组机构，并参与制定该机构的一切决定。[②] 这是中国大国地位正式得到明确承认的标志，对于提高中国的国际影响力起到了一定作用。

这一时期，美国与中国结成同盟共同抗日对美国既有短期的考虑又

---

① 参见《中美关系资料汇编》第 1 辑，世界知识出版社 1957 年版，第 1069 页。

② 参见《德黑兰、雅尔塔、波茨坦会议记录摘编》，上海人民出版社 1974 年版，第 448 页。

有长远的打算：短期政策是与中国有效地联合进行这场战争，并以较小的代价使中国成为一个从那里能极大地毁坏日本的作战基地。因为太平洋战争爆发后美国的全球战略仍是“先欧后亚”，因此特别需要中国顶住日本，牵制更多的日本兵力，以解除美国集中精力对付德意的后顾之忧。

然而，美国的这一对华政策目标与国民党政府对日战争的战略间存在一定的分歧。随着两国军事合作的深入发展，这种分歧日益增大。国民党政府对日战争的基本战略是将希望寄托于美英等国与日直接交战，运用英美的力量，解决中日战争问题。蒋介石认为，太平洋战争爆发后，日本的大部分兵力将被美国吸引过去，可以指望由美国替他打日本，他自身则利用西方的援助，保存实力，等待时机消灭共产党，这就是“消极抗日，积极反共”的战略。这种分歧的焦点就集中表现在如何对待中国共产党及其领导下的革命根据地和抗日武装力量的问题上。抗战以来，随着中共在敌后力量的增长以及控制区域的扩大，国民党对中共的压制与防范也愈益强硬，国共之间的军事对峙甚至武装摩擦也越来越多，这不可避免地削弱了中国抗日的力量，也严重影响了中国政局的稳定。美国对此感到忧虑。史迪威与蒋介石的矛盾就是其中一个表现。为了美国在华的长远利益，美国政府感到，必须迫使国民党政府进行必要的改革，以防止迫在眉睫的内战爆发，以便使全中国的力量共同抗敌，因此，美国政府一度利用在对华援助时有所限制，促蒋容共抗日。

美国政府长远打算主要是从美国战后全球战略来考量的。此时，美国总统罗斯福设想的战后国际新秩序是大国主导体制。美、英、苏、中“四个警察”应起支配作用。在大战时期，在英苏间出现分歧时，美国充当调解人的角色。如果战后这种状况继续下去，中国又站在美国一边，那么，美国实际上就凌驾于其他三国之上了。因而，美国力图通过战时与中国的结盟关系，增强对中国的影响，为其战后的全球战略服务。

尽管美国为了自身的利益，在提高中国国际地位方面做了一些工作，但美国是不可能真正把中国当成与其他大国平起平坐的一员的，更不用说与美国了。如中国抗战时间最久，但获得的租借物资却不及英国的5%，苏联的15%，甚至还不如退踞北非一隅的法国的半数。不仅如此，美国当时给英苏的租借物资，货一上船，所有权即归英苏，而给中国的租借物资即便运到中国，控制权仍在中国战区参谋长史迪威手中。[1]再如，1945年2月，美、苏、英三大国在雅尔塔会议达成的秘密谅解和妥协——《雅尔塔协定》，是以牺牲中国部分主权利益为交换的。协定事关中国主权，可是中国政府却被排除在会议之外。美、苏两国背着中国政府和人民，把中国利益私相授受，这就足以证明，作为四大国之一的中国在国际交往中，甚至直接涉及本国主权的交涉中，仍然处于无权地位，中国仍然是大国强权政治的牺牲品。[2]

当然，美国试图通过战时的援华、结盟政策扩大对中国的影响这一目的是达到了。通过抗日战争时期两国关系的发展，中国国民政府对美国的依赖性更强了。抗战以前，国民党政府在外交上对西方大国采取的是平衡战略。抗战爆发后，国民党政府曾寄希望列强调停中日间的冲突，但列强在这一问题上的态度使国民党政府的希望成为泡影。从1938年10月起，蒋介石政府把对美外交作为主攻方向。美国在抗战中后期加强了与中国的经济、军事关系，一方面是中国对美政策发挥了一定的作用，另一方面且更为重要的是美国控制和利用中国的政策取得了成功。

四、扶蒋反共政策（1945年4月—1945年8月）

1944年9月以后，国际形势发生了新的变化，欧洲反法西斯战争已胜利在望，日本的失败也只是时间问题。对美国来说，打击德日两国都将成为过去时，战后如何对付苏联的问题则日益突出。在此背景下，美国对华政策再次调整，美国对中国国内局势的发展方向非常关心，为了使中国战后的发展局势更有利于配合战后美国的远东战略，美国开始介入国共两党的矛盾，在调处国共矛盾的过程中，美国逐步确立了“扶蒋反共”政策。

抗日战争爆发之初，中国共产党与美国政府之间交往和接触很少，双方互不了解。随着抗日形势的日趋恶化以及蒋介石政府反共倾向的日

---

① 参见石源华：《中华民国外交史》，上海出版社1994年版，第602页。

② 参见陶文钊：《中美关系史（1911—1949年）》，上海人民出版社2004年版，第277页。

益显露，罗斯福政府开始关注中国的抗战局势。虽然美国只承认蒋介石政权是中国的合法政府，跟中国共产党也没有太多的往来，但美国为了使中国的抗日力量不致因中国内耗而削弱，采取了促蒋联共抗日的政策。特别是1944年4月，在日军发动的豫湘桂战役中，国民党军队大溃败。5月，日军南下湖南，使美国在中国的空军基地面临危险的情况下，美国总统罗斯福也曾将眼光投向了中国共产党。

中途岛战役结束后，日本侵略势力节节败退，太平洋地区战局捷报频传，取得对日战争的胜利已经指日可待，而对战后远东地区新秩序的安排也就提到了美国的议事日程上。此时的美国不再强调中国对日作战的能力，而侧重于使中国成为抵制苏联在亚洲扩张的缓冲地带，以便自己控制亚洲及太平洋地区。因此，美国政府在考虑国民党与共产党的问题时，一些人虽认识到中国共产党"已变成中国最有动力的力量"，"将必然会胜利"[①]。但是，美国政府还是认为国民党显然要比共产党可靠些。蒋介石毕竟与美国有老关系，在中国造成了美国"花了两个世纪才得到的成就"[②]。

1944年9月，赫尔利受命来华协调蒋介石、史迪威的关系，使美国战后对华政策初见端倪。后在美国国内战后对华政策的争论中，"扶蒋反共"政策占据上风。1945年4月2日，在争论中占上风的赫尔利以官方的身份在华盛顿举行了记者招待会，声称美国的政策是"承认中国的国民政府，而不是中国任何武装的军阀和武装的政党"[③]，赫尔利的这一谈话说明了美国对华政策"扶蒋反共"的格局已经确立。

抗战末期，美国"扶蒋反共"政策形成的主要原因，是随着世界反法西斯战争的形势逐渐向世界反法西斯阵线的方向发展，美国对华政策也由战时的短期政策向战后长远政策转变。如前文所述，自太平洋战争

① 《中国近代对外关系史资料选辑（1840—1949.7）》下卷，上海人民出版社1977年版，第206页。

② ［美］迈克尔·沙勒：《美国十字军在中国》，郭济祖译，商务印书馆1982年版，第122页。

③ Transcript of Press and Radio News Conference by the Ambassador in China (Hurley),Washington, April 2, 1945, Foreign Relations of the United States: Diplomatic Papers, 1945, The Far East, China, Vol. VII, pp. 317-320.

爆发以来，罗斯福所希望促成的一件事情，就是在战后亚洲出现一个能牵制日本和苏联，同时亲美的中国。美国政府认为，扶持蒋介石政府最符合美国战后的国家利益。美国“扶蒋反共”政策形成的另一个原因，跟美国外交政策中根深蒂固的反共意识形态有关。从1917年苏联十月社会主义革命胜利以后，美国就把共产主义当作西方文明的最大威胁，一直处心积虑地想消灭它。苏联社会主义政权刚刚诞生时，美国等西方列强为首的协约国就对它发动了三次围攻，企图把世界上第一个社会主义政权扼杀在摇篮中，之后又对苏联长期实施制裁。在20世纪30年代德日法西斯势力猖獗之时，美国又对法西斯分子采取绥靖政策，企图把法西斯这股祸水“东引”或“北引”，借德日法西斯之手消灭苏联。当美国认为法西斯势力对世界秩序的威胁超过苏联对西方文明的威胁时，美国只得与苏联联手，共同打击法西斯势力；当世界反法西斯战争即将结束时，美国外交战略中反共因素又上升起来。美国外交中根深蒂固的反共思想必然会对其对华政策产生影响。按照美国政治家一般的逻辑，中国共产党与苏联共产党同为共产党，一旦中国共产党在中国当政，其政治态势必然亲苏。而国民党虽有众多让美国不满意的地方，但与共产党相比，美国还是宁愿选择国民党。

当然，美国这时“扶蒋反共”政策的目的，主要是在国共争端中片面支持国民党政府，压迫中共接受蒋介石的条件。但是，这一政策给战后中国的政治留下了无穷的祸患。在这一政策的指导下，美国在政治、军事和经济各个方面加紧支持国民党政府。抗日战争行将结束之际，美国依然对国民党政府提供大量援助，表示在对其他各国相继停止租借物资的条件下，对国民党的援助仍“暂时将持续下去”[①]。据统计资料表明，仅1945年1—8月，美国政府就给予国民党政府22650万美元的经济援助，其数额相当于1943年、1944年两年经济援助总额（6000万元）的3.7倍，这期间给予国民党政府的租借军事援助总额也是前两年的2倍。[②]

---

① The Joint Chiefs of Staff to the Commanding General, United States Forces, China Theater (Wedemeyer), Washington, 10 August 1945, Foreign Relations of the United States: Diplomatic Papers, 1945, The Far East, China, Vol. VII, p. 527.

② 参见《中美关系资料汇编》第1辑，世界知识出版社1957年版，第497页。

国民党政府凭借美国全方位的支持，战后在国内推行独裁、反共反人民的政策，导致中国内战爆发。

综上所述，抗战时期美国对华政策调整的原则，是最大限度地实现美国国家利益。在这一原则指导下，美国政府根据抗日战争不同时期国际、国内形势的发展变化，对其对华政策进行了多次调整。抗战初期，由于美国对日本的侵略目标还没有清醒的认识，国内孤立主义、和平主义势力强大，国际上“绥靖主义”思潮盛行，再加上美国在日本有可观的经济利益，所以美国采取了“避免介入”对华政策。随着日本在华侵略扩大，日本企图独占中国并进而建立“大东亚新秩序”的野心严重威胁到美国的在华利益，美国对日本的侵略势力不能坐视不管，特别是德、意、日法西斯结盟后，美国政府更加深刻认识到日本也是世界秩序的破坏者，而中国人民英勇顽强地抵抗日本侵略的斗争，对美国具有重要的战略意义。所以，美国开始采取“援华制日”政策。但是由于美国还没有充分做好战争的准备，再加上欧战爆发后，美国的“先欧后亚”战略，因而美国的“援华制日”政策是以避免与日本发生正面冲突为目标的。太平洋战争爆发后，为了更好地发挥中国在亚太地区反法西斯的主战场的作用，美国采取与中国“结盟抗日”的对华政策。由于中国国民党的“消极抗日，积极反共”战略与美国的战略有分歧，在中国抗日战局恶化时，美国曾采取促蒋容共抗日政策。到了抗日战争末期，美国政府出于对战后国际新秩序的考虑，为了使战后远东国际局势向着有利于美国的方向发展，美国在调处国共矛盾时采取了“扶蒋反共”的政策。由此可见，在抗战时期，美国的对华政策无论做何调整，原则只有一个，即实现美国国家利益的最大化。

［原载《河南师范大学学报》2006 年第 1 期］

第二部分

外交政策及外交实践

周恩来与中国国际地位的提高

1949 年中华人民共和国的成立，不仅开辟了中国历史的新纪元，而且率先打破了雅尔塔体系，使国际政治力量对比发生了显著的变化。然而，在复杂、尖锐的国际环境中，新中国作为一个综合国力较弱的大国，在国际社会中的作用还比较有限，国际地位也相对比较被动。如何在复杂、尖锐的国际环境中提高新中国的国际地位，增强新中国在国际社会中的影响力，为国内建设创立一个有利的发展环境，是新中国第一代领导人面临的艰巨任务，也是中国外交战略的重要目标之一。周恩来作为新中国第一代国家领导人之一，新中国外交工作的创立者、指挥者和实践者，为新中国国际地位的提高作出了卓越的贡献。

一、国际地位界定及中华人民共和国成立的国际意义

国际地位是指一国在国际格局中的位置，它是由一定时期内该国拥有的综合国力决定的。综合国力是指一个主权国家赖以生存与发展所拥有的全部实力及其在国际社会中产生影响的综合能力。从理论上来讲，综合国力分为有形因素和无形因素两大类。有形因素包括人口、领土、自然资源和工业能力、军事能力、科技实力；无形因素包括政府机构的效率、领导人与领导集团、民心和社会凝聚力、对外交往能力和声誉、无法预知的偶然性因素。一国的综合国力在很大程度上决定了其在国际社会中的地位和作用，以及在重大国际问题上的影响力。

一国国际地位的提高主要表现在一定时期内该国在国际上的生存力、发展力及影响力的增强上。主权国家的生存力是指一国赢得他国家承认其合法国际地位，保卫自身的主权、领土和国家尊严不受侵犯的能力。国家的发展能力是指一国促进经济繁荣、科技进步和不断提高人民生活水平的能力。国家的影响力是指一国影响其他国际关系行为体采取符合自己愿望的能力。

中国是个具有5000多年悠久文明的古国，它创造了灿烂的东方文化，长期跻身世界先进民族前列。从公元元年到18世纪，中国一直是经济最为强盛的国家之一，占世界经济总量的比重从未低于20%，1820年更是达到了历史的最高峰，达到了32.9%。[①]然而，2000多年的封建统治严重阻碍了社会进步。1840年鸦片战争后，西方列强凭借坚船利炮，发动了一次又一次的侵略战争，逼迫中国签订一个又一个不平等条约，割去中国大片领土，掠去中国大批财富，使中国由一个泱泱东方大国逐步演变成一个四分五裂、战乱频仍、人民饱受奴役和欺凌的半殖民地半封建国家。面对帝国主义列强的横行霸道和封建统治者的丧权辱国，面对民族的深重灾难和人民的饥寒交迫，许多仁人志士前赴后继，苦苦求索救国之道，经过100多年的艰苦探索，终于在中国共产党的领导下，1949年10月1日，成立了新中国。

新中国的成立极大地提高了中国的国际地位。首先，新中国的成立结束了中国近现代100多年来外国殖民主义、帝国主义奴役中国人民的历史，一个完全独立的、占世界1/4人口的新中国屹立于世界东方，对国际力量结构对比将产生深远的影响。其次，新中国的成立冲破了雅尔塔体系，推动了战后国际秩序的变化，将为国际新秩序的建立注入新的因素。

然而，要真正赢得国际上的尊重，取得与其身份相称的国际地位，新中国还必须付出巨大的努力。

---

① 参见门洪华：《构建中国大战略的框架：国家实力、战略观念与国际制度》，北京大学出版社2005年版，第3页。

二、中华人民共和国成立之初面临的国际国内环境

虽然从人口总量、国土面积、自然资源方面来说，中国无可争议是一个大国，然而，新中国是在旧中国的废墟上建立起来的，一穷二白，还面临着复杂、尖锐的国际环境，要取得相应的国际地位还面临着不小的挑战。

从国内环境来看，成立之初，新中国面临着严重的经济困难，工业能力、军事能力、科技实力都是一穷二白。1949 年，中国的国民收入为 358 亿元，人均仅为 66 元。[①] 中国工农业产量同历史上的最高年产量相比，都有大幅度地下降。农业总产量仅达抗日战争以前的平均水平的 75%。[②] 工业生产情况更坏，如以历史上的最高年产量为 100，则 1949 年几种主要工业产品的产量如下：生铁降至 10.9，钢锭降至 15.8，钢材降至 7.8，煤降至 44.5，电力降至 72.3，棉纱降至 72.4，棉布降至 72.6，面粉降至 77.9，糖降至 29.6。[③] 中国主要工业产品产量在世界位次：钢，26 位；煤，9 位；原油，27 位；发电量，25 位。[④] 而人均都在世界的末位。机械工业几乎等于零，飞机、汽车、拖拉机、大型机械均不能制造。新中国的教育、科技事业也是在一个极不发达的基础上发展起来的。1949 年各级学校在校学生共 2577.6 万人，其中高等学校 11.7 万人，中等学校 126.8 万人，小学 2439.1 万人。全国平均每万人中有大学生 2.2 人。全国文盲占人口总数的 80%。[⑤] 科技水平极端落后，科研机构几乎没有，专业科研人员十分稀少。据统计，解放初期全国的科研机构（包括社会科学研究机构在内），总共才 40 个左右，研究人员只有 650 多人。1949 年 11

---

① 参见国家统计局编：《中国统计年鉴（1985）》，中国统计出版社 1985 年版，第 33 页。

② 参见中国社会科学院中央档案馆合编：《1949—1952 年中华人民共和国经济档案资料选编（综合卷）》，中国城市经济出版社 1990 年版，第 37 页。

③ 参见中国社会科学院中央档案馆合编：《1949—1952 年中华人民共和国经济档案资料选编（综合卷）》，中国城市经济出版社 1990 年版，第 65 页。

④ 参见国家统计局编：《中国统计年鉴（1998）》，中国统计出版社 1998 年版，第 993 页。

⑤ 参见蒋建华等主编：《中华人民共和国资料手册（1949—1999 年）》，社会科学文献出版社 1999 年版，第 741 页。

月，在原中央研究院、北平研究院和延安自然科学研究院的基础上，组建了中国科学院，但全部研究机构只有 22 个，研究人员 200 人。按 4.5 亿人口计算，全国科研机构、科研人员与总人口的平均比例是：每 1125 万人口中只有一个科研机构，每 70 万人口中只有 1 名科研人员。学科和门类的空白点很多。[①] 这就是说，新中国的国力是非常弱的。

与此同时，新中国还面临着尖锐、复杂的国际环境。第二次世界大战中，帝国主义列强中的德、意、日三个法西斯国家战败，老牌帝国主义国家英国和法国也受到极大的削弱。美国在第二次世界大战中发了横财，国力得到空前加强。1939—1944 年，美国工业生产增长了近两倍。战后初期，美国工业产量占资本主义世界的 1/2 以上，出口贸易占 1/3，黄金储备占 3/4，资本输出占世界第一位，而且是最大的债权国。美国的军事力量在战争期间也迅速膨胀，到战争结束时，其军队总人数高达 1212 万人，拥有世界上最强大的海军和空军，在海外建立了 484 个军事基地，还独家垄断着原子弹。[②] 高度膨胀的经济、军事实力，使美国野心勃勃，企图建立世界霸权。

苏联在第二次世界大战中付出了巨大的牺牲，但也赢得了崇高的荣誉和尊严，在战后国际政治舞台上影响力大大提高。在苏联共产党和苏联政府的领导下，苏联迅速恢复了被战争破坏的国民经济，加强了自身的经济实力，并在科学技术上取得重大成就，掌握了原子能利用方面的秘密，打破了美国的核垄断，这一切使苏联的综合国力进一步增强，国际威望更加提高。第二次世界大战的结果，使社会主义越出苏联一国范围，形成了强大的社会主义阵营，这对企图称霸世界的美国来说，是一个沉重的打击。

随着法西斯势力的崩溃，战时美苏同盟逐渐失去了存在的基础。美苏在战后世界安排和欧洲等一系列国际问题上的利益和矛盾冲突日益尖锐化和表面化。20 世纪 40 年代末，两国终于由盟友变成了对手。1947 年 3 月，美国抛出“杜鲁门主义”，国际社会从此开始呈现以美苏为首的

---

① 参见薄一波：《若干重大决策与事件的回顾》上卷，中共中央党校出版社 1991 年版，第 502 页。

② 参见方连庆等主编：《战后国际关系史》上，北京大学出版社 1999 年版，第 43 页。

两大阵营冷战对峙的格局。

第二次世界大战的胜利，给亚非拉民族解放运动开辟了更加广阔、更加现实的道路。战后，亚洲一大批殖民地、半殖民地国家挣脱殖民枷锁，取得了民族独立，建立了战后第一批新型的民族独立国家，使具有几百年历史的殖民体系从此走向土崩瓦解，对国际政治格局产生了重大影响。

中华人民共和国成立初期面临的安全环境比较严峻。首先，新中国受到来自美国的直接威胁。美国继续支持在台湾的蒋介石集团，对新中国采取不承认政策，并劝说其西方盟友在承认新中国方面与美国保持一致的政策。朝鲜战争爆发后，美国不仅政治上不承认新中国，而且对新中国采取经济上封锁和军事上包围的政策，并阻挠恢复新中国在国际组织中的合法地位。美国还把第七舰队派往台湾海峡，公开以武力阻止中国人民实现祖国的统一，并进行一系列试图把台湾从中国分裂出去的阴谋活动，因而对中国的国家主权和领土完整构成了直接的威胁。其次，以美国为首的西方资本主义国家，为了所谓的"遏制共产主义扩张"，从中国的东北方向到东南方向建立了一条弧形包围圈。中国的近邻韩国、日本、菲律宾、泰国等国家被纳入美国的反共战略中，使得这些国家的政府不同程度采取了敌视新中国的态度。

在如此严峻、复杂的国际国内环境中，冲破美国为首的西方阵营的封锁，巩固新生的政权，维护新中国的独立和安全，为新中国赢得国际上应有的地位，并为国内经济恢复和建设创造一个有利的国际环境，成为新中国外交的重要目标。

三、周恩来对新中国国际地位提高的贡献

周恩来是新中国外交政策的重要决策人、指挥者和实践家。在他长期的外交工作实践中，以其非凡的才智、豁达的外交风度、高超的外交艺术，维护了新中国主权独立和安全，在国际社会树立了新中国独立自主和平的外交形象，为新中国赢得了崇高的国际地位和威望。

（一）参与制定新中国的外交方针、政策，在国际上确立了新中国独立自主的地位

独立自主、自力更生是中共领导人民取得新民主主义革命胜利的基本经验。中华人民共和国成立前夕，周恩来把这一经验引申到新中国的对外关系中，作为指导新中国外交的总体原则。他指出，我们对外交问题有一个基本的立场，即中华民族独立的立场，独立自主、自力更生的立场。他认为，新中国外交的首要任务是维护来之不易的民族独立。

为实现新中国的真正独立，周恩来参与制定了中华人民共和国成立初期对外关系的基本方针——“另起炉灶”“打扫干净屋子再请客”和“一边倒”。“另起炉灶”就是指同旧中国屈辱外交彻底决裂，不承认国民党政府时期的一切外交关系，在互相尊重领土主权和平等互利的基础上，同世界各国建立新的外交关系。“打扫干净屋子再请客”，就是把帝国主义国家在中国的势力和特权逐步加以肃清后，再让外国客人进来。“一边倒”是毛泽东在 1949 年中国共产党建立 28 周年纪念日讲话中提出的。周恩来进一步阐述并在实践中坚持了这一原则。他说，“一边倒”的方针宣布了中国站在以苏联为首的和平民主阵营之内。[①]

中华人民共和国成立初期的三大外交方针充分体现了独立自主的精神。它们的提出和实行，对内彻底肃清了帝国主义的在华势力和盘根错节的影响，对外树立了严格的建交规范，彻底划清了与旧中国屈辱外交的界限。同时解决了当时最急迫的现实问题——获得国际社会的承认和支持。“一边倒”政策，使新中国一成立就赢得了苏联、保加利亚、罗马尼亚等社会主义国家的承认和支持，这对于巩固新中国的政权，打破敌对势力的封锁和禁运，防止可能遭受的外国干涉，是一个强有力的保证，也使得新中国以崭新的姿态出现于世界政治舞台。

（二）维护国家的主权和领土完整，反对强权和霸权主义者的军事威胁，增强新中国的生存能力

主权和领土完整是国家的核心利益，是一国赖以生存和发展的基础。

---

① 参见中华人民共和国外交部、中共中央文献研究室编：《周恩来外交文选》，中央文献出版社 2000 年版，第 50 页。

在维护主权和领土完整，反对外国干涉中国内政问题上，周恩来的立场是非常坚决的。朝鲜战争爆发后，美国开始在台湾问题上干涉中国内政，无视国际法对台湾地位的明确规定，宣布“台湾地位未定论”。1950 年 6 月 27 日，杜鲁门宣布：“台湾未来地位”的决定，必须等待太平洋安全的恢复、对日和约的签订或经由联合国的考虑。[①]6 月 28 日，周恩来以外交部部长名义发表声明，严正驳斥杜鲁门的上述说法。他郑重宣布：不管美国帝国主义者采取任何阻挠行动，台湾属于中国的事实，永远不能改变；中国必能收复台湾和一切属于中国的领土。[②]周恩来在表明中国政府和中国人民的原则立场的同时，一再警告：如果美国政府以为可以用战争威胁来吓倒中国人民，来使中国承认“两个中国”，承认美国侵占台湾和侵入台湾海峡的行动为合法，那是梦想；如果美国硬要把战争打到中国头上，我们是一定要抵抗到底的，我们决不屈服。我们愿意通过和平谈判解决中美之间的国际争端，但是，我们维护国家主权和解放台湾的决心是不可动摇的，美国政府制造“两个中国”的阴谋是绝对不能得逞的。[③]正是这种维护国家独立、主权的坚定立场和不畏强暴的英勇气概，迫使美国当权者从 20 世纪 60 年代末开始改变敌视新中国的政策，承认新中国是国际社会中不可忽视的力量，在 70 年代初，实现了美国总统首次访华。在《中华人民共和国和美利坚合众国联合公报》中，美国第一次公开正式表示，它认识到中国只有一个，台湾是中国的一部分，而且肯定美国武装力量和军事设施从台湾全部撤出的最终前景，从而推动两国关系由对峙走向缓和。同时，带动了国际社会新一轮与中国建交的高潮，使新中国的国际活动空间得到了大幅度拓展。

对霸权主义者对新中国安全造成的威胁，周恩来采取决不示弱、针锋相对的立场。朝鲜战争爆发后，美国增兵朝鲜半岛，美机还在中国边

① Harry S. Truman, “Statement by the President on the Situation in Korea, ” June 27, 1950, 美国总统项目官网（https://www.presidency.ucsb.edu）。

② 参见中华人民共和国外交部、中共中央文献研究室编：《周恩来外交文选》，中央文献出版社 2000 年版，第 19 页。

③ 参见中华人民共和国外交部、中共中央文献研究室编：《周恩来外交文选》，中央文献出版社 2000 年版，第 108、222 页。

境侦察空袭，使中国的国家安全受到了极大威胁。在这种情况下，周恩来代表中国政府发表声明，表示，中国人民热爱和平，但是为了保卫和平，从不也永不害怕反抗侵略战争。中国人民决不能容忍外国的侵略，也不能听任帝国主义者对自己的邻人肆行侵略而置之不理。1950 年 10 月 3 日，周恩来通过印度驻华大使潘尼迦警告美国：如果美军越过“三八线”，扩大战争，我们不能坐视不顾，我们要管。但是，美国政府对中国政府的警告却置若罔闻，不予重视。7 日，以美国为首的“联合国军”悍然越过“三八线”，扩大战争。唇亡齿寒，使中国不得不走上抗美援朝的道路。在抗美援朝期间，周恩来承担参谋长、后勤部长和谈判总指挥的角色，为抗美援朝战争的胜利作出了重要贡献。抗美援朝战争中，中华民族以自己巨大的民族牺牲回击了美国的挑战，遏制了美国“遏制共产主义”和称霸全球的战略，为保卫社会主义阵营和世界和平作出巨大贡献，同时也极大地提升了中国的国际地位。首先，使国际社会尤其是美国认识到新中国是一支不可忽视的力量，解决中国周边的热点问题必须有中国的参与。正是在这种背景下，新中国第一次以大国的身份受邀出席 1954 年解决朝鲜问题和印度支那问题的日内瓦会议。会议期间，周恩来以中国代表团团长身份进行了出色的外交活动，促使会议就印度支那问题达成协议，恢复了印度支那的和平，为亚洲和世界的和平作出了贡献，在国际上也为中国树立了和平的形象。其次，扩大了中国在新独立的民族国家中的影响。新中国在自身十分困难的时期尽全力援助比自己更为危难的友好国家，在朝鲜停战之后迅速撤出部队，体现了新中国重信誉、讲道义的外交原则，展示了良好的大国风范，为支持民族国家的独立运动，团结广大被压迫民族奠定了基础。

（三）倡导和平共处五项原则，增进了中国周边国家的相互理解和信任，促进了中国与其他国家关系的发展，为新中国发展创造了一个良好的国际环境

1953 年 12 月，周恩来在中印谈判中第一次较完整地提出了和平共处五项原则，即互相尊重领土主权、互不侵犯、互不干涉内政、平等互惠、和平共处。这五项原则为 1954 年 6 月 28 日《中印两国总理联合声明》和 1954 年 6 月 29 日《中缅两国总理联合声明》所采纳，并且载入了中

华人民共和国的第一部宪法。周恩来倡导的五项原则促进了中国与邻邦关系及其他国家关系的发展。

和平共处五项原则为第一次亚非会议的成功举行发挥了重要作用，也使中国广泛赢得了亚非国家的理解和信任。1955 年 4 月，亚非 29 个国家在印度尼西亚万隆举行第一次亚非会议。周恩来率领中国代表团参加了这次会议。会议期间，与会各国代表对亚非新兴民族国家究竟应该如何处理与相互对峙的两大阵营的关系意见不一。有些国家的代表由于历史原因以及对新中国缺乏了解，在发言中也表示了对中国的疑虑。当整个会议很可能演变成一场政治思想大混战和当会议难以达成最后协议的关键时刻，周恩来先后两次登台讲话，提出了“求同存异”的方针，呼吁各国撇开分歧，加强团结合作，并向各国代表介绍了中国的原则立场。他说，我们现在准备在坚守五项原则的基础上与亚非各国，乃至世界各国，首先是我们的邻邦，建立正常关系。中国人民选择和拥护自己的政府，中国有宗教信仰的自由，中国决无颠覆邻邦政府的意图。[①] 周恩来的发言，使一些亚非国家的代表消除了对新中国的偏见、疑虑、误解，开始对新中国的外交政策产生理解和信任。周恩来以原则性与灵活性巧妙结合的外交艺术，使和平共处五项原则的内容以“十项原则”的形式为亚非国家所接受。后来，国际上将这“十项原则”称为“万隆精神”。周总理在会议上展示的卓越才能、高贵品质和为会议成功作出的特殊努力与贡献，大大提高了新中国的国际地位和声望。正如费正清所说，在 20 世纪 50 年代中期，中国外交政策奉行的是和平共处路线，亦可称万隆路线。中国的威望稳定上升，影响愈益加强，在一段时间内，中国似乎正成为世界新独立国家的旗帜。[②]

亚非会议以后，周恩来用和平共处五项原则来解决中国与周边国家之间长期遗留下来的历史问题。他亲自领导解决了中国与邻国的边界问题，海外华侨的国籍问题，赢得了周边国家的信任，改善了中国与邻邦的关系，为国内经济建设创造了有利的周边环境。

---

① 参见中华人民共和国外交部、中共中央文献研究室编：《周恩来外交文选》，中央文献出版社 2000 年版，第 124 页。

② 参见《剑桥中华人民共和国史（1949—1965）》，上海人民出版社 1990 年版，第 278 页。

和平共处五项原则的提出意义重大。从当时中国对外关系的全局来看，它是新中国突破美国的遏制和孤立，发展对外关系的有效手段。亚非会议后，在和平共处五项原则的指导下，中国同亚非国家关系有了广泛的发展，与中国正式建交的国家随之增多，1955—1964 年，共有 26 个亚非国家与中国建交。1964 年 1 月，在和平共处五项原则的基础上，中国与法国建立外交关系。法国是第一个与中国建立外交关系的西方大国，这是对美国孤立中国政策的沉重打击。从建立国际政治新秩序的角度来看，和平共处五项原则是二战后国际上盛行的霸权主义、强权政治的对立物，为国际关系民主化进程注入了新的因素，使中国的国际威望得到大幅度提升。

（四）提出处理中国同非洲和阿拉伯国家关系五项原则和对非洲国家经济援助五项原则，为中非关系的进一步发展奠定了良好的基础，也提高了中国在亚非国家中的影响力

中华人民共和国成立初期，非洲大陆正开展民族解放运动，独立国家不多。这些独立国家由于受美国和西方国家反华宣传的影响，对中国疑虑甚多，而缺乏同中国建交的愿望。周总理通过参加万隆会议打开了中非建交局面，并掀起非洲国家同中国建交的第一个浪潮。1955—1963 年，非洲共有 13 个国家与中国建交。

为了增进中非友谊，不断拓展中国与非洲关系新局面，加强对非洲大陆反帝、反殖斗争的支持，周恩来多次对非洲国家进行访问，成为当时世界大国中访问非洲次数最多、访问非洲国家最多的政府首脑。这充分说明中国和领导人包括周恩来高度重视非洲和中非关系。这些访问增强了非洲国家对中国的了解与友谊，推动了中非关系的全面深入发展，促进了非洲大陆的民族解放进程。其中 1963 年末到 1964 年初，周恩来对 10 个亚非国家的访问，是周总理对非洲最重要和影响最大的一次访问。在访问过程中，周恩来根据非洲和阿拉伯国家大都是刚独立不久的中小国家的情况，提出了处理中国同非洲及阿拉伯国家关系的五项原则和中国对非援助五项原则。周恩来倡导的这些原则主要是：（1）各国在国格上一律平等、国家主权神圣不可侵犯、不干涉内政、和平解决国际争端，和各国互相尊重、互利合作、和平共处等现代国际关系的基本要

素。（2）大国必须尊重和维护中小国家的独立自主地位和选择自己的社会制度、发展道路及决定本国内外政策的权利。在东西方两大集团对抗的格局下，尤其强调要尊重中小国家，奉行和平、中立、不结盟政策。（3）中国对非援助是建立在平等互助的基础上，而不是单方面的恩赐，不附加任何条件与特权，援助的目的是帮助受援国提高自力更生、独立发展的能力，而不是造成它们对中国的依赖。中国正是根据周恩来这些思想，对非洲国家提供了慷慨无私的援助。这些原则同大欺小、强凌弱、富压贫的强权政治与“丛林法则”彻底划清了界限，体现了国际关系发展的真正本质，是新型国家秩序赖以建立的法理与道义基础，完全符合非洲国家的利益、愿望与要求，受到他们的热烈欢迎与赞同。因此，非洲国家普遍认为中国是当今世界上对他们最真诚无私、真正平等相待和真正尊重、重视他们的唯一大国，是他们最可信赖的朋友。他们因而把发展对华关系作为其对外政策的重点。

（五）经过不懈努力，促进了新中国在联合国合法席位的恢复，确立了中国的大国地位

中国是联合国的创始会员国，根据国际法公认的原则，中华人民共和国成立后，理所当然由中华人民共和国政府代表中国人民参加联合国的工作和会议。然而，这一席位长期为台湾国民党当局窃据。周恩来为恢复中国在联合国的合法权益进行了不懈的斗争，倾注了巨大的精力和心血。

中华人民共和国成立后，周恩来多次致电联合国秘书长和联大主席，申明中华人民共和国政府是代表中国人民的唯一合法政府，要求把已经根本不能代表中国的台湾国民党集团的非法代表驱逐出联合国，并容许中华人民共和国政府的代表参加联合国的工作。在周恩来等人的努力下，联大决定成立特别委员会，考虑中国在联合国的代表权问题。然而，1951 年，美国操纵第六届联大否决了苏联等国代表提出的将恢复中华人民共和国合法席位问题列入联大议程的提案，并通过了“延期审议”中国代表权问题的决议。直至 1960 年，美国一直蛮横无理地采用“延期审议”的手段阻挠讨论恢复中华人民共和国席位的提案。

1961 年，第十六届联大决定将中国代表权问题列入联大议程。这是对美国为阻挠恢复新中国合法权利而设置的重重障碍的重大突破。为继

续阻挠新中国恢复在联合国的合法权利，美国再次操纵联大通过决议，规定中国代表权属于“重要问题”，必须有2/3的多数通过，从此拖延中华人民共和国合法席位的恢复。然而，随着中国国际威望的提高，赞成中国恢复联合国合法席位的国家越来越多。1970年，第二十五届联大关于恢复中国在联合国一切合法权益并驱蒋的提案首次出现赞成票超过反对票的局面。1971年10月25日，阿尔巴尼亚等国提出的恢复中国合法席位的提案，以压倒多数获得联合国大会通过。10月26日，周恩来接到联合国秘书长吴丹发来的通知后，立即决定派遣代表出席第二十六届联合国大会。周恩来以坚决的态度、明智的策略和不屈不挠的斗争精神，为新中国赢得了代表中国人民参加联合国机构和会议的权力。新中国在联合国中合法代表权力的恢复，使新中国的国际地位得到进一步的提高。作为安理会常任理事国中唯一一个发展中国家，中国将为维护发展中国家的利益，为国际政治经济新秩序的建立作出应有的贡献。

［原载徐行主编《二十一世纪周恩来研究的新视野》，中央文献出版社2008年版］

20世纪80年代初中共对中国外交战略的调整

20世纪80年代初，中共对中国外交战略进行了调整，明确提出坚持独立自主外交战略，这一具有里程碑意义的战略调整，对开创新时期中国外交的新局面起到了积极的推动作用。因此，这一问题也是当代中国外交史研究中的一个重要问题，学界在研究中国外交战略发展的历史过程、邓小平外交战略思想时对于这一问题给予了一定关注。但目前学界对于这一问题的研究还缺乏系统性，主要表现在：一是对本次中国外交战略调整的历史过程的研究尚欠系统，二是对本次战略调整的历史意义的认识还有待深入。本文在借鉴学界已有的相关研究成果的基础上，针对当前该领域研究中存在的不足，以文献解读的方法对本次中国外交战略调整的历史过程作一系统的梳理，并认为这次中国外交战略调整是中国外交战略发展史上的一次具有里程碑意义的重大调整。

一、中共对中国外交战略调整的历史过程

中共十一届三中全会后，随着中国改革开放各项工作的展开，中国领导人开始酝酿调整中国的外交战略。党的十二大正式对中国20世纪70年代坚持的“一条线”外交战略作了调整，确定新时期中国外交战略是独立自主外交。这一战略的基本内容是中国不同任何大国结盟，在独立自主、和平共处五项原则的基础上，同世界一切国家包括结盟国家和不结盟国家建立和发展各方面的关系。

（一）中国领导人关于调整中国外交战略的思考

中共十一届三中全会后，随着国家工作重心的转移，中国领导人开始酝酿调整中国的外交战略。1981 年 1 月，邓小平关于发展中美关系的谈话表明了中国领导人着手考虑调整对美国政策。针对美国一些人认为的“中国太落后，不值得美国重视”“中国有求于美国，而美国无求于中国”“如果美国政府对苏联采取强硬政策，像台湾这样的问题，中国可以吞下去”，邓小平指出，中国人向来是根据自己的见解行事的，中国建设一定要坚持自力更生为主的原则；过去在非常困难的条件下，我们都能够生存，即使现在世界发生大的动乱和各种难测的变化，中国自己也能够活下去；以为中国有求于人的判断，会产生错误的决策；中国出于对苏联的战略会把台湾问题吞下去，这不可能。[①] 由于美国是当时国际社会两极格局中的一极，中美关系对中国对外战略具有关键意义的影响，因而对美政策的调整就预示着中国对外战略的调整。随后，1981 年 6 月，中共十一届六中全会上对中国的外交工作必须坚持独立自主、自力更生的原则作了比较明确的阐述。会议指出，尽管我国经济文化还比较落后，我们对待世界上任何大国、强国和富国，都必须坚持自己的民族自尊心和自信心，决不允许有任何奴颜婢膝、卑躬屈节的表现。[②] 之后，中国领导人分析国际形势时，不再强调苏联的扩张，而是恢复了对两霸争夺世界霸权的抨击，并认为当今世界紧张动荡的根源是两个超级大国的争夺。从反对霸权主义的立场出发，中国领导人进一步阐明，中国不会依附于任何一个大国。1982 年 8 月 20 日，中国外长黄华与联合国秘书长德奎利亚尔会谈中强调了中国的外交方针，他说，我们外交政策的基本点是反对霸权主义，维护世界和平，不管这种霸权主义来自何方，中国不会依附任何一个超级大国，中国不会打“美国牌”去对付苏联，也不会打

---

① 参见邓小平：《发展中美关系的原则立场》，载《邓小平文选》第 2 卷，人民出版社 1994 年版，第 376—377 页。

② 参见《关于建国以来党的若干历史问题的决议》，载《三中全会以来重要文献选编》下，人民出版社 1982 年版，第 835 页。

“苏联牌”去对付美国，也决不允许任何人玩“中国牌”。[①] 由此可见，经过两年多的酝酿，到党的十二大召开前夕，中国领导人关于中国外交战略调整的考虑已经比较成熟。

（二）党的十二大对中国外交战略作出正式调整

党的十二大确立的外交基本方针是坚定地坚持独立自主的原则。正如邓小平在党的十二大的开幕词中所讲，中国的事情要按照中国的情况来办。独立自主，自力更生，无论过去、现在和将来，都是我们的立足点。中国人民珍惜同其他国家和人民的友谊和合作，更加珍惜自己经过长期奋斗而得来的独立自主权利。任何外国不要指望中国做他们的附庸，不要指望中国会吞下损害我国利益的苦果。[②] 同时，党的十二大报告中首次以“坚持独立自主的对外政策”为次标题，对新时期中国的外交政策进行了较为全面的谋划，并强调中国决不依附于任何大国或者国家集团，决不屈服于任何大国的压力。[③] 至此，中共把维护国家独立自主处理对内、对外事务的主权权益作为新时期中国外交战略根本的出发点。

独立自主是中华人民共和国成立以来中国外交始终坚持的一项基本原则。早在中华人民共和国成立前夕，中共领导人毛泽东就指出，中国的事情必须由中国人民自己作主张，自己来处理，不容许任何帝国主义国家再有一丝一毫的干涉。[④]1949 年 9 月，具有新中国临时宪法作用的《中国人民政治协商会议共同纲领》也规定：中华人民共和国外交政策的原则，是保障本国独立、自由和领土主权的完整。这些规定确立了新中国独立自主外交政策的基本框架。在新中国前 30 多年外交的实践中，无论是采取“一边倒”还是“一条线”的战略，都始终没有放弃坚持独立自主的原则立场。

党的十二大再次强调坚持独立自主的原则，并把它作为新时期中国外交战略的出发点，一方面是对中国长期以来始终坚持的独立自主原则

---

① 参见《黄华欢宴联合国秘书长一行 黄华同佩雷斯·德奎利亚尔举行会谈》，《人民日报》1982 年 8 月 21 日。

② 参见中共中央文献研究室编：《邓小平思想年编》，中央文献出版社 2011 年版，第 829 页。

③ 参见《十二大以来重要文献选编》上，人民出版社 1986 年版，第 39—40 页。

④ 参见毛泽东：《在新政治协商会议筹备会上的讲话》，载《毛泽东选集》第 4 卷，人民出版社 1991 年版，第 1465 页。

的坚持与发展，如上文邓小平关于独立自主外交战略的论述中，把维护国家主权权益作为新的中国外交战略的首要任务，这与中华人民共和国成立以来所坚持的独立自主的原则是一脉相承的。另一方面，在新的历史条件下，也为之注入了新的内容，主要体现就是不同任何大国结盟。之前中国采取的“一边倒”“一条线”战略，虽然是中共领导人依据当时的国际国内形势及中国国家利益作出的战略选择，但是因为这两个战略的基本理念仍是结盟外交，苏联作为盟国，美国作为准结盟国，在当时都或多或少对中国独立自主的外交产生了负面影响。

（三）新时期中国外交战略内容的丰富和完善

新的外交战略在党的十二大正式确立之后，随着国际国内形势及中国外交实践的不断发展，这一战略的内容也不断得到丰富和完善。1984年5月，邓小平会见巴西总统若昂·菲格雷多，对中国的新外交战略作了进一步解释，他指出，中国的对外政策是独立自主，是真正的不结盟。[①]处理国与国之间关系，最具强大生命力的就是和平共处五项原则。[②]1986年3月，全国人大六届四次会议的政府工作报告中，对中国外交政策的主要内容和基本原则进行了较为系统的归纳，报告提出：中国决不依附于任何一个超级大国，也决不同它们任何一方结盟或建立战略关系。并说，中国在任何时候和任何情况下都坚持独立自主，对一切国际问题都根据其本身的是非曲直决定自己的态度和对策。中国判断是非的标准，就是看它是否有利于维护世界和平、发展各国友好合作和促进世界经济繁荣。[③]至此，党的十二大确立的新的外交战略，通常称为“独立自主外交战略”的内容日臻完善。主要是：（1）不结盟，不对抗，不针对第三国。（2）在国际事务中，中国是根据事情本身的是非曲直和中国人民及世界人民的根本利益来决定自己的立场。（3）在和平共处五项原则的基础上，同世界一切国家包括结盟国家和不结盟国家建立和发展各方面的关系。

---

① 参见中共中央文献研究室编：《邓小平思想年编》，中央文献出版社 2011 年版，第 500 页。

② 参见中共中央文献研究室编：《邓小平思想年编》，中央文献出版社 2011 年版，第 520 页。

③ 参见《关于第七个五年计划的报告》，载《十二大以来重要文献选编》中，人民出版社 1986 年版，第 962 页。

二、中共调整中国外交战略的依据

20 世纪 80 年代初，中共对中国外交战略调整的主要依据是：20 世纪 80 年代初国际格局及中美苏三角关系的新变化，中国领导人对国际局势发展方向、中国国际地位、国家利益和目标的深刻认识和及时把握及对中国正在坚持的外交战略重新审视。

（一）国际格局及中美、中苏关系的新变化是此次中国外交战略调整的客观依据

80 年代初，国际格局虽然仍是美苏两极对峙，但美苏两个超级大国的力量对比发生了变化。苏联在阿富汗战争中陷入了被动，国力削弱，对中国的威胁有所减弱。美国由于摆脱了越战的包袱，实力有所恢复和增强，特别是里根政府上台之后，提出了“重振国威”的口号，增加军费开支，实行强硬的对苏政策，加剧了与苏联的争夺，也加剧了国际紧张局势。美国和苏联之间的较量由之前的苏攻美守转入僵持、互有攻守的局面。中国作为国际格局中独立于美苏之外的一支重要力量，块头大，分量重，如果加在美苏任何一方，都会使国际战略力量失去平衡，而不利于国际局势的稳定，也对中国不利。国际格局中的这种新变化使中国政府不能不去重新审视，并在外交上作出相应调整。

在美苏关系趋向紧张的同时，中美、中苏关系发生了一些新变化。中美关系出现了一系列波折、困难和摩擦。先是美国在中美建交不久即通过“与台湾关系法”，对刚刚建交的中美关系造成冲击。后是美国总统里根入主白宫后，美国对台军售问题几乎引发中美关系的倒退。1982 年中美发表“八一七”公报，才使中美之间因美国售台武器所引发的危机有所缓解。中美关系经历的这些波折和摩擦，再加上上文提到的美国一些右翼人士关于中国的一些片面看法，引发了中国领导人对中国对美政策的思考。与此同时，中苏露出一缕缓和的曙光。苏联为了应对美国的战略攻势，开始寻求缓和与中国的关系。1982 年 3 月 24 日，苏联领导人勃列日涅夫在塔什干就中苏关系发表讲话，表示希望改善中苏关系，呼吁中苏应该实现关系正常化。中美苏三角关系的这种微妙变化，为中

国在美苏间争取更大的回旋余地提供了机会。

（二）中国领导人对国际局势的发展方向有了新的认识

中华人民共和国成立后，中国领导人在相当一段时间内对国际局势的判断认为，由于帝国主义战争根源的存在，战争的危险性是一直存在的，一度认为大战危险已经迫在眉睫，并在国内做好早打、大打及打核战争的准备。中共十一届三中全会后，中国领导人对战争问题的看法开始有所变化，虽然仍坚持“世界战争不可避免”，但不再认为“迫在眉睫”，而是强调有可能争取延缓战争的爆发。1980 年 1 月 16 日，邓小平在中央干部会议上表示，我们有信心，如果反霸权主义斗争搞得好，可以延缓战争的爆发，争取更长一点时间的和平。[①]1981 年 3 月 3 日，邓小平在听取军队同志汇报时指出，我看大仗几年打不起来。美苏两霸在战争问题上，谁也不敢先发动。我们不要自己吓唬自己，造成人为的紧张。[②] 基于上述判断，中国领导人考虑把反对霸权主义、争取和平的环境作为中国外交的一个重要目标。

（三）国家利益优先次序的变化是此次中国外交战略调整又一客观依据

国家利益是指主权国家全体人民生存、发展所需要的物质和精神要素的综合，包括如下内容：国家的安全利益、经济利益、政治利益、文化利益。安全利益集中表现在保护国家有形本体的存在上，包括维护本国领土完整、人民生存不受外来势力的控制侵略等方面的利益。这是一个国家首要的、根本的利益。国家的经济利益表现为一个国家经济发展、科技进步、人民生活水平不断提高和社会繁荣等方面的利益。政治利益主要表现为主权独立、国际地位及国际影响力等方面的利益。文化利益表现在意识形态的维护，历史文化传统的保持，民族认同感的确立和维系等方面的利益。各种国家利益在不同条件下的重要性是不一样的。在一定条件下，当某种国家利益成为更紧迫实现的需要时，这种国家利益

---

① 参见邓小平：《目前的形势和任务》，载《邓小平文选》第 2 卷，人民出版社 1994 年版，第 241 页。

② 参见邓小平：《目前的形势和任务》，载《邓小平文选》第 2 卷，人民出版社 1994 年版，第 241 页。

在排序上就先于其他种类的国家利益。1978 年 12 月，在中共十一届三中全会上，中共中央作出实行改革开放，把全党工作的重心转移到社会主义现代化建设上来的战略决策。党的十二大对社会主义现代化建设作出了具体的战略部署，提出从 1981 年到 20 世纪末的 20 年间，我国经济建设总的奋斗目标是，在不断提高经济效益的前提下，力争使全国工农业的年总产值翻两番。[①] 中国要实现这样的经济建设目标，迫切需要一个和平的国际环境。正如邓小平所强调的：我们面临发展和摆脱落后的任务。我们希望有一个和平的国际环境。我们希望至少有 50 年到 70 年的和平时间。[②] 国家的外交战略是国家总体战略的重要组成部分，并为国家总体战略服务的。经济建设成为国家工作的重心，意味着发展利益上升为国家利益的核心。相应地，中国外交目标也要从重点维护国家传统的安全利益转移到实现和维护国家的发展利益上来。

（四）“一条线”战略在中国外交实践中也产生了不利的一面

首先，制约了中国外交的回旋余地，使中国外交上的灵活性和主动性受到一定的影响。“一条线”战略与“一边倒”战略一样，都是以战略关系划线。“一条线”战略强调“联美抗苏”，突出了中国与苏联的敌对关系，美国却利用其与中国的战略关系与苏联又争夺又对话，使中国在中美苏战略三角关系中居于被动地位。其次，“一条线”战略不利于中国安全环境的进一步改善。由于中苏相邻，“一条线”战略下，中国处于反苏霸权的前沿阵地，使中国的安全环境受到挑战。另外，由于中国采取“以苏划线”的做法，使中国与苏联集团、对苏联有好感及在中苏间保持中立的国家的关系变得或敌对，或复杂化，或与中国疏远，这对于中国安全环境的进一步改善也产生了不利的影响。

三、中共调整中国外交战略的历史意义

20 世纪 80 年代初，中共对中国外交战略的调整是中华人民共和国成

---

① 参见《十二大以来重要文献选编》上，人民出版社 1986 年版，第 14 页。

② 参见邓小平：《目前的形势和任务》，载《邓小平文选》第 2 卷，人民出版社 1994 年版，第 241 页。

立以来中国外交战略发展史上的一次具有里程碑意义的重大调整，它是中国外交战略思想、战略目标及战略途径的全面调整，由此而确立的独立自主外交战略提升了中国的国际地位，为中国经济建设创造了相对有利的环境。

（一）中共中国外交战略的调整是中国外交战略发展史上一次具有里程碑意义的重大调整

本次调整不同于之前中国外交战略的调整，它是对中国外交战略指导思想、战略目标及战略途径的一次全面调整。新中国前30多年，虽然依据国际国内局势的变化，中国外交战略经过了从“一边倒”到“两条线”，再到“一条线”“一大片”的调整，但这些调整只是战略实现方式上的调整，外交战略的指导思想、战略目标及战略途径并没有发生根本性的改变。新中国前30多年，中国的外交战略主要是以无产阶级国际主义为指导。无产阶级国际主义的思想渊源是马克思在《共产党宣言》中提出的“全世界无产者，联合起来”的思想。《宣言》把这一思想的基本内涵解释为：在各国无产者的斗争中，共产党人强调和坚持整个无产阶级的不分民族的共同利益；各国无产阶级的联合的行动，至少是各文明国家的联合的行动，是无产阶级获得解放的首要条件之一。[①]共产国际根据列宁的思想，提出“全世界无产者和被压迫民族联合起来”，进一步丰富和发展了马克思和恩格斯的国际主义思想，把无产阶级的革命斗争和被压迫民族争取解放的斗争联系在一起。自第一个社会主义国家苏联诞生起，国际主义便是社会主义国家处理国际关系的一项基本原则。新中国前30多年的时间里，国际主义也是中国外交战略的基本指导思想。其间，中国外交战略虽然也是以维护和实现中国的国家利益为目的，但是中国外交决策者更多的是从国际主义与爱国主义相结合的视角来理解中国的国家利益的，在国家利益中更多地强调意识形态、阶级利益。中国外交战略的目标是维护国家的生存安全、获得国际社会的承认并提高中国的国际地位。战略途径主要是通过建立国际统一战线，团结可以团结的力量，反对对中国威胁最大的敌人。党的十二大调整后的中国外交战

① 参见《共产党宣言》，载《马克思恩格斯选集》，人民出版社1995年版，第285、291页。

略，虽然仍包含一定的国际主义的内容，但开始把国家主义作为中国外交的指导思想，强调国家利益是中国外交的根本出发点，在国家利益中发展利益上升为国家的核心利益。调整后，中国外交战略的目标是为国内经济建设创造和平的国际环境，进一步提高中国的国际地位。战略途径是通过开展全方位的外交活动，以最大限度地维护和促进国家利益的实现。因此，正如中共十一届三中全会在中国社会主义建设史上所具有的里程碑意义一样，党的十二大所确立的外交战略在中国外交战略发展史上也是具有里程碑意义的。

（二）中共确立的独立自主的外交政策提升了中国的国际地位，使中国真正成为国际舞台上一支独立自主的力量

中国实行独立自主外交战略克服了中国之前所实行的“一边倒”及“一条线”这类结盟或准结盟战略所存在的一些弊端，使中国能够切实坚持独立自主的原则，捍卫国家的根本利益。美苏两国的争霸是当时世界和平的最大威胁，中国对于两个超级大国的争霸行径，不论发生在哪里，不论是谁，都给予了坚决的反对。这大大增强了反霸的灵活性和斗争效果。如苏联对越南在东南亚地区搞霸权活动的支持及对阿富汗的入侵对亚太地区的和平与安全构成威胁，对此，中国坚定地站在和平力量一边，反对苏联的霸权行径，并把苏联放弃这种霸权活动作为中苏关系正常化的两大条件。中国对于美国在加勒比海及南美的霸权行为也进行了批评。这就有力地制约了霸权主义和破坏世界和平的行为，树立了良好的国际形象。同时，中国以国家利益为最高准则处理国家关系，把国家的独立和主权放在首位，不允许任何国家干涉中国的内部事务，坚决抵制任何有损于中国国家主权和民族尊严的行为。

（三）中共确立的独立自主的外交政策为中国经济建设营造了一个相对有利的国际环境

在独立自主外交战略的指导下，中国与美苏两个超级大国的关系都得到了发展。中美关系虽然存在一些问题，但两国关系总体上保持了平稳发展的态势。主要表现是两国领导人互访增加，1984—1989年，两国高层互访不断。两国经贸关系也在不断加强，到1988年，中美贸易总额达到100.4亿美元，美国已成为中国的第三大贸易伙伴，占当年中国对

外贸易总额的 10%。[1] 中美关系发展最引人注目的是两国在高技术、军事领域里前所未有的合作与发展。如：1983 年 6 月 21 日，美国政府宣布放宽对华技术出口的新规定，将中国从美国出口管制类的 P 组国家改为 V 组，把中国列入了与美国友好的非盟国一类。[2]11 月，美国政府又发布对华技术出口具体指导方针，同时宣布取消向中国出口价值达 20 亿美元的尖端技术产品的限制。[3]1983 年 9 月以后，中美两国军事领导人多次进行互访。中美两军在兵种、军事指挥和后勤等领域的交流也逐步展开。其中特别是在 1986 年 11 月，美国第七舰队司令莱昂斯上将率 3 艘军舰访问了青岛。[4] 这是 1949 年以来第一次访问中国的美国舰队，在国际上引起了强烈的反响。

同时，中苏关系也逐步缓和，并实现了两国关系正常化。中国政府注意到勃列日涅夫在塔什干的讲话，并在党的十二大的报告中对此做出了正式回应，表示，如果苏联当局确有诚意改善同中国的关系，并采取实际步骤解除对我国安全的威胁，中苏两国关系就有走向正常化的可能。[5] 从 1982 年 10 月，中苏两国就消除影响中苏关系正常化的三大障碍问题进行了 12 轮的政治磋商，其间，两国关系也有了一定程度的改善。发生在 1982 年 11 月、1984 年 2 月和 1985 年 3 月的“葬礼外交”，为双方高层接触创造了条件，进而为推动两国关系改善创造了良好的氛围。与此同时，两国之间的一些重要往来也逐步恢复。1984 年 9 月，中国外长吴学谦和苏联外长葛罗米柯借出席第三十九届联合国大会之机，在纽约举行了会晤。[6]1984 年底，苏联部长会议第一副主席阿尔希波夫正式访问中国，双方签订了《中苏经济技术合作协定》《中苏科学技术合作协定》《中苏成立经济、贸易、科技合作委员会的协定》。[7]1985 年 7 月，中国副总理姚依林访问苏联，双方签订了贸易协定和经济技术合作

---

① 参见国家统计局编:《中国统计年鉴（1990）》，中国统计出版社 1991 年版，第 646、641 页。

② 参见《美决定放宽向我国出口高级技术产品》，《人民日报》1983 年 6 月 23 日。

③ 参见刘连第、汪大为编著:《中美关系的轨迹》，时事出版社 1995 年版，第 138 页。

④ 参见《美国军舰抵达青岛访问》，《人民日报》1986 年 11 月 6 日。

⑤ 参见《十二大以来重要文献选编》上，人民出版社 1986 年版，第 42 页。

⑥ 参见《中苏外长将在联大会议期间会晤》，《人民日报》1984 年 9 月 16 日。

⑦ 参见《姚依林和阿尔希波夫签署三个文件》，《人民日报》1984 年 12 月 29 日。

协定。[1]1989 年 2 月，经过双方的努力，阻碍中苏关系正常化的“三大障碍”基本得到解决，同年 5 月，两国关系正式实现正常化。苏联作为一个对国际局势有着关键性影响力的超级大国，同时又是中国的邻国，中苏关系的改善使苏联对中国北部安全的威胁逐步减轻，这就极大地改善了中国的安全环境。

中美关系的发展促进了中国与与美国结盟的西方国家如日本、西欧国家关系的进一步发展。中国与他们特别是日本经贸关系的发展，对于缓解中国改革开放初期资金、技术需求上的压力起到了一定程度的促进作用。随着中苏关系的改善，中国与苏联的盟国及友好国家的关系也得到了改善，特别是苏联亚洲盟友如蒙古国、老挝及越南关系的逐步改善，使中国与周边国家的关系开始呈现良好的发展态势。

需要指出的是，这次中国外交战略的调整从党的十二大开始后，经历了一个持续发展过程，上文所谈新的外交战略内容的发展与完善即反映了这一过程。因而，本次调整的成效是逐步显现出来的，在 20 世纪 80 年代中期以前，中国虽然开始与美国拉开距离，但“一条线”外交战略对中国外交的影响仍然比较大，中苏两国关于两国关系正常化的前 8 轮政治磋商之所以进展缓慢，苏联方面原因固然是主要的，但中美关系的影响也是一个主要的方面。80 年代中期，本次外交战略的调整基本完成，此后，中国全方位外交取得的成就开始与日俱增。

四、结语

20 世纪 80 年代初，中共对中国的外交战略进行了调整，首次明确提出坚持独立自主的外交政策，其基本内容是：不结盟，不对抗，不针对第三国；在国际事务中，中国是根据事情本身的是非曲直和中国人民及世界人民的根本利益来决定自己的立场；在和平共处五项原则的基础上，同世界一切国家包括结盟国家和不结盟国家建立和发展各方面的关系。这一调整是建立在 20 世纪 80 年代初国际格局的新变化，中国领导人对

---

① 参见《中苏签订长期换货和付款协定经济技术合作协定》，《人民日报》1985 年 7 月 11 日。

国际局势及其发展方向、中国国际地位、国家利益和目标的深刻认识和及时把握的基础之上的。本次调整不同于之前中国外交战略由“一边倒”到“反帝反修”，再到“一条线”“一大片”的调整，是中华人民共和国成立以来中国外交战略发展史上的一次具有里程碑意义的重大调整，它是中国外交战略思想、战略目标及战略途径的全面调整，由此而确立的独立自主的外交战略提升了中国的国际地位，为中国经济建设创造了相对有利的环境。

［原载《北京党史》2014 年第 1 期］

论 20 世纪 90 年代中国的伙伴关系外交

20 世纪 90 年代中后期，中国外交中一个突出的特点，是伙伴关系外交相当活跃。中国依据自身国家利益与相关国际关系行为体，在达成共识的情况下建立了不同层次、不同领域的伙伴关系。这些寻求共同利益的伙伴关系，为中国及伙伴方带来了良好的效果。然而目前学术界对这一问题的研究还比较薄弱。在中国伙伴关系外交活跃时期，学术界对这一问题的关注比较多。当时关注较多的问题是中国与大国（中俄、中美等）建立的战略伙伴关系、中国与东盟建立的睦邻友好伙伴关系，而且主要从双边关系的视角来研究这一问题，从中国外交战略的层面来对这一问题开展研究做得还不够。这一时期，研究中国伙伴关系外交或涉及这一问题的学者大多对这一政策给予了积极的评价。近几年来，学术界对这一问题的关注少了很多，特别是在中美、中日、中俄大国关系最近几年都发生了很大变化的情况下，有些研究中国外交战略的学者在涉及这个问题时，对这一问题提出了不同的看法，有的观点几近是否定的态度。如有人认为："从某种意义上说'伙伴'战略只是'一厢情愿'而已。"[①] 本文将在简要回顾 20 世纪 90 年代中国开展伙伴关系外交确立过程的基础上，重点分析中国开展伙伴关系外交的特点及原因，并对 20 世纪 90 年代中国的伙伴关系外交的意义及面临的挑战进行评析。

---

① 瞿少华：《试论 21 世纪中国外交战略的选择》，《湖北大学学报》（哲学社会科学版）2002 年第 5 期。

一、伙伴关系及中国外交中“伙伴关系”的确立

伙伴关系是指共同参加某种组织、从事某种活动的行为体间所结成的风险与利益共享的合作关系。这种关系在经济领域早已有之，而且比较常见。国际关系中的伙伴关系是指国际关系行为体间为寻求共同利益而建立的一种合作关系。

国家间建立伙伴关系，最早由美国前总统尼克松明确提出。尼克松上台后，依据国际、国内形势的变化，为保持美国在国际事务中的主导地位，制定了以伙伴关系为核心、以实力为后盾、以谈判为手段的新的外交战略。尼克松的“伙伴关系”是要加强与北约成员国、日本之间的关系，其目的是改善美日欧同盟关系，借助欧日维护美国的超级大国地位。因此，美国并不是要与欧日建立真正平等的伙伴关系，而是试图在继续维持美国主导地位的前提下，希望欧日在同盟内发挥更大的作用。这实际上是同盟国之间控制与被控制关系的一种变化形式。冷战结束后，国际关系中一度出现“伙伴关系”热，各种伙伴关系如雨后春笋，不断出现。大国间的伙伴关系主要有“美俄成熟的战略伙伴关系”“中俄战略协作关系”“中法全面合作伙伴关系”“俄法优先伙伴关系”“日俄相互信任的伙伴关系”“俄印战略伙伴关系”等。偏重经济方面的伙伴关系有：以美国为首的 7 个发达国家与俄罗斯及东欧等转轨国家间的“经济伙伴关系”、欧盟同地中海南岸国家的“经贸伙伴关系”、亚欧 25 国的“新型伙伴关系”等。偏重军事安全方面的伙伴关系有北约与东欧、独联体等 20 多个国家签署的“和平伙伴关系计划”。此外，大国与小国之间的伙伴关系有美国与爱沙尼亚、拉脱维亚和立陶宛间的“美国—波罗的海伙伴关系”，大国与区域组织之间的伙伴关系有中国与东盟的“睦邻互信伙伴关系”等。冷战后国际关系中出现的“伙伴热”现象，是在冷战后新的国际背景下国际关系重新分化组合的产物。

20 世纪 90 年代中国的伙伴关系外交始于 1994 年，活跃于 1997—1998 年，中国依据其冷战后的外交战略目标及不同国际关系行为体在中国外交战略中的地位的不同，与不同的国际关系行为体或建立了形式不

同的伙伴关系，或明确宣告中国与他方就建立某种伙伴关系已达成共识。因此，中国外交中确立的伙伴关系可以分为三个层面：

（一）战略层面

战略层面的伙伴关系，是中国从长远的战略目标出发，与对实现自身外交战略目标有关键性影响的国际关系行为体建立的伙伴关系。这一层面上的伙伴关系是指在双边或多边国际事务中，在重大国际和地区问题上，在战略方向、战略关系、战略合作诸方面互为伙伴，以便在国际和地区范围内的相互协调、相互配合、相互支持。中国建立战略伙伴关系的目的是推动世界多极化趋势的发展，维护和促进世界的和平与稳定。如中美、中俄、中法、中欧间建立的伙伴关系。

美国作为冷战后唯一的超级大国，对世界有很大影响，因而对美外交一直是中国外交的重中之重。1996 年 11 月 24 日，国家主席江泽民同美国总统克林顿在马尼拉进行了会晤。会晤中，克林顿总统表示，美中两国在许多问题上有着共同的战略利益，美方愿意同中国建立起一种合作伙伴关系。[①]1997 年 10 月，江泽民访美期间，双方发表了《中美联合声明》，两国元首决定，中美两国通过增进合作，对付国际上的挑战，促进世界和平与发展，共同致力于建立中美建设性战略伙伴关系。[②]1998 年 6 月 25 日—7 月 3 日，克林顿访华期间，双方表示同意继续努力，向建立建设性战略伙伴关系的目标加速迈进。双方决定将首脑、内阁、次内阁级别官员互访定期化，并建立两国首脑电话热线等联系机制，以促进双边关系的进一步发展。[③]

中俄互为最大的邻邦，都是联合国安理会常任理事国，两国关系的发展对世界格局的发展具有重要意义。冷战结束后，两国关系得到了较快发展。1994 年 9 月，江泽民访俄，双方都认为两国关系已达到建设性伙伴关系的水平。1996 年 4 月，叶利钦总统第二次访华期间，中俄将两国关系提升为“平等信任的、面向 21 世纪的战略协作伙伴关系”[④]。之后，

① 参见《江泽民同克林顿会晤》，《人民日报》1996 年 11 月 25 日。
② 参见《中美联合声明》，《人民日报》1997 年 10 月 31 日。
③ 参见刘连第编著：《中美关系的轨迹》，时事出版社 2001 年版，第 215 页。
④ 《中俄联合声明》，《人民日报》1996 年 4 月 26 日。

两国战略协作伙伴关系不断得到充实和加强。1998 年 11 月，江泽民访问俄罗斯时，两国领导人为中俄战略协作伙伴关系确立了明确的发展方向和原则。两国还按照有关协定，建立了高层定期会晤和热线电话联系等机制，为两国战略协作关系增加了制度保障。①

法国是冷战后世界格局中重要的一极，在促进世界格局多极化方面与中国有着相似的理念。中国一直重视发展与法国的关系。中法伙伴关系是在 1997 年法国总统希拉克访华期间确立的。1997 年 5 月，法国总统访华时，中法两国领导人签署了联合声明，明确表示："在 21 世纪即将来临之际，中法两国应承前启后，建立长期的全面伙伴关系。"② 为促进两国"全面伙伴关系"的发展，两国还建立了一系列交往和磋商机制。

欧盟作为当今世界上一体化程度最高的国际组织，在国际社会中发挥着越来越重要的作用。在中国外交中，与欧盟的外交占有重要的地位。冷战结束后，欧盟不断调整对华政策，于 1998 年 3 月通过了《与中国建立全面伙伴关系》文件，提出应把对华关系提升到与对美、对俄关系同等重要的位置。欧盟这一姿态得到了中国政府的积极回应。1998 年 4 月，在伦敦召开第二届亚欧会议前夕，中国总理朱镕基与欧盟轮值国主席英国首相布莱尔和欧盟委员会主席桑特举行了首次中国—欧盟领导人会晤，并发表了联合声明，双方表示"希望在中国与欧盟之间建立面向 21 世纪的长期稳定的建设性伙伴关系"③。

（二）地缘层面

从地缘政治角度考虑，中国与那些对其地缘政治利益有重大影响的地区性国际关系行为体建立"伙伴关系"，建立这一层面伙伴关系的目的是维护地区或次区域的和平与稳定。如中国与日本、东盟、印度、英国、巴西、南非等国家和区域组织间的伙伴关系。

日本是世界上最发达的经济体之一，是亚太地区的一个大国，对亚太局势的稳定具有重大的影响。同时，日本又是中国的近邻，在地缘政治上两国矛盾与利益相互交织。因而，对日外交一直是中国外交关注的

① 参见《世纪之交中俄关系（中俄高级会晤结果联合声明）》,《人民日报》1998 年 11 月 24 日。
② 《江泽民主席和希拉克总统签署中法联合声明》,《人民日报》1997 年 5 月 17 日。
③ 《中国—欧盟领导人会晤联合声明》,《人民日报》1998 年 4 月 3 日。

焦点之一。1998年11月，在《中日和平友好条约》签署30周年之际，江泽民作为国家元首首次访日。访日期间，中日双方发表了《联合宣言》，宣布“面向21世纪，建立致力于和平与发展的友好合作伙伴关系”[①]。

东盟作为中国的近邻，在经济建设、维护国家主权、地区和平与稳定方面与中国有着广泛的共同利益。冷战后，中国与东盟关系发展迅速。1996年，中国成为东盟的全面对话伙伴国，双方在各领域的合作与协商进一步加强。1997年12月，江泽民在吉隆坡与东盟领导人会晤并发表联合声明，确立了中国和东盟建立面向21世纪的睦邻互信伙伴关系的目标。

中国和印度同为亚洲国家，都是世界发展中大国，两国对维护亚洲的和平与稳定负有重大责任。1996年11月，江泽民访印，这是中印建交以来中国国家元首首次访印，双方就在和平共处五项原则基础上建立面向21世纪的建设性合作伙伴关系达成了共识。

英国作为一个与美国有“特殊关系”的联合国安理会常任理事国，在国际上有着非同寻常的影响力，与英国保持良好的双边关系对拓展中国的外交空间有着积极的意义。1998年10月，英国首相布莱尔访华期间，与朱镕基总理签署了发展全面的中英伙伴关系的框架文件——《中英联合声明》。

巴西是南美洲的大国，对南美洲的事务有着重要的影响。中国与巴西长期保持着友好合作关系。1995年12月，巴西总统卡多佐访华时，明确提出巴中两国的关系应确定为“战略伙伴关系”，并将这种关系长久维持下去。中国政府对巴方的建议表示赞赏。1997年，中央军委副主席张万年访问巴西时，明确表示中国赞赏巴方提出的建立全方位战略伙伴关系的设想，愿与巴方共同努力，以积极务实的态度，将两国友好互助的关系推向一个新阶段，带入21世纪。[②]

南非是非洲大国，在国际舞台上有着重要地位。1999年2月，国家副主席胡锦涛在访问南非时表示，中国愿与南非共同努力，建立面向21

① 《中日发表关于建立致力于和平与发展的友好合作伙伴关系的联合宣言》,《人民日报》1998年11月27日。

② 参见《张万年继续在巴西访问》,《人民日报》1997年4月13日。

世纪的建设性伙伴关系。[①] 同年 5 月，南非总统曼德拉对中国进行访问，江泽民主席在与他会谈中表示，中国重视南非在地区及国际事务中的作用，赞同南非关于发展中国家应在国际事务中加强磋商、协调立场、共同维护自身合法权益的主张。中方愿意与南非建立面向 21 世纪的建设性伙伴关系。[②]

（三）双边层面

这一层面的伙伴关系是指中国与那些对中国的周边形势有一定影响的国家，或与中国存在诸多共同利益的国家建立的双边伙伴关系。如中国与巴基斯坦、韩国、泰国、加拿大、墨西哥、乌克兰及哈萨克斯坦建立的双边伙伴关系。

中国与巴基斯坦有着传统的友好合作关系，是亲密的邻邦。1996 年 12 月，江泽民在伊斯兰堡与巴基斯坦总统莱加里举行正式会晤时指出，中国政府和人民愿意与巴基斯坦政府和人民携手并进，为两国的发展和繁荣，为构筑面向 21 世纪的中巴全面合作伙伴关系而共同努力。[③] 巴基斯坦总统表示，同意两国建立面向 21 世纪的全面合作伙伴关系。

韩国与中国建交以来，两国关系一直保持着良好的发展势头。1998 年 11 月中韩发表的联合公报中称："双方商定，以联合国宪章原则和中韩建交联合公报的精神及建交后两国睦邻友好关系为基础，着眼未来，建立面向 21 世纪的合作伙伴关系。"[④]

1995 年 12 月，乌克兰总统库奇马访华期间与中国国家主席江泽民共同签署了《中华人民共和国与乌克兰关于发展与加深友好合作伙伴关系的声明》，表示决心把两国关系提高到面向 21 世纪的建设性伙伴关系的水平。哈萨克斯坦是中国西北部的重要邻国，中国很重视与其发展良好的双边关系。1997 年 4 月，国家主席江泽民在莫斯科会见哈萨克斯坦总统纳扎尔巴耶夫时指出，我们愿与哈方携手努力，共同构筑"面向 21 世

---

① 参见《胡锦涛与姆贝基会谈》，《人民日报》1999 年 2 月 3 日。

② 参见《江泽民主席与曼德拉总统会谈》，《人民日报》1999 年 5 月 6 日。

③ 参见《江主席与莱加里总统正式会谈 双方就构筑面向 21 世纪中巴全面合作伙伴关系达成共识》，《人民日报》1996 年 12 月 2 日。

④ 《中韩发表联合公报》，《人民日报》1998 年 11 月 14 日。

纪的全面合作伙伴关系”[①]。

1997 年 11 月，江泽民对加拿大进行正式友好访问，两国领导人确认，进一步发展中加长期、健康、稳定的友好合作，共同致力于构筑两国跨世纪的全面合作伙伴关系。[②]

12 月，江泽民对墨西哥进行国事访问期间，两国一致同意从两国人民的根本利益与世界和平与发展的大局出发，建立跨世纪的中墨全面合作伙伴关系。[③]

中国与其他国际关系行为体建立的伙伴关系因“伙伴关系”前加有不同的修饰词（“战略协作”“睦邻友好”“建设性战略”“全面合作”）而有不同的名称，这并不意味着中国与不同国际关系行为体间关系的远近亲疏，只是表明伙伴双方在合作的领域、程度和方式上有差异。如中俄之间的“战略协作伙伴关系”是中国伙伴外交中内容比较充实、发展程度较高的一对伙伴关系，主要是因为冷战后中俄两国之间存在广泛的共同战略利益，使两国通过伙伴关系这种外交形式能在处理重大的国际、地区或双边问题时一起磋商，相互协作或配合。又如中法“全面合作伙伴关系”、中韩“全面合作伙伴关系”，双方虽然已宣布建立伙伴关系，但下一步面临的问题是如何具体落实合作内容，同时，在合作的深度和广度上也有待进一步提高。如中法“全面合作伙伴关系”面临着如何突出其战略性的问题。又如中国与美国、日本等国的“建设性”伙伴关系，是双方刚就建立战略伙伴关系达成共识，还没有真正建立起“伙伴关系”。其主要原因是中美、中日间在战略目标等一些重大问题上存在着明显的分歧，但中、美、日在维护全球和地区局势的稳定方面却发挥着重要作用，而且中美、中日间的经贸关系日益密切。为在国际局势中营造有利于自身的国际和地区环境，中美、中日间又相互需要，因此中国在与它们发展伙伴关系的过程中，需要解决相互间存在的重大分歧，通过

---

① 《江主席分别会见哈吉塔三国总统　高度评价签署五国边境裁军协定》,《人民日报》1997 年 4 月 25 日。

② 参见《发展面向新世纪的全面友好合作关系》,《人民日报》1997 年 12 月 5 日。

③ 参见《圆满结束对墨西哥的国事访问　江主席离墨西哥城回国》,《人民日报》1997 年 12 月 4 日。

双方共同努力，经过“建设性”的过程，才能最终建立真正的伙伴关系。再如中国与南非、中国与哈萨克斯坦的伙伴关系是中方已提出建立伙伴关系的愿望，而对方只是就发展友好合作的双边关系作出回应。

二、中国伙伴关系外交是一种合作共赢外交

在国际关系中，主权国家对外战略的目标是最大限度地实现其国家利益。由于各国的利益既有差异和对立，又有一致或相近之处，这就使它们从各自的利益出发，在国际舞台上进行着激烈的竞争、合作、冲突，进而形成了各自不同的外交战略。冷战时期，集团外交、势力范围外交、霸权外交盛行。集团外交是两个或两个以上的国际关系行为体当面临共同威胁或具有共同利益时，为结成便于采取共同行动的集团而进行的外交活动，如为缔结双边或多边条约所进行的外交活动等。结盟外交属于集团外交。冷战时期出现的集团外交主要表现为社会制度根本不同的两个阵营的对立和两大军事集团的对垒，具有强烈的军事色彩。[①]

势力范围外交最早是指在殖民时期宗主国为达到对殖民地或半殖民地国家的直接统治或控制所采取的一系列措施，后来主要指在国际关系中一国为扩大对别国的影响或控制而进行的一系列外交活动，如建立军事同盟或进行附加条件的经济、军事援助等。苏联在20世纪60年代推行霸权主义的过程中，提出社会主义国家大家庭“是一个不可分割的整体”，要求东欧社会主义国家在政治上接受“国际专政”，在经济上服从“国际分工”。这显然是一种势力范围外交。

霸权外交是指一国凭借自身实力，为充当全球性或地区性的霸主而进行的外交活动。如使别国处于同自己不平等的地位，在全世界或本地区扮演领导者的角色，并迫使别国接受本国的领导、控制或奴役。一国不论是争夺霸权还是维持霸权，都必然会危及世界的和平与发展。战后美国采取的是称霸外交，苏联在冷战时期曾采取争霸外交。集团外交、

① 参见梁守德主编：《当代世界政治经济与国际关系概论》，高等教育出版社1989年版，第216页。

势力范围外交、霸权外交都是强权政治的产物，其共同特点是：结盟，军事强权，以控制和干涉为目标。[①] 与上述冷战时期的外交不同的是，20 世纪 90 年代中国的伙伴关系外交是一种新型的外交，具有以下特点：

（一）中国的伙伴关系外交是以合作为目的的外交

国际合作是国际关系的一种常态，是指在一定领域内利益和目标基本一致或部分一致的各国际关系行为体所进行的不同程度的协调和联合。[②] 但中国的伙伴关系外交不同于集团外交、势力范围外交样式的合作。在这两种合作式样中，合作成员间一般都签署有具有国际法意义的条约，相互间要承担约束力很强的责任与义务，而且为针对某些目标而合作；合作成员的地位实际上也是不平等的，有主导成员和附从成员之分。例如，为进行冷战目的而成立的联盟——北约和华约。而中国与伙伴方建立的伙伴关系，是为了更好地加强双方在具有共同利益的领域里的合作，促进双方各自利益的实现，不是为了共同对付或排斥第三国。中国与伙伴方不签署任何条约，彼此不受结盟条约、义务、时间的约束，具有行为自由。

然而，中国伙伴关系外交中的合作关系也不是国际关系中随意性很强的一般合作关系，而是彼此间负有一定的国际道义义务的合作关系。中国与伙伴方合作关系的确立一般都以双方元首的联合声明为标志，在声明中都确定了一定的合作领域，还建立了一定的交往和磋商机制来保障伙伴关系的发展。

（二）中国伙伴关系外交中的伙伴关系是一种相互尊重、求同存异的关系

当今世界是一个多样性的世界，世界上的各个国家由于自己的历史、国情和价值观念等的不同，在一些问题上不可避免地存在分歧，但是各个国家也存在关于自己和人类社会发展的共同利益，因此，在一些方面又存在合作的可能性。中国的伙伴关系外交倡导相互尊重、求同存异，双方着重强调共同利益，并寻求相互间的合作，同时坦率承认双方在一些问题上存在分歧。当相互之间因分歧而关系紧张的时候，双方不应忽

---

① 参见梁守德、洪银娴：《国际政治学概论》，中央编译出版社 1994 年版，第 148 页。

② 参见张季良：《国际关系学概论》，世界知识出版社 1997 年版，第 111 页。

视其他方面的共同利益而急于对抗，应在追求共同利益基础上，通过对话和磋商处理相互间的摩擦和分歧，防止因为局部的分歧而影响两国关系的大局。

（三）中国与伙伴方建立的伙伴关系是一种平等互利的合作关系

在中国的伙伴关系外交中，中国与伙伴国寻求的是一种独立自主的战略合作，双方不存在谁领导谁、谁控制谁，与冷战时期美国控制日本、西欧等伙伴国完全不同，双方是在独立自主、平等协商的基础上建立和发展伙伴关系的，目的是实现互利与共赢。

（四）中国与伙伴方建立的伙伴关系通常设有协调或保障机制

中国与伙伴方建立有元首互访、总理会晤、高级官员磋商、热线联系或其他沟通协调机制，这对双边伙伴关系起着推动或保障作用。如中俄战略协作伙伴关系就有双方首脑定期会晤机制，中欧面向21世纪的长期稳定的建设性伙伴关系有中欧首脑会晤机制，中美两国间也建立了首脑热线及其他有关问题领域的对话机制。

（五）中国的伙伴关系外交是一种战略性外交

20世纪90年代中国的伙伴关系外交是一种长远的、战略性外交，不是一种只发挥权宜之计功能的策略性外交，而是面向21世纪、着眼未来的长期性的构想。

这种伙伴关系外交是中国政府在对当前的国际形势、自身的综合实力及中国发展战略的综合判断的基础上产生的合作共赢的新国际观的具体实践。

国际环境的新变化是20世纪90年代中国确立伙伴关系外交的外部原因。20世纪90年代，国际局势中出现的一系列新特点使各国认识到国家间相互依存增强，共同利益日益增多；同时，国际社会所面临的共同问题也日益严峻，而且许多问题的解决绝非一国之力所能为，因而国际社会中合作、对话和磋商的呼声日益高涨，这就促进了国家间互利合作关系的发展。

第一，国际社会在安全领域仍面临一系列威胁。冷战结束，国际社会摆脱了美苏争霸造成的战争威胁，国际局势总体上开始从紧张趋向缓和，从对抗转向对话。随着国际形势趋向缓和，各国都把发展经济提到了越来越突出的地位。但国际安全领域里的各种不稳定因素对世界的和平与发展构成重大威胁。由于国际力量对比严重失衡，发达国家与发展中国家的发展差距持续拉大，原来两极格局掩盖着的矛盾与冷战结束后新产生的矛盾相互交织；世界各地因民族、宗教、资源、价值观、战略利益等因素引发的对抗和冲突此起彼伏；恐怖主义和各种非传统安全因素的危险性日益增强；等等。应对上述矛盾与冲突，需要国际社会特别是大国的合作与协调。中国作为安理会常任理事国、亚洲最有影响的国家之一，在稳定世界和亚太地区的安全局势方面，可以同各有关国家一道发挥应有的作用。而伙伴关系外交能够最大限度地促进中国积极作用的发挥。

第二，世界格局多极化趋势在曲折中发展。冷战结束以后，国际政治格局发生了重大变化，世界格局多极化趋势日益增强。美国虽是唯一的超级大国，也试图凭借其超强的实力建立由它主导的单极世界，但国际局势的日趋复杂化使其很难独自主宰国际事务。在世界格局多极化的发展进程中，国际社会各主要行为体为了在冷战后的国际舞台上更好地实现自身利益，都在调整各自的对外战略，并相应地调整彼此间的关系。中国确立伙伴关系外交，一方面是为了使自己在冷战后的世界格局中居于更为有利的位置，另一方面，也是为了使国际社会各力量主体间形成一种积极的互动关系，以促进国际关系平等化、民主化的发展。

第三，经济全球化使各国间相互依赖程度空前提高。冷战后，经济全球化势头猛增，经济实力的发展成为各国提升其政治地位的后盾，同时，各国的经济发展越来越依赖于融入国际经济体系的程度。世界各国经济联系日益密切，相互依存程度不断加深，各国间利益交错，你中有我，我中有你，国际社会各主要行为体间形成了不以人们主观意志为转移的“共荣共损”局面。而中国在改革开放后也成为世界经济相互依赖关系中的一个重要成员。1997 年，中国已成为世界第 10 大贸易国，对外贸易总额达到 3251 亿美元[①]，贸易依存度达 37%[②]。加入相互依赖的世

① 参见中华人民共和国外交部国际司：《亚太经济发展报告（1999）》，南开大学出版社 1999 年版，第 429 页。

② 参见国家统计局：《中国统计年鉴（1998）》，中国统计出版社 1998 年版，第 55、620 页。

界，促进了中国经济的高速增长。同时，中国作为世界上最有希望、规模最大的新兴市场，对于那些迫切寻求市场的发达国家来说有着非常强的吸引力。这些为中国开展伙伴关系外交奠定了经济基础。

第四，中国是最大的发展中国家，这就决定了它的发展是同整个第三世界国家的发展息息相关的。众多发展中国家由于经济基础薄弱，在经济全球化过程中存在被边缘化的危险，结果富国越来越富，穷国越来越穷，国际社会两极分化越来越严重。1997 年，中国坚持人民币不贬值，大力帮助东南亚摆脱了“毁灭性”的金融危机，赢得了国际上的好评，为中国与发展中国家发展伙伴关系创造了有利条件。中国与广大发展中国家广泛发展伙伴关系，就是要走一条与西方发达国家截然不同的发展道路。西方国家的发达是建立在对穷国的掠夺基础上，中国的社会本质决定了中国与发展中国家的关系必须是互利双赢的关系。

此外，新时期的发展利益是中国实施伙伴关系外交的决定性因素。改革开放后，中国确立了“三步走”的发展战略。在这一战略的指导下，中国的经济得到快速发展，到 20 世纪 90 年代中期，中国的综合竞争力持续上升。据瑞士洛桑国际管理发展学院对 49 个国家和地区进行的综合竞争力评估排名，中国 1994 年是第 34 名，1995 年是第 31 名，1996 年是第 26 名。[①] 中国的国际地位也有了大幅度的提高，是一个“正在兴起的大国”，但中国在很多方面与全球性大国还有相当的差距。在中国社会主义现代化建设的关键时期，中国社会也出现了一些不稳定因素，如东西部地区的收入、增长率和生活质量差距不断拉大，在国有企业改革过程中出现了大量的失业人员，社会贫富差距也在拉大，等等。中国综合国力的进一步提高及中国国内问题的解决只能依靠大力发展经济，坚持把发展社会生产力摆在首要位置。发展生产力的要求反映在对外政策上，就是要营造一个有利的国际环境，与其他国际行为体建立尽可能广泛的合作关系。

随着中国综合国力的不断增强，中国作为一个正在崛起的大国引起了国际社会的广泛关注，国际社会关于中国崛起的观点不断出现，其中较有影响的是“中国威胁论”。“中国威胁论”者的主要理论依据是：“当

---

① 参见赵彦云：《中国的竞争力在哪里》，《环球时报》2002 年 6 月 17 日。

国家变得富有和强大的时候，它们不仅寻求与其能力相称的、更大的、世界范围的政治影响（对于领土、其他国家行为和世界经济的控制），而且更能扩张它们的利益，如果必要，进行大规模的争霸战争来猛烈地修正或者完全推翻现有的秩序。”①1992 年，罗斯·芒罗在美国传统基金会刊物《政策研究》上发表的《觉醒的巨龙：亚洲的真正威胁来自中国》一文，最先提出了“中国威胁论”。20 世纪 90 年代中后期，“中国威胁论”在西方及中国周边地区影响逐步扩大。西方国家担心中国崛起会挑战现行的国际秩序，一些周边国家也担心中国的崛起会对其带来威胁。在这样的国际环境下，中国除了用自己的实际行动向国际社会表明中国的发展不会威胁到任何国家，中国是维护世界和亚太地区和平与稳定的一支重要力量外，还要开展一系列的外交活动，促进中国与相关国家的互信，为进一步发展创造条件。伙伴关系外交就是在这样背景下的一种选择。

三、中国开展伙伴关系外交的意义及面临的挑战

20 世纪 90 年代中国的伙伴关系外交是中国依据变化了的国际、国内环境而进行的一种外交选择，具有重要的理论意义和实践意义。同时也应该看到，由于国际局势的复杂多变，中国的伙伴关系外交也面临一定的挑战。

（一）伙伴关系外交是中国独立自主外交的新的表现形式

早在中华人民共和国成立前夕，毛泽东就阐明，独立自主的基本原则是“中国的事情必须由中国人民自己作主张，自己来处理，不容许任何帝国主义再有一丝一毫的干涉”②。1949 年 9 月，《共同纲领》对新中国的外交政策的一系列规定，确立了中国独立自主外交政策的基本框架。半个多世纪以来，中国在处理国际事务中始终不渝地坚持独立自主的原则。由于国际、国内情况不同，中国独立自主的外交在不同的时期有不

① ［美］阿拉斯泰尔·伊恩·约翰斯顿、罗伯特·罗斯：《与中国接触——应对一个崛起的大国》，新华出版社 2001 年版，第 3 页。

② 《在新政治协商会议筹备会上的讲话》，载《毛泽东选集》第 4 卷，人民出版社 1991 年版，第 1465 页。

同的内容和表现形式。

从中华人民共和国成立到20世纪80年代初，中国的独立自主外交强调维护中国独立自主的权利和地位，反对任何外国势力对中国的干涉和侵略，中国决不屈服于任何大国的压力，不依附任何大国。为此，中国先后采取了“一边倒”“两条线”战略及“一条线”战略，其中每一战略对维护中国独立自主的权利和地位都发挥了一定的作用。“一边倒”战略使中国赢得了苏联等所有社会主义国家和一些亚洲、非洲、拉丁美洲发展中国家的支持，同时打破了美国对中国的封锁、制裁和孤立；“两条线”战略使中国顶住了美苏两霸的威胁，捍卫了国家的独立主权和尊严，并逐步发展成为独立于美苏两大集团之外的一支重要力量；“一条线”战略对于改善中国的国际环境以及提高中国的国际地位起到了积极的作用。

进入20世纪80年代，随着中国综合国力的提高，中国外交的主要任务由维护国家独立与主权转变为服务于经济发展的大局。国际形势也发生了重大变化，美苏争霸态势呈现出势均力敌的局面。中国领导人审时度势，对独立自主的外交政策进行了一定调整。1982年9月，邓小平指出：“中国的事情要按照中国的情况来办，要依靠中国人自己的力量来办。独立自主，自力更生，无论过去、现在和将来，都是我们的立足点。”①1984年5月，邓小平会见巴西总统菲格雷多时指出：“中国的对外政策是独立自主的，是真正的不结盟。”②80年代中期开始，中国与苏联关系改善，1989年两国关系正常化。

冷战结束后，中国继续坚持独立自主的和平外交政策。党的十四大报告指出：“中国始终不渝地奉行独立自主的和平外交政策。维护我国的独立和主权，促进世界的和平与发展，是中国外交政策的基本目标。”③党的十五大报告再次强调：“始终不渝地奉行独立自主的和平外交政策。对于一切国际事务，我们都要从中国人民和世界人民的根本利益出发，根

① 《邓小平年谱（1975—1997）》下，中央文献出版社2004年版，第844页。

② 《邓小平年谱（1975—1997）》下，中央文献出版社2004年版，第979页。

③ 《十四大以来重要文献选编》上，人民出版社1996年版，第35页。

据事情本身的是非曲直，决定自己的立场和政策。"[①] 这一时期中国的独立自主的外交政策更加务实，把有利于维护和实现国家利益放在首位，同时强调互利、双赢、共同发展。这一时期中国的伙伴关系外交就是中国独立自主外交新的表现形式。

（二）中国的伙伴关系外交是对中国和平共处五项原则的灵活运用

和平共处五项原则是中国发展与世界各国关系的准则，也是中国外交特色的重要表现。中华人民共和国成立初期，中国领导人根据亚非拉新兴民族独立国家要求建立新型国际关系的共同愿望，以及中国进一步发展对外关系的需要，在列宁的和平共处思想的基础上提出了和平共处五项原则。1954 年 4 月 29 日的《中印协定》、同年 6 月 28 日《中缅联合声明》对五项原则做出了完整的表述。1954 年 8 月 11 日，周恩来在中央人民政府委员会会议上的外交工作报告中，第一次称这五项原则为和平共处五项原则。[②] 半个多世纪以来，中国与世界各国的建交公报以及签署的条约、协议中，一向主张以和平共处五项原则作为处理国与国关系的准则。到了 20 世纪七八十年代以后，它不仅被越来越多的国家接受，而且发展为联合国处理国际关系的通用语言。

冷战结束，经济全球化迅速发展，和平共处五项原则的某些内容特别是关于"主权""互不干涉"的内容面临挑战。经济全球化的发展促进了各国间的相互依存，也给国际社会带来了很大的变化，国际关系中的一些传统理论受到怀疑和冲击。如传统主权概念受到形形色色理论的挑战，诸如"国家主权过时论""主权弱化论""主权共享和转让论"等。与此同时，"新干涉主义"者和"新殖民主义"者以"人权"等各种借口，肆意干涉别国内政甚至侵略别国。在此背景下，中国一方面承认在经济全球化冲击下主权内涵发生的变化，并在行使主权时积极应对这些变化，如积极开展多边外交等；另一方面，中国仍然坚持将和平共处五项原则

---

① 中共中央文献研究室：《江泽民论有中国特色的社会主义》，中央文献出版社 2002 年版，第 531 页。

② 参见冯特君主编：《当代世界政治经济与国际关系》，中国人民大学出版社 1996 年版，第 240 页。

作为中国同世界各国开展友好合作关系的基础，20 世纪 90 年代中国的伙伴关系外交就是在坚持该原则的基础上展开的。

（三）20 世纪 90 年代中国的伙伴关系外交促进了外交目标的实现

冷战后，中国外交战略的主要目标是为国内的经济建设营造一个有利的国际环境，而与世界各国建立稳定的合作关系是实现中国外交目标的一个重要方面。这一时期中国的伙伴关系外交在建立与其他国家间稳定的合作关系方面发挥了积极作用。具体表现为：

1. 伙伴关系外交使中国在大国关系调整中居于主动地位

大国关系对国际局势的稳定与发展有着决定性的影响，处理好与各大国的关系是实现中国外交目标的关键性一环。通过开展伙伴关系外交，中国与一些大国的战略协作关系得到了迅速发展，如中俄、中法关系。中俄关系从 1994 年起，一年上一个新台阶，直至达到历史上的最好水平。中俄关系的迅速发展对美国调整其对华政策起到了积极推动作用。1996 年秋，克林顿政府开始调整对华外交，不久提出美中两国也应考虑建立伙伴关系的建议。随后两国领导人的互访使中美两国自 1989 年的不正常关系得以扭转，并推动两国就致力于建立面向 21 世纪的建设性战略伙伴关系达成共识。中美关系的改善进一步推动了中日、中英关系的发展。一时间，大国关系呈现出良性互动的局面。

2. 伙伴关系外交对稳定和加强中国与周边国家的关系起到了推动作用

营造一个和平、稳定的周边环境是我国外交战略的重要组成部分。中国一向重视发展同东盟国家的关系。在中国—东盟睦邻互信伙伴关系的框架下，中国与东盟的关系得到了较快发展，双方的理解和信任逐步增加。如在以前双边协调机制的基础上，1997 年 12 月，中国、东盟建立首脑非正式会晤机制，这一机制使中国—东盟的各种协调机制能够在得到全局统帅和全面照应的情形下进行。[①] 冷战结束后，中亚地区成为民族分裂势力、

---

① 参见谢益显：《中国当代外交史（1949—2001）》，中国青年出版社 2002 年版，第 545—546 页。

极端宗教势力及恐怖主义势力活动猖獗的地区，中国倡导建立的上海五国元首会晤机制以及后来成立的上海合作组织，对稳定该地区的局势起到了积极的作用。五国元首会晤机制就是在中俄战略协作关系的影响和推动下发展起来的。1997 年东南亚金融危机爆发后，中国坚持人民币不贬值，还为国际货币基金组织向泰国提供的一揽子救济计划捐献 10 亿美元。[①] 这对促进中国与东盟建立睦邻互信的伙伴关系发挥了积极作用。此外，中韩、中印间确立的伙伴关系对于中国周边地区的稳定具有重要的意义。

3. 伙伴关系外交使中国与发展中国家的传统友好关系得到了巩固和发展

中国是世界上最大的发展中国家，加强与广大发展中国家的传统友好关系是中国外交的基础。20 世纪 80 年代，邓小平就在分析发展中国家在中国对外战略中的地位时指出："第三世界尽管穷，但在国际政治中的分量已经大大增加，这是任何人不能忽视的。""第三世界是真正维护世界和平、反对霸权主义的主力。"[②] 政治上，广大发展中国家和中国一道，是维护发展中国家权益、与强权政治作斗争的重要力量。经济上，中国人口众多，资源匮乏，随着中国经济总量的增大，能源短缺与发展的矛盾日益尖锐，而广大发展中国家有丰富的资源，与广大发展中国家建立伙伴关系，对中国实施能源进口多元化战略具有重要意义。中国与一些发展中国家开展的伙伴关系外交，为开展相互间互利合作的经济关系创造了有利的条件。

中国开展伙伴关系外交的目标，是通过与一些国际关系行为体在共同利益的基础上建立形式不同的伙伴关系，来最大限度地实现中国的国家利益。"伙伴关系"是一种合作关系，伙伴关系外交的成功需要合作双方存在共同利益、对共同利益的认同以及为寻求共同利益而开展合作的动机。因为各国的国家利益有着丰富的内容，一国选择优先实现哪一项国家利益在不同的条件下也在不断地发生变化，而且对国家利益的理解和认识也是一个主观性很强的过程，因此，基于伙伴双方某种共同利益基础上的伙伴关系外交是有一定风险性的。20 世纪 90 年代中国的伙伴

---

① 参见谢益显：《中国当代外交史（1949—2001）》，中国青年出版社 2002 年版，第 548 页。

② 《中国的对外政策》，载《邓小平文选》第 2 卷，人民出版社 1994 年版，第 416 页。

关系外交特别是战略层面的伙伴关系外交就面临一些挑战。如中美关系，1997年两国宣布致力于建立面向21世纪的建设性战略伙伴关系，而不到两年时间，由于以美国为首的北约轰炸中国驻南斯拉夫大使馆，使两国关系出现波折。乔治·W.布什第一任期之初，就把中国定为战略竞争对手。2001年4月，中美撞机事件使两国关系又陷入低谷，美国还通过提升对台军售规模及性能和加强与中国周边国家的战略同盟关系来遏制中国。虽然"9·11"事件使美国的战略重点发生了转移，但美国防范中国的心理没有改变，再加上冷战后美国的霸权主义、强权政治行径，使中美两国间潜在的战略分歧日益增多，这无异是对中美两国建立面向21世纪的战略性伙伴共识的挑战。但笔者认为，不能因为中美关系中出现一些波折就否定中美建立面向21世纪的战略性伙伴关系的共识的积极意义。这一共识的达成，从深层次讲，是两国希望为有着不同文明和不同社会制度、处于不同经济发展阶段的两个大国谋求建立一种前所未有的新型合作关系而做出的努力，因而具有不可低估的战略意义。它为两国关系的未来发展明确了方向，并表达了双方不希望走向对抗而希望实现双赢的良好愿望。它为处理两国关系所确立的联系机制，如首脑热线、人权对话、军事交流及执法合作机制，对两国关系的进一步发展起到了积极作用。再如中俄战略协作伙伴关系，中俄间在能源合作等问题上不时会出现一些不和谐之音，这对于中俄两个大国的关系发展来说是正常的。两国因存在共同战略利益而建立了这种关系，同时，两国还有许多各自的特殊利益，这又使两国关系存在变数。如果能够做到妥善处理"变数"，两国战略协作伙伴关系就能够得到健康稳定的发展。

综上所述，20世纪90年代中国的伙伴关系外交是中国随着综合国力和国际地位大幅度提高，为了更好地维护和实现自身的国家利益，积极应对复杂的国际环境而进行的外交努力，是冷战后中国外交战略的一个重要环节。中国的伙伴关系外交是一种新型的合作外交，它是中国独立自主和平外交政策的新的表现形式，是在新的历史条件下对和平共处五项原则的具体坚持，并对中国外交目标的实现起到了积极的推动作用。

［原载《思想理论教育导刊》2006年第2期］

中国新一届领导人对欧外交

党的十八大后，以习近平为总书记的新一届中央领导集体依据国际国内形势的变化，从战略全局和中国发展的实际需要出发，提出打造中欧“和平、增长、改革、文明”四大伙伴关系，积极推动中国对欧外交的发展，取得了明显的新进展。然而，由于欧盟及其成员国对中国崛起表现出的复杂心理，使他们的对华政策充满不确定性，进而使中国的对欧外交也面临着挑战。

一、中国新一届中央领导集体对欧外交新举措

以习近平为总书记的新一届中央领导集体高度重视对欧外交，从战略全局的高度认识中欧关系，并以稳健的进取意识打造“升级版”的中国对欧政策。

（一）重视中国对欧外交

在中国新一届中央领导集体的外交布局中，对欧外交居于重要地位。2013 年以来，国家主席习近平、国务院总理李克强等中国新一届中央领导人相继多次对一些欧洲国家及欧盟进行访问，增进了中国与受访国的联系和政治互信，引领了中国对欧外交的方向。2013 年 5 月，李克强总理的首次外访中，即选择了瑞士和德国两个欧洲国家。李克强访瑞期间，与瑞士联邦主席毛雷尔共同宣布，中瑞历经 3 年多的磋商，终于完成了

自贸区协议谈判。[①] 在当前世界贸易组织多哈回合谈判停滞不前、欧美国家贸易保护主义抬头的大背景下，中瑞以实际行动向全世界宣布坚定支持自由贸易，对其他国家具有积极的示范效应。访德期间，李克强与德国领导人共同出席大小范围会谈、见证签署协议、共见记者、启动“中德语言年”，以及出席晚宴、早餐等一系列活动，建立起良好的工作关系和个人友谊。11 月，李克强总理出席在罗马尼亚举行的中国—中东欧国家领导人会晤，提出深化中国—中东欧合作的战略框架。[②]2014 年 3 月 22 日—4 月 1 日，中共中央总书记、国家主席习近平在“两会”一结束就出访荷、法、德、比四国，并作为中国国家元首第一次访问欧盟总部。[③] 访问期间，先后发表了 5 次演讲和讲话，4 篇署名文章，从不同层面和角度对中国道路、中国梦、中华文明、中国外交理念和政策、中国同世界的关系进行了深刻阐释，对于促进欧洲对中国重新认识将起到积极的促进作用。6 月 16 日—21 日，李克强总理对英国、希腊进行访问，并分别与两国发表《中英两国政府联合声明》和《中希深化全面战略伙伴关系的联合声明》[④]，重点在经贸领域中延展中欧合作关系。10 月 9 日—17 日，李克强对德国、俄罗斯及意大利三国进行访问。[⑤] 访德期间，李克强与德国总理默克尔共同主持中德第三轮政府间磋商，两国共同发表《中德合作行动纲要：共塑创新》，其中纳入 200 多项具体合作倡议、项目和举措，涵盖中德合作 20 多个细分领域，是迄今为止中德之间内容最丰富的一份共同文件。两国还签署双边贸易与相互投资及技术合作协定，总额为 181 亿美元。[⑥] 访意期间，李克强与意大利总理伦齐举行了会谈，双方就全面推进中意关系发展深入交换意见，达成广泛共识。两国企业间签署的

---

① 参见《李克强与瑞士联邦主席毛雷尔共同会见记者》，《人民日报》2013 年 5 月 26 日。

② 参见《李克强出席中国—中东欧国家领导人会晤》，《人民日报》2013 年 11 月 27 日。

③ 参见《铺设友谊、理解、合作的桥梁——外交部长王毅谈习近平主席出席荷兰核安全峰会并访问欧洲四国和联合国教科文组织总部、欧盟总部》，《人民日报》2014 年 4 月 3 日。

④ 参见《中华人民共和国政府和大不列颠及北爱尔兰联合王国政府联合声明》，《人民日报》2014 年 6 月 18 日。

⑤ 参见《中德合作行动纲要：共塑创新》，《人民日报》2014 年 10 月 11 日。

⑥ 参见《李克强同默克尔共同主持第三轮中德政府磋商》，《人民日报》2014 年 10 月 11 日。

合作协议金额超过 100 亿美元。[①] 中国国家主席和国务院总理史无前例地接连访问欧洲，体现了中国新一届中央领导集体对中国对欧外交的重视。

（二）对中国对欧政策作出新的规划

2014 年 4 月 2 日，中国政府发表了第二份欧盟政策文件——《深化互利共赢的中欧全面战略伙伴关系——中国对欧盟政策文件》。[②] 此前，2003 年，中国外交部发表了第一份中国对欧盟政策文件，文件强调欧盟是世界上一支重要力量，中国政府赞赏欧盟及其成员国重视发展对华关系，并表示加强与不断发展中欧关系是中国外交政策的重要组成部分。文件在政治、经济、科教文卫、社会、司法、行政及军事 5 个方面提出 25 个与欧合作的具体内容。[③] 第二份中国对欧盟政策文件在总结第一份中国对欧盟政策文件以来中国对欧外交成就的基础上，提出新时期对欧盟政策目标，规划了中国今后 5—10 年在政治、经贸等领域与欧盟合作的路线图。文件不仅从政治、经济、文化方面阐述了中欧之间的传统合作领域，还提到了北极事故、海上执法、联合护航、网络安全、水资源、社会救助等一些全新的合作内容，涵盖了中欧之间更加广泛的合作前景。与第一份文件相比，未来中国与欧盟合作领域更宽，合作层次更深。同时，文件对双方存在的问题与矛盾也并不回避，对涉及中国核心利益的台湾问题、涉藏问题以及军售、人权问题，特别是对于中欧之间的经贸摩擦问题，文件明确主张应通过对话磋商加以解决。[④]

（三）给予中欧关系及欧盟在中国外交战略中的作用与地位新的定位

中欧虽然同为当今国际战略格局中的主要战略力量，但在中国对欧外交中，对于中欧关系的定位主要是着眼于地区层面的双边关系。新一届领导集体站在战略全局的高度，给中欧关系以新的战略定位，即中欧是维护世界和平的“两大力量”，中欧是促进共同发展的“两大市场”，

① 参见《推动中意战略伙伴关系取得更丰富成果》，《人民日报》2014 年 10 月 16 日；《李克强与意大利总理伦齐共同会见中意企业家委员会委员及企业家代表》，《人民日报》2014 年 10 月 16 日。

② 参见《深化互利共赢的中欧全面战略伙伴关系》，《人民日报》2014 年 4 月 3 日。

③ 参见《中国对欧盟政策文件》，《中华人民共和国国务院公报》2003 年第 33 期。

④ 参见《深化互利共赢的中欧全面战略伙伴关系》，《人民日报》2014 年 4 月 3 日。

中欧是推动人类进步的“两大文明”。[①] 这一定位是2013年11月国家主席习近平会见来京参加第十六次中欧领导人会晤的欧洲理事会主席范龙佩和欧盟委员会主席巴罗佐时首次提出的。2014年4月2日，中国政府发表的第二份对欧盟政策文件中，再次明确了这一定位。该文件还进一步对欧盟在中国外交战略的作用与地位作出新的判断，指出，欧盟是中国走和平发展道路，推动世界多极化的重要战略伙伴，是中国实现“新四化”和“两个一百年”奋斗目标的重要合作对象。加强与发展中欧关系是中国推动建立长期稳定健康发展的新型大国关系的重要组成部分，是中国外交政策的优先方向之一。[②] 这是中国新一届中央领导集体在深刻洞察国际局势，中国在国际格局中的作用与地位基础上，重新审视中国外交战略、中国对欧政策及中欧关系，经过深思熟虑，对中欧关系及欧盟在中国外交战略中的作用与地位作出的新判断。这就意味着中国对欧外交不仅要着眼于区域层面的双边关系，更要着眼于战略层面、全球层面的双边合作。

（四）打造中欧“和平、增长、改革、文明”伙伴关系，确立中国对欧政策的新目标

国家主席习近平访问欧盟期间，在同欧洲理事会主席范龙佩举行会谈时强调，要从战略高度看待中欧关系，将中欧两大力量、两大市场、两大文明结合起来，共同打造中欧“和平、增长、改革、文明”伙伴关系，为中欧合作注入新动力，为世界发展繁荣作出更大贡献。[③] 中国发表的第二份对欧盟政策文件中，把打造“四大伙伴关系”确立为新时期中国对欧政策的目标。四大“伙伴关系”反映了中方在新形势下对中欧全面战略伙伴关系的期许。打造和平伙伴关系，就是中欧凝聚战略共识，明确双方面临的挑战、潜在的分歧及承担的责任，携手带头走和平发展道路。打造增长伙伴关系，就是中欧实现更高层次的互利共赢合作。《中欧合作2020战略规划》中已经提出了加快双边投资协定谈判、积极探讨自由贸易区建设以及至2020年实现双边贸易额1万亿美元的目标。中

---

① 参见习近平：《中欧是维护世界和平的“两大力量”》，《中国青年报》2012年11月21日。

② 参见《中德合作行动纲要：共塑创新》，《人民日报》2014年10月11日。

③ 参见《习近平同欧洲理事会主席范龙佩举行会谈》，《人民日报》2014年4月1日。

国的工业化、信息化、城镇化和农业现代化建设需要欧方的技术与经验，欧方尽快走出欧债危机也需要中国的投资与市场。中欧携手还能促进周边经济体，如丝绸之路经济带的发展，为发展开放型的世界经济作出贡献。打造改革伙伴关系，就是双方借鉴彼此改革经验，分享彼此改革红利。中国与欧盟都处于各自重要历史节点上，都需要靠改革创新来实现突破。双方可以就宏观经济、社会治理、公共政策、农业农村、就业民生、环境保护等重要领域改革加强交流、分享经验、深化合作，以合作促改革，以改革促增长，以增长促发展。打造文明伙伴关系，中欧分别作为东方文明的重要代表和西方文明的发祥地，都为人类文明的进步与发展作出了重要贡献，也应为彼此进步提供更多营养。中国提倡的“和而不同”与欧盟的“多元一体”有许多契合之处。中欧完全可以相互尊重彼此，依据自身不同的发展理念、发展阶段和国情认知所选择的不同的发展路径和社会制度，通过对话协商缩小分歧，管控好分歧，走相互合作的共赢之路。

二、中国新一届领导集体对欧外交的依据

中国新一届中央领导集体对欧外交的依据主要是：国际国内局势的新变化，党的十八大以来确立的国家总体战略目标和外交战略及中国对欧外交的实践经验。

（一）国际国内局势的新变化是中国新一届中央领导集体对欧外交的基本依据

冷战结束以来，美国作为世界上唯一的超级大国，其外交战略的主要目标是维持其在国际事务中的主导权和防止任何一个挑战其霸权地位的敌人的崛起。中国一直是美国防范的“潜在对手”。随着中国综合实力的提高，美国加大了防范的力度。2009 年开始，奥巴马政府正式作出“重返亚太”的外交调整，力图主导亚太新秩序的构建。政治上，通过加强与其亚太盟国、东盟等亚太多边区域组织的关系，介入中国与周边国家的领海主权争端，试图离间中国与周边国家关系。军事上，美军在全球重新部署，强化在亚太区域的前沿存在。近几年来，美军还不断强化

与亚太多国的军事演习，包括韩国、日本、菲律宾、越南、新加坡、泰国、澳大利亚等国。经济上，美国2009年11月正式提出扩大跨太平洋伙伴关系计划（简称TPP），希望强化对东亚经济合作主导权。美国的这些举措针对中国的意图十分明显。改革开放以来，中国经济平稳快速增长，国家实力和国际地位稳步攀升。中国于2010年取代日本成为世界第二大经济体。中国已经不可能回到封闭的、孤立的经济发展模式，中国的持续崛起需要进一步实施“走出去”战略，也需要和平环境。冷战结束以来，中欧在促进国际格局多极化、国际关系民主化及加强联合国的作用方面存在共同利益，是促进国际局势和平与稳定的两大力量。与欧盟及其主要成员国发展稳定合作关系有利于促进中国所需要的和平国际环境的建立。

（二）实现党的十八大以来确立的国家总体战略目标和外交战略是中国新一届中央领导集体对欧外交的出发点

党的十八大以来确立的国家总体战略目标是“两个百年奋斗目标”：一是到2020年，国内生产总值和城乡居民人均收入在2010年的基础上翻一番，全面建成惠及十几亿人口的小康社会；二是到本世纪中叶，即中华人民共和国成立100周年时，建成富强民主文明和谐的社会主义现代化国家。[①] 这也是“中华民族伟大复兴”的“中国梦”的核心目标。这一目标要求国内工作重心仍是把发展作为第一要务，外交工作首先还是要紧紧围绕国家发展这个中心，服务发展，促进发展，更加积极有效地为全面建成小康社会营造良好的外部环境。大国是影响世界和平的决定性力量，不管是维持中国经济的持续稳定发展、实现中国梦的经济目标，还是维护周边和国内的稳定，都需要妥善处理与大国的关系。对此，新一届中央领导集体高度重视大国外交。2013年3月，习近平总书记就任国家主席之后，首访首站就选择俄罗斯。中俄元首签署了一个分量很重的联合声明，明确承诺坚定支持对方发展复兴，坚定支持对方自主选择发展道路和社会政治制度的权利，坚定支持对方维护主权、领土完整、

① 参见习近平：《携手合作　共同发展——在金砖国家领导人第五次会晤时的主旨讲话》，《人民日报》2013年3月28日。

安全等核心利益，树立了大国之间互信合作的典范。6 月，习近平主席应邀与奥巴马总统在美国加利福尼亚州安纳伯格庄园举行会晤，就构建新型大国关系达成重要共识，即不冲突不对抗，相互尊重，合作共赢。新一届领导人对欧外交是中国大国外交一个重要环节。

（三）中国政府对欧外交实践为中国新一届中央领导集体对欧外交积累了宝贵的经验

中华人民共和国成立伊始，中国政府就表示愿意与欧洲各国建立外交关系，包括西欧和东欧国家。但由于种种原因，直到 20 世纪 70 年代，中国对欧外交的进展并不顺利。中国真正意义的对欧外交是从 20 世纪 70 年代，特别是改革开放后开始的，大体经历了以下几个发展阶段：第一阶段：1972—1989 年，中国对欧政策的主要方面是联合西欧应对苏联霸权的威胁。第二阶段：1989—2002 年，东欧剧变，苏联解体，持续 40 多年美苏两极格局宣告结束。欧共体追随美国，以北京发生“八九政治风波”为借口，宣布对中国实行制裁，使中欧关系急转直下。面对复杂的国际环境，中国政府一方面坚持有理、有利、有节的斗争，抵制西方国家对中国的高压政策；另一方面把稳定发展与西方大国间的关系作为这一时期中国外交的重点。这一时期，中国对欧外交是在中国稳定与西方大国关系的框架下进行的，这一框架的主轴是中国对美外交，对欧外交是侧翼。中国对欧政策的重点是欧洲的主要大国，经济因素在中国对欧外交中的作用日益上升。第三阶段：2003—2012 年，这一时期，中国政府进一步提高对欧外交认识，不仅重视发展与欧盟主要成员国关系，还积极发展同欧盟的关系。2003 年，外交部发表了首个《中国对欧盟政策文件》，这是中国对欧盟对华政策的一个积极回应。1995—2003 年，欧盟相继就对华关系发表了 5 个政策文件，提出同中国建立一种同其在世界和地区的现实和潜在影响力相称的关系是欧洲的优先考虑。[①]《中国对欧盟政策文件》关于欧盟在中国外交中的定位及中欧合作的规划，对于这一时期的中国对欧政策起到了积极的引导作用。2003 年，双方决定将

---

① “A Long Term Policy for China-Europe Relations,” Communication from the Commission, COM (95) 279 final, July 5, 1995. 欧洲一体化档案官网（http://aei.pitt.edu）。

双边关系提升至全面战略伙伴关系。此后，中欧关系发展引人关注。到2005年中欧建交30周年之际，双边关系达到顶峰。与此同时，中国政府把欧盟承认中国市场经济地位、放弃对华武器禁令问题作为对欧政策主要内容。起初，欧方主要国家也释放出改变的善意，但后因种种原因，终未解决。从2006年起，中欧虽然在经贸、人民币汇率及人权等问题上不时出现一些不谐之音，但双边关系总体上还是处于调整、发展的态势。

中国对欧外交40年历史表明，欧洲主要国家及欧盟对中国的战略利益和发展利益的实现有着重要的影响。作为当今国际社会中一支重要的战略力量，欧洲主要国家及欧盟一直是中国营造稳定和平的国际环境可以借重的力量。就中国发展利益而言，20世纪90年代以来，中欧经济上的互补性促进了双方经贸关系迅速发展，到2013年，中欧双方贸易额达5591亿美元，欧盟对华累计投资超过900亿美元。[①]2004年以来，欧盟是中国第一大贸易伙伴，中国是欧盟第二大贸易伙伴。[②]2006年以来，中国又成为欧盟第一大进口市场。[③]欧洲国家在技术转让上对中国也历来最为慷慨。这些影响也正是中国新一届中央领导集体重视中国对欧外交的重要原因。

三、中国对欧外交面临的主要挑战及政策建议

对欧外交是中国大国外交的重要内容，打造中欧“和平、增长、改革、文明”伙伴关系是中国新一届中央领导集体发展平等互信、包容互鉴、合作共赢的新型大国关系理念的体现，它将对中国对欧外交的发展起到积极的促进作用。然而，随着中国国力的迅速提升，欧盟及其成员国对中国崛起缺乏心理准备，这使他们对华政策充满不确定性，也使中国的对欧外交面临挑战。

（一）欧盟及其成员国对中国崛起产生的战略疑虑

欧盟不仅是世界最大的经济体，其成员德、法、意、英也曾是排名仅次于美、日的世界前几名，但最近几年陆续被中国超越过去，心里的

① 参见《深化中欧合作　增进互利共赢》，《人民日报》2014年3月21日。

② 参见《第七次中欧领导人会晤联合声明》，《人民日报》2004年12月9日。

③ 参见《中欧贸易额增长25.3%》，《人民日报》2007年1月29日。

不平衡感陡然增加。中国的快速崛起使欧盟及其成员国难以再居高临下对中国指手画脚，相反，在欧盟希望发挥影响力的许多问题上，没有中国的支持和配合，欧盟将难以取得成功。形势的发展要求欧盟必须以平等的态度赢得中国在国际事务中的谅解与合作。这对于已经习惯了居高临下批评中国的欧洲人来说是难以适应的。与此相应的，欧盟及其成员对中国崛起的战略疑虑也与日俱增。近几年欧洲出现的各种“中国威胁论”及欧盟对中非合作的诟病都是这种心态的反映。

（二）美国因素的影响

在中欧关系史中，特别是冷战结束以来中欧关系中，美国因素始终都是一个重要的制约因素。20世纪末，中国通过发展与欧洲主要国家务实的经贸合作，对美国对华政策中的霸权行径起到一定的制约作用。2001年“9·11”事件之后，美国单边主义的霸权政策不断发展，尤其是美国布什政府在2003年以反恐的名义，不仅撇开联合国，甚至在其传统的北约盟国法国和德国强烈反对下，独断专行地发动伊拉克战争，造成美欧关系紧张、疏远。恰恰也就在这样的美欧关系低谷期，中欧关系在2003—2005年出现了被某些西方学者称之为“蜜月”的时期。中欧这种互相借重的互动关系，对美国单边主义政策构成很好的制约。奥巴马第二任期起，重视加强对欧外交，美国副总统拜登2013年2月初出席年度慕尼黑安全会议时宣称“欧洲仍然是美不可缺少的头号伙伴”[①]，美国新任国务卿克里将欧洲国家作为履新后的首访对象国。2013年6月举行的八国集团北爱尔兰峰会上，美国和欧盟共同宣布，双方将正式展开《跨大西洋贸易与投资伙伴关系协定》的谈判，预计全部谈判在两年内完成。[②]在美国“重返亚太”战略框架下，奥巴马政府加强对欧外交主要目的是希望借助欧盟经济实力，强化其亚太“再平衡”战略的经济支柱。欧盟对美国遏制中国的战略并不持异议，作为美国盟友，欧盟也感到有义务支持美国亚太政策。未来如若美欧在亚太事务上加强合作与干预，必将对中国对欧外交产生影响。

---

① 《“再平衡战略”能否更加平衡》，《人民日报》（海外版）2013年3月14日。

② “Transatlantic Trade and Investment Partnership”. 美国白宫官网（http://www.whitehouse.gov）。

（三）欧盟针对中国的贸易保护主义上升

经贸关系一直是中欧关系的最重要基础和主要推动力。随着冷战的结束，特别是经济全球化浪潮的蓬勃兴起，经济因素更是成为中欧双方越走越近且须臾不可分离的黏合剂。然而，随着中国的产业升级和自主创新，原本互补的中欧经贸关系，双方竞争性开始凸显。欧盟抱怨不断增长的对华贸易逆差，并且更加频繁地诉诸贸易保护措施。与此同时，欧盟也升级其对华关于开放市场以及加强知识产权保护的压力。

上述几个方面是近年来及未来影响中欧关系的主要因素，中国打造升级版的对欧外交必须妥善应对这些挑战。

（一）充分利用中欧间已经建立起来的各种联系机制，加强与欧洲各国及欧盟各机构间的沟通和联系，增进彼此间的相互理解，培育双方间的战略互信

自 1998 年 4 月亚欧首脑峰会确立中国—欧盟领导人定期会晤机制后，中欧关系在制度化建设方面有了长足的进步。2003 年 10 月，中欧确定建立全面战略伙伴关系后，双方先后建立起高级别战略对话、经贸高层对话和高级别人文交流对话三大机制；中国外长与欧盟轮值主席国外交部长和欧盟共同外交与安全事务高级代表会议根据需要随时召开。自 2010 年开始，由中国共产党倡议，中欧开始每年举办“中欧政党高层论坛”；中欧议会机构之间的机制性联系也在增强，全国人大和政协也与欧洲议会和欧洲经社理事会建立了定期交流机制。目前，中欧各领域对话与磋商机制有 60 多个。此外，中国与西欧主要大国如德、法、英等国间也建立了为数众多的对话与磋商机制。如中德间建立了政府定期磋商、定期外交与安全战略对话、两国外交部副外长 / 国务秘书级政治磋商以及司局级外交政策规划、军控、领事、网络安全等分领域定期举行磋商交流等 60 多个政府间经常性对话机制。这些对话与磋商机制，是中国深入了解欧洲内部的事态演变，了解欧洲力量的起伏变化，特别是深刻认知欧洲对华的优势及其对中国的关切的重要渠道。同时，通过这些对话与磋商机制，中国也可以向欧洲表达我们的利益关切，使双方在充分交流信息，加深理解的基础上，相互尊重彼此重大利益关切，增进战略互信，共同为推动中欧全面战略伙伴关系的深入发展作出贡献。

（二）加强与欧盟在全球治理层面的合作，充实中欧全面战略伙伴关系的内容

随着全球化的深入发展，各国间相互依赖达到前所未有的水平，与此同时，全球化带来的大规模杀伤性武器扩散、国际冲突和失败国家、极端恐怖主义、能源和粮食安全、气候、生态等全球性问题不是任何一个国家或国家集团独自可以解决的。中国是最大的发展中国家，联合国安理会常任理事国，是全球第二大经济体和全球贸易大国；欧盟作为具有 27 个成员国的超国家组织，是独特的国际行为体，是最大的贸易集团和拥有发达国家最多的区域组织，有两个联合国安理会成员国。作为当今国际格局中两支重要的战略力量，中欧在促进世界经济稳定增长、维护国际社会和平与安全方面负有特殊的责任。中欧在应对全球性挑战方面也有广阔的合作空间。由于长期以来受双方把中欧关系更多地定位为地区性双边关系的影响，再加上双方在应对一些全球治理问题认知上存在分歧，双方合作关系更多地停留在经贸层面，在全球治理层面的合作比较薄弱，也成为双方进一步深化互利合作的全面战略伙伴关系一个重要的制约因素。随着中国综合国力的不断增强，中国的国家利益在世界范围内日益扩展，加强与欧洲在全球范围内的合作与协商是维护日益增长的国家利益的必然要求。《中欧合作 2020 战略规划》中倡议中欧就具有全球重大影响的国际和地区问题加强对话与沟通，加强中欧在非洲、中亚、拉美及双方各自周边地区事务中的磋商。双方应利用现有政治对话机制，讨论彼此关切的问题，并可以在一些热点问题上建立专家级对话机制，就反恐、能源安全改革等发表各种形式的共同文件，扩大双方在国际事务中的共同声音。

（三）妥善处理中欧在经贸方面的摩擦，进一步夯实中欧全面战略伙伴关系的基础

近年来，引起中欧经贸摩擦增多的主要原因有两个：一是欧洲债务危机，二是中欧经贸关系的结构变化，即上文所说中欧经贸关系由互补关系向竞争性关系的转变。在欧洲债务危机的影响下，欧洲贸易保护主义抬头，严重影响中欧贸易正常发展。因此，中国应从战略和全局高度重视欧债问题，支持维护欧元稳定，同欧方一道共同反对各种形式的贸

易与投资保护主义，扩大相互投资，深化在高科技和新兴产业领域的合作，走共同发展和繁荣的道路。同时，正确对待中欧间贸易争端问题。中欧间的贸易争端有些方面是我们存在问题，但主要是市场竞争的结果，对此，只能通过双方谈判和妥协来解决。事关利益，我们自然要据理力争，但应该有愿意作出妥协的诚意和气度。对于中欧经贸关系中与知识产权、市场准入、补贴、卫生与环保标准、劳工条件等相关的问题，我们应该以世贸协定为底线维护我们的权利，但也要在这些问题与世界接轨方面有所考虑。近年来，美国主导的跨太平洋伙伴关系协定、跨大西洋贸易和投资伙伴关系协定的谈判旨在引导全球新的贸易规则的制定，新的贸易谈判中都包含有对知识产权、竞争政策、环保标准、劳工条件等的规定。虽然我们不能完全屈从于美欧的压力，但长远而言，自我边缘化也不是上策。因此，应对上述几个方面的政策机制逐步进行相应的调整与改革，为参与全球新的贸易规则的制定争取主动。

综上所述，以习近平为总书记的中国新一届中央领导集体，依据发生了深刻变化的世情、国情及中欧关系的新特点，从中国的战略全局和实际需要出发，高度重视中国对欧外交，对中欧关系及欧盟在中国外交战略中的作用与地位作出新判断。视中欧为维护世界和平的“两大力量”，促进共同发展的“两大市场”，推动人类进步的“两大文明”，这就意味着中国对欧外交不仅要着眼于区域层面的双边关系，更要着眼于战略层面、全球层面的双边合作。基于此，提出新时期中国对欧政策的目标是：打造中欧和平伙伴关系、中欧增长伙伴关系、中欧改革伙伴关系和中欧文明伙伴关系。四大“伙伴关系”是中国新一届中央领导集体发展平等互信、包容互鉴、合作共赢的新型大国关系理念的体现，它将对中国对欧外交的发展起到积极的促进作用。然而，随着中国国力的迅速提升，欧盟及其成员国对中国崛起表现出的复杂心理，再加上美国因素及双边经贸因素的影响，使他们的对华政策充满不确定性，进而使中国的对欧外交面临挑战。中国应当有针对地采取积极有效的应对措施，推动中国与欧外交的新发展。

［原载《毛泽东邓小平思想》2015 年第 1 期］

以合作共赢为核心构建新型国际关系

习近平总书记在纪念中国共产党成立95周年大会讲话中，谆谆告诫全党同志一定要不忘初心、继续前进。就外交方面，他指出，中国外交政策的宗旨是维护世界和平、促进共同发展。中国始终是世界和平的建设者、全球发展的贡献者、国际秩序的维护者，愿扩大同各国的利益交汇点，推动构建以合作共赢为核心的新型国际关系，推动形成人类命运共同体和利益共同体。党的十八大以来，以习近平同志为核心的党中央审时度势，统筹国内国际两个大局，提出并构建以合作共赢为核心的新型国际关系，是对当代中国国际秩序观的丰富、创新与发展，是新的历史条件下中国作为新兴大国责任意识、担当意识的集中体现。

一、构建以合作共赢为核心的新型国际关系理念的提出

（一）应对国际环境的深刻变化应构建新型的国际关系

2016年是“十三五”规划的开局之年，未来10年是中国深化改革开放一个关键阶段。而近年来，国际局势发生了深刻变化，我国面临的国际环境越来越复杂。

国际格局方面，正在由“后冷战”初期美国的“一超独霸”向多个力量中心不断发展壮大态势转变。2008年由金融危机引发的世界经济衰退，削弱了美国及西方发达国家的实力地位。一批新兴国家在经济全球化、社会信息化浪潮推动下取得了快速发展，中国、俄罗斯、印度等新

兴大国和发展中大国在国际权势结构中的地位得到提高。伴随实力地位的相对下降，美国作为世界中心力量主导国际事务的能力和意志大大弱化，而其他力量中心对国际经济、政治和安全事务的发言权和影响力在不断增强。特别是中国在国际权势结构中地位的迅速提高，对当前国际格局的变化产生了关键性的影响。2010 年，中国成为世界第二大经济体后，中国的国际影响力随之大幅度地提升。这使作为当今世界现存霸权国家的美国异常焦虑。为防止国际权势结构进一步向着不利于自身的方向发展，美国加快了在亚太区域战略部署的步伐，最为突出的是加强在亚太区域的军事存在，纠结其亚太盟国及中国周边国家，对中国进行打压和围堵。主要目的就是维护其在该区域长期以来建立的主导地位，防止中国对之构成挑战乃至取而代之。中国作为新兴国家如何与现存大国美国相处，直接关系到世界和平与稳定的大局。

世界经济方面，受金融危机影响，世界各国国内需求普遍疲软，国际市场大幅度萎缩，世界经济复苏乏力。各国特别是发达国家竞相出台各种贸易保护措施，以扶持和保护国内产业。与此同时，国际区域合作也开始趋于保守、封闭。继 2010 年 3 月推进《跨太平洋伙伴关系协定》谈判启动后，2013 年 7 月，美国又与欧盟启动《跨大西洋贸易与投资伙伴关系协定》，力图以更高的“新贸易”规则制造贸易“壁垒”。深受其他国家贸易保护措施影响的国家也定会采取相应的反制措施，如此，世界经济中这种日益盛行的贸易保护主义态势将进一步加剧世界经济整体复苏的难度。

国际安全方面，世界经济持续低迷，国际安全形势也趋于严峻。地区热点持续不断，叙利亚危机、乌克兰危机、欧洲难民潮、朝鲜核问题等此起彼伏，霸权主义、强权政治和新干涉主义有所上升，军备竞争、恐怖主义、网络安全等传统安全威胁和非传统安全威胁相互交织。维护世界和平、促进共同发展任重道远。

面对错综复杂的国际形势，很多人感到无所适从。西方学者甚至惊呼，我们正在走进一个“失序的世界”。为了应对如今“失序的世界”，国际社会的战略家及有关学者提出了各种方案。

（二）党中央提出构建以合作共赢为核心的新型国际关系作为应对

构建以合作共赢为核心的新型国际关系理念是中国为寻求建立新的国际秩序贡献的“中国方案”。2013 年 3 月 23 日，习近平主席访俄期间，在莫斯科国际关系学院发表演讲时指出，面对国际形势的深刻变化和世界各国同舟共济的客观要求，要跟上时代前进步伐，就不能身体已进入 21 世纪，而脑袋还停留在过去，停留在殖民扩张的旧时代里，停留在冷战思维、零和博弈的老框框内。各国应该共同推动建立以合作共赢为核心的新型国际关系，各国人民应该一起来维护世界和平、促进共同发展。① 这是习近平主席第一次鲜明提出建立“新型国际关系”的构想。2014 年 11 月，习近平在中央外事工作会议上强调，我们要坚持合作共赢，推动建立以合作共赢为核心的新型国际关系，坚持互利共赢的开放战略，把合作共赢理念体现到政治、经济、安全、文化等对外合作的方方面面。② 由此，构建以合作共赢为核心的新型国际关系理念上升为中国外交的重要指导思想。2015 年 9 月，习近平主席在出席联合国成立 70 周年系列峰会期间，在联合国讲坛上提出，要继承和弘扬联合国宪章的宗旨和原则，构建以合作共赢为核心的新型国际关系，同心打造人类命运共同体③，得到国际社会广泛赞誉。

二、构建以合作共赢为核心的新型国际关系理念的内涵及其实践

“合作共赢”是以习近平同志为核心的党中央倡导构建新型国际关系理念的核心内容，其内涵是指双方或多方在合作中互惠互利、相得益彰，让合作各方都有所获或各得其所。也就是以合作取代对抗，以共赢取代

① 参见《习近平在莫斯科国际关系学院发表重要演讲时强调　建立以合作共赢为核心的新型国际关系》，《人民日报》2013 年 3 月 24 日。

② 参见《中央外事工作会议在京举行》，《人民日报》2014 年 11 月 30 日。

③ 参见《习近平出席第七十届联合国大会一般性辩论并发表重要讲话》，《人民日报》2015 年 9 月 29 日。

独占，超越零和博弈和赢者通吃强权政治的思维。党的十八大以来，中国以构建“新型国际关系”理念为指导，积极开展中国特色的大国外交，走出了一条合作共赢的新路。

（一）积极推进新型大国关系的构建

在大国外交中，积极践行新型大国关系理念，以构建和平稳定的新框架。大国是国际社会中的主角，由于大国在国际政治、经济、军事格局中有着强大实力，因而，大国及大国关系在国际和平发展的大局中发挥着重要作用，某种程度上可以说是关键性的作用。这也是中国外交中一直把大国外交作为首要的原因。新型大国关系是以相互尊重、互利共赢的合作关系为核心特征的大国关系，是解决崛起大国和既成大国之间冲突和矛盾的新方式。

积极推进新型大国关系的构建，致力于以大国间的合作共赢超越对抗与冲突，以免大国间特别是中美间陷入“修昔底德陷阱”，是中国对美外交的一个重要方面。2013 年 6 月 7 日—8 日，习近平主席与奥巴马总统在安纳伯格庄园会晤时，对新型大国关系的内涵进行了精辟阐述，概括为：一是不冲突、不对抗；二是相互尊重；三是合作共赢。[①] 并就此与奥巴马达成共识。2014 年 11 月 12 日，习近平在人民大会堂会见奥巴马时，为构建中美新型大国关系明确了方向。他强调中美新型大国关系的建设要朝着 6 个重点方向推进。[②]2015 年 9 月 22 日—25 日，习近平对美国进行国事访问，两国元首达成多项重要共识和成果。中方成果清单内容覆盖中美新型大国关系、双边务实合作、亚太地区事务、国际和地区问题、全球性挑战 5 个方面，共 49 项内容[③]，使中美新型大国关系更有支撑。

构建新型大国关系理念最初是中国领导人对中美关系发展方向的一种愿景，如今这一理念也在中国对俄、对欧外交中开花结果。2013 年 3 月，习近平就任国家主席之后，首访首站就选择俄罗斯。中俄元首签

---

① 参见《跨越太平洋的合作——杨洁篪谈习近平主席与奥巴马总统安纳伯格庄园会晤成果》，《人民日报》2013 年 6 月 10 日。

② 参见《习近平同美国总统奥巴马举行会谈》，《人民日报》2014 年 11 月 13 日。

③ 参见《习近平主席对美国进行国事访问中方成果清单》，《人民日报》2015 年 9 月 26 日。

署的联合声明中明确承诺坚定支持对方发展复兴，坚定支持对方自主选择发展道路和社会政治制度的权利，坚定支持对方维护主权、领土完整、安全等核心利益，树立了大国之间互信合作的典范。[①]迄今，习近平主席任内已经五访俄罗斯，深化了中俄全面战略协作伙伴关系。中欧全方位对话合作不断深入。2014 年 3 月 22 日—4 月 1 日，习近平出访荷、法、德、比 4 国，并作为中国国家元首第一次访问欧盟总部。[②]访问欧盟期间，习近平在同欧洲理事会主席范龙佩举行会谈时强调，要从战略高度看待中欧关系，将中欧两大力量、两大市场、两大文明结合起来，共同打造中欧“和平、增长、改革、文明”伙伴关系，为中欧合作注入新动力。[③]2015 年 10 月，习近平主席成功对英国进行国事访问，同卡梅伦首相达成重要共识，决定共同构建中英面向 21 世纪全球全面战略伙伴关系，共同开启持久、开放、共赢的“黄金时代”。双方达成 13 项政府间、非商业备忘录、协议，28 项商业备忘录和协议及其他 28 项成果，英国表示要成为中国“在西方最好的伙伴”。[④]中法、中德领导人间也互动频繁，中欧努力打造“三个对接”，即“一带一路”建设同欧洲的发展战略相对接，中国国际产能合作同欧洲“容克投资计划”相对接，“16+1 合作”同中欧整体合作相对接，以充实中欧全面战略伙伴关系。[⑤]

（二）以合作共赢经略周边

发展同周边国家睦邻友好关系是中国周边外交的一贯方针。2013 年 10 月，习近平主席在周边外交工作座谈会上指出，我国周边外交的基本方针，就是坚持与邻为善、以邻为伴，坚持睦邻、安邻、富邻，突出体

---

① 参见《中华人民共和国和俄罗斯联邦关于合作共赢、深化全面战略协作伙伴关系的联合声明》，《人民日报》2013 年 3 月 23 日。

② 参见《铺设友谊、理解、合作的桥梁——外交部长王毅谈习近平主席出席荷兰核安全峰会并访问欧洲四国和联合国教科文组织总部、欧盟总部》，《人民日报》2014 年 4 月 3 日。

③ 参见《习近平同欧洲理事会主席范龙佩举行会谈》，《人民日报》2014 年 4 月 1 日。

④ 参见《开启面向全球的中英全面战略伙伴关系黄金时代——外交部长王毅谈习近平主席对英国进行国事访问》，《人民日报》2015 年 10 月 24 日。

⑤ 参见《促进中欧合作　共创美好未来》，《人民日报》2016 年 6 月 22 日。

现亲、诚、惠、容的理念。[①]2014年11月，在中央外事工作会议上，习近平又强调，要切实抓好周边外交工作，打造周边命运共同体，秉持亲诚惠容的周边外交理念，坚持与邻为善、以邻为伴，坚持睦邻、安邻、富邻，深化同周边国家的互利合作和互联互通。[②]近年来，周边一些国家非常关心中国崛起后能否给自身带来利益，也有些国家试图拉拢域外大国来平衡中国日益增强的影响力，这是当前中国周边外交中面临的一个重要问题。2013年以来，中国推动共建“一带一路”、设立丝路基金、倡议成立亚洲基础设施投资银行、推进金砖国家新开发银行建设等，目的是通过与有关国家的互利合作，让中国的发展惠及周边。中国以切实的负责的行动，推动与周边国家的互信的建立。

三、构建以合作共赢为核心的新型国际关系理念是对当代中国国际秩序观的继承与创新

中华人民共和国成立以后，随着中国自身实力、中国与世界关系的发展变化，中国的国际秩序观经历了一个不断变化的过程。鉴于近代以来中国的惨痛教训，中华人民共和国成立之初就宣布废除与西方列强的一切不平等条约，另起炉灶。同时推行“一边倒”的外交政策，在国际政治和国际事务方面，认同并遵守苏联主导的社会主义的国际秩序观，对西方资本主义国际秩序持否定态度，主张通过革命和战争的手段推翻西方资本主义世界，建立新世界。20世纪60年代，中苏全面交恶，中国强烈反对苏联的霸权。同时，中国也反对美国的霸权。70年代初，毛泽东提出“三个世界划分”的理论，实际上是倡导一种新的国际秩序观。它强调第三世界的整体性和国际性，主张第三世界国家应该相互支持、相互帮助，致力于维护第三世界的共同利益和整体利益。

改革开放后，中国的国际秩序观有了新的变化和发展。对西方主导的国际秩序从过去的否定立场变为批判性接受，同时，逐步从有选择性

---

① 参见《习近平在周边外交工作座谈会上发表重要讲话强调 为我国发展争取良好周边环境 推动我国发展更多惠及周边国家》,《人民日报》2013年10月26日。

② 参见《中央外事工作会议在京举行》,《人民日报》2014年11月30日。

逐步参与西方主导的国际体系，转变为全面比较深入地融入这一体系。与此同时，中国仍然在西方主导的秩序中受到不公正的待遇，美国等西方国家在台湾、西藏及人权问题上不断干涉中国内政，中国在加入西方主导的市场体系和国际经济组织方面常常处于被动和不利的地位。因此，中国提出了改变现行国际秩序并努力建立国际政治经济新秩序的目标。而中国倡导的国际秩序强调是以和平共处五项原则为基础。进入21世纪以后，中国更加注重自身在国际新秩序建立中的建设性作用。2005年7月，中国和俄罗斯发表的《关于二十一世纪国际秩序的联合声明》，对21世纪中国国际秩序观的原则基础进行了具体阐述。《声明》强调国际新秩序以国际法和公认的国际准则包括和平共处五项原则为基础；联合国的权威应得到尊重；全球化条件下要加强国家间和地区间的协调和互利合作；人权具有普遍性，但国际人权应尊重不干涉内政原则；尊重各国历史传统，不能从外部强加社会政治制度模式；尊重和维护世界文明的多样性和发展模式的多样化，世界文化和文明的多样性应成为相互充实的基础；建立互信、互利、平等、协作的新型安全架构。① 这些原则进一步拓展了中国国际秩序观的内容。

构建以合作共赢为核心的新型国际关系理念是党中央为应对日益复杂的国际局势而提出的。这一理念超越了零和博弈、冷战思维等旧观念，主张在国际关系中尊重各国自主选择的社会制度和发展道路，坚持正确义利观，在维护自身利益同时兼顾各方利益，在谋求自身发展同时促进共同发展，致力于实现双赢、多赢、共赢。这顺应了国际社会的普遍愿望，为推动国际秩序朝着更加公正合理的方向发展提供了新思路，也充分体现了中国作为大国的责任意识、担当意识。正如习近平总书记2016年“七一”重要讲话所指出的：“今天的人类比以往任何时候都更有条件共同朝着和平与发展的目标迈进。中国主张各国人民同心协力，变压力为动力，化危机为生机，以合作取代对抗，以共赢取代独占。什么样的国际秩序和全球治理体系对世界好、对世界各国人民好，要由各国人民

---

① 参见《中华人民共和国和俄罗斯联邦关于二十一世纪国际秩序的联合声明》，《人民日报》2005年7月2日。

商量，不能由一家说了算，不能由少数人说了算。中国将积极参与全球治理体系建设，努力为完善全球治理贡献中国智慧，同世界各国人民一道，推动国际秩序和全球治理体系朝着更加公正合理方向发展。”

［原载《当代中国史研究》2016 年第 4 期］

以“中国方案”助推亚太区域合作

2015年11月18日—19日，国家主席习近平出席了在菲律宾马尼拉举行的以“打造包容性经济，建设更美好世界”为主题的APEC第二十三次领导人非正式会议，并先后在APEC工商领导人峰会、APEC领导人非正式会议第一阶段会议上发表题为《发挥亚太引领作用 应对世界经济挑战》《深化伙伴关系 共促亚太繁荣》的重要讲话，阐述中国对亚太和全球经济发展的看法，为深化亚太合作、推动亚太共同发展提供“中国方案”。习近平主席的讲话向世界传递了中国自信、中国智慧、中国的大国担当，吸引了全世界关注的目光。

一、为亚太发展确立方向

1989年，澳大利亚前总理霍克倡议成立APEC时，正值世界即将开启“后冷战时代”。国际形势总体趋缓，经济全球化、贸易投资自由化和区域集团化的趋势逐渐成为潮流。同时，亚洲地区经济在世界经济中的比重也明显上升。“21世纪将是亚太世纪”逐渐成为国际舆论的热门话题。在茂物目标的引领下，APEC以其独特的合作方式，为推动区域贸易投资自由化、加强成员间经济技术合作等发挥了不可替代的作用，同时对WTO全球多边贸易合作的发展也起到了一定的积极作用。

2008年国际金融危机以来，世界经济复苏乏力。APEC约涵盖世界人口的40%、经济总量的57%、贸易总量的48%，虽然仍是全球经济发展速度最快、潜力最大、合作最为活跃的地区，但亚太经济也面临增长基础不稳、新旧动力转换、结构调整不彻底等种种挑战。面临各种新的挑战，APEC 尤其需要与时俱进的发展眼光、开拓进取的创新思维。2013 年巴厘岛会议，习近平主席提出“亚太命运共同体”理念，表示中国希望同亚太伙伴们携手同心，共同创建引领世界、惠及各方、造福子孙的美好亚太。2014 年，习近平主席阐述了“亚太梦想”的概念，凸显了中国推动亚太地区繁荣发展的决心。2015 年，习近平主席建议，APEC 各经济体要着眼长远，完善亚太中长期合作战略架构，谋划大手笔，塑造大格局，引领新未来，保持合作的战略性、前瞻性、进取性。要改革创新，努力创新发展理念、发展模式、发展路径，为亚太经济寻求新的增长动力。要坚持构建开放型经济，坚持大开放、大融合、大发展，推进亚太一体化，推动政策沟通、设施联通、贸易畅通、资金融通、民心相通，尽早建成亚太自由贸易区，使亚太经济血脉更加通畅。要坚持落实发展议程，提升发展质量和效益，引领亚太普惠包容发展之路。习近平主席尤其强调，唯有让改革和创新两只手一起发力，方能拧动亚太经济的阀门，经济河流之水才能活起来，才能源源不断地向前流淌。

二、构造开放性、包容性经济，推进亚太自由贸易区建设

开放的地区主义是 APEC 长期以来坚持的一项原则，这一原则使 APEC 在最大限度地发挥区内贸易长处的同时，又可以避免因对区域外的歧视政策而缩小区外的经济利益。这一原则引领亚太走出独具特色、充满活力的区域经济合作道路。然而当前，新的区域自由贸易安排不断涌现，引发大家对碎片化倾向的种种担忧。对此，习近平提出：“我们要加快亚太自由贸易区建设，推进区域经济一体化。要平等参与、充分协商，最大程度增强自由贸易安排的开放性和包容性。”①

开放性、包容性是合作和共同发展的必要前提。APEC 从 1993 年以来，就最大限度地承认 APEC 成员多样性，无论是发展阶段、发展水平

① 习近平：《发挥亚太引领作用　应对世界经济挑战》，《人民日报》2015 年 11 月 19 日。

还是文化、社会制度、宗教，都不一样，因此需要秉持渐进性、灵活性、自主自愿协商一致的原则，共同制定奋斗目标，每个成员根据目标制定路线，共建 APEC 大家庭精神。正是开放性、包容性成就了 APEC，也只有开放性、包容性才能够确保它的可持续增长，达成亚太合作发展的新平台。

亚太自贸区建设是实现“包容性增长”的重要手段之一。建立亚太自贸区是 APEC 成员的“夙愿”。该倡议早在 2006 年已经提出，但因种种原因进展缓慢。北京 APEC 会议批准了亚太自贸区的路线图，决定从 2015 年起正式启动亚太自贸区联合战略研究。2015 年，《亚太自贸区联合战略研究工作大纲》在 APEC 贸易部长会上通过。该文件确定了研究的时间节点、框架结构、起草方式和最终目标，并成立核心起草小组。目前，研究报告已进入实质性撰写阶段，并设定了截止日期：2016 年 1 月 15 日完成初稿，力争在 2016 年底前向领导人提交最终报告及可行的建议。把建设亚太自由贸易区确立为 APEC 新的发展方向，其意义在于将目前亚太地区的各个自贸区整合起来，降低各国间自贸协定重叠化、碎片化的风险，规避“意大利面碗”困境。

三、中国有信心继续成为亚太经济的引擎

作为世界第二大经济体，中国经济走势受到各界高度关注。前三季度中国经济 6.9% 的增速引发各种猜疑，有人甚至认为中国经济将就此一蹶不振，给世界经济带来负面影响。对此，习近平主席就中国经济当前态势和未来发展方向进行了精辟阐述，他指出：“今年前三季度，中国经济增长 6.9%，对世界经济增长的贡献率达到 30% 左右。这是在 10 万亿美元高基数之上的增长，也是调结构、转方式进程中的增长，这一结果来之不易。”[①] 并用“四个没有变”讲明中国经济形势和运行态势总体是好的，向上向好的发展趋势没有变，即中国经济长期向好的基本面没有变，韧性好、潜力足、回旋余地大的特征没有变，持续增长的良好支撑基础和条件没有变，结构调整

① 习近平：《发挥亚太引领作用　应对世界经济挑战》，《人民日报》2015 年 11 月 19 日。

优化的前进态势没有变。充分展示了中方的高度自信。这份信心来自全面深化改革、建立开放型经济新体制的决心和行动，来自中国经济强劲内生动力和中国政府坚强有力的政策引导。

中共十八届五中全会通过的《中共中央关于制定国民经济和社会发展第十三个五年规划的建议》对中国“十三五”期间的发展进行了顶层设计，习近平主席结合《建议》，用五个“更加注重”系统阐述阐释中国全面深化改革、推进经济转型升级的政策举措。

（一）更加注重“效益质量”

中央决策层不再强调超高速增长，未来更不会为了追求速度而推出大规模刺激政策，而是更加注重效益和质量。强调“要深入研究保持经济增长的举措和办法”。习近平明确提出，这些举措和办法不仅包括“推动信息化和工业化深度融合”，还有“工业化和城镇化良性互动，城镇化和农业现代化互促互进”等。①

（二）更加注重创新驱动

中国经济体量大，发展劲头足，但在发展中有一个很大的“短板”，就是“创新不足”。因为创新能力不强，中国不少行业都处于产业链的低端。例如，苹果手机虽在中国工厂完成生产，但核心技术属于发达国家，中国企业得到的附加值只是整个手机价值的零头。中国的发展离不开创新，尤其是在经济下行压力大、增速放缓的情况下，亟须依靠创新爬坡过坎。习近平在 APEC 会上强调，要大力实施创新驱动发展战略，把发展着力点更多放在创新上，发挥创新激励经济增长的乘数效应，破除体制机制障碍。

（三）更加注重公平和公正

为全面建成小康社会，“十三五”期间中国经济发展着重解决的问题是公平公正问题。中共十八届五中全会多次谈到公平：让每人都有机会，精准扶贫、精准脱贫，完善最低工资增长机制，全面实施城乡居民大病保险制度。做大“蛋糕”很重要，怎么分好“蛋糕”更重要，这考验着执政者的智慧。习近平在 APEC 会议上强调，着力构建公平公正、共建

① 习近平：《发挥亚太引领作用　应对世界经济挑战》，《人民日报》2015 年 11 月 19 日。

共享的新机制，“未来 5 年我们将使中国现行标准下 7000 多万农村贫困人口全部脱贫，贫困县全部脱帽”[①]。

（四）更加注重绿色发展

过去发展，谈经济利益比较多，谈环境保护、绿色低碳比较少；谈眼前效益多，谈长远发展少。因而，经济上虽然发展很快，但也伴随着巨大的环境代价。党的十八大以来，生态文明已经开始融入经济社会发展的各个方面。习近平将“更加注重绿色发展”作为中国未来经济发展的一个重要方面，表示将“坚持节约资源和保护环境的基本国策，建设天蓝、地绿、水清的美丽中国”[②]。

（五）更加注重对外开放

中国经济在对外开放中取得了巨大成就，习近平在 APEC 会议上的讲话进一步强调，中国的大门不仅不会关上，未来还将开得更大。中国经济将会更深入地融入世界经济，也将从中获得更大发展动能。

四、中国以踏实的行动推动合作共赢，展示大国担当

中国于 1991 年加入 APEC，作为中国加入的第一个区域经济合作组织，APEC 为中国融入亚太区域经济一体化合作进程打开了一扇大门。通过参与 APEC 合作，中国与亚太地区众多经济体建立了更为密切的经贸关系，并不断扩大市场开放，为此后加入世界贸易组织（WTO）和构建多元化的国际经济合作体系奠定了坚实的基础。同时，APEC 也为中国推动建立国际和地区政治经济新秩序、积极开展多边和双边外交提供了有效渠道。另外，作为 APEC 最大的发展中成员，中国为推进 APEC 合作进程作出了重要贡献。中国为促进“APEC 方式”的确立，推动贸易投资自由化和经济技术合作“两个轮子一起转”发挥了积极作用。同时，中国经济的快速增长也为亚太经济的繁荣起到了重要的拉动作用，为广大 APEC 成员提供了巨大的商机和广阔的市场。

---

① 习近平：《发挥亚太引领作用　应对世界经济挑战》，《人民日报》2015 年 11 月 19 日。

② 习近平：《发挥亚太引领作用　应对世界经济挑战》，《人民日报》2015 年 11 月 19 日。

近年来，中国在 APEC 合作中发挥引领作用的意愿和能力显著提升，这在 2014 年北京 APEC 会议上得到了集中体现。此次会议以“共建面向未来的亚太伙伴关系”为主题，达成了包括《亚太经合组织推动实现亚太自贸区北京路线图》《亚太经合组织互联互通蓝图（2015—2025）》等在内的一系列重大成果，为 APEC 合作规划了新的目标和路径。但中国并没停留于此，而是以脚踏实地的行动，向亚太传导着正能量。正如习近平所指出的：“‘道虽迩，不行不至；事虽小，不为不成。’任何蓝图都不会自动变为现实，实现上述目标，需要亚太各成员携手并肩、共同努力。”①

一年来，中国在《亚太经合组织经济创新发展、改革与增长共识》方面取得积极进展。中国自身做了很多努力，绿色经济、创新经济已成为发展新导向。中共十八届五中全会前，环保部针对环境监测监察提出了明确目标，绿色发展已经形成广泛共识，全会则明确要求要坚持绿色发展与可持续发展，同时要进一步攻克关键核心技术，加快形成战略性产品，培育新兴产业。作为 APEC 科技创新伙伴关系机制主席，中国主办了“科技型中小企业与包容性增长”创新政策对话会、第二届 APEC 车联网研讨会等一系列活动。

同时，在引领亚洲经济发展、推动地区经贸合作上，中国也做出了很多努力。中国出资 400 亿美元设立丝路基金，为“一带一路”沿线国家基础设施建设、资源开发、产业合作等有关项目提供投融资支持。推动建立亚洲基础设施投资银行（亚投行），为亚洲各国的实体经济提供融资支持，实现资本有效配置，进而促进私营经济发展及改善就业，宏观上为促进亚洲国家的经济发展作出贡献。中国捐款 1000 万美元，用于支持 APEC 机制和能力建设；3 年中为 APEC 发展中成员提供 1500 个培训名额，用于贸易和投资等领域能力建设项目。2015 年菲律宾 APEC 期间，中国倡议在 APEC 设立互联互通子基金，首批捐助资金 30 万美元已经到位，今后 4 年内中国还将捐款 120 万美元。

［原载《前线》2016 年第 4 期］

① 习近平：《发挥亚太引领作用　应对世界经济挑战》，《人民日报》2015 年 11 月 19 日。

西方主要国际关系理论流派对APEC研究评析

APEC是当今世界最大的区域合作组织之一，以推动多边自由贸易和投资、促进区域经济增长为宗旨，奉行开放的地区主义、自主自愿、协商一致的合作原则。自1989年成立以来，为推动亚太区域贸易投资自由化、便利化和经济技术合作，促进区域经济发展和共同繁荣作出了贡献，已成为连接太平洋两岸国家和地区的一条重要纽带，因此，受到了越来越广泛的关注。APEC独特的国际合作模式，自然也引起国际关系学界的关注，国际关系不同理论流派从各自理论特点出发，对APEC这一独特的制度模式进行了解读。本文在简析新现实主义、新自由制度主义及建构主义关于国际合作理论的基础上，重点探讨西方三大主要国际关系理论流派关于APEC研究的主要观点，并进行简要评析。

一、西方三大国际关系理论流派关于国际合作的主要观点

二战后，国际合作已成为推动国际社会发展的力量之一，国际社会成立联合国的宗旨之一就是“促成国际合作，以解决国家间属于经济、社会、文化及人类福利性质之国际问题”[①]。以联合国为核心的国际机制、国际法等都确认并推动了这一宗旨的实现。20世纪70年代后，国际合

① 《联合国宪章》，联合国官网（http://www.un.org）。

作现象日益普遍。在理论研究上，新现实主义、新自由制度主义和建构主义等国际关系理论流派都涉及国际合作议题，并提出了带有各自理论特点的国际合作观点。

（一）新现实主义关于国际合作的观点

新现实主义强调国际体系结构与国家行为之间的关系，认为国际体系结构决定国家行为。它对国际政治的理论假设是：第一，国际体系的基本特征是无政府状态。国际结构、国际体系的变化，是由各单位实力对比的变化所造成的。第二，国家是国际社会的主要行为体，具有单一的、理性的、利己的属性，其功能相同。第三，国际政治是权力政治，它追求权力的最大化。新现实主义在探讨国际合作时，比较注重对系统的条件与合作产生的关系的研究，认为结构影响国家行为体的行为，结构变迁影响制度的构成，影响合作的途径。合作机制是在国际体系变迁，成员国面临外在危险的背景下产生的，但国家对合作中相对收益的考虑使国际合作变得比较困难。

（二）新自由制度主义关于国际合作的观点

新自由制度主义虽然认为权力分配是体系结构的重要组成部分，但强调国际制度是体系结构的另一个重要组成部分，国际制度“塑造”国家间互动的特性。它对国际政治的理论假设是：第一，国际体系处于无政府状态，但这并不意味着无组织与无秩序，而是有一定的组织形式和行为规范。第二，国家是国际社会中主要的但不是唯一的行为体，它具有自私、理性的属性，其目的是追求绝对收益。第三，国际机制在整合、规范国际关系方面起着重要的作用。在这套假设之下，新自由制度主义理论在探讨国际合作时认为，国际合作是国家权衡利弊后的一种选择，是建立在严格的利益判断基础之上的。由于国家本质上是理性、自私的行为体，因此决定了国家如同个人一样，必然追求以最小的代价实现自身的国家利益，这就是国家的“效用功能”。当考虑到以武力冲突解决问题代价过高，以及合作可以使双方均能获利的情况下，国家间的合作就成为实现国家利益的可能方式。国际机制的功能是提供可靠的信息，增强透明度，减少合作者对合作伙伴的担心，克服因市场失灵带来的困难，从而使行为体愿意合作，并通过合作获得帕累托最优解。另外，国际机制可提供惩罚功能，对行为体的欺骗行为给予惩罚。

（三）建构主义关于国际合作的观点

建构主义是 20 世纪 90 年代国际关系理论领域比较活跃的一种理论，它的主要特点是把国际关系理解为一种社会关系。人是社会的人，社会关系规定了人的社会存在，社会存在的人构成了整个世界。人和社会的互相构建是一个不断持续的进程。这是建构主义理解问题的总体思路。以此为出发点，建构主义主要基于三个理论假设：第一，国家是国际体系的主要行为体，但国家的身份和利益都不是既定因素，它们是在结构与行为体的互动中建构的。第二，国际体系的结构是社会性的结构，是观念性的非物质性的。物质性的因素只有通过共有知识才能获得意义，从而对行为体的行为产生影响。第三，国家认同以及国家利益在很大程度上是通过这些结构形成的，而非由外在于这个体系的人类本性或者国内政治决定的。在此基础上，建构主义将关注的重心从经济物质结构等客观现实转向凝结着主体认知的社会规范结构，强调机构、规则和认同在国家行为及利益形成过程中所具有的重要作用。在探讨国际合作中，建构主义者强调认知过程在制度安排中的作用。他们认为人们的认知理解随着新知识、新信息的进一步获得是可以改变的。新知识、新理解可以引导决策者重新估价其利益，使合作的安排逐步变得有吸引力[①]。认知途径是一个学习过程，在这一过程中，通过合作实践和新知识的产生，行为体间将逐步培养出共同的利益和共同的价值观。同时，认知途径又是一个社会化过程，在这一过程中，政治行为体间逐步建立信任进而实现合作。

二、西方三大国际关系理论流派关于 APEC 研究的主要观点

APEC 成立后，其成员由 14 个增加到 21 个。1994 年，在印度尼西

① John Lawrence V. Avila, Regional Cooperation in APEC and ASEM: An Institutionalist Perspective, Philippine APEC Study Center Network (PASCN) Discussion Paper, No. 99-18, 1999.

亚确立了 APEC“茂物目标”，即发达成员不晚于 2010 年、发展中成员不晚于 2020 年实现自由和开放贸易的时间表。1995 年在大阪年会，制定了落实茂物目标的《行动议程》。1996 年在马尼拉，成员体就“APEC 方式”达成共识。“APEC 方式”是 APEC 区别目前国际上任何区域经济集团的独特的运行方式。其特点是：承认多样性，强调灵活性、渐进性和开放性；遵循相互尊重、平等互利、协商一致、自主自愿的原则；单边行动和集体行动相结合，在集体制定的共同目标指引下，APEC 各成员根据各自不同的情况，作出自己的努力。对于 APEC 发展历程、作用及制度机制，西方三大国际关系理论流派都提出了各自的观点。

（一）新现实主义对 APEC 的研究

新现实主义从国际体系结构变迁、权力和利益分配出发，对 APEC 产生的原因、APEC 的作用和地位及其发展前景进行了研究，强调权力关系的变化对亚太区域制度安排的影响。

1. 关于 APEC 产生的原因。新现实主义者认为，APEC 产生的主要原因之一是美国霸权的衰弱。他们认为，冷战结束后，亚太地区合作的快速发展，这与美国在冷战后影响亚太地区的实力相对变化有关。在战后初期，美国在国际机制中的霸权地位抑制了亚太地区早期关于区域制度化安排的努力。20 世纪 80 年代，美国实力下降，使战后的区域制度安排发生变化，而亚太地区国家间实力对比的缩小，经济关系和权力关系均衡化的发展，导致了区域制度安排的产生。[①] 而正当美国经济实力相对下降之际，亚太地区的权力关系也发生了重大变化：日本经济经过 20 多年的快速发展，已经步入世界经济强国的行列，在亚太地区的绝对和相对地位都有所提高；澳大利亚、新西兰在它们的经济重点从英联邦转向东亚和东南亚后，在该地区的影响上升；“亚洲四小龙”经济也走上快车道。亚太地区经济力量变得日益强大。[②] 正是这种权力关系的变化，这些实力相当的力量主体间矛盾和摩擦增多，才促进了亚太地区的合作。因

---

① John Lawrence V. Avila, Regional Cooperation in APEC and ASEM: An Institutionalist Perspective, Philippine APEC Study Center Network (PASCN) Discussion Paper, No. 99–18, 1999.

② Dilip k. Das, *The Asia-Pacific Economy*, Printed in Great Britain by Ipswich Book Coltd, Ipswich, Suffolk, pp.51–52.

为处于矛盾中的各力量主体都有试图通过合作来缓解矛盾、协调分歧的愿望。

2. 关于 APEC 的作用和地位。新现实主义者认为，APEC 不能实现成员体的合作目标。因为合作者是从相对利益的观念出发参与合作，使合作出现“囚徒困境”现象，APEC 机制很难解决“囚徒困境”的问题。在他们看来，以自愿为特征的协调的单边计划不仅不会促进亚太区域的贸易自由化，而且会导致成员间分歧与矛盾。因为在执行单边行动计划的过程中，有些成员过一段时间可能会认为从 APEC 的贸易和投资自由化的过程中所得利益比别的成员少，这些成员就会对那些“搭便车”的成员产生不满情绪。而且，如果各成员都自愿作出承诺，各成员就会相信其他伙伴会履行承诺，但如果他们相信这些承诺没有得到完全不折不扣地履行时，他们执行自己承诺的力度就会减小。这样，就会造成成员间的相互指责，相互挫伤[①]，合作就会变得越来越困难，因此，把 APEC 作为实现亚太区域自由化的机制和手段，从影响力上来说是太弱了。

3. 关于 APEC 的发展前景。新现实主义者对亚太区域合作的前景持悲观的态度，认为有三个方面的因素是亚太合作的障碍。（1）大国的霸权争夺。亚太地区包括了美国、中国、日本和俄罗斯等世界上的主要大国。冷战时期，亚太地区处于美苏争夺的两极结构控制之中；冷战结束，为亚太地区开启了大国权力之争的大门。（2）日益加剧的领土之争。东亚存在的日益剧烈的领土权的争夺问题，与长期以来亚太地区存在的根深蒂固的敌对情绪和民族主义情绪夹杂在一起，是亚太区域合作的障碍之一。（3）东亚地区军备竞赛。冷战结束后，东亚国家出现了军备竞赛日益激烈的局面。这种局面将导致亚太局势的不稳定，甚至是冲突的出现，进而威胁亚太地区合作的发展。在现实主义者看来，除非这些冲突和不稳定因素得到妥善解决，否则，建立“太平洋共同体”一定会是一个神话。[②]

---

① Vinod k. Aggarwal and Charles E. Morrison (eds.), *Asia- Pacific Crossroad: Regime Creation and Future of APEC,* NewYork: St. Martin's Press, 1998, p. 243.

② Robert A. Manning and Paula Stern, “The Myth of the Pacific Community,” *Foreign Affairs*, Vol. 73, No. 6 (November / December 1994).

（二）新自由制度主义者对 APEC 的研究

新自由制度主义者对 APEC 的研究随 APEC 的发展阶段不同，观点褒贬不一。在亚洲金融危机之前，研究者对 APEC 机制肯定的较多，而在亚洲金融危机之后，APEC 的发展进入了调整时期，学者也开始进一步对 APEC 机制及其作用进行反思，观点分歧较大。新自由制度主义者有关 APEC 研究的主要观点是：

1. 关于 APEC 产生的原因。新自由制度主义者认为，APEC 是亚太地区应对时代潮流变化而成立的。[①]冷战结束后，由于诸多因素的交互作用，导致国际关系结构发生了深刻的变化。这些因素主要有：亚太地区日益增长的相互依存，冷战结束及多边主义的兴起，国际关系经济化、外交决策民主化及国内因素对外交决策影响的增强等。APEC 正是亚太地区应对国际关系结构变化的产物。

2. 关于 APEC 机制及其作用。新自由制度主义者存在不同的观点。持肯定观点的学者认为：（1）"APEC 方式"适合亚太的实际情况。不像世界上其他地区，东亚尤其是亚太区域制度安排还很不健全。随着东亚经济的迅速发展，冷战结束，以及亚洲国家间权力的变迁，APEC 作为一个及时的制度安排，将便利亚太地区的经济合作。APEC 机制不仅将促进亚太地区经济自由化，而且将促进全球多边贸易体制发展。亚太区域合作之所以采取"APEC 方式"，是由亚太的现实状况决定的。亚太经济体的目标既是区域的又是全球的，亚太地区的"新区域主义"看重的是取得实质性的经济实惠，而不是把注意力放在构建完善的管理体制或者是订立正式的国际条约。实践中的经济合作将增强成员体间的互信的建立，培育一种信任意识并逐步拓宽共同利益基础。[②]同时，APEC 机制为使开放的贸易和投资自由化的原则在亚太深入人心作出了重要贡献。"协调的单边主义"概念显示了经济自由化可能走第三条道路，即非关税同盟、自由贸易区，也非 GATT 多边贸易谈判的形式。自主自愿的原则构成了一

---

① Jürgen Rüland, Eva Manske and Werner Draguhn, *Asia-Pacific Economic Cooperation (APEC)*, Routledge Curzon, 2002, p.17.

② Donald C. Hellman and Kenneth B. Pyle, *From APEC to Xanadu: Creating a Viable Community in the Post-War Pacific*, Armonk, N. Y. : M. E. Sharpe, 1997, p.43.

个基础，在一个建立在自愿基础没有约束性的组织中，稳步地增强一些制度的凝聚力具有重要的意义。[①]（2）APEC 的活动内容为所有成员带来了绝对收益。APEC 合作议程集中在那些使所有成员体已感觉到能从合作中获得利益而且在国内没有强大的利益集团抵制的领域，所以，如果就降低不确定性和减少国际贸易和投资交易成本而言，APEC 在其早期的活动领域内还是为成员体带来了实质性的利益。[②]（3）APEC 发挥了应有的作用。如促进了国际分工，增进了经济福利；提高了管理由于相互依存带来的摩擦与冲突的能力；强化了已有的制度框架，并推动了新的规则的构建；增强了亚太地区国际谈判能力；通过参与国际合作，增强政府反对国际敌对势力的国内地位；有利于推动国际稳定和安全的发展。[③]

持比较消极观点的学者认为：（1）APEC 机制本身存在严重缺失的现象，这种现象的一个重要表现是 APEC 机制中的模糊性问题。模糊性在所有国际协议和条约中都存在，但 APEC 机制中存在得比较突出，APEC 在其确立的目标以及实现其目标的方式方面存在模糊性问题。国际机制中机制规则的模糊性将减少成员体对声誉考虑的可能性。声誉考虑将对国家的行为产生重要的影响，它是影响参与国际合作的行为体决定其遵守合作机制中规范和规则的一个主要因素。APEC 一体化进程采取自愿的、单边的和灵活的方式为成员体不作为提供了良好的借口，也为成员体不履行应承担的义务又能保全面子提供了一个很好的借口。[④]（2)APEC 的作用有限。这派学者认为，APEC 机制太软弱，其成员体对 APEC 的一系列原则具有太少共同承诺，APEC 在转变成员体行为和成员体对自身利益的理解方面的作用太小，因此，把 APEC 称为“机制”可能不当。（3）APEC 不能实现其贸易自由化目标。APEC 目前发展存在的一个重要

---

① Arai Hisamitsu, “APEC in the Year 2010,” APEC 工商业咨询理事会官网（www. abaconline. org）。

② Donald C. Hellman and Kenneth B. Pyle, *From APEC to Xanadu: Creating a Viable Community in the Post-War Pacific*, Armonk, N. Y. : M. E. Sharpe, 1997, p.58.

③ Jürgen Rüland, Eva Manske and Werner Draguhn, *Asia-Pacific Economic Cooperation (APEC)*, Routledge Curzon, 2002, pp.26–27.

④ John Ravenhill, *APEC and the Construction of Pacific Rim Region*, Green Giant Press, Singapore, 2001, p.191.

问题是信誉差距的问题，这是由 APEC 的承诺和实现这些承诺的机制之间的差距所致。解决这个问题有两种渠道：一是改变现有的机制。APEC 发展成现有这样的机制是由多种因素促成的，鉴于这些因素依然存在，改变 APEC 机制是不可能的；二是改变 APEC 的行动议程，使它更适合 APEC 成员体愿意接受的机制类型。按照博弈理论，贸易自由化是一种合作博弈，在这种博弈中，成员体有多种混合的动机去进行欺骗；合作博弈要求有明确的规则和监督条款的机制和能为不遵守行为进行补救的机制。APEC 在这三方面都不具备。[①] 因此，很难实现其合作目标。

（三）建构主义者对 APEC 的研究

由于亚太区域独特性，亚太区域不像欧盟、北美、南美等其他区域，具有丰富的多样性，如亚太区域在文化、价值观、宗教、政治制度等方面的多样性对亚太区域合作产生了重要影响，这些因素也正是建构主义者在研究国际合作中强调的因素，因此建构主义者思想在 APEC 研究中比较活跃，主要观点有：

1. 学习过程在亚太区域制度安排中发挥了重要作用。他们认为 APEC 成立的一个重要意义，在于它显示了学习过程在国际合作中的作用。学习有利于消除成员体间的分歧，促进机制建立和合作发展。在 APEC 框架内，政策导向的对话次数的增多和话题范围扩大增强了相互关心和相互促进的意识。APEC 为成员间相互学习提供了机会，APEC 的理念向着逐步实现长远目标的方向慢慢地展现出来，一种享有共同原则、共同目标和支持组织结构的意识逐渐形成。

2. “构建”对 APEC 机制产生了重要影响。维纳德•亚格沃尔（Vinod K. Aggarwal）在研究把较低层次机制中的特定问题的安排与较高层次的机制安排协调一致时，第一次提出了“构建”（nesting）这个概念。他认为，“机制构建”是指依赖较高层次的体系带动较低层次合作活动的行为。在制订次一级机制的行动计划时，把一些特定的协议构建在较高或更成熟的机制中，不仅可以避免一些有争议问题的出现，而且能从已经确立

---

① John Ravenhill, *APEC and the Construction of Pacific Rim Region*, Green Giant Press, Singapore, 2001, p.216.

的较高机制的规则和程序中获益。在亚太这样一个具有如此不同特性和缺乏国际合作关系历史的地区，进行区域制度安排，机制构建可能是唯一可行的办法。

APEC 机制构建，向上要与 GATT/WTO 机制协调，向下还要与地区内早已存在的次级区域组织如东盟、北美自由贸易区和澳新紧密经济关系协定等协调。这些组织都有其自身的元机制和机制。元机制（meta-regimes）是指国际制度安排赖以存在基础的基本原则和准则，机制（regimes）指制定出来的特定的国际规则和决策程序。机制可以通过其制约力、性质和范围来考查。机制的制约力指规范国家行为的多边规则的严格程度；机制的性质指的是机制的开放程度；机制的范围分为两个方面：一是问题范围，指的是机制涉及的问题的数量，二是成员范围机制涉及的成员的数量。①

APEC 作为一种元机制，在自身的发展中取得了一些成就，而在创立共同规则和决策程序方面取得的成绩有限。在操作规则的制定和实施、强制和裁决领域，APEC 也促进了机制的发展，但更多的是通过扩展全球机制的范围来强化全球机制的运作，不是在地区层面上创立一些新的机制来取而代之。② 也就是说，APEC 在很大程度上是把自己构建在 GATT/WTO 这个更大范围的机制内，而不是创立一种新的机制。APEC 自成立以来，一直注意保持与 GATT/WTO 的一致性，APEC 早期工作组的活动就是集中在理解已有的国际机制和全球义务方面。APEC《大阪行动议程》为贸易自由化和便利化确立的原则之一是与 GATT/WTO 一致。APEC 与 GATT/WTO 的机制协调是通过构建联系的方式来实现的。

3. APEC 很难实现其贸易和投资自由化目标。原因是：（1）从 APEC 的基本机制来说，APEC 的基本原则开放的地区主义和自愿原则掩盖了成员体对 APEC 机制的目标和决策程序的重要矛盾与分歧，因此，关于开放地区主义含义和 APEC 活动的适当范围的持续争论将阻碍 APEC 机

---

① Ippei Yamazawa (ed.), *Asia Pacific Economic Cooperation (APEC)*, London: Routledge, 2000, p.300.

② John Lawrence V. Avila, Regional Cooperation in APEC and Asem: An Institutionalist Perspective, Philippine APEC Study Center Network (PASCN) Discussion Paper, No. 99-18, 1999.

制效率的发挥。(2)就 APEC 的规则和决策程序而言，APEC 是一个弱机制。由于它在规则方面没有达成一种共识，成员体就希望通过协调的单边主义，靠经济较自由的经济体的隐形压力推动那些不太情愿的成员体。APEC 机制结构设计的是非集中的体制，没有太正式的约束力量。APEC 的范围无论是问题范围还是成员范围都在扩大，这种扩大突出了 APEC 的基本的政治特征。由于缺乏强有力的制度约束，这种扩大是以牺牲成员共同目标和关注机制建设为代价的。(3)APEC 作为一个非谈判论坛，已经不时受到其外部组织 GATT/WTO 和其内部次区域组织(NAFTA、ASEAN、CER)贸易和投资自由化鲜明谈判目标的侵害。EVSL 提交到 WTO 就表明了这一点。

4. 尽管 APEC 当前的机制化处于比较弱的状态，但 APEC 具有社会化的功能。表现在:(1)APEC 社会化的功能促进了成员体就治理国际行为和构筑规则基础的基本规范和价值达成共识，有利于在 APEC 社会内部保障元机制不受威胁。在 APEC 社会存在多层次经济发展水平的大环境下，APEC 建立“大家庭”的功能是最为适宜的。(2)APEC 日益拓宽的活动范围(如贸易、投资、环境、劳工、金融、交通、旅游、渔业和促进中小企业发展)促进了以前不存在的技术层面和管理层面的磋商机制的建立。APEC 的这些活动促进了在上述问题领域内对基本挑战和目标的共同理解的出现。(3)APEC 在促进成员体全球机制意识、成员体遵守全球规则方面起了推动作用。开放的地区主义导致成员体对 GATT/WTO 贸易机制的关注，以及对类似的全球涉及知识产权保护、海关手续简化、增值网络服务和交通运输等领域规则的关注。在实施中，由于技术和政治方面的问题，APEC 一些成员体在上述领域中遵守国际机制的情况相当的差。通过信息交流和技术培训，APEC 可以帮助成员克服实施中的技术困难问题或消除单纯的无知问题。[①]

① Ippei Yamazawa (ed.), *Asia Pacific Economic Cooperation (APEC)*, London: Routledge, 2000, pp.320-321.

三、对西方三大国际关系理论流派关于 APEC 研究的评价

（一）西方三大国际关系理论流派对于 APEC 研究的贡献

西方三大国际关系理论流派各自研究了 APEC 的不同问题，新现实主义强调权力因素、安全因素对 APEC 的产生条件及发展前景的影响，新自由制度主义着重强调 APEC 制度效应，建构主义探讨了 APEC 的社会功能。与欧盟、北美自由贸易区等其他区域组织不同的是，亚太地区最大的特点是多样性。亚太成员体在历史、文化、社会制度、经济发展水平方面的多样性，使他们对区域合作有不同的利益需求，不同的利益需求又使亚太成员体间的利益关系相当复杂。因而，这一特点在 APEC 发展过程中也会得到充分体现，致使 APEC 的合作模式、合作内容及发展进程与其他区域合作组织相比呈现不同的特征。三派都在自己的理论框架内解释了 APEC 问题的部分事实，这对推进 APEC 的整体研究是有益的。

（二）西方三大国际关系理论流派对于 APEC 研究的不足

1. 三派对 APEC 研究的共同缺陷：（1）三派都程度不同地从国际政治无政府状态假设出发，认为无政府状态意味着国家的利己主义和国家间的“非合作”囚徒困境。对于 APEC 来说，三派都认为由于 APEC 机制的非约束性，APEC 合作目标很难实现。事实上，“APEC 方式”适应了 APEC 成员体的需要，使政治、经济、文化及风俗习惯有很大差异的各成员体能够共同推进 APEC 目标的实现。“APEC 方式”虽然强调坚持自主自愿、协商一致原则，但是它也通过时间表、评审与修改等保障机制来进行监督和协调，以促使目标的落实。APEC 成立 20 年来，APEC 的合作还是取得了不少成就。仅关税水平，已经从成立前的 15.4% 降到 2008 年的 6.5%，与 1996 年各成员体提出的单边行动计划的基期水平 10.7% 相比，降低了 3.5%。[①] 随着 APEC 贸易投资自由化进程的发展，APEC 区内贸易创造效应也逐步增强。1989—2007 年，APEC 区内贸易从 1.2 万亿美元增加到 6.2 万亿，年平均增长率 9.5%，高于世界年平均增长

① 参见宫占奎：《APEC 贸易投资自由化 20 年：成就与展望》，《当代亚太》2009 年第 4 期。

率的 8.9%。[①]（2）三派都看重亚太区域结构对 APEC 成员体参与 APEC 的决定性的作用，对 APEC 各成员体在 APEC 中的作用关注不够。毫无疑问，亚太区域政治格局的变化、经济的迅速发展及各国经济相互依存度的提高，对 APEC 的产生起到决定性的作用，但 APEC 成员体也不是盲目加入 APEC 的，而是依据本国国情，对 APEC 的合作方式、合作内容及发展进程产生影响。APEC 20 年的合作历程及取得的成果，是各成员体为在 APEC 框架实现本国利益，与其他成员体相互磨合、相互作用的结果。因此，研究 APEC 不能忽视各成员体的作用。

2. 三派对于 APEC 研究的各自不足。（1）新现实主义者研究过多强调权力因素在 APEC 合作中的作用，这样，就很容易强调有实力的成员体在 APEC 的作用。事实上，APEC 中小成员体在 APEC 的发展中发挥相当的作用。比如东盟，从实力角度来讲，东盟作为一个整体，在 APEC 成员体中只算是一个中等水平，但是东盟对于 APEC 方式的形成却产生了关键性的影响。最突出的表现：一是东盟把“东盟模式”引入了 APEC；二是东盟在茂物目标的时间表确立上起到了主导作用；三是 APEC 年会由东盟成员体与其他成员轮流举办的机制，也足见东盟在 APEC 中的突出地位。因此，在研究 APEC 合作机制时，过分强调权力因素是有失偏颇的。（2）新自由制度主义者研究比较注重对 APEC 的机制及其制度效应的研究，但对 APEC 机制的产生及其发展前景研究不够。（3）建构主义者研究注重 APEC 合作过程中的利益和身份的认同，强调合作是施动者和结果互动的产物。由于在国家确定其身份和利益的过程中，国家的主观意识作用很大，其逻辑结果就是国家确认合作的标准千差万别，这样容易造成研究的混乱。

综上所述，APEC 作为当今世界一种独特的区域合作组织，它的产生和发展引起了国际上的广泛关注，西方三大主流国际关系流派从各自理论特点出发，对 APEC 合作模式进行了解读，他们的研究成果对推进 APEC 研究的深入发展作出了贡献。在 20 年的发展历程中，“APEC 方式”

---

① APEC Secretariat, “Trade Creation in the APEC Region: Measurement of the Magnitude of and Changes in Intra-regional Trade since APECs Inception”. 亚太经济合作组织官网（http://www.apec.org）。

在推进 APEC 区域合作发展方面起到了积极作用，同时，也暴露出了一些问题。因而，“APEC 方式”也有待于进一步改进，这一点在成员体中已有共识。学界有关 APEC 机制缺点与不足的研究，对“APEC 方式”的发展将会大有裨益。同时，“APEC 方式”的发展方向也为学界留下了新的课题。

[原载《首都师范大学学报》2010 年第 4 期]

陈云对外经济交往思想及启示

陈云作为我们党第一代、第二代领导集体的主要成员，长期主持和分管经济工作，为新中国国民经济的建设与发展作出了卓越贡献，在许多重大实践活动，如中华人民共和国成立初期经济战线上的“三大战役”，第一个五年计划的编制与实施，20 世纪 60 年代初的国民经济调整，70 年代末 80 年代初国民经济调整以及党和国家工作重心转移、实行改革开放战略决策等许多重大事件中，他都发挥了独特的领导作用。陈云经济思想的研究一直是陈云研究的热点和重点领域，不断有高质量的研究成果面世，但是，作为陈云经济思想的一个重要组成部分，其对外经济交往思想却有待于进一步深入学习、研究探讨。本文将在借鉴前人研究成果的基础上，通过回顾陈云对外经济交往思想的基本内容，分析陈云对外经济思想的特点，并探讨做好当今对外经济交往工作的启示。

一、陈云对外经济交往思想的主要内容

（一）外贸工作服务国内经济建设，拓宽贸易渠道，积极扩大出口

在陈云同志主持和分管新中国经济工作期间，中国的工业化建设尚处于起步、发展初期。由于特殊的国情及当时的国际环境，中国的工业化建设是在一穷二白的基础上起步和发展的，当时一缺技术，二缺工业化所需的多种重要物资和原材料，三缺引进技术和重要物资的外汇。当

时发展对外贸易的目的，是为国内经济建设寻求急需的外汇、技术和原材料。由于中国国民经济建设在不同的历史时期工作重心不同，所解决的问题也不尽相同，陈云从客观实际出发，实事求是地提出了一系列对外贸易的方针、政策。

第一，突破西方封锁和制裁，想尽一切办法扩大出口。中华人民共和国成立初期，我们面临的最迫切的任务，是尽快恢复百废待兴的国民经济。而以美国为首的西方国家对中国的全面封锁，切断了中国恢复经济所需重要物资的市场来源。在此背景下，陈云主张想尽办法扩大出口，他强调，出口的东西要放宽尺度，凡是能够出去的东西，不管“鸡毛蒜皮”都可以出。[①]同时，他积极支持扩大对苏联及新民主主义国家开展贸易的政策。经过努力，中国对苏联和各人民民主国家的贸易量迅速增长，据统计，对这些国家的贸易额，1950 年占中国进出口总额的 33.5%，1951 年增加到 65.4%，1952 年又增加到 81.3%。[②]中国还从上述国家进口了大量重要机械设备和其他物资，如各种工作母机、机械、钢材、有色金属、电工电讯器材、精密仪器、石油、化工原料等，这些都是西方资本主义国家对新中国“禁运”而我们恢复经济与建设急需的物资。

第二，优先出口。新中国“一五”建设时期，外汇的短缺成为矛盾的焦点，而出口是中国外汇收入的主要来源，只有加大出口，才能换取支付进口所需要的外汇。因此，中共中央于 1953 年 10 月指示外贸部，密切内外销结合，扩大内外交流，保证供应工业建设的需要。凡对国计民生关系重大的商品（如粮食、大豆、植物油等），保证国内供应是需要的，但不能只强调这一方面，还必须想尽一切办法挤出来一些，以供出口。凡对国计民生关系较小的商品，应积极组织出口。有些商品（如肉类、花生）更可适当节减国内消费，以满足出口需要。[③]1954 年 7 月 13 日，陈云在为中共中央起草的《关于加强市场管理和改造私营商业的指示》中，就商品内销和出口的关系问题指出，除粮食、油料等物资特殊规定限量出口外，其他物资在今后一个相当长的时期内，国内市场的销

① 参见《调整公私关系和整顿税收》，载《陈云文选》第 2 卷，人民出版社 1995 年版，第 94 页。

② 参见《中共党史资料》第 42 辑，中共党史出版社 1992 年版，第 208 页。

③ 参见裴长洪主编：《共和国对外贸易 60 年》，人民出版社 2009 年版，第 72 页。

售应服从出口的需要。有些商品如肉类，应压缩国内市场的销售，保证出口；有些商品如水果、茶叶和各种小土产，应尽先出口，多余的供国内市场销售。[①]在这一思想的指导下，中国的出口贸易得到了快速增长。除出口传统的农副土特产品外，还增加了许多新商品，特别是发展了工业品出口，如棉纱、棉布、钢材、五金、玻璃、金笔、缝纫机，以及纺织、水泥、造纸、碾米等成套设备，这些商品有许多过去是要进口的。出口贸易的迅速增长保证了国家建设所需要的外汇支出。

20世纪70年代初，陈云在协助周恩来总理管理外贸工作期间，根据“四三方案”[②]，中国要从西方进口43亿美元的成套设备和技术，外汇缺乏又成了大问题，陈云仍把扩大出口创汇作为重点。鉴于当时中国生产技术比较落后，加工产品一时达不到国际市场的要求，卖不上好价钱，有些产品出口成品的创汇额反而少于出口原料等实际情况，他及时提出尽可能出口成品，但也可以出口一些原材料。他鼓励多出口一些当时出口状况比较好的农产品如红薯干、燕麦和杂豆。为了扩展中国出口商品的市场，陈云主张进口国外原料，利用国内丰富的劳动力加工成成品出口。他说，我们有劳动力，可以为国家创造外汇收入。他提议，可以利用当时国内棉花歉收，棉布供应紧张，而国际市场棉布价格较高，棉花价格较低的机会，进口棉花加工成棉布出口创汇。同时，他还提出进口钢材加工成小五金产品出口。他在1973年秋季广交会上，专门考察了日用、建材、工具等小五金产品出口情况，并算了一笔账：进口一吨好的钢材加工成小五金出口，可换回四五吨钢材。因而他说，搞小五金出口，我们的潜力很大。[③]

第三，拓宽贸易渠道，以免受制于人。在指导对外贸易工作时，陈

① 参见《关于加强市场管理和改造私营商业的指示》，载《陈云文选》第2卷，人民出版社1995年版，第253页。

② “四三方案”，是中国20世纪70年代初向美国、联邦德国、法国、日本、荷兰、瑞士、意大利等西方国家大规模引进成套技术设备的计划。1973年1月，国家计委向国务院建议在3—5年内引进价值43亿美元的成套设备，通称“四三方案”。之后在这个方案的基础上又追加了一批项目，计划总额51.4亿美元。这是中国继20世纪50年代引进苏联援助的“156项工程”之后，第二次大规模的技术引进。

③ 参见《陈云传》下，中央文献出版社2005年版，第1421页。

云主张分散出口市场。中华人民共和国成立初期，为突破西方对中国的经济封锁和制裁，陈云积极支持与苏联东欧等社会主义国家开展贸易。70 年代初，由于国内国际形势的变化，中国对外贸易主要转向了资本主义大国。为防止出口市场过于集中被人控制等现象发生，陈云指出，我们的进出口市场不要集中在一两个地方，要分散，以免受人控制。同时，他还对如何开辟新市场提出了自己的看法和见解。他指出，开辟新市场，在价格上，出口可能稍低，进口也可以稍高，这样有利于建立新据点。① 他还强调出口商品的价格要因地制宜，随行就市。

（二）发展对外经济交往要考虑中国实际，要从中国国情出发，引进技术更为重要

改革开放初期，为了尽快摆脱“文革”对中国经济所造成的困难局面，一些部门急于求成，片面追求高速度发展，产生了急躁冒进的情绪，相继提出了一些不切实际的建议，试图离开中国已有的工业基础和技术力量，通过大规模引进，从外国搬进来一个现代化。针对这种情况，陈云指出，发展对外经济交往要从国情出发。我们是在一个 10 亿人口、8 亿农民的国家进行建设，这与香港、新加坡和韩国不同，也与欧美日各国不同，他们都没有 8 亿农民这个大问题。② 与韩国、新加坡在美国的扶持下只发展加工业不同，中国是要建设现代化的工业体系的。因而，他强调我们在实现“四个现代化”过程中，除了要上若干个大项目以外，应该着重放在国内现有企业的挖潜、革新、改造上。我们国内现有企业的基础是不小的。要在这个基础上引进新技术（软件），或则填平补齐，或则成龙配套，用这些办法来扩大我们的生产能力。③ 就引进工作来讲，陈云特别重视引进技术、专利。他强调，积极引进先进技术，是促进我国技术进步的重要途径。凡是国内迫切需要而又一时解决不了的生产技术，必须在调查研究、统一规划的基础上，进一步简化手续，及时地积极地从国外引进，并且认真做好消化和推广的工作。国家要在外汇和国

---

① 参见《陈云传》下，中央文献出版社 2005 年版，第 1413 页。

② 参见《经济形势与经验教训》，载《陈云文集》第 3 卷，中央文献出版社 2005 年版，第 281 页。

③ 参见《经济建设要脚踏实地》，载《陈云文选》第 3 卷，人民出版社 1995 年版，第 267 页。

内配套资金上给予支持。引进先进技术比引进先进设备重要得多，设备我们自己可以造嘛。[①]

（三）开展国际经济技术合作要遵循独立自主、自力更生、平等互利的原则

独立自主、自力更生、平等互利是新中国开展对外关系的基本原则。陈云在指导中国开展国际经济技术合作时，很好地贯彻了这一原则。

新中国“一五”计划是在苏联政府资金、技术援助下完成的，也是苏联帮助制定的。苏联政府向中国提供了78亿旧卢布（当时折合19亿美元）的贷款，用于156项重点工程的建设，还派遣了数千名技术专家直接参与苏联援建项目的建设。基于当时的现状，接受苏联援助是中国建设工业化所做出的次优选择。但作为一个大国，中国不能完全依靠外援建立自己的工业化体系。因此，中国一方面充分利用苏联的资金和技术援助，另一方面，在技术、资金方面仍以自力更生为主。在编制和实施“一五”计划的过程中，陈云很好地处理了充分利用苏联援助和自力更生的关系。针对国内在要求苏联援助方面存在的一些问题，中国驻苏大使张闻天1952年1月16日写信给党中央，其中提到正确处理自力更生与充分利用外援的关系，他提出，中国今后工业化的方针，必须把自力更生同充分依靠与信任苏联的援助密切结合起来。根据中国当时的实际，张闻天主张轻工业工厂和一般制造业我们应当尽量自力更生，自己设计，自己生产。张闻天的信引起了中共中央的高度重视。中央请陈云邀请相关同志研究后给予具体答复。[②]陈云于1952年2月8日致信毛泽东、周恩来并中共中央，肯定了张闻天对问题的看法，并于2月18日召开中财委党组干事会，讨论张闻天的信和有关来电，研究制定了相应措施。就初步设计批准后，关于装备器材的订货或自制问题，规定如下：（甲）凡我不能自制的装备，必须依靠苏联供应；（乙）苏方要我自制者，只有在下列条件下才能自制，即成品的质量相符，又能如期制成者。但

① 参见《搞活经济很重要》，载《陈云文集》第3卷，中央文献出版社2005年版，第520页。

② 参见程中原：《并肩战斗　情长谊深——陈云和张闻天交谊述略》，《中共党史资料》2008年第3期。

确能如期制成、质量又能符合的器材，不应推脱自制的责任。[①]这些措施的贯彻和落实，为新中国在“二五”计划建设中采取“土洋”结合的方法积累了经验。对于苏联经验的借鉴，陈云也是立足于中国实际，不盲目教条地搬用他们的经验。他在总结“一五”计划实施过程中的一些经验后提出，研究合理的比例关系，决不能只依靠书本，生搬硬套，必须从我国的经济现状和过去的经验中去寻找。[②]

同期，中国在接受外援的同时，也积极履行国际义务，对其他社会主义国家进行了力所能及的援助。应越南政府的要求，在越南抗法战争、战后经济恢复和建设中，中国政府向越南政府提供了物资、技术和资金方面的援助。在主持援助工作中，陈云积极坚持平等互利的原则。1956年4月1日—6日，陈云对越南进行了为期5天的不公开访问。访问期间，陈云除了与苏联政府代表米高扬一同与胡志明等进行了5次会谈外，还应邀单独同越南财经部门的负责人进行了1次会谈，同越南劳动党中央政治局长征、范文同等领导人进行了1次会谈。在与越方单独进行的4次会谈中，陈云回答了越方提出的一些关于财经方面的问题。对于这次访问关注的重点问题——中国所派专家在越南建设中的作用问题，陈云依据主权独立、平等互利的原则，提出越南建设要由越南自己作主，中国专家可以提些可以看得到的意见。[③]他还主张对越只派技术专家，不派政策专家[④]，以免影响越南的自主决策。

（四）借外债要量力而行，必须提高外资利用的效益

关于借债规模问题，陈云指出，借外债必须充分考虑两个能力：一是国内配套投资能力。现在外债基本有两种，第一种是买方贷款，只卖给我们机器设备；第二种是自由外汇贷款，数量很少。即便是第一种，每年能使用多少，也不决定于主观愿望，而决定于国内为它配套所需的投资数量。陈云要求在借外债时，把国内资金的配套能力问题——即能

① 参见《向苏联聘请工厂设计组及订购装备的办法》，载《陈云文集》第2卷，中央文献出版社2005年版，第342—343、347页。

② 参见《建设规模要和国力相适应》，载《陈云文选》第3卷，人民出版社1995年版，第56页。

③ 参见《陈云传》，中央文献出版社1995年版，第1002—1005页。

④ 参见《陈云年谱》中卷，第378页。

有多少财政拨款用于配套解决土建、动力、交通、市政建设等问题计算好。他认为，如果国内没有相应的配套投资力量，硬要借外债进口设备，即使是设备很先进，也只能闲置起来，形成浪费。二是还本付息能力。陈云指出，当你信用好时，外国人会找上门来借给你钱，信用不好时就逼债。对利息率非常高的自由外汇，借多了还不起。因此，外债可以借，借外债要用得好，还得起。[①]

为更好地利用外资，陈云着重强调两点：首先，引进项目决策要民主化。他要求，从中央到地方各级领导要建立统一的民主决策制度。他尤为重视发挥专家的作用。他说，不同方面的专家，往往有不同的意见，要注意和考虑各方面专家的意见。一切引进项目，都必须有专家参加，必须领导干部和专家共同商量，必须集体商量，不能由一个人说了算。[②]这可以保证和实现利用外债的效益。其次，要合理确定外债的使用方向。陈云指出，各种优惠贷款，条件优惠，数量有限，所以要十分谨慎地使用，只能用在最关键性的项目上。自由外汇利息较高，因此只能用于小项目，或迅速见效的项目，就是速借速还的项目。否则，长期占用，就会提高债务成本，形成债务包袱。

二、陈云对外经济交往思想的特点

（一）目的性

集中体现在，陈云始终把维护和实现国家利益作为其指导对外经济交往工作的出发点。国家利益主要包括国家的安全利益、经济利益、政治利益、文化利益等方面，是一国开展对外交往的根本动因。陈云在主持中国对外经济工作中，高度重视维护和实现国家的主权利益和经济利益。中华人民共和国成立初期，陈云组织和领导的反“封锁”“禁运”斗争，最大限度地减少了西方反华势力“封锁”“禁运”对中国经济恢复和发展所造成的损失，同时也极大地支持了外交领域里反“孤立”“遏制”

① 参见《当前经济工作的几个问题》，载《陈云文选》第3卷，人民出版社1995年版，第367页。

② 参见《经济形势与经验教训》，载《陈云文选》第3卷，人民出版社1995年版，第280页。

斗争，为新中国冲破“孤立”“遏制”“封锁”，赢得独立自主的国际地位作出了贡献。在参与中国与其他国家特别是社会主义国家进行经济技术合作过程中，他高度重视主权独立和主权平等的原则，在维护中国独立自主利益的同时，也尊重对方的主权利益。陈云在指导中国对外贸易和利用外资时，始终把国家的发展利益放在首位，要求把服务于和有利于国家经济建设作为开展对外贸易和利用外资工作的出发点。

（二）务实性

主要表现在，他的对外经济交往决策都是建立在实事求是、广泛调查研究基础之上。首先，建立在他对国情的充分了解基础上。作为新中国经济建设的领导者和奠基者之一，陈云为探索适合中国国情的社会主义现代化道路付出了极大的努力。按中国的实际情况办事，关系着国民经济能否健康平稳运行和正常有序发展，掌握和了解国情是研究经济问题的出发点，从国情出发，实事求是，这是陈云思想的主线。他提出了“不唯上，不唯书，只唯实”的著名论断。他一再强调，我们是在人口多、耕地少、农民比重大、生产力水平低的国情下进行社会主义现代化建设的，对外开放必须从这一基本国情出发。因此，在利用外资和引进国外先进技术方面，他反对盲目引进，主张根据国内消化能力、基础设施以及配套能力而谨慎进行。

其次，建立在他对不断发展着的形势进行准确地把握和估计基础上。作为党的高级干部，陈云的一贯作风是在作任何决策之前，首先做好充分的调查研究。为了征求苏联政府对中国第一个五年计划的意见建议，1952 年 8 月 17 日，陈云随周恩来总理出访苏联。访问前，陈云做了大量的调查研究和准备工作。他指导中财委，对中国需要引进哪些机械和原材料进行了摸底调查，在汇总各大区和工业部门上报的经济建设指标基础上，编纂了《一九五三年至一九五七年计划轮廓（草案）》及其说明。以此为蓝本，周恩来总理主持起草了《中国经济状况和五年建设的任务》。两个文件勾画出了新中国第一个中长期经济发展计划的初步轮廓，为代表团出访苏联谈判，要求对方为我们第一个五年计划建设项目提供援助提供了基本依据。1973—1974 年，陈云协助周恩来总理负责对外经济工作。这时中国的对外贸易关系发生了重大变化。中国的对外贸易由原来主要面向苏联和东欧转而主要面向资本主义国家。但因为长期受“左”倾思想的影响，我们对资本主义的了解非常少，在与资本主义国家的交往中常常处于被动的地位。陈云及时提出要了解资本主义、研究资本主义。他要求外贸部、人民银行的工作人员要研究资本主义，他自己也身体力行，非常注意研究资本主义。1973 年 6 月 7 日，在同中国人民银行负责人谈话时，他请人民银行帮助搜集有关国际金融问题和金融动向等 10 个方面的材料，供他研究。根据银行方面提供的资料，陈云同志对当时的资本主义经济进行了深入的研究，写出了《目前经济危机与一九二九年危机的比较》《对目前世界经济危机的看法》等调研报告。同期，为更有效地指导中国的外贸工作，他除了亲自找中国粮油食品进出口总公司、中国纺织品进出口总公司、中国土特产品进出口总公司等部门的一线业务人员了解情况外，还亲自南下，到广交会上进行实地调查研究。正是有了对国际国内基本状况的深入了解和研究，陈云才适时制定了切实可行的对外经济交往方针，指导了中国对外贸易和利用外资工作的顺利进行。

（三）稳健性

陈云在领导财经工作时，一直强调经济建设要脚踏实地。他认为，经济工作与其他工作一样，搞急了是要出毛病的。毛毛草草而发生错误和稳稳当当而慢一点相比较，我们宁可采取后者。尤其是处理全国经济问题，更须注意这点。[①] 因此，在进行重大经济决策或提出战略性建议时，他都反复强调“稳妥”“稳扎稳打”。如在建设规模的确定上，陈云主张建设规模要和国力相适应，即建设要量力而行。他指出，建设规模的大小必须和国家的财力物力相适应。适应还是不适应，这是经济稳定或不稳定的界限。像我们这样一个有 6 亿人口的大国，经济稳定极为重要。建设的规模超过国家财力物力的可能，就是冒了，就会出现经济混乱；两者合适，经济就稳定。[②] 在制定各种经济计划指标时，陈云主张：争取快，准备慢。凡是有利于争取农业增产的，我们都要尽力去做，但是也

① 参见《做好工商联工作》，载《陈云文选》第 2 卷，人民出版社 1995 年版，第 152 页。

② 参见《建设规模要和国力相适应》，载《陈云文选》第 3 卷，人民出版社 1995 年版，第 52 页。

要考虑到，工作都做了，还可能不够快，所以要做慢的准备。这就是说，立足于快，但要有慢的准备，有了这两手准备，才能在经济工作中指挥若定，稳稳当当地解决问题。在指导对外经济交往、引进外资工作中，陈云一如既往地坚持了这种稳健作风。为防止盲目借债、引进项目对国民经济造成危害，他强调，借外债、引进项目要排队，要循序而进，不要一拥而上。即通过排队，逐项研究，分别轻重缓急，量力而行，否则，一拥而上，一哄而起，盲目发展，脱离实际可能，就会造成巨大浪费，欲速则不达。

三、陈云对外经济交往思想对我们的启示

（一）维护和实现国家利益是我们开展对外经济交往工作的根本出发点

改革开放 30 多年来，中国对外经济交往得到迅速发展。中国对外贸易总额由 1978 年的 335 亿美元增长到 2010 年的 29727.6 亿美元，实际利用外资从 1979—1983 年 4 年总额的 144 亿美元，增长到 2010 年的 1057 亿美元，对外直接投资由 1979 年的 5100 万美元，增长到 2010 年的 688 亿美元。[①] 随着中国对外经济交往的迅速发展，中国在这一领域里遇到的矛盾和问题也日益增多。如：中国与贸易国不可避免地会产生贸易摩擦、贸易不平衡问题，人民币升值问题，主权债务问题，中国公民在海外生命安全、财产的保护问题等。在应对这些问题时，如何最大限度地维护国家利益，是当今对外经济交往工作者面临的一个重要挑战。陈云在指导中国对外经济工作时，在最大限度地维护和实现国家利益方面为我们树立了良好的榜样。

（二）准确把握国情和世情是对外经济交往管理者进行科学决策的前提

中国目前已是全球第二大经济体，但人均 GDP 只有全球平均水平的

① 除 2010 年数据，其他数据来自《中国统计年鉴（1981）》，中国统计出版社 1981 年版，第 537、554、559 页。

1/2，排在 90 名左右，在全面建设小康社会的进程中，我们还面临着一系列问题，核心问题是如何实现经济发展方式的转变问题。中国对外经济交往管理者需要解决的现实问题是如何在保持已有成果的基础上，为未来中国经济发展方式的转变作出贡献。要有效地应对这些问题，必须向陈云同志学习，认真扎实地搞调查研究，不唯上，不唯书，只唯实，充分了解国情、世情，找准对外经济交往工作与实现经济发展方式转变的衔接点，广泛搜集各方面相关信息。特别是在当前国际金融危机风险尚未完全消除的情况下，深入细致地研究国际政治、经济及安全形势的发展变化趋势，这对于积极应对危机、化解风险、促进对外经济交往工作又好又快发展尤为重要。

（三）对外经济交往中坚持陈云同志稳健的作风尤为重要

与 30 年前相比，我们对外经济交往最大的不同是中国对外直接投资快速增加。改革开放初期，中国对外经济交往工作的一个重要方面是吸引外资。当前在西方多数国家资金短缺、深陷债务危机的情况下，中国拥有 3 万亿美元的外汇储备，如何利用好这些外汇，专家和学者们有各种建议和主张，但管理者尤其是决策者必须保持谨慎的态度，审慎决策。再如，中国企业参与国际竞争，对外直接投资也越来越多。不可否认，中国企业“走出去”是中国经济发展的必然趋势和经济结构战略性调整的需要，但中国企业海外投资规模要适度，发展要稳步，要与中国政府的宏观管理水平相适应，要与企业对外投资的认识水平和管理能力相适应。近几年中国在非洲等地区一些国家对外投资出现的问题，值得深思。因此，我们必须认真学习陈云对外经济交往的思想和论断，坚持他稳健的工作作风，循序渐进，积极稳妥地做好对外经济交往工作，促进中国经济的全面发展。

四、结束语

陈云对外经济交往思想是他在 20 世纪 50 年代、70 年代主持相关工作经验的总结。中国在完成社会主义改造后，迅速恢复和发展国民经济，建立起了高度集中的计划经济体系，奠定了国民经济的基础，并取得了社会主义建设事业的巨大成就。但这种体制以计划经济为主，忽视市场的作用，也为中国经济发展带来了严重的问题，留下了深刻的教训。受体制的影响和制约，中国的对外经济交往工作也是在高度集中的指令性计划管理下进行的。由于当时认识水平所限，对外经济工作在国民经济体系中的地位还不甚清晰，仅仅认为对外经济工作的主要作用是与国外互通有无，通过开展对外经济交往换取国内不能生产的物资，实现物资的转换，是国民经济中调剂余缺的一种手段。短期看，当时中国对外经济工作基本上适应了中国发展利益的需要，但也留下了不少缺憾。因而，陈云的对外经济交往思想难免会打上时代的烙印，带有时代的局限性，但瑕不掩瑜，陈云的对外经济交往思想仍为我们留下了宝贵的经验和财富，其中一些重要的思想和论断对做好当今对外经济交往工作仍具有指导意义。

[原载《上海陈云研究》2013 年版]

第三部分

中美关系

周恩来与20世纪70年代初中国对美政策的调整

1972年2月21日，美国总统尼克松一行抵达北京，对中国进行了为期7天的历史性访问。2月28日，中美双方在上海签署了《中华人民共和国和美利坚合众国联合公报》。尼克松的到访结束了中美两国长达20年的对峙状态，开启了中美关系新的一页。这是20世纪70年代初中国对美政策调整的重要成果。20世纪70年代初，一改中华人民共和国成立以来与美对抗政策，中国开始采取与美缓和政策。在中国这次对美政策的调整中，周恩来作为中国外交政策的重要决策人之一，审时度势，及时把握国际局势发展的新动向，坚持无产阶级国际主义与中国的现实国家利益相结合原则，慎重地对中国的对美政策作出调整。在缓和与美关系的决策中，周恩来关于中美关系发展中一系列重大问题的原则立场，成为中美关系正常化进程中乃至之后中国对美政策的原则指导。

一、周恩来冲破极左思潮的影响，对国际局势作出冷静而客观的判断

正确把握国际局势的新动向，是决策者制定国家外交方针政策的基本依据。20世纪60年代末70年代初，国际局势发生了重大变化，美国长期对外扩张，特别是陷入侵越战争泥潭，实力遭到削弱，霸权地位受到挑战。苏联乘机加紧扩充军备，美苏军事力量对比逐渐趋向平衡，苏

联在核武器数量上已逐步赶上美国，并依仗其膨胀起来的军事实力，加紧在世界各地抢占战略要地，加速其战略部署。美苏双方展开激烈争夺。与此同时，世界多极化趋势开始显现。战后初期，世界格局的主要特点是以美、苏为首的两大阵营主导世界。但到了60年代末，中国已经发展成为独立于两大阵营之外的一支力量，西欧和日本由于经济增长，也出现了政治上强烈的独立倾向。广大亚非拉国家纷纷独立，作为国际社会一支新兴的力量正在兴起。在此背景下，1969年初上台的美国总统尼克松认识到美国面临的挑战，从维护美国在全球的霸权地位出发，全面调整了美国的外交战略，提出了以“伙伴关系”“实力”“谈判”为原则的收缩战略。

然而，处于“文革”中的中国，对国际局势的判断仍带有极左的色彩，对世界大战形势估计不冷静也不客观。如中共九大政治报告中关于国际局势判断称：美帝国主义和苏修社会帝国主义，陷于政治经济的危机，内外交困，走投无路。他们妄想重新瓜分世界，既互相勾结，又互相争夺。在反华、反共、反人民、镇压民族解放运动和进行侵略战争方面，他们互相配合，狼狈为奸。在争夺原料、市场、附庸国、战略要地和势力范围方面，他们钩心斗角，互相倾轧。他们为了实现各自的野心，都在扩军备战。我们决不可以忽视美帝、苏修发动大规模侵略战争的危险性。我们要做好充分准备，准备他们大打，准备他们早打，准备他们打常规战争，也准备他们打核大战。[①] 此后，《人民日报》也不断发表文章，强调美苏相互勾结，加紧拼凑反华包围圈和组织反华“神圣同盟”。如1969年6月7日发表文章指出，苏修同美帝勾结的一个突出表现，是加紧拼凑反华包围圈和组织反华“神圣同盟”。苏修叛徒集团在其他方面同美帝的反革命勾结也在加紧。[②]6月19日一篇综合报道指出，美帝国主义和苏修社会帝国主义，正在加紧勾结，狼狈为奸，妄图重新瓜分世界，正在结成事实上的政治联盟和军事联盟，共同反对中国。苏修还同美帝经营的一条从日本、南朝鲜到暹罗湾的所谓“新月形防线”这一军

① 参见《在中国共产党第九次全国代表大会上的报告》，《人民日报》1969年4月28日。

② 参见《苏修加紧同美帝进行反革命全球勾结》，《人民日报》1969年6月7日。

事侵略部署相呼应，在中苏、中蒙边境大量陈兵。美帝苏修串联亚洲各国反动派，拼凑一个反华军事包围圈的罪恶阴谋严重地威胁着中国的安全。与此同时，美帝苏修这两个“核霸王”还越来越公开地结成了反华核军事同盟。[①] 此后，该报又陆续发表了题为《苏修反华一再向帝国主义求援》（6月27日）、《苏修打起“亚洲安全体系”破旗拼凑反华军事联盟》（6月29日）、《尼克松在走投无路中疯狂扩军备战》（7月3日）、《美帝苏修大力扶植日本军国主义充当反华反革命急先锋》（7月8日）等文章，这些宣传报道过分渲染美苏相互勾结的一面，给人以大规模侵华战争迫在眉睫的印象。这显然与当时以美苏相互争霸为主的国际局势的现实是不相符的，中国采取的“两条线”战略对中国外交的负面影响越来越显现出来。如何打开中国外交新局面，超越当时普遍存在的关于国际局势带有极左色彩的判断，对国际局势的发展趋势作出冷静而又客观的判断，便成为当务之急。

1969年2月，毛泽东提出要陈毅、叶剑英、徐向前、聂荣臻四位元帅等研究国际问题，希望他们能对当时的国际局势提出他们的看法。党的九大以后，周恩来按照毛泽东的意见，委托四位老帅，组成由陈毅负责的“国际问题研究小组”，研究国际形势，并对陈毅等说，主席交给你们这个任务，是因为主席认为还有继续研究的必要。主席的一贯思想是，主观认识应力求符合客观实际，客观实际不断发展变化，主观认识也应随着发展变化，对原来的看法和结论要及时作出部分的甚至全部的修改，所以你们不要被框住。现在国际斗争尖锐复杂，各部门集中力量进行“斗、批、改”，只能应付“门市”，熟悉国际问题的干部大部分尚未解放，我一天到晚忙于处理日常工作，实在挤不出时间过细地考虑天下大事。主席没有让你们回到原岗位，除了“蹲点”，你们可以不受行政事务的干扰，每星期有几天时间专心考虑国际形势。你们都是元帅，都有战略眼光，可以协助主席掌握战略动向，供主席参考。这个任务很重要，不要看轻了。有了比较成熟的看法，请陈总归纳几条送给我，我再转报

① 参见《结成反革命政治和军事联盟　进行反共反人民罪恶勾当》，《人民日报》1969年6月19日。

主席。7月和9月，陈毅等先后将题为《对战争形势的初步估计》《对目前局势的看法》的报告报送周恩来。[①] 报告对国际形势的判断与九大的判断不同。前一个报告全面分析了中、美、苏三大力量之间的斗争，认为在可以预见的时期内，美帝、苏修单独或联合发动大规模侵华战争的可能性都还不大。判定中苏矛盾大于中美矛盾，美苏矛盾大于中苏矛盾，明确提出苏修扩张是挤美帝的地盘，它们的斗争是经常的、尖锐的，它们之间的矛盾必然日益加剧。欧洲和中东是美苏矛盾比较集中的地区。[②] 从而勾勒出以中、美、苏三方力量相互制衡的国际战略格局。后一报告主要是分析柯西金来华意图和苏修会不会大举进攻中国的问题，指出，苏修确有发动侵华战争的打算，苏修的战略目标是同美帝重新瓜分世界。苏修对侵华战争的决策，在很大程度上取决于美帝的态度。迄今美帝的态度不但未能使它放心，而且成为它最大的战略顾虑。柯西金的北京之行，是基于反革命实用主义的需要，特别是想利用对我国的反革命两手政策，在同美帝的争夺中，增加一点资本，求得一些主动。在中、美、苏三大力量的斗争中，美对中、苏，苏对中、美，都要加以运用，谋取它们最大的战略利益。[③] 第二个报告上报时，陈毅还向周恩来作了关于打开中美关系设想的口头汇报。他认为，尼克松出于对付苏修的战略考虑，急于拉中国。我们要从战略上利用美苏矛盾，有必要打开中美关系。他还提出了几项应对的策略。[④] 元帅们的报告及建议都受到周恩来的重视，他们对美苏关系的分析也得到了采纳。11月21日，周恩来在会见即将出访阿尔巴尼亚的中国党政代表团时指出，只讲美苏勾结，不讲争夺，片面性很大。光看到勾结，看不到争夺，有些问题就不能解释。只有两

---

① 参见《周恩来年谱（1949—1976）》下卷，中央文献出版社1997年版，第301—302页。

② 参见熊向晖：《打开中美关系的前奏——1969年四位元帅对国际形势研究和建议的前前后后》，载中共中央党史研究室编《中共党史资料》第42辑，中共党史出版社1992年版，第71、74、75页。

③ 参见熊向晖：《打开中美关系的前奏——1969年四位元帅对国际形势研究和建议的前前后后》，载中共中央党史研究室编《中共党史资料》第42辑，中央党史出版社1992年版，第84—86页。

④ 参见熊向晖：《打开中美关系的前奏——1969年四位元帅对国际形势研究和建议的前前后后》，载中共中央党史研究室编《中共党史资料》第42辑，中共党史出版社1992年版，第87页。

个阵营的矛盾的提法就是片面性。[①] 据此，周恩来协助毛泽东调整了中国对美政策，开创了中国外交的新局面。

二、周恩来以中国现实国家利益为依据，在坚持无产阶级国际主义的同时，慎重地调整了中国对美政策

国家利益是一国制定对外政策的重要依据和决定因素，也是国际关系的基本动因。美国现实主义大师汉斯·摩根索曾对国家利益在国际政治中的重要性作出如下经典的概括：只要世界在政治上还是由国家所构成的，那么国际政治中实际上最后的语言就只能是国家利益。[②] 中华人民共和国成立后，无产阶级国际主义曾是中国外交战略的重要指导思想。无产阶级国际主义的思想渊源是马克思在《共产党宣言》中提出的“全世界无产者，联合起来”的思想。《宣言》把这一思想的基本内涵解释为：在各国无产者的斗争中，共产党人强调和坚持整个无产阶级的不分民族的共同利益；各国无产阶级的联合的行动，至少是各文明国家的联合的行动，是无产阶级获得解放的首要条件之一。[③] 共产国际根据列宁的思想，提出“全世界无产者和被压迫民族联合起来”，进一步丰富和发展了马克思和恩格斯的国际主义思想，把无产阶级的革命斗争和被压迫民族争取解放的斗争联系在一起。无产阶级国际主义基本内容是：1. 无产阶级国际主义坚持整个无产阶级不分民族的共同利益；2. 无产阶级国际主义坚持民族平等和互相尊重的原则；3. 无产阶级国际主义，是通过各国无产阶级在马克思列宁主义的基础上的国际团结、无产阶级和被压迫民族的团结，进行共同斗争来实现的；4. 无产阶级国际主义的根本目的是在全世界范围内消灭资本主义和一切剥削制度，实现共产主义。自第一个社会主义国家苏联诞生后，无产阶级国际主义便是社会主义国家处理国际

---

① 参见《周恩来年谱（1949—1976）》下卷，中央文献出版社 1997 年版，第 334 页。

② 参见［美］汉斯·J. 摩根索：《国家间政治》，徐昕等译，中国人民公安大学出版社 1990 年版，第 54 页。

③ 参见《共产党宣言》，载《马克思恩格斯选集》第 1 卷，人民出版社 1995 年版，第 285、291 页。

关系的一项基本原则。因而，新中国也把无产阶级国际主义作为中国外交战略的基本指导思想。20 世纪五六十年代，无产阶级国际主义在中国外交实践中发挥了重要指导作用。50 年代中国对社会主义阵营的“一边倒”外交，60 年代中后期中国的“反帝反修”“两条线”外交，虽然也是出于国家利益的考虑，但更多的是出于无产阶级国际主义的考虑。在这一思想的指导下，中国外交既取得了显著成就，也留下深刻的教训。“一边倒”外交，使新中国迅速得到了苏联等社会主义阵营国家的承认，使新中国作为一个新生的政权获得了国家尊严。随着《中苏友好同盟互助条约》的签订，新中国的生存利益得到了一定的保障。“两条线”外交使中国顶住了美苏两国的威胁，捍卫了国家的独立主权和尊严，并逐步发展成为独立于美苏两大集团之外的一支重要力量，在维护亚洲和世界和平方面发挥了重要作用。中国大力支持世界民族解放运动，与亚非民族独立国家普遍建立了外交关系，也扩大了自身在世界的影响。然而，“两条线”外交也的确给中国外交工作造成了一些负面的影响。此外，还应该指出的是，“两条线”战略的提出与实施虽然从总体上说是由当时的国际环境决定的，但是也与在“文革”极左思潮影响下，极左派把无产阶级国际主义推向极端有很大关系。

60 年代中后期，中国坚持的反帝反修“两条线”战略负面影响日益突出。中国在国际上陷于“孤立”，国际地位也大大削弱。“文革”开始后不久，中国同建交或半建交的 48 个国家中的近 30 个国家发生了不同程度的外交纠纷[①]，自 1967 年初到 1969 年 6 月，中国驻外大使职位除埃及外全部空缺。[②]到 60 年代末，中国领导人已意识到中国在国际上空前孤立的地位。1969 年 3 月 22 日，毛泽东询问陈毅等人说，你们研究国际问题怎么样？我们现在孤立了，没有人理我们了。[③]与此同时，中苏关系进一步恶化，苏联不仅在中苏、中蒙边境集结了大量军事力量，而且在中苏边境不断制造冲突，对中国的安全造成了巨大威胁。特别是 1969 年 3 月，又发生了规模更大的武装入侵中国领土的“珍宝岛事件”。苏联还

① 参见王泰平主编:《中华人民共和国外交史》第 2 卷，世界知识出版社 1998 年版，第 11 页。
② 参见《周恩来年谱（1949—1976）》下卷，中央文献出版社 1997 年版，第 303 页。
③ 参见王永钦:《1966—1976 年中美苏关系纪要》,《当代中国史研究》1997 年第 4 期。

极力拼凑旨在军事包围中国的所谓“亚洲集体安全体系”，并且向美国试探苏联袭击中国核基地的可能。中国的安全利益面临严峻的挑战，苏联成为中国国家安全的最大威胁。在此背景下，中国领导人号召全国人民在国内“深挖洞”“广积粮”，加紧战备。同时，也考虑在外交上作出必要调整，联合更多的国际力量，摆脱眼前中国在国际上的孤立局面，以最大限度地捍卫国家利益。如前所述，周恩来对元帅们的报告和建议非常重视，开始考虑缓和与美国的关系，以实现联美抗苏。

缓和与美国的关系是中国现实利益的需求，也存在现实可能性。尼克松上台后，为了遏制苏联扩张，改变美国同苏联争霸的不利地位，开始调整其对华政策。1969 年 2 月 1 日，他要求国家安全事务助理基辛格研究对华政策，试探重新同中国人接触的可能性。[①] 基辛格从 1968 年中，已开始从“三角政治”的角度考虑中国对美国外交政策的重要性。很快，他便向尼克松建议，美国可以利用苏联对美中合作的担忧对付苏联。[②]1969 年中后，美国开始采取一些缓和与华关系的措施。1969 年 7 月，美国宣布对中国放宽人员来往和贸易交流的限制。[③] 接着，尼克松和基辛格利用出访亚洲、欧洲一些国家的机会，请巴基斯坦总统叶海亚和罗马尼亚总统齐奥塞斯库向中国领导人传递如下信息：美国不同意苏联建立“亚洲集体安全体系”的建议，不参加孤立中国的安排，希望同中国对话。[④]10 月，基辛格会见到美国访问的巴基斯坦空军元帅谢尔·阿里·汗，告诉他美国将停止两艘驱逐舰在台湾海峡的例行巡逻活动，希望他通过叶海亚总统向中国转达。[⑤]12 月 3 日，在波兰华沙文化宫举办的南

① “Memorandum From President Nixon to his Assistant for National Security Affairs (Kissinger), Washington, February 1, 1969,” *FRUS*, 1969-1976, Vol. XVIII, p.7.

② Robert S. Ross, *Negotiating Cooperation: The United States and China, 1969-1989,* Stanford University Press, Stanford, California, 1995, p.30.

③ “Remarks to American Field Service Students,” July 22, 1969, Public papers of the Presidents. 美国总统项目官网（https://www.presidency.ucsb.edu）。

④ “Memorandum of Conversation, Lahore, August 1, 1969, 2:30–4:30 p.m., ” *FRUS*, 1969-1976, Vol. E-7, Doc.No. 31；“Memorandum of Conversation, Bucharest, August 2, 1969,” *FRUS*, 1969-1976,Vol. XXIX, p.443.

⑤ 参见［美］亨利·基辛格：《白宫岁月》第 1 册，陈瑶华、方盛辉等译，世界知识出版社 2003 年版，第 233—234 页。

斯拉夫时装展览会上，美国驻波兰大使向中国使馆人员表示愿意同中国驻波兰代办会晤。可见，美国也希望缓和与中国的关系。然而，要同中华人民共和国成立以来的头号敌人、资本主义大本营——美国缓和关系，显然与中国长期坚持的无产阶级国际主义原则不相符，稍有不慎便会引起“文革”中极左人士的批评。但是，周恩来还是以现实国家利益为依据，在坚持无产阶级国际主义的同时，慎重地调整了中国对美政策，具体体现在中美关系解冻过程中和中国对越南战争的原则立场上。周恩来在推进与美缓和政策的同时，仍然坚持对越南人民进行支持。在与基辛格、尼克松的多次会谈中，周恩来都明确表示，美国想要体面地结束战争，最好的途径就是全面撤军，将问题留给印支三国人民自己去解决，这就是最大的荣誉和光荣。美国只要在越南还进行着战争，中国就不会停止对越南人民的支持。事实也是如此，正如有学者研究认为，1971—1973 年中美关系和解时期，恰恰是中国向越南提供援助最多的 3 年。[①] 正是这种坚持无产阶级国际主义与国家现实利益相结合的策略考虑，中国既与美国实现了和解，也支持越南人民实现了抗击美国侵略战争的胜利。

三、周恩来在中国对美政策调整中，所采取的策略方针政策，为以后中国对美决策留下了宝贵经验

中美两国相互为敌 20 余载，其间，两国除了中美大使级会谈这一联系渠道外，鲜有接触，在少有的多边会议的接触中，双方都是针锋相对。而且两国社会制度完全不同，意识形态存在严重分歧，再加上中国国内的政治环境，如今以全新的思维调整对美政策，需要保持高度的谨慎和警惕。周恩来作为中国对美政策的决策者之一及实践者，以其卓越的智慧，采取一系列谨慎、务实的方针政策，开启了中美关系缓和的大门，实现了中国外交战略的重大转变，并为以后中国对美决策留下了宝贵经验。

---

① 参见李丹慧:《中美缓和与援越抗美》,《党的文献》2002 年第 3 期。

（一）反复观察，小心试探，以“外交小舞步”逐步探明美国缓和与华关系的意图

中美两国因长期敌对，缺乏基本的互信，对于美国向中国所表示的缓和意图，毛泽东、周恩来还不太确信，因而以谨慎的试探作为回应。1969 年 12 月 7 日，就美国驻香港总领事在 10 月向中方探询因游艇失事漂入中国领海的两名美国人下落、健康及释放事，中央政治局决定以释放两人作为回应。[①] 作为对美国驻波兰大使请求会晤中方驻波大使的回应，12 月 11 日，中国驻波大使邀请其到中国驻波使馆做客。会晤中，美驻波大使传达了美国高层改善与华关系的意愿。据此，1970 年 1 月 7 日，中国领导人决定恢复中美华沙大使级会谈。根据双方商定，1 月 20 日、2 月 20 日，中美举行了两轮华沙大使级会谈。双方通过会谈，基本上探明了中美在改善关系中所要解决的问题。[②]3 月，美国中央情报局在柬埔寨策动的军事政变及美国公然入侵柬埔寨，使刚刚有所进展的中美关系遭到严重挫折。中国两度推迟中美商定在北京举行的第 137 次大使级会谈，并在中美商定举行 137 次会谈的日子——5 月 20 日，在北京举行 50 万人抗议美国扩大印度支那战火的群众集会。会上，林彪宣读了毛泽东《全世界人民团结起来，打败美国侵略者及其一切走狗！》的声明。因此，中美有再次回到敌视和对抗的危险。但是，细心的基辛格注意到声明所表达的主要是对柬人民在道义上的支持，在具体政策上，特别是涉及美国问题上声明保持了高度的谨慎。因而，美方并没有放弃缓和中美关系的努力。美国政府和尼克松本人继续作出一系列促进中美关系缓和的姿态。10 月下旬，尼克松在同罗马尼亚和巴基斯坦总统会晤中，请他们向中国转达美国改善对华关系的愿望，并表示希望派遣特使秘密访问北京。[③] 在欢迎罗马尼亚总统晚宴的祝酒词中，尼克松正式使用了“中华人

---

① 参见《周恩来年谱（1949—1976）》下卷，中央文献出版社 1997 年版，第 336—337 页。

② 参见陶文钊主编：《中美关系史（1949—1972）》，上海人民出版社 2004 年版，第 327 页。

③ “Memorandum of Conversation, Washington, October 26, 1970, 10:55 a.m.–12:55 p.m.,” *FRUS*, 1969–1976, Vol. XXIX, p.493; “Memorandum of Conversation, Washington, October 25, 1970, 10:49–11:45 a.m.,” *FRUS*, 1969–1976, Vol. E–7, Doc.No.90.

民共和国"称呼[①]，引起中方关注。毛泽东、周恩来通过反复观察和试探，逐步放弃对美方和解意图的怀疑，并开始采取一些象征性的措施，向美方传递接受其和解愿望的信息：邀请美国记者埃德加·斯诺访华，并请他站在在天安门城楼上检阅国庆群众大游行的毛泽东的身边。12 月 25 日，《人民日报》头版头条发表了毛泽东检阅国庆游行时与斯诺在天安门的合影，报纸右上角的"毛主席语录"栏里刊登："全世界人民包括美国人民都是我们的朋友。"这表明中国政府已经决定缓和与美国的关系。之后，双方通过巴基斯坦渠道互相传递了关于进一步推进两国关系缓和的信息。

（二）争取国内政治高层对中国新的对美政策的支持

中国政治决策体制虽然在毛泽东时代相对比较集中，有关国内国际事务的决策一旦由毛泽东作出，一般都能得到主要政治力量的支持，但是本次对美政策的调整毕竟不同于一般的决策。由于中国长期坚持的对美敌对政策在社会各界已经形成惯性思维，如今突然来一个 180 度的大转变，对社会各界包括大多数政治力量来说，从思想上理解和接受需要一个过程，特别是在中国还处于"文革"这样一个特殊的历史背景下。这也是毛泽东、周恩来对美方向中方传递的缓和信号采取上文所述的审慎应对态度的一个主要原因。如果中国在对美方的缓和意图没有彻底探明前就仓促行事，很可能在国内遭到一些人的反对，会对中国对美决策造成不必要的麻烦。如今毛泽东、周恩来已经决定在对美决策上要向前迈一大步，因而，必须做一些必要的解释和说服工作，以动员社会各界对中国对美政策的支持。1971 年 5 月 17 日，周恩来通过巴基斯坦渠道收到尼克松对其 4 月 21 日通过同一渠道传递过去的口信的答复。答复说，尼克松总统同意有必要举行直接的高级谈判，以解决美利坚合众国和中华人民共和国之间的那些分歧问题。他准备接受周总理的建议，访问北京，同中华人民共和国的领导人进行直接会谈，每一方都可以在会见中自由地提出自己主要关心的问题。并提出由基辛格在 6 月 15 日以后的时日来华同周恩来或其他适当的中国高级官员举行一次秘密的预备

① "Toasts of the President and President Ceausescu of Romania," October 26, 1970, Public papers of the Presidents. 美国总统项目官网（https://www.presidency.ucsb.edu）。

性会议，为尼克松总统的访问作准备。[1]至此，制定具体对美方针政策已提上议事日程。5月26日，周恩来根据毛泽东的意见，主持召开中央政治局会议，商讨中美关系问题。会后，周恩来起草了《中央政治局关于中美会谈的报告》。《报告》回顾了第二次世界大战以来中美关系的演变过程，估计了同基辛格的预备会谈和尼克松的访问可能出现的各种情况，并拟出相应的对策，提出中美会谈的八点方针。《报告》还有针对性地回答了一些对中美会谈存有疑虑的问题。29日，毛泽东批示同意《报告》。[2]为进一步协调立场,6月4日—18日，中共中央在北京召开工作会议，有关各方面负责人共225人出席会议。[3]周恩来在会议上宣读并逐段解释了《中央政治局关于中美会谈的报告》，最后还作了总结性讲话，就这次会议的意义、国际形势、尼克松的问题、台湾问题、各国反映、做好工作等问题作了长篇发言。这实际上是一次说服中国最高领导层在即将到来的中国对美政策的调整问题上统一认识的会议。之后中国成功接待基辛格及尼克松等人来访的实践证明，这次会议收到了良好效果。

（三）本着务实、合作的精神，从长远战略出发，为中国对美政策的发展确立了原则指导

中美两国相互对抗和隔离22年，两国如今为了共同对付苏联扩张的威胁走到一起。双方由于社会制度、意识形态及各自国家利益等不同，自然会在各自及共同关心的问题上存在分歧，其中一些分歧也不是通过一次领导人会晤就能解决的。周恩来深谙其中玄机。但如前所述，由于中国现实利益需求需要中国缓和与美国关系，因而，周恩来在与基辛格、尼克松会谈中，从长远战略出发，既表现出高度的原则性，又显示了必要的灵活性，求同存异，在最大限度维护中国利益的同时，力争推动中美关系向前发展。台湾问题是阻碍中美关系发展的关键问题，涉及中国主权领土完整，是中国的核心利益。就此问题，周恩来在与美方的会谈中立场鲜明，原则坚定，周恩来提到4点原则立场，即1. 美国必须承认

---

① "Memorandum From President Nixon to his Assistant for National Security Affairs (Kissinger), Washington, February 1, 1969," *FRUS*, 1969-1976, Vol. XVIII.

② 参见《周恩来年谱（1949—1976）》下卷，中央文献出版社1997年版，第338页。

③ 参见《周恩来年谱（1949—1976）》下卷，中央文献出版社1997年版，第461页。

中华人民共和国是唯一合法政府，而且没有例外；2. 台湾是中国的一个省，已经归还中国，是中国领土不可分割的一部分；3. 美国必须在一定时间之内撤出所有的武装部队，并撤除在台湾和台湾海峡的所有军事设施，中华人民共和国认为，杜勒斯在1954年与蒋介石之间签署的条约是非法的，我们不承认那些条约。[①]在会谈中，周恩来发现，要求美国一下子完全满足这些要求确有困难，因而，在坚持原则立场的前提下，为了中美关系的长远利益，可以求同存异。最后，中国与美方达成的别具一格的《上海公报》就是周恩来这一思想的具体体现。《公报》的发表标志着中美关系正常化过程的开始，周恩来在与美方会谈中就台湾问题所提出的原则立场，奠定了中美建交三原则——“断交、撤军、废约”的基础。

综上所述，在20世纪70年代中国对美政策调整中，周恩来作为中国外交政策的重要决策人之一，审时度势，及时把握国际局势发展的新动向，坚持无产阶级国际主义与中国的现实国家利益相结合原则，慎重地对中国的对美政策作出调整。周恩来在中国对美政策调整中，所采取的策略、方针政策，为以后中国对美决策留下了宝贵经验。

[原载厉华、潘敬国主编《周恩来与马克思主义中国化》，
黑龙江人民出版社2012年版]

① “Memorandum From President Nixon to his Assistant for National Security Affairs (Kissinger), Washington, February 1, 1969,” *FRUS*, 1969–1976, Vol. XVIII.

试析 1975 年福特访华及其意义

福特 1975 年 12 月中国之行，是中华人民共和国成立后，美国总统在中美两国没有建立正式外交关系的情况下第二次访华。此次访华，是在中美关系处于停滞不前状态，两国间在一些重大国际问题及双边问题上分歧与摩擦增多等复杂背景下进行的，对两国关系的发展具有重要意义。然而，多年来，学界普遍认为福特访华仅使中美关系得以保持，此外没有太多实质性的意义。笔者通过研读美国档案馆解密的相关档案及美国知名研究机构当时的一些研究报告，在此基础上，通过对福特继任后中美关系的梳理，发现福特访华对加强两国间相互信任、相互理解，巩固中美关系的战略基础及进一步推动中美关系的发展具有重要意义。

一、福特继任总统后的中美关系

1974 年 8 月 9 日，福特继任美国总统。福特上任时，由尼克松访华开启的中美关系良好的发展势头，由于受“水门事件”、美国对苏政策、美台关系等因素的影响开始停滞不前。福特总统表示他在外交上将继续前任的政策，为充满变数的中美关系增添了些许希望。

福特上任第二天，就通过美国驻华联络处主任布鲁斯向中国副外长乔冠华递交了他给毛泽东主席的信。信中写道：作为美国总统，我采取的首要措施之一就是总体上确认美国的外交政策，特别是美国对华政策的基本的延续性。对于国际问题的解决，我的政府将执行与尼克松政府相同的基本方针。我们有在国际上发挥更大作用的实力和决心。为了维护世界的稳定，我们将采取必要的措施。我们与中华人民共和国的关系是美国外交政策的一个主要方面。我们继续把一个强大的、独立的中国看作是符合我们利益的。这些观点在美国有着坚实的两党基础。在我的总统任期中没有比加速实现我们两个国家在分隔了20年后发起的正常化过程更为重要的事了。[①] 在公开场合，福特也作出了类似的表示。8月12日，福特在国会联席会议上关于美国内政外交的讲话中谈到对华政策时说：对于中华人民共和国，我保证继续信守《上海联合公报》的原则。在这些原则上建立起来的新关系已经表明，它是符合双方的重要、客观的利益的，而且已经成为世界局势的一个持久特征。[②] 然而，中美关系并没有如人所期望的那样得到发展，仍然处于停滞不前的状态，主要表现在：

（一）中美两国关于对苏战略分歧加大

尽管共同对付苏联扩张是两国共同的战略需要，但双方在对苏政策上的分歧直接影响了两国关系。由于受到苏联日益严重的现实威胁，中国在很大程度上希望建立一个国际统一战线，抗衡苏联的扩张。1973年2月，毛泽东在与基辛格的一次会谈中，谈到"一条线"构想，他说，我跟一个外国朋友谈过，我说我们围绕美国、日本、巴基斯坦、伊朗、土耳其和欧洲搞一条横线。联合这条线上的国家和地区抗苏反霸。[③] 这一构想的主要意图就是团结一切可以团结的力量，共同反对苏联的霸权主义，美国无疑是这一统一战线中最重要的国家。而美国则主要是为了赢得与苏联在限制战略武器谈判，以及其他双边或多边领域争霸的优势，倾向于与苏联搞缓和，试图通过与苏联进行对话来减轻苏联与其争霸的压力。美国的对苏政策优先于对华政策，中美关系是美国在美苏谈判中向苏联施加压力的一个砝码。中美在对苏政策问题的分歧对两国关系的发

---

① Patrick Tyler, *A Great Wall: Six Presidents and China*, New York: Public Affairs, 1999, p.183.

② "Address to a Joint Session of the Congress," August 12, 1974, Public papers of Presidents. 美国总统项目官网（https://www.presidency.ucsb.edu）。

③ "Memorandum of Conversation, Beijing, February 17–18, 1973, 11:30 p.m.–1:20 a.m," *Foreign Relations of the United States(FRUS)*, 1969–1976, Vol. XVIII, p.131.

展产生了直接的影响。中美关系缓和后，美国对苏缓和政策取得了可观的成果。1972年5月，尼克松访苏，美苏达成了《限制反弹道防卫系统条约》和《关于限制进攻性战略武器的某些措施的临时协定》。1973年6月勃列日涅夫访问美国期间，两国签订了《美苏关于防止核武器协议》。“水门事件”对中美关系的发展产生了不小的影响，但对美苏缓和的进程却没什么影响。1974年6月，尼克松再次访苏，与苏联签订《美苏关于限制地下核武器试验的协议》和《美苏关于限制反弹道式导弹系统协议》。福特总统于1974年11月赴符拉迪沃斯托克与勃列日涅夫再次举行高层会谈，答应向苏联出售谷物和转让技术，并签署了《美苏关于进攻性战略武器的联合声明》。这样，在美国看来，中美接近已使苏联陷入战略被动，苏联就不得不对美做出某种让步，并设法缓和与西方特别是美国的关系，这在一定程度上抑制了苏联的扩张。因而，美国就会把更多的精力投入到与苏缓和上，对于发展美中关系的热情就会大大降低。而对于中国来说，由于苏联乘美苏缓和之机，加大了在远东的军事及战略部署，使中国感到明显的威胁。随着美苏缓和成果的增多，中国领导人对美国的意图及对抗苏联的能力产生了怀疑，担心美国为了改善美苏关系，不惜牺牲中国利益，是“踩着中国的肩膀”与苏联搞缓和。

（二）实现两国关系正常化努力因台湾问题而陷入僵局

尼克松1972年访华时曾承诺，如果大选获胜，他将在第二届总统任期内实现中美关系正常化。尼克松连任美国总统后，基辛格第5次访华，就中美关系的发展方向与中方领导人交换了意见。他谈道，在尼克松第二任的头两年，美国将对其在台湾的军事力量进行削减。1974年尾到1976年中，美国打算实现中美关系的全面正常化。[①]然而，如前所述，由于美苏缓和有了实质性的进展，再加上“水门事件”的影响，美国推动中美关系发展的热情减少。针对中美关系正常化的核心问题——台湾问题，美国的立场有所倒退。在前期中美高层会晤中，中国一再强调中美关系正常化应按“日本模式”，美方也谈到以“日本模式”完成正常

① “Memorandum of Conversation, Beijing, February 16, 1973, 2:15–6:00 p.m, ” *FRUS*, 1969–1976, Vol. XVIII, p.51.

化，但 1974 年后，美国在台湾问题上的立场发生了变化。1974 年 11 月 26 日，基辛格与邓小平会谈时谈到了美国解决台湾问题的新设想。他表示，美国在台湾问题上的处境与其他国家不同：一是美国与台湾有正式的防御关系，二是美国国内有一股坚定的亲台势力。只有与你们合作，我们才能中立美国国内的亲台势力。在美国国内出现一个或一批阻碍中美关系发展的参议员，既不符合美国的利益，也不符合中国的利益，希望我们能相互理解。为此他建议中美关系正常化，美国仍在台湾设联络处，而且美国将在 1977 年内撤完全部驻台美军。同时，为了结束美国对台湾的防务承诺，希望中国声明和平统一台湾。对此，邓小平明确指出，美国从以前的立场上明显倒退了，这不是什么“日本模式”，实质上是变相的“一中一台”，是“倒联络处”，因此，中国不能接受这种正常化的方式。[①] 邓小平指出，台湾问题同时也是中美关系正常化中的一个问题。中方有三项坚定的原则：一是中方反对任何将会导致“两个中国”“一中一台”或者任何变相的“两个中国”“一中一台”的解决方式；二是台湾问题的解决是中国人民内部的事情，这只能由中国人民自己来解决。至于我们最后采取何种方式解决台湾问题——和平方式或非和平方式，这是中国内政，应由中国人民自己决定。三是我们不承认别的国家包括美国有参与解决台湾问题的权力。[②] 中方认为，如果美国政府考虑还不成熟，我们还可以等一等。[③] 中美关系正常化的进程因美国不愿放弃在台湾问题上的利益而陷入了僵局。

中美关系停滞不前之际，苏联在全球的扩张却日益增强。美国从越南败退后，苏联加强了对越南的渗透。从 20 世纪 60 年代后期起，苏联就开始加大了对越南的援助。从 1965 年至 1973 年《巴黎协定》签订，苏联向越南提供了 10 亿卢布的经援和 20 多亿美元的军援。1973 年 7 月，苏联又决定将过去向越南提供的贷款改为无偿援助，并答应从 1973

---

① “Memorandum of Conversation, Beijing, November 26, 1974, 3:45–5:00 p.m,” *FRUS*, 1969–1976, Vol. XVIII, pp.581–582.《邓小平年谱（1904—1974）》，中央文献出版社 2009 年版，第 1070 页。

② “Memorandum of Conversation, Beijing, November 26, 1974, 3:45–5:00 p.m,” *FRUS*, 1969–1976, Vol. XVIII, pp.584–585.《邓小平年谱（1904—1974）》，中央文献出版社 2009 年版，第 1071 页。

③ 参见《邓小平年谱（1975—1997）》上，中央文献出版社 2004 年版，第 52 页。

年到 1975 年向越南提供 10.7 亿美元的援助。[①] 苏联在越南的渗透主要是为其倡议的建立“亚洲集体安全体系”服务的。与此同时，苏联利用东西方缓和之际，在欧洲一些国家扶植反政府的“左派”力量，还在非洲、南亚加紧扩张势力。苏联在中国周边的扩张活动，对中国造成直接的威胁，苏联在全球影响力的增强也是美国不愿看到的。对付苏联的扩张仍是中美两国共同的战略需要，因而中美关系停滞不前或倒退，不符合两国的国家利益。为了保全中美关系已取得的成果，进一步促进两国关系的发展，1974 年 11 月，两国商定 1975 年底美国总统福特访华。

二、中美对福特访华的预期

改善眼前中美关系的发展状况，是中美两国对福特总统访华的共同期待。但由于国家利益的不同，中美两国对福特的中国之行也有不同的预期。美国希望通过福特总统访华向国际社会表明，美中关系仍在继续发展，以进一步增强美国对苏谈判的地位。对中国来说，为了抗衡苏联的威胁，需要最大限度地利用一切可以利用的力量，而美国是中国需要联合的一支重要的力量。虽然中国对美国推行的“缓和”政策不满，但仍然希望通过中美高级会晤规劝美国放弃对苏联的幻想。同时中方希望，在福特访华时，中美两国在两国关系正常化进程上有所收获。然而，进入 1975 年后，日益冷淡的中美关系为福特的访华蒙上了厚厚的一层阴影。

第一，中美两国间发生的一系列摩擦和纠纷对停滞不前的中美关系产生了消极的影响。一是关于中国艺术团访美纠纷。中美双方商定，中国人民对外友协将派中国艺术团赴美访问演出，由美中关系全国委员会负责接待。事先中国艺术团将演出的节目单、预备曲目以及剧照等陆续提供给美方接待单位，并预定于 1975 年 3 月 29 日启程赴美。然而就在中国艺术团即将动身之际，美国国务院竟无理要求中国方面取消艺术团预备曲目中的一首歌——《台湾同胞——我的骨肉兄弟》，被中方拒绝。

① 参见郭明：《中越关系演变四十年》，广西人民出版社 1992 年版，第 102 页。

于是，3 月 27 日，美中关系委员会宣布无限期推迟中国艺术团访美。中国人民对外友协和外交部新闻司发言人就此事发表谈话指出，解放台湾、统一祖国是中国人民的内政，别国无权干涉。美国政府在《上海公报》中同意只有一个中国，而台湾是中国的一部分。美方如果不是从《上海公报》后退，就没有理由反对中国艺术团把这首歌列入预备曲目。由于美方坚持其违背《上海公报》精神的无理主张，中方只能同意无限期推迟中国艺术团访美。二是美国加强美台关系的举措引起中方的不满。在中美关系正常化的进程陷入僵局的同时，美台关系却得到进一步发展。不仅美台经贸关系日益密切，美台政治、安全关系也日益加强。1974 年 3 月，美国在台北开设贸易中心。[①] 福特继任后，允许台湾在美国开设两个新领事馆。1975 年 4 月，美国政府派副总统洛克菲勒到台湾参加蒋介石葬礼。4 月 16 日，福特在一次记者招待会上重申美台关系的重要性，他说，我们现在与“中华民国”有着极好的关系，我们现在和将来当然都会关注“中华民国”的安全与稳定。[②] 这些举措使尼克松访华后一度冷却的美台关系得到加强，同时表明，美国还不愿意放弃其在台湾的利益。美国对华政策上这种脚踏两只船的做法，自然引起中国政府的不满，同时受到中国政府及媒体的公开批评。三是关于美国政府纵容和支持西藏逃亡分子在美活动的纠纷。1975 年 8 月 8 日，中国驻美国联络处获悉达赖集团一个歌舞团将要到美国访问演出，就此事向美方提出交涉，重申要求美国取缔此前达赖流亡集团在美国纽约成立的“西藏办事处”，并采取措施制止该歌舞团访美。9 月 24 日，美国国务院却答复说，达赖集团的活动符合美国宪法和法律。10 月 13 日，中国外交部新闻司发言人发表谈话指出，美国方面这样做是公然违反《中美上海公报》的原则，是露骨地干涉中国的内政。上述摩擦与纠纷的发生主要是由于美国没有遵守《上海公报》的原则精神所致。《上海公报》是 1972 年以来中美关系

① 参见《日〈朝日新闻〉评论：美对改善对华关系表现出新的热情》，《参考消息》1974 年 7 月 7 日。

② “Remarks and Question-and-Answer Session at the Annual Convention of the American Society of Newspaper Editors,” April 16, 1975, Public papers of Presidents. 美国总统项目官网（https://www.presidency.ucsb.edu）。

进一步发展的基础，美国的这些背离行为必然会对两国关系带来伤害。

第二，囿于国内政治因素，福特的对华政策陷入被动。中美关系正常化进程陷入僵局后，福特和基辛格试图寻求一些打破僵局的办法，以便福特访华期间，在这方面有所前进。然而，国内政治气候的变化，使福特在中美关系正常化进程方面很难有所作为。1975年春，南越自贡政权垮台，在美国国内引起强烈的政治反响，国会内由参议员亨利·杰克逊率领的民主党保守势力和共和党右翼保守势力对福特政府的缓和政策进行了严厉的抨击。由于怕在中美关系正常化进程中再牺牲台湾，共和党右翼势力也从内部向福特施加压力。以戈德华特参议员为首的共和党保守势力对福特的对华政策表示反对，威胁要支持加州州长里根作为1976年总统大选共和党候选人。里根在1975年6月的第一次外交政策演说中也批评了福特对中国的缓和政策，并称，他同意戈德华特的主张，如果福特要访问北京，就该同样访问台北。[①] 此间，美国驻华联络处主任布什也写信劝告福特不要急于断绝与台关系。信中说，您的个人利益要求您从纯粹政治的立场考虑一下可能发生的任何事情。在柬埔寨"红色高棉"和南越政权垮台前，台湾问题的解决还有可能，现在一切都不可能了。要考虑如何防止这事件成为您的对手攻击您的主要武器，不论他们是共和党人还是民主党人。[②] 一向主张实现中美关系正常化的基辛格也不得不承认，由于政治的原因，对于美国来说，在1976年以前实现中美关系正常化是不可能的。因为中美关系正常化是引发保守派对福特政策反对的唯一的一件事情。[③]9月28日，在联合国大会期间，基辛格告诉中国外长乔冠华，由于国内因素，在福特总统此次访华期间，中美不能实现两国关系正常化。[④]

第三，中国对美国对苏政策公开批评增多。特别是1975年夏欧洲安

---

① Robert S. Ross, *Negotiating Cooperation: The United States and China, 1969-1989,* Stanford University Press Stanford, California, p. 80.

② "Foreign Relations of the United States, 1969–1976, Volume XVIII, China, 1973–1976," *FRUS*, 1969–1976, Vol. XVIII, pp.673–674.

③ "Memorandum of Conversation, Washington, July 6, 1975," *FRUS*, 1969–1976, Vol. XVIII, p.697.

④ "Memorandum of Conversation, New York City, September 28, 1975, 8:10–11:55 p.m.," *FRUS*, 1969–1976, Vol. XVIII, p.748.

全会议在赫尔辛基签署了最后文件后，中国借用西方媒体说法，批评这是70年代的“慕尼黑阴谋”。乔冠华在联合国第三十一届大会上指出，美苏两个超级大国的争夺遍及全球。它们在欧洲、地中海、中东、波斯湾、印度洋、太平洋、大西洋、亚洲、非洲、拉丁美洲的角逐正在加剧。它们争夺的战略重点在欧洲。社会帝国主义是声东击西。欧洲安全和合作会议掩盖不了这一点，恰恰表明这一点。两个超级大国也不时达成一些协议，但这种协议只不过是表面的东西，骨子里是进行更大、更激烈的争夺。中国对美国的批评，主要意图是提醒美国不要因为苏联打着缓和的旗号就放松了对苏联实际在欧洲扩充军事实力的警惕。

第四，基辛格来华为福特的中国之行所做的准备工作无功而返。1975年10月，基辛格第8次访华，为福特访华作准备。基辛格希望两国在福特访华期间能发表一个联合公报，以此向世界表明中美关系在继续向前发展，也向美国民众显示美国总统第二次访华取得的成果。因此，他希望此次访问与中方一道就联合公报的内容达成一致。访问中，中方领导人对美国的缓和政策提出较为严厉的批评，也对美国的对华政策表示不满。邓小平与基辛格进行了4次会谈。在谈到国际形势和战略问题时，邓小平指出，毛主席多次强调，中美之间当然有双边问题，但更重要的是国际问题。对国际问题，要从政治角度考虑才能把问题看得清楚，才能在某些方面达到协调。根据我们的理解，策略决定于战略并为战略服务。多种多样的策略可能有符合战略的，也可能有偏离战略的。博士似乎认为，中国在策略上是死板的。你们强调的是灵活的态度。如果我们要对我们自己的策略作一个评价，我认为我们从不死板。我们认为灵活必须符合战略的要求。如果灵活过度，就会使人怀疑战略的真正含义。我们相信苏联的战略重点在西方，在欧洲和连接欧洲的中东、地中海和波斯湾。至于中国，我们是天不怕、地不怕，我们无求于人。世界上有一种说法，认为中国害怕苏联进攻。我可以坦率地告诉博士，这种估计是错误的。[①] 在谈到双边关系时，邓小平再次提到尼克松所作的第二任期

---

① 参见《邓小平年谱（1975—1997）》上，中央文献出版社2004年版，第120页；“Memorandum of Conversation, Beijing, October 20, 1975, 4:15–6:35 p.m.,” *FRUS*, 1969–1976, Vol.XVIII, pp.767–772.

实现中美关系正常化的承诺，并要求基辛格停止修修补补，要从全球战略的高度来理解中美关系正常化的重要性。他还拒绝了基辛格提出的一些关于航空、商务和航海问题的双边协定，重申在两国正式建交之前两国间没有可能达成这类协定。10月21日，毛泽东会见基辛格时，首先批评了他在与邓小平会谈时关于美国无求于中国，中国无求于美国的说法。毛泽东说，如果双方无所求，你们为什么来北京，我们又为什么接待你们和总统？基辛格说，我们来北京是因为我们有共同的对手，也因为在与我们打交道的国家中，你们对世界局势的理念是最明确的，而且大部分意见我们都同意。毛泽东指出，靠不住。在美国的战略中，苏联是第一，其次是欧洲，日本是第三。你们就是踏着我们的肩膀往莫斯科跑。现在这个肩膀没有用了。我们是第五，是小拇指。① 毛泽东对美国国防部部长施莱辛格访问日本而没来中国表示不满。毛泽东说，我们请他来就是想给苏联看，但你们太小气。美国那么富有，但在这方面很小气。针对基辛格关于美方准备在军事上给予一定帮助的建议，毛泽东表示，军事方面现在不谈，等打起仗来再说。②

基辛格带来了一份福特访华的联合公报草稿，公报稿中以空洞的辞藻表示中美关系正常化取得了进展，但美国却没有什么实际的承诺。中方直到基辛格一行即将离开中国的前一天晚上才讨论美方提出的公报草案。双方进行了激烈的论争。中方拒绝美方的草案，而提出一个与《上海公报》相似的、阐明双方在全球争端、苏联和台湾问题上不同立场的公报草案。美方拒绝了中方的草案。中方回答说，中方可以接受没有公报的首脑会谈。基辛格坚持首脑会谈必须有公报。及至凌晨，双方不欢而散。

基辛格回到华盛顿后，福特的政策顾问们建议他取消访问计划，因为没有任何成果的访问将向国内选民传递不良的信息，极可能影响总统的选票。基辛格给总统的访问报告中，让总统自行决定。最后福特决定，

---

① "Memorandum of Conversation, Beijing, October 21, 1975, 6:25-8:05 p.m.," *FRUS*, 1969-1976, Vol. XVIII, p.789.

② "Memorandum of Conversation, Beijing, October 21, 1975, 6:25-8:05 p.m.," *FRUS*, 1969-1976, Vol. XVIII, p.797.

就算签不成联合公报也要去。福特认为，取消这次计划将产生更为不利的后果，不仅国际上说不过去，而且国内左翼和右翼都会更加猛烈地抨击。[①]

由于预想到福特此次访华不会有显著的成果，为了防止美国国内由此怀疑总统访华的意义，美方对福特访华的行程进行了调整，以此降低此次访华的重要性。首先是缩短访华的行程，正式访问用三天多的时间，只访问北京，不到中国的其他地方。这样使这次访问看来像是一次工作访问。其次是增加访问国家的数量，把这次中国之旅作为福特亚洲系列访问中的一站，而不是对中国的专访。

尽管福特访华在两国关系正常化方面不会有大的进展，但由于苏联威胁的增大，中国认为美国仍是中国对付苏联威胁最强大的可以联合的力量。因此，中国领导人决定仍利用美苏矛盾，贯彻"一条线"的战略，着重指出苏联的战略是声东击西，对福特来访问题仍持你要来我欢迎，谈得拢可以，谈不拢也可以的高姿态，拒不接受美国的军事援助，重申两国关系正常化的三原则。[②]

三、福特访华

福特总统于1975年12月1日—5日低调访问北京。1日晚，邓小平受周恩来总理的委托主持欢迎宴会。在宴会上，邓小平和福特在讲话中分别表明双方对两国关系及国际局势的看法。邓小平指出，三年多以前，尼克松总统访华，中美双方发表了著名的《上海公报》。这是一个独特的国际文件，它明确阐述了中美两国不同的社会制度所决定的政策上的根本分歧，同时也指出了两国在当今世界上具有许多共同点，其中突出的一点是两国都不应该谋求霸权，都反对任何其他国家和国家集团建立霸权的努力。公报为发展中美关系提供了基础，也指出了方向和目标。实现两国关系正常化，符合中美两国人民的共同愿望。我们相信，只要认

① "Memorandum of Conversation, Washington, October 25, 1975, 9:30 a.m.," *FRUS*, 1969–1976, Vol. XVIII, p.834.

② 参见王秦平主编:《中华人民共和国外交史》第3卷，世界知识出版社1999年版，第371页。

真遵守《上海公报》的各项原则，经过双方的共同努力，这一愿望将最终实现。同时，邓小平进一步指出苏联的威胁，他说，今天最危险的战争策源地正是"和平经"念得最起劲的那个国家。"缓和"的辞藻掩盖不住战争威胁日益增长的残酷的现实。[①]福特说道，现实和共同需要使我们走到了一起。但更重要的是，我们还同意，关系正常化符合我们两国人民的共同利益，而且会有助于建立一个更加安定的国际秩序。因此，我们确立了某些原则，来指导两国关系的发展和我们对国际形势的看法。4年来，国际形势发生了许多变化，世界使我们大家面临危险，但是也提供了机会。美国将既努力减少危险，也努力探索新的和平机会，而不抱幻想。当前的形势要求力量、警惕和坚定性。[②]

12 月 2 日，毛泽东与福特举行会晤时，双方就国际形势与战略问题深入交换了意见。毛泽东见到福特首先问他与邓小平谈了些什么？福特回答说，我们谈了一些与苏联有关的问题、就整个国际局势两国需要采取共同行动问题及两国需要共同努力做出对双方都有益的事情的问题。毛泽东说，我们没有什么能力，我们只会放空炮。至于骂人，在这方面我们还有一些能力。福特说，我们也能。毛泽东说，你们也能？那么我们可以达成一项协议了。[③]福特说，我们也可以用武力反对制造麻烦的国家。毛泽东说，那么我们可以达成另外一项协议了。福特说，为了共同的目标，我们将共同努力，你们从东方施加压力，我们从西方施加压力。毛泽东答道，可以，这是一项君子协定。福特接着说，这是针对非君子的最好的方式。[④]

12 月 2 日—4 日，邓小平同福特进行了 3 次会谈。邓小平委婉地批评了美国的对苏"绥靖"政策，他指出，当你把苏联这只鹰喂饱后，它可能不仅是飞走，很可能会飞回来啄你。[⑤]福特表示，美国的政策与慕尼

① 参见《在欢迎福特总统的宴会上邓小平副总理的祝酒词》，《人民日报》1975 年 12 月 2 日。

② 参见《在周总理委托邓小平副总理主持的欢迎宴会上福特总统的祝酒词》，《人民日报》1975 年 12 月 2 日。

③ "Memorandum of Conversation, Beijing, December 2, 1975, 4:10–6:00 p.m., " *FRUS*, 1969–1976, Vol. XVIII, p.858.

④ "Memorandum of Conversation, Beijing, December 2, 1975, 4:10–6:00 p.m.," *FRUS*, 1969–1976, Vol. XVIII, p.860.

⑤ Patrick Tyler, *A Great Wall: Six Presidents and China*, New York: Public Affairs, 1999, p. 216.

黑毫无关系，美苏缓和是避免核战争所必要的。关于中美关系正常化问题，邓小平指出，我们理解总统说在大选期间不可能在这个问题上采取行动。我们多次谈过，我们有耐心，在我们两国关系中，我们一直把国际问题放在第一位，台湾问题放在第二位。福特对中方在台湾问题上的耐心表示感谢，并表示在下一任期，将按照日本方式更具体地推进两国关系正常化。对于正常化的条件，邓小平重申，实现两国关系正常化时，要实现我们所说的“断交、撤军、废约”三个原则，按照日本方式，也就意味着以往的经济贸易关系还可以继续保持。有关台湾其他问题，则要作为中国的内部问题解决。但福特强调，我们期待着你们政府和台湾之间的问题的任何解决将会通过和平方式。从不抛弃老朋友的角度来说，我们一定会期待着和平的解决方式，我认为这是尼克松时代所达成的谅解。邓小平坚持说，用什么方式解决台湾问题，这是中国的内政，由中国决定。[①] 邓小平还批评了美国对达赖集团的支持。

12 月 4 日，福特举行告别宴会。在告别宴会上，福特表示，这是一次有意义的访问。我同毛主席和邓副总理进行的范围广泛的会谈，是友好、坦率、有实质内容和建设性的。我们讨论了我们的分歧；在两个具有不同的意识形态、社会和处境的国家间的关系中，存在这些分歧是自然的。但是我们也肯定了，我们之间存在着重要的共同点。这次访问证实了，我们的关系虽然还没有正常化，但却是良好的；我们的关系将逐渐得到改善。[②] 邓小平表示，在过去这短短几天里，我们双方就共同关心的问题进行了多次有益的会谈。特别重要的是，毛泽东主席同福特总统在友好的气氛中就广泛的问题进行了认真的、有意义的谈话。这次两国领导人直接交换意见，有助于增进相互了解，有利于促进中美双方朝着《上海公报》指明的方向和目标作出努力。[③]12 月 5 日，福特结束对中国的访问，起程到雅加达。

---

① 参见《邓小平年谱（1975—1997）》上，中央文献出版社 2004 年版，第 134—135 页；“Memorandum of Conversation, Beijing, December 4, 1975, 10:05–11:47 a.m.,” *FRUS*, 1969–1976, Vol, XVIII, pp.894–896.

② 参见《在告别宴会上福特总统的祝酒词》,《人民日报》1975 年 12 月 5 日。

③ 参见《在福特总统告别宴会上邓小平副总理的祝酒词》,《人民日报》1975 年 12 月 5 日。

四、福特访华的意义

在福特为期 5 日的中国之行中，与中国高层领导人会谈共进行了 4 次，双方会谈内容如前所述，涉及广泛的国际问题及双边问题。虽然访问期间双方既没有在两国关系正常化方面有突破性的进展，也没有发表可以体现会谈成果的联合公报，但是福特此次访问对两国关系的发展是具有重要意义的。

第一，加深了相互理解，保持了中美关系已有的发展势头。经过长达 20 多年的紧张对峙，中美两国建立起来的缓和关系刚刚走过 3 年多的历程。在这 3 年多的时间里，双方在一些重大的国际问题及一些国际热点问题上开展了一定程度的合作，两国在对方首都互设联络处为双方的沟通与联系提供了便利，双方都在致力于为实现两国关系正常化而努力，两国间人员交流日益增多，双方经济技术交流与合作潜力巨大。然而，由于多年的对峙，两国社会制度、意识形态的差异，致使两国间缺乏基本的信任。因而，中美间建立起的这种新的关系还相当脆弱。而两国因各自国家利益不同所导致的两国对一些国际问题的看法及处理的方法的分歧使这种脆弱的关系更加脆弱。因而，两国间出现的一些摩擦甚至是一些分歧，如果得不到妥善处理，对两国关系都可能会产生破坏性的影响。福特访华前夕，中美关系中出现的一系列分歧和摩擦，使处于脆弱状态的两国关系面临着重大考验。明知此次访华不会产生显著的成果，福特力排众议，还是如期进行了此次北京之行，并在此前推迟了原在访华之前与苏联领导人勃列日涅夫会晤的打算，足见他对保持和改善中美关系的重视。中方对福特的来访也给予了相当的礼遇。国务院副总理邓小平到机场迎接，并在机场举行了欢迎仪式，福特总统和夫人到达宾馆时，受到康克清、邓颖超的迎接。毛泽东与福特举行了长达 1 小时 50 分钟的会晤，这次会晤的时间比他在 1972 年会晤尼克松总统的时间几乎长一倍，是毛泽东同外国元首举行的时间最长的会晤之一。国务院副总理邓小平与福特进行了 3 次会谈。这些充分显示出中方对巩固中美关系的诚意。由此可见，福特访华虽然表面上没有呈现中美关系的显著改善，但两国领导人就国际问题及双边问题进行的坦诚对话，增进了相互理解，对稳定中美关系具有重要意义。正如福特访华前在一次记者招待会上所说，拥有2.14亿人口的美国领导人与拥有8亿多人口的中国领导人坐下来，谈谈我们一致的方面和讨论如何来克服不一致的方面始终是有益的。[①]邓小平在解释没有发表最后公报原因时也表示，访问重要的是讨论。[②]因此，可以说，福特这次访问的重要意义就在于访问的本身。

第二，稳定了中美关系发展的战略基础。国际因素在20世纪70年代的中美关系中占有重要的地位。中国领导人也多次谈到，在中美关系中，国际问题是第一位的，双边问题是第二位的。3年前，正是由于中美在国际问题上存在一些共识和共同利益，才使两国关系由对峙走向缓和。中美两国在应对苏联扩张的政策和策略上分歧的加深，严重侵蚀着中美关系进一步发展的基础，成为两国领导人面临的棘手的问题之一。福特访华期间，两国领导人就此问题充分交换了意见，尽管分歧没有完全消除，但两国在应对苏联扩张问题上增加了信任。为消除中方对美国对苏政策的疑虑，福特在与毛泽东的会晤中表示，美国对苏缓和并不意味着美国不再对付它的扩张，美国一直都在阻止苏联的各种扩张，并继续这样做。而且美国不是只放空炮，而是荷枪实弹，时刻准备着。同时，福特谈道，由于社会制度、意识形态的不同，中美肯定会有一些冲突。但是，这种冲突不会干扰我们观察国际局势的能力，也不会干扰我们为了两国和世界的最高利益采取共同、果断行动的能力。福特讲话非常坦诚，毛泽东对此感到满意。他由此想到他曾经与苏联领导人举行的5次会晤，他认为这5次会晤，没有一次像他与福特会谈这样进行得非常好。[③]通过会谈，双方再次肯定共同对付苏联在全球的扩张符合双方的利益。双方在其他国际问题上也达成一定的共识。如：北约成员国的团结问题，在安哥拉、地中海和西亚这样的要害地区遏制苏联的问题。特别

① "The Presidents News Conference of November 26, 1975," Public papers of the Presidents. 美国总统项目官网（https://www.presidency.ucsb. edu）。

② 参见《塔斯社报道〈福特访问结束〉》，《参考消息》1975年12月7日。

③ "Memorandum of Conversation, Beijing, December 2, 1975, 4:10–6:00 p.m.," *FRUS*, 1969–1976, Vol. XVIII, pp.861–860.

是双方在安哥拉问题上的共识，是中美两国从尼克松访华以来，第一次探讨在一个遥远的大陆进行密切合作，共同应对一场代理人的战争。苏联在亚洲，尤其是在南亚、东南亚的扩张，是中国最为关心的事情。中国希望美方扩大对巴基斯坦的援助，以抵抗苏联在南亚的扩张，美方表示同意。对于中方对苏联倡导的建立“亚洲集体安全体系”的担心，福特表示也坚决反对这一倡议，并表示在他访问菲律宾、印度尼西亚期间将劝说两国及东南亚联盟组织其他国家共同反对这一倡议。

第三，美国对中美关系正常化的条件和时间表作出了新的承诺。福特承诺，如果下年大选中他能当选的话，他将在第二任期内按照日本方式实现中美关系正常化。福特不再坚持以基辛格提出的“倒联络处”的方式作为实现两国关系正常化的模式，也不再坚持要求中方发表一个关于和平解决台湾问题的一个声明，虽然表示期望大陆和平解决台湾问题。这些承诺与中方关于解决台湾问题的立场比较接近，这使人们对完成中美关系正常化的进程充满乐观。事实上，福特有关中美关系正常化的承诺成为其后任总统卡特制定相关对华政策的依据之一，也是中美建交谈判的基础之一。

第四，中美双边合作取得了一定的进展。访华期间，美国在向中国转让敏感技术方面又迈出了一大步。福特与邓小平会谈期间，针对中方提出的要美国向中方出售高倍电子计算机的问题，福特表示可以予以批准。会谈中，基辛格补充说，由于美国曾拒绝向苏联出售一些型号的计算机，如果由中方事先正式提出需要什么样的计算机，我们可以选择能够确保得到批准的优质的适当型号，然后再与厂家接洽。由于能适合你们要求的种类很多，为了保持与苏联同样的原则，我们只要能找到一种在技术上有差异的型号，就可以转让给你们。他还特别表示，这样做是为了批准转让，而不是为了拒绝转让。[①] 从 1973 年起，中国就向美国表示有兴趣购买与军事用途有关的高技术，包括卫星摄像、雷达、通信设备以及军用直升机和运输机。1976 年 10 月，尽管美国能源开发署反对，

① “Memorandum of Conversation, Beijing, December 4, 1975, 10:05–11:47 a.m.,” *FRUS*, 1969–1976, Vol. XVIII, p.899.

美国国家安全委员会还是批准向中国转让两台 CYBER–172 电脑。[1] 在北京时，福特还同意了英国与中国签订的价值达 2 亿美元的合同。该合同分两部分：一部分是中国购买罗尔斯 – 罗伊斯公司生产的战斗机的引擎，这些引擎已被用在英国幻影 4 型战斗机上；另一部分是要求英国帮助中国建立一个工厂，以便将来中国能自己生产战斗机的引擎。[2] 这个合作是从 1972 年开始讨论的，但受到巴黎统筹委员会的限制。这次，美国的支持使英国规避了“巴统”的约束。另外，基辛格在与乔冠华会谈中，他还向中方提出，将来中国石油产量增加后，可用石油换购美国的一些特殊技术。美国同意向中国转让这些敏感技术，是中美走向战略合作的关键一步，也为中美关系的进一步发展注入了新的动力。

综上所述，福特继任美国总统后，中美关系处于停滞不前状态，两国间在一些国际问题及双边问题上分歧与摩擦的增多，使两国关系面临重大考验。为了增进中美两国间的相互理解，保全中美关系发展的已有局面，福特不顾中美分歧加大、摩擦增多、国内右翼势力的反对及多数人对其中国之行不看好等因素，如期访问了中国。福特访问虽然如预期的那样没有发表最后公报，但是此次访问对中美关系的发展来说，仍是一次意义非常的访问。福特访问加强了中美间的相互理解，增进了领导人间的互信，使刚刚建立起来的脆弱的中美关系的发展势头得以保持，稳定了中美关系进一步发展的战略基础，福特有关中美关系正常化进程的承诺，使人们对两国最终实现关系正常化充满乐观，中美双边合作的进展成为两国关系发展的新的动力。

［原载《当代中国史研究》2010 年第 4 期］

① “Memorandum of Conversation, Beijing, February 17, 1973, 2:20–6:25 p.m.,” *FRUS*, 1969–1976, Vol. XVIII, pp.89–90.

② “Memorandum of Conversation, Beijing, December 2, 1975, 11 p.m.–midnight,” *FRUS*, 1969–1976, Vol. XVIII, p.875.

邓小平与建交初期的中美关系

1979 年 1 月 1 日，中美两国正式建立了外交关系。这种关系是在两国经历了 20 多年的对峙，近 10 年的缓和后，在两国领导人充分考虑自身的现实、长远利益的基础上实现的。多年来的矛盾分歧及新建立起来的利益共识相互交错，使中美关系在机遇与挑战中艰难地向前发展着。建交初期（大体上从 1979 年 1 月到 1984 年上半年），中美关系在全面展开的同时，也不断遇到一些摩擦和阻力，这些摩擦和阻力常常导致中美关系停滞不前，有导致中美关系倒退的危险。邓小平作为当时中国重大方针政策的决策人之一，对稳定和促进这一时期中美关系的发展起到了关键性的作用。

一、促进了建交初期中美关系的发展

1978 年 12 月 16 日，中美两国同时公布，两国决定将于 1979 年 1 月 1 日建立正式的外交关系。因此，从法理上讲，中美两国从 1979 年 1 月 1 日起也就建立了正式的外交关系。但两国间数十年的敌对关系，给两国关系的发展带来了许多阻力，要使两国关系有实质性的发展还有大量的工作要做。两国建交之初，邓小平的美国之旅对中美关系的发展起到了积极的推动作用。

（一）增进了两国之间的相互了解

中美两国长达30年的不正常关系，使两国人民间的相互了解很有限。由于美国国内长期对共产党国家妖魔化的宣传，使美国普通民众对中国的理解非常片面，而且负面居多。中美实现两国关系正常化，美国大多数民众是持欢迎的态度，希望进一步发展中美关系，特别是一些企业界人士，更希望在中美关系的进一步发展中，在经贸方面获得更多的利好。但他们对中国内政外交的走向不是很清楚，对中国改革开放政策的连续性问题尤其关心。美国政界对中美关系的发展有不同的看法。中美关系正常化问题，是尼克松1972年访华后美国政界争论比较激烈的问题之一。在中美关系正常化的进程中，美国行政部门为了排除干扰，完全主导了这一进程，中美建交几乎是在国会不知情的情况下完成的。美国国会中的一些议员对美国行政部门的这种做法表示不满，还有些议员对中美建交公报中的一些原则有不同的看法。中美建交公报发表后，美国政界围绕中美建交问题又掀起了一轮政治争论。应美国总统卡特的邀请，邓小平于1979年1月28日—2月5日对美国进行正式访问。他是中华人民共和国成立后第一位访问美国的中国国家领导人。在访美期间，邓小平除了与卡特总统会谈外，还与美国政界人士包括国会议员进行了广泛接触，与他们就广泛的问题交换了意见。对于他们特别关心的中国政府对台政策问题，邓小平明确表明了中国的原则立场。在美国参议院与美国的参议员交流中，邓小平指出，关于台湾问题，我们近来已经说了不少了。我肯定你们已经注意到，我们不再使用“解放”台湾这个字眼了。我们希望解决台湾归回祖国和完成祖国统一大业的问题。只要台湾归回祖国而且承认只有一个中国，那么我们就将充分尊重台湾目前存在的现实。[①] 在美中人民友好协会和全美华人协会为他举行的招待会上，邓小平再次强调：“按照我们的心愿，我们完全希望用和平方式来解决这个问题，因为这对国家对民族都比较有利，这在我们的人大常委会告台湾同胞书中已经说得很清楚了。应该说，中美关系正常化以后，这种可能性将会增大。当然，这并不完全取决于我们单方面的愿望，还要看形

---

① 参见《美联社报道：邓副总理在美参院的讲话》，《参考消息》1979年2月1日。

势的发展。”[①] 这在一定程度上帮助卡特政府平息了美国政界由中美建交引发的一些政治争议。正如《纽约时报》评论的：由于邓先生谨慎地进行政治活动，他已帮助政府安抚那些担心同北京实现关系正常化会使美国不光彩地抛弃台湾的人。这位中国领导人并没有放弃使用武力来保证同台湾重新统一的意思，但是他表示，如果台湾当局同意台湾是北京统治下的中国的一部分，他愿意作出种种让步。[②] 邓小平不仅在华盛顿会晤了白宫官员、美国国会议员，而且还广泛会见了美国各界人士，回答了一批又一批记者的问题，参观了亚特兰大、休斯敦和西雅图，并在不同场合向数千人发表讲话，就重大的国际事务、中美关系及美国民众所关心的中美间及中国国内一切问题阐明了原则立场。在这些面对面的交流中，使美国民众对中国当时的内政外交有了比较深入的了解，而美国经济、科学技术的发展状况也给邓小平一行留下了深刻的印象。这种交流对于进一步增进两国间的相互了解、相互信任，起到了积极的作用。

（二）进一步巩固了中美两国合作的战略基础

中美两国从对峙走向缓和，最后建立正常的外交关系，一个重要的原因是两国战略利益的共同性——共同对付苏联霸权主义扩张。但由于中美两国社会制度不同，两国在国际政治中的出发点不同，因此，两国在处理国际关系，包括对苏联的战略和策略问题上，还有许多不一致的地方。在访美期间，邓小平与卡特总统共进行了三次会谈，通过会谈，双方在一系列重大国际问题上的看法趋于接近。1979 年 2 月 1 日双方共同发表的《联合新闻公报》，充分肯定了两国领导人会谈所取得的积极成果。公报指出：“双方的会谈是友好诚挚的、建设性的和富有成果的。双方回顾了国际形势，一致认为双方在许多方面有共同的利害关系和相似的观点。双方也讨论了彼此看法有所不同的方面。双方重申反对任何国家和国家集团谋求霸权主义或支配别国，决心为维护国际和平、安全和民族独立做出贡献。”[③] 双方明确表示在反对苏联霸权主义扩张方面具有共同点，这就使中美两国合作的战略基础进一步得到巩固。

---

① 《邓小平副总理在华盛顿重申　中国希望和平解决台湾问题》，《人民日报》1979 年 2 月 1 日。

② 参见《邓在访问中是一位自然而然的轰动人物》，《参考消息》1979 年 2 月 4 日。

③ 《联合新闻公报》，《人民日报》1979 年 2 月 2 日。

（三）为中美关系向纵深领域发展开了个好头

邓小平访美，除了与美国政界就双方关心的问题进行磋商外，还有一个目的是了解美国人民，了解他们的生活，了解他们建设的经验，学习一切对我们有用的东西。在对美国进行了解的基础上，促进中美在科技、经贸等领域关系的发展。在美期间，邓小平同美国经济、工业、商业、文化、教育等各方面的人士进行了广泛的接触，参观了福特汽车公司的装配厂、林登·约翰逊航天中心、波音飞机公司装配厂等。通过这些参观和访问，邓小平对美国的经济、科学技术、教育和文化的发展状况有了比较全面的了解，使邓小平认识到两国在这些领域里有着广阔的合作空间。在美期间，邓小平和美国政府就两国在经济、科技、教育和文化领域的合作问题进行了磋商，而且取得了一些成果。如邓小平和卡特分别代表两国政府签署了科技合作协定和文化协定；中国国务院副总理方毅和美国总统科学顾问普雷斯签署了两国在教育、农业、空间方面合作的谅解的换文；方毅和美国能源部部长施莱辛格签署了两国在高能物理方面合作的协议；中国外交部部长黄华和美国国务卿万斯签署了关于建立领事关系和互设总领馆的协议；中美双方同意为互派常驻新闻记者提供方便，并同意签订贸易、航空、海运协定，双方将在美国财政部部长和商务部部长访问中国期间就此进行商谈。这些成果是中美建交后第一批合作成果，为中美关系在相关领域里的发展奠定了基础。同时，也为中美合作关系向其他领域扩展起到了推动作用。因此，邓小平在中美科技合作协定和文化协定签字仪式上说："我们曾经预期在中美关系正常化以后，两国的友好合作将在广泛的领域里迅速地开展。今天所签订的协定就是我们的第一批成果。但是，在我们两国之间还有许多合作的领域有待我们去开辟，许多渠道有待我们去沟通。我们还要继续努力。"①

正是有了这样一个良好的开端，中美两国的合作领域不断得到扩大，合作方式也日趋多样化。两国先后签署了科技合作协定、文化协定、领事关系协议、中美贸易关系协定、中美民航协定、中美海运协定和中美

---

① 《邓副总理和卡特总统签署中美科技合作协定和文化协定并发表讲话》，《人民日报》1979年2月2日。

纺织品协议；两国还成立了中美联合科技委员会和中美联合经济委员会。中美合作领域的日益扩大，促进了双边贸易关系的发展，双边贸易额急剧上升。据中国海关统计，1980 年中美贸易额为 48 亿美元，比前一年增加了一倍。[①] 双方军事安全关系也得到空前发展。1980 年 1 月 5 日—13 日美国国防部部长布朗成功对中国进行了访问，布朗称此次访问“使我们在同中国建立战略关系方面迈出了重要一步”[②]。此后，美国国防部副部长威廉·佩里也应邀访华，中国中央军事委员会秘书长耿飚和副总参谋长刘华清对美国进行访问。此外，中美军方还开始了多种合作项目，包括医疗、后勤、军事学校的校际交流等。

二、稳定了中美关系发展的大局

中美建交后，两国关系逐步发展起来，但两国关系发展并不顺利，在中美关系的发展历程中，总是时不时地会遇到一些摩擦和阻力，这些摩擦和阻力常常导致中美关系停滞不前，有导致中美关系倒退的危险。在中美关系遇到阻力时，邓小平作为国家主要决策人之一，从维护国家利益的大局出发，高瞻远瞩，采取积极有力的措施，在排除中美关系发展的阻力，稳定中美关系的发展方面发挥了决定性作用。

中美建交之初，中美关系发展遇到的最大障碍是台湾问题，其中美国对台军售问题对刚刚启动的中美关系造成了极端不利的影响。美国售台武器问题是中美建交谈判时遗留下来的问题，对于这一问题，中方立场是：实现中美关系正常化后，美国同台湾之间可以继续保持民间来往，但不应该继续向台湾出售武器。1978 年 11 月底，美国总统在发给美国驻北京联络处主任伍德科克美方的最后几项建议中提出，“美台防御条约”期满后，美国将继续对台湾销售一些武器。[③] 后来双方达成了建交协议，

---

① 参见《美对华贸易情况比其他国家好》，《参考消息》1981 年 3 月 7 日。

② ［美］兹比格涅夫·布热津斯基：《实力与原则——布热津斯基回忆录》，邱应觉等译，世界知识出版社 1985 年版，第 480 页。

③ 参见现代国际关系研究所编：《中美建交前后——卡特、万斯、布热津斯基回忆录》，时事出版社 1984 年版，第 16 页。

但在美国售台武器问题上，双方仍未能达成一致。尽管建交时这个问题没有解决，但中国方面明确表示，反对美国继续向台湾出售武器。1979年4月10日，美国国会通过的“与台湾关系法”，使刚刚建交的中美关系面临挑战。该法不仅有一些严重违背《中美建交联合公报》基本原则精神的条款，而且还明确规定：美国应“向台湾提供防御性武器”和“向台湾提供使其能保持足够自卫能力所需数量的防御物资和防御服务”。中国政府对美国“与台湾关系法”的生效感到愤慨。4月19日，邓小平在会见美国参议院外事委员会访华团时表示，对美国“国会通过的‘与台湾关系法’，中国是不满意的，这个法案最本质的一个问题，是实际上不承认只有一个中国，法案的许多条款还是要保护台湾”。“这个法案实际上否定了中美关系正常化的政治基础。我奉劝美国朋友注意这个问题，这样的事情不能干了。”[①]4月28日，中国外交部正式向美国驻华使馆提出抗议照会，指出“与台湾关系法”的许多条款都违反了中美建交协议，给两国关系造成伤害。中国政府决不同意美国继续向台湾出售武器[②]，反对按照“与台湾关系法”来处理美台关系。不过，在卡特政府时期，美国在涉台问题上相对比较克制，台湾问题在中美间没有引起太大波澜。

里根入主白宫后，中美关系因美国售台武器陷入危机。此后，中美双方就售台武器问题进行了长期接触，但仍无进展。1981年上半年，美国陆续向台湾出售了数额相当大的“防御物品”。这种侵犯中国主权、干涉中国内政的行为，破坏了两国之间的战略关系，使两国关系趋于紧张。1982年1月12日，正当中美两国政府就美国向台湾出售武器的问题进行商谈之际，美国政府却宣布美国拟向台湾提供包括战斗机在内的所谓“防御物品”的决定。中国外交部发言人对此提出强烈抗议。[③]1982年4月，中国外交部发言人再次强烈抗议美国政府向台湾出售包括飞机在内的“防御物品”，以及价值6000万美元的“与军事有关的零配件”的决

① 《邓小平年谱（1957—1997）》上，中央文献出版社2004年版，第507—508页。

② 参见刘连第、汪大为编著：《中美关系轨迹——建交以来中美大事纵览》，时事出版社1995年版，第9页。

③ 参见《我外交部发言人答记者问 强烈抗议美国宣布拟向台湾出售飞机》，《人民日报》1982年1月13日。

定。[①] 因为有荷兰向台湾出售潜艇而引起中荷关系降级的先例，美国也意识到中国可能做出的反应。同时，美国也不希望中美关系倒退，后双方经过频繁接触，终于在当年 8 月 17 日，中美两国就美国售台武器问题发表了中美联合公报——《八一七公报》。这是中美两国发表的第三个联合公报，这一公报成为中美解决美国售台武器问题的法律基础。《八一七公报》的发表，使中美关系因美国售台武器所引起的危机暂时得到了缓和。

但之后两国关系中又出现了其他摩擦。1983 年 1 月，中美纺织品贸易谈判破裂，美国决定对 32 类中国纺织品实行单方面限制进口，作为回应，中国宣布停止批准从美国进口棉花、化纤、大豆的新合同，并削减从美国进口其他农产品。[②]1983 年 4 月 4 日，美国宣布给中国网球运动员胡娜以“政治庇护”，中国对此提出严重抗议，并立即停止了双方间的文化、体育交流。[③] 直到 1983 年 5 月，美国宣布在技术转让问题上采取积极措施，7 月，两国在纺织品贸易问题上达成协议，9 月，美国国防部部长温伯格访华，10 月，中国外交部部长吴学谦访美。在这些积极成果的推动下，1984 年上半年，中国总理与美国总统里根实现了互访，此后，中美关系才进入相对平稳的发展阶段。

导致建交初期中美关系出现波折的一个最关键性的因素是台湾问题。美国一些顽固保守势力对中美建交的一些原则不满，企图在台湾问题上作点文章，挑战中美建交公报中有关“一个中国的原则”。而台湾问题是涉及中国领土主权的核心利益问题，在这个问题上，美国方面任何违反两国建交公报所确立的原则的举措，都会遭到中国方面的坚决反对。这也正是台湾问题的敏感性所在。这一问题已成为刚刚启动的中美关系发展的最大障碍，中美关系因之可能会停滞不前，甚至于倒退，但这是中美两国都不愿意看到的。邓小平作为一个卓越的政治家，在充分考量中

---

① 参见《美国政府正式要求国会批准　向台湾出售一批与军事有关的零配件》，《人民日报》1982 年 4 月 15 日。

② 《我经贸部外贸管理局负责人受权宣布　停止从美进口棉花、化纤和大豆　并削减从美进口其它农产品》，《人民日报》1983 年 1 月 20 日。

③ 参见《美国制造胡娜事件违背中美文化协定宗旨　我国停止执行中美文化交流项目》，《人民日报》1983 年 4 月 8 日。

国国家利益的基础上，从双方的长远利益出发，积极促进《八一七公报》的达成，稳定了建交初期中美关系发展的大局。

在中美两国围绕美国售台武器问题进行交涉和磋商的过程中，邓小平一直密切关注事态的发展，会见了多个美国来华代表团、政界人士，并就此问题接受了数家媒介机构的采访。在不同场合，他都表达了中方对中美关系稳定发展的希望。1980 年 11 月 15 日，邓小平接受了美国《基督教科学箴言报》总编辑厄尔·费尔的采访，就发展中美关系阐明了中国方面的看法。他说："……多次听到，发展中美关系是美国两党的政策。希望里根执政后不要使这种关系停滞，更不要倒退，需要继续发展两国的关系，这是全球战略所要求的。这是一个最富和一个最穷的国家打交道。中国虽仍然是个穷国，但从战略上讲，还不是一个微不足道的国家。"[①]1982 年 5 月 8 日，邓小平在会见美国副总统布什时说："你是比较了解中国的。你作为中国的老朋友，我们衷心欢迎你。我们希望通过你这次到北京来，能够把两国之间存在的一些阴影、一些云雾一扫而光。"[②] 然而，邓小平希望中美关系稳定发展下去，也并不是无原则的。最根本的原则是发展中美关系不能以牺牲中国的国家利益为代价。1981 年 1 月 4 日，在会见美国参议员、共和党副领袖史蒂文斯和共和党少数民族委员会主席陈香梅时，针对美国国内一些人认为中国很穷，中国现在有求于美国，而美国无求于中国，如果美国政府对苏联采取强硬政策，像台湾这样的问题中国可以吞下去的观点，邓小平斩钉截铁地说："吞不下去，不会吞下去的。如果真的出现这样的情况，由于台湾问题迫使中美关系倒退的话，中国不会吞下去。中国肯定要做出相应的反应。我们说中美关系停滞不好，倒退更不好，但是一旦发生某种事情迫使我们的关系倒退的话，我们也只能正视现实。"[③]

同时，邓小平还为中美关系如何稳定发展指明了方向。首先，两国要从战略全局出发。1981 年 11 月 22 日，在会见美国前副总统蒙代尔

① 《就当前国内外一些重要问题　邓小平答美国记者问》，《人民日报》1980 年 11 月 24 日。

② 《邓小平会见美国前副总统布什时说　希望把中美间的阴影和云雾一扫而光》，《人民日报》1982 年 5 月 9 日。

③ 《邓小平年谱（1957—1997）》上，中央文献出版社 2004 年版，第 703—704 页。

时，邓小平说：“中美关系不只是同中美两国利益有关的问题，而且是一个全球战略的问题。只有把这个问题放在全球战略角度、也就是政治角度来考虑，才能处理好这个问题。”[①] 其次，从两国的根本利益出发，相互尊重。1982 年 6 月 1 日，邓小平在会见美国参议员、多数党领袖小霍华德·贝克时说：“只有中美双方本着既维护自身的国家利益、又尊重对方的国家利益的精神来处理所面临的问题，两国才能建立良好的关系，并使这种关系继续得到发展，而不受到损害。”[②]

通过与美国多方人士的接触与会谈，邓小平对美国国内各方对中美关系的看法及对台湾问题的立场有了深入的了解，也向美国传递了中国方面的一些重要信息。这些沟通和交流，对于刚刚启动又面临危机的中美关系来说非常重要。长达 30 年隔离给两国间造成的相互不信任和隔阂是根深蒂固的，通过交流，增进相互了解，对于排除中美关系发展道路上的隐患和障碍，推动中美关系的发展是必需的。在这种信息交流的基础上，通过双方共同的努力，逐步缓解了建交初期中美关系中的危机和摩擦，使中美关系发展的轨迹逐步稳定下来。

三、日趋成熟的邓小平外交思想对这一时期中国开展对美外交起到了理论指导作用

邓小平的外交思想是邓小平理论体系的一个重要内容。在 20 世纪 70 年代末和 80 年代初，邓小平的外交思想正处于迅速发展和日趋成熟时期，它有着丰富的内涵，其中一些重要的思想，对这一时期中国开展对美国外交具有重要的理论指导意义。

（一）对战争与和平问题的新认识

科学分析国际形势是决策者制定国际战略和外交政策的重要前提。邓小平在对 20 世纪 70 年代末 80 年代初国际形势和时代特征进行总体把握的基础上，对战争与和平问题有了新的估计。在过去相当长的一个时

---

① 《邓小平会见美国前副总统蒙代尔时说　要从全球战略角度考虑中美关系》，《人民日报》1981 年 11 月 23 日。

② 《邓小平会见美国参议员贝克》，《人民日报》1982 年 6 月 2 日。

期里，中国政府一直认为世界大战不可避免，甚至认为世界大战已迫在眉睫。特别是60年代末中苏关系恶化和美国扩大侵越战争后，中国政府深感战争的威胁，在思想上和各项工作中都处于一种临战状态。“世界大战不可避免”的观点，曾一度使中国在国际上陷于孤立。70年代末80年代初，邓小平重新审视了国际安全形势，对国际形势作出了新的判断，即世界大战的危险虽然存在，但和平的力量超过战争的力量，争取较长时间的和平是可能的。谋求一个和平的国际环境是邓小平外交战略思想的出发点。邓小平反复强调指出，要搞改革开放，进行社会主义现代化建设，需要一个稳定的国内环境，也需要一个和平的国际环境。这就确定了新时期对中国外交工作的内在客观要求。中美建交初期，中国对美外交就是在邓小平这一外交方针的指导下逐步展开的。美国作为当时世界的超级大国之一，在国际安全事务中发挥着决定性的作用。中美关系发展状况如何，对亚太乃至世界的和平有着重大的影响。中国的外交工作者，在中美建交之初，正是从中国战略利益的大局出发，推动中美关系发展并以较为妥善的方式解决中美之间存在的问题。

（二）独立自主和平外交思想

独立自主是中国一贯奉行的外交原则，邓小平根据中国建设的宏伟目标和国际社会发展的新特点，赋予独立自主以新的内容，提出独立自主和平外交的思想。在党的十二大的开幕词中，他说：“中国的事情要按照中国的情况来办，要依靠中国人自己的力量来办。独立自主，自力更生，无论过去、现在、将来都是我们的立足点。中国人民珍惜自己经过长期奋斗得来的独立自主的权力，不能成为任何外国的附庸，不会吞下损害我国利益的苦果。”[①] 这一时期邓小平的独立自主的和平外交思想主要是指一切自主地决定中国的对外政策。“对待任何国际问题，都应从我国人民和世界人民的根本利益出发，根据事情本身的是非曲直，独立自主地确定自己的立场和政策。”[②] 中国不依附任何大国或国家集团，不屈从任何大国或国家集团的压力，不同任何大国或国家集团结盟或建立战略关

① 《中国共产党第十二次全国代表大会开幕词》，载《邓小平文选》第3卷，人民出版社1993年版，第3页。

② 《邓小平年谱（1957—1997）》上，中央文献出版社2004年版，第890—891页。

系。“中国不打美国牌，也不打苏联牌，中国也不允许别人打中国牌。中国对外政策的目标是争取世界和平。在争取和平的前提下，一心一意搞现代化建设，发展自己的国家，建设具有中国特色的社会主义。”[①] 中国人民珍惜自己的独立主权，同样也尊重别国的独立主权；中国从不干涉别国内政，也决不容许任何别国干涉自己的内政。“中国永远不称霸，中国历史上有很长时间处于被侵略、受屈辱的地位，中国不会把自己经受过的屈辱强加给别人。”[②] 在邓小平独立自主和平外交思想的指导下，中国从20世纪80年代初开始调整对美国的政策，从1981年起，逐步停止了与美国实际存在的战略联盟关系，并与美国政府就台湾问题和美国售台武器问题进行了艰巨的谈判，最终签订了《八一七公报》，使中美正常的国家关系得以发展。

（三）在处理国际关系时，国家利益至上的思想

国家利益是各国对外政策的出发点和归宿。邓小平始终把中国的国家利益作为处理对外关系的一个基本原则。邓小平指出，考虑国与国之间的关系主要应该从国家自身的战略利益出发，着眼于自身长远的战略利益，也要尊重对方的利益，而不去计较历史的恩怨、社会制度和意识形态的差异；国家的主权、国家的安全要始终放在第一位。邓小平国家利益至上的思想集中体现在邓小平在维护国家主权和安全利益方面原则的坚定性。他始终坚定不移地捍卫国家的主权利益，只要涉及主权利益，就没有协商讨论的余地。1982年9月，邓小平会见来访的英国首相撒切尔夫人，在谈到香港主权问题时，他强调：“主权问题不是一个可以讨论的问题，中国在这个问题上没有回旋余地。一九九七年中国将收回香港，……否则，任何一个中国领导人和政府都不能向中国人民交代，甚至也不能向世界人民交代。如果不收回就意味着中国政府是晚清政府，中国领导人是李鸿章。”在开展对美外交时，坚持国家利益至上的原则尤为重要。建交初期的中美关系是一对相当复杂的双边关系，美国是世界最富的大国，中国是一个最穷的大国，两国间既有利益共同点，也有利

---

① 《邓小平年谱（1957—1997）》上，中央文献出版社2004年版，第979页。

② 《邓小平年谱（1957—1997）》上，中央文献出版社2004年版，第831页。

益分歧。共同对付苏联霸权主义的威胁是两国战略利益的共同点，两国经贸、科技、文教等领域存在广阔的合作空间，这是发展两国关系的利益基础。但美国毕竟是当时世界两极霸主之一，在两国关系中，其霸权主义本质时不时就会暴露出来，如前述，美国在台湾问题上的行径，就直接侵害了中国的国家利益。两国经济发展水平的悬殊，为两国发展平等互利的经贸关系带来了现实困难，再加上两国社会制度、价值观念不同，使两国之间存在着实质性的利益分歧。中国外交工作者，在邓小平国家利益至上的原则的指导下，在开展建交初期的对美外交时，从国家的长远利益出发，努力寻求两国利益汇合点，推动中美关系进一步向前发展；同时在两国利益分歧点上，同美国进行有理、有利、有节的斗争，在维护国家利益的前提下，促进中美关系的稳定发展。

综上所述，在中美建交最初几年里，两国关系在向前发展的同时，也不断地遇到阻力和摩擦，一度面临危机，使得刚刚启动的中美关系陷入了令人担忧的境地。邓小平在稳定和促进建交初期中美关系的发展方面发挥了决定性作用。建交之初，邓小平访美增进了两国间的相互了解，进一步巩固了两国关系的战略基础，促进了两国合作关系的发展。在中美关系面临危机时，邓小平力挽狂澜，从中美关系的大局出发，促进了两国间矛盾和危机的缓解，稳定了中美关系的发展势头。邓小平关于战争与和平的新思想，独立自主的和平外交及国家利益至上的外交思想，为中国开展这一时期的对美外交提供了理论指导。

［原载《湖南社会科学》2010 年第 5 期］

中美关系中的防扩散问题

国际防扩散问题是伴随核武器的出现而产生的。由于核武器的巨大杀伤力，半个多世纪以来，国际社会为防扩散做出了种种努力，时至今日，国际社会在此问题上达成了基本共识。中美两国作为核大国，防扩散问题对两国关系的影响经历了一个逐步增强的过程。在中美关系 60 多年的历史中，两国在防扩散问题上有分歧、摩擦，也有合作。两国在该领域里的合作，对两国关系的发展起到了积极推进作用，但两国在该领域里的分歧、摩擦对两国关系的发展产生了阻碍作用。60 多年来，美国出于种种考虑，一直是国际防扩散机制的推动者，而中国对国际防扩散机制的政策却经历了一个变化过程。文章将以中国对国际防扩散机制政策演化为参照系，把中美关系分为三个历史时期，并分别对每一个历史时期防扩散问题对中美关系的影响进行考察。

一、1949—1978 年中美关系中的防扩散问题

在这一时期，中美关系经历了两个发展阶段：第一阶段为 1949—1969 年，美国对中国采取政治上孤立、遏制，经济上封锁、制裁，并在中国周边进行侵略和扩张，对中国安全利益造成严重威胁。中国先后采取了“一边倒”“两条线”政策，与美国进行了针锋相对的斗争，两国关系处于尖锐对峙状态。第二阶段为 1969—1978 年，中美两国共同对付苏联威胁的战略需要，使两国关系开始走向缓和。在美苏两极格局下，防

扩散问题是美苏关系中的一个重要因素。中美关系中防扩散问题都或多或少与苏联有关。在中美两国关系处于对峙状态时，美国试图联合苏联阻止中国发展核计划，而在中美两国关系处于缓和状态时，苏联却试图联合美国摧毁中国的核设施。

从 1945 年世界第一颗原子弹爆炸起，美国为了维护对核武器的垄断地位，就将防核扩散作为其外交政策的一部分。1946 年，美国提出《巴鲁克计划》，建议设立国际原子能开发署，在联合国领导下控制全球的核裂变材料，管理所有可能威胁世界和平的原子能活动，监督所有的原子能设施。约翰逊当政时期，美国政府大力推行核不扩散政策，经过谈判，终于在 1968 年 7 月，与英、苏等 62 个国家签订了《核不扩散条约》。条约规定，美、英、苏三个核国家保证不帮助无核国家获得或制造核武器，无核国家则承诺不谋取核武器。1972 年，美国与苏联签署了《反弹道导弹条约》，限制了美苏双方的弹道导弹的发展。美国还加大了对有关核技术、核材料出口的严格限制。1976 年，美国联合苏、英、联邦德国等 7 国通过了《核供应国准则》，组成了核供应国集团，进一步加强了对核扩散的防范与管制。与此相适应的，1978 年，美国国会通过《核不扩散法案》，禁止与任何不将其核设施置于安全监督下的国家进行核合作。

这一时期，美国核不扩散政策的目的是用核不扩散政策来维护其核垄断或核优势地位，并与苏联等国进行政治斗争。虽然从客观来看，美国的防范核武器扩散政策有利于世界和平，但是美国的做法并没有取得多大的成效。由于美国拥有核武器的“示范”效应，很快苏联、英国、法国、中国等先后拥有了核武器，因此，核扩散问题更加突出了。

这一时期，在国际防扩散问题上，中国实际上采取的是抵制的态度。因为中国政府把当时的国际核不扩散机制看作美苏超级大国维护其核垄断，推行霸权主义和强权政治的工具。为了打破核大国的核垄断，与核大国的核讹诈、核威胁相抗衡，中国政府在 20 世纪 50 年代中期制定了发展核武器的战略，并开始进行研制。

美国政府对中国的核计划一直比较担忧，美国情报部门也在不断地搜集有关情报。但由于中国对核武器研制项目的严格保密，最初几年，美国情报部门对中国的核计划了解得非常有限，基本上限于猜测。他们在 1960 年估计，中国可能会在 1963 年左右爆炸一个核装置。[①] 从 1961 年起，美国加强了对中国的情报搜集，开始利用台湾作为 U-2 侦察机的基地，深入中国腹地进行间谍活动。1963 年，美国情报部门认为，中国将在 1964 年或晚些时候进行核试验。[②] 随着情报部门提供越来越多的有关中国核计划发展的情报，美国政府的一些官员越来越紧张。他们认为，中国掌握核武器将对美国的安全造成非常严重的威胁。美国总统肯尼迪也表示“无法容忍”中国掌握核武器，美国必须在阻止中国成为核国家的问题上“有所作为”。美国领导人试图争取与苏联合作，共同阻止中国研制核武器。从 1962 年夏起，美国加快了与苏联达成核禁试条约的步伐。1963 年 8 月，美英苏三国代表在莫斯科签订了《禁止在大气层、外层空间和水下进行核武器试验条约》。与此同时，美国领导人也在考虑使用武力打击中国的核设施。1963 年 6 月，助理国防部长威廉·康迪秘密要求参谋长联席会议着手准备应急计划，以便准备用常规打击手段，瘫痪或延缓中国的核计谋。[③]6 月底，肯尼迪会见英国首相麦克米兰，两人谈到如何防止中国的核计划，麦克米兰提出与苏联达成某种默契以对付中国。肯尼迪表示同意，认为一定要找到办法防止中国成功。一旦中国核武器爆炸成功，美国将势必重新进行核试验。[④] 肯尼迪派其特使哈里曼利用到莫斯科的机会，试探苏联是否会与美国合作对付中国的核武器计划。[⑤] 但苏联对美国的试探兴趣不大。1964 年 8 月，美国情报部门的 U-2 侦察机在罗布泊发现了一座试验塔架。据此，情报分析人员认为这是中国的核试验基地，而且两个月后就可以使用。为应对中国即将进行的核试验，9

---

① Likelihood and consequences of the development of the nuclear capabilities by additional countries, NIE 100-4-60, Sep. 20, 1960. 美国国家安全档案。

② Likelihood and consequences of a proliferation nuclear Weapon systems, NIE 4-63, Jun. 28, 1963. 美国国家安全档案。

③ “Memorandum From Robert W. Komer of the National Security Council Staff to the Presidents Special Assistant for National Security Affairs Bundy , Feb. 26, 1964,” *FRUS*, 1964-1968, Vol. XXX, p.24.

④ “Memorandum of Conversation, Birch Grove England June 29, 1963, 10:15-11: 30,” *FRUS*, 1961-1963, Vol.VII, pp.753-754.

⑤ “Telegram From the Department of State to the Embassy in the Soviet Union, Washington, July 15, 1963. 9: 01 pm., ” *FRUS*, 1961-1963, Vol.VII, p.801.

月 15 日，在中国第一次核试验前一个月，美国总统约翰逊召开了由国务卿腊斯克、国防部部长麦克纳马拉、国家安全事务特别助理邦迪、中情局局长麦克恩参加的午餐会。与会者排除了由美国单独采取先发制人的军事打击的计划，但仍然企图尝试与苏联采取联合行动的可能性，并获约翰逊同意。[①]

1964 年 10 月，中国政府宣布成功爆炸了第一颗原子弹，美国不得不面对一个新的核大国。中国在成为有核武器国家之后，对于核武器的态度与立场，与其他核武器国家有很大不同。中国政府明确承诺中国在任何时候、任何情况下都不会首先使用核武器，并建议各国达成不对无核武器国家、无核区使用核武器以及彼此互不使用核武器的协议。[②] 对于 1968 年美苏英等国缔结的《不扩散核武器条约》，中国政府认为，如果超级大国不能承担义务保证不对无核武器国家和无核武器区使用核武器，那么所谓的不扩散核武器的主张，就只能起到维护超级大国核垄断和核优势地位的作用。《核不扩散条约》是美苏两国为维护其核垄断而炮制的一个阴谋。

20 世纪 60 年代末到 70 年代初，中美关系随着国际局势的变化而发生了变化。1972 年 2 月，尼克松访华，中美签署《上海联合公报》，中美关系开始由对峙走向缓和。与此同时，中美关系的缓和推动了美苏关系的缓和，美苏关于战略核武器谈判取得的突破性进展就是美苏缓和的主要成果。1972—1979 年，美苏先后签订了《限制反弹道导弹防卫系统条约》《关于限制进攻性战略武器的某些措施的临时协定》《关于防止核战争协定》《关于进一步限制战略武器谈判的基本原则》《限制地下核武器实验条约》《关于限制反弹道导弹系统条约议定书》《关于限制进攻性战略武器条约》等，使两国在防扩散问题上迈开了艰难的一步。这些成果的取得，与中美关系的缓和有很大关系。苏联为了不使自己在中、美、苏三角关系中处于不利的地位，不得不调整其核军控谈判的策略，借以拉拢美国，为自己在全球与美国的争霸中争取时间。值得注意的是，在

① 参见陶文钊主编：《中美关系史（1949—1972）》，上海人民出版社 2004 年版，第 314 页。
② 参见《周恩来总理致电世界各国政府首脑》，《人民日报》1964 年 10 月 21 日。

美苏缓和过程中，苏联领导人多次建议苏美联手摧毁中国的核力量，都遭到了美国的拒绝。

总的来说，这一时期防核扩散问题不是中美关系中的一个重要因素，防扩散问题对中美关系的影响也不是很大。然而，中美关系的发展变化，对国际防扩散机制，特别是美苏关于核军控谈判的进程起到了较大的促进作用。

二、1979—1989 年中美关系中的防核扩散问题

1979 年 1 月 1 日，中美正式建立外交关系。在这一时期，中美由于有共同对付苏联威胁的战略需要，两国关系中虽然也不时出现一些摩擦，但总体来说，两国关系的发展相对平稳。这一时期国际防扩散问题主要表现在美苏两国间关于削减战略武器的谈判方面。经过艰苦的谈判，1987 年 12 月，美苏签署了中程导弹协议，1988 年底，两国就削减进攻性战略武器 50% 达成初步协议。中美两国间的防扩散问题主要是关于和平利用核能问题及两国因所谓中国向一些中东国家出口武器而产生的分歧与摩擦问题。

中美两国从 1981 年开始磋商核能技术的合作问题。[①]1984 年 4 月，里根访华期间，两国草签了《中美和平利用核能合作协定》。[②]1985 年 7 月，中国国家主席李先念访美期间，两国正式签署了该协议。[③] 这一协定对两国是互利的。同年 7 月，美国总统里根就该协定致国会函中，也称这项协定将对美中全面关系产生重大、积极的影响，对共同防御和安全将起促进作用。[④] 然而，这一合作却受到美国国内一些人士特别是国会议员的阻挠，他们以该协定不能确保美国防核扩散的安全利益为由，或要

---

① Halloran Richard, “U.S. China Nuclear Pact Hit Snags,” *New York Times*, Jun. 16, 1984.

② 参见《中美达成和平利用核能合作协议》，《人民日报》1984 年 4 月 28 日。

③ 参见朱士骤、鲍广仁：《中美签署核能、文化、教育、渔业四项协定》，《人民日报》1985 年 7 月 25 日。

④ “Message to the Congress Transmitting the Proposed China United States Nuclear Energy Agreement,” July 24, 1985, Public papers of presidents. 美国总统项目官网（https://www.presidency.uscb.edu）。

求美国政府取消这一协定，或要求对这一协定附加条件，致使这一协定在美国的生效过程异常艰难。1985 年 10 月，美国安全委员会顾问约瑟夫·克得福德认为，美中核能协定有法律上的缺陷，且是根本的。美国是否准备为了从出售反应堆中得到经济上的好处而牺牲减少武器扩散的国家安全利益。这个协议值得整个国会考虑和公开辩论。[①]11 月，美国国会 46 名议员致信里根总统，要求他撤回提交给国会审议的美中核合作协定，称这项协定措辞模棱两可，漏洞不少，而且与美国反对核扩散的目标不符。在这些问题解决之前实施这项协定，既不利于美国的安全，也不利于中美关系。[②] 中国政府也非常关注美国国内对该协定的争议，11 月 13 日，中国外交部新闻发言人重申，中国在核能领域同各国的合作都限于和平目的，美国 46 名议员指责里根总统与中国签署核能协定是完全没有根据的。[③]11 月 21 日，美参议院有条件地通过《美中核能合作协定》。[④]12 月 9 日，美参议院决定将格伦修正案附在给各政府机构经费的一项决议案中。该修正案提出建议，要求总统向国会证明中国的所有核出口都按照国际原子能机构规定的标准或者与之相应的标准进行。[⑤]12 月 11 日，美众议院以 307 票赞成，112 票反对，有条件地通过了《美中核能合作协定》。12 月 16 日，在白宫的压力下，美国国会参众两院会商委员会取消了对美国向中国出售核技术加以限制的格伦修正案。同日，里根总统签署国会批准《美中核能合作协定》的联合决议案。[⑥] 就此，历时数年，中美间关于和平利用核能协商的成果才最终得以巩固。

中美核能合作是双方的一项互利合作，对中方来说，引进美国相关的先进技术，可以更好地为国内经济建设服务；对美方来说，中方即将

① Joanne Oman, "Senators Say U. S.–China Atom Pact is Flawed," *Washington Post*, October 9, 1985.

② 参见刘连第、汪大为编著：《中美关系的轨迹——建交以来大事纵览》，时事出版社 1995 年版，第 192 页。

③ 参见《外交部新闻发言人重申我在核能领域同各国合作限于和平目的》，《人民日报》1985 年 11 月 14 日。

④ Joanne Oman, "Nuclear Pad with China Wins Senate Approval," *Washington Post*, November 22, 1985.

⑤ Joanne Omang, "Nuclear Pact with China Put in Doubt," *Washington Post*, December 10, 1985.

⑥ Patrick E. Tyler, "China Pact Restriction Is Dropped," *Washington Post*, December 17, 1985.

建设的价值 60 亿美元的核电站[1]，将为美国的相关企业带来可观的收益。中美核能合作协定的达成，也是两国稳定两国战略关系的一个重要举措。美国总统里根上台后，两国间摩擦不断。两国关于美国对台军售问题的摩擦一度使刚刚建交的两国关系面临危机。《八一七公报》的签署暂时缓和了双方在该问题上的危机，但美国国内对公报内容的不同解读引起中方的关注。随后，两国关于纺织品贸易问题、胡娜事件及“湖广铁路债券案”的摩擦，对两国关系的发展进一步产生了一些负面影响。与此同时，苏联的对华政策出现了一些寻求改善苏中关系的积极变化。继 1982 年 3 月苏联领导人勃列日涅夫在塔什干发表讲话后，双方开始商谈恢复中苏边界谈判事宜。与此同时，中国政府对中国的外交战略进行了调整，把坚持真正的“独立自主”作为新时期的外交政策。美国密切注视中苏关系、中国外交政策的变化，同时对中美战略关系发展前景感到担心。为稳定中美战略关系，美国采取了一些积极姿态，特别是在对华技术转让方面作出了关键性让步。中美和平核能合作协定的达成就是美国对华技术转让的一项重要成果，它不仅促进了中美两国在高技术领域里的合作，而且大大推动了两国战略关系的发展。

然而这项对两国及两国关系都有益的合作却经过长达 5 年的讨价还价才达成，主要原因是受美国对华技术出口限制所致。美国对最为先进和敏感的、能直接用于军事目的的技术对北约以外的盟国都严加控制，对中国更是不准出口。美国的国际核能合作还受到 1978 年美国国会通过的《防止核扩散法》制约。该法规定，凡是接受美国核设备及技术的国家，都必须做出不扩散和不转移的保证。此外，中国没有加入《国际核不扩散条约》，也成为两国开展核能合作的一个不利因素。1984 年，中国加入国际原子能机构，自愿将自己的民用核设施置于该机构的保障监督之下。同年，中国总理访美期间重申了中国在核不扩散问题的立场，他说，中国一向反对军备竞赛，特别是核军备竞赛，主张全面禁止和彻底销毁核武器。我们早就宣布，中国决不首先使用核武器。我们对歧视性的“不扩散核武器条约”持批评态度，但我们不主张、不鼓励核扩散，

① Joanne Oman, “U. S.–China Nuclear Pact Near,” *Washington Post*, July 22, 1985.

自己也不搞核扩散，不帮助其他国家发展核武器。这对消除美方对中方关于核不扩散问题的疑虑起到了积极作用。因而，两国最终达成核能合作协议。而该协定在美国批准过程中所生的枝节，说明美国国内相当一部分人对中国在防扩散问题方面缺乏必要的信任。这种不信任，在以后特别是冷战结束后的中美关系中的防扩散问题上，给两国关系制造了不少麻烦。

20 世纪 80 年代后期，中国对外军售成为中美两国间防扩散领域里的另一个问题。起因是美国以所谓中国向伊朗出售“蚕”式导弹向中国施加压力，并于 1987 年 10 月，美国政府宣布暂缓审议放宽对中国高技术产品的出口。中国政府对美国的做法进行了反驳。[①]11 月 4 日，中国外交部发言人在新闻发布会上，驳斥了美国官员及美报关于中国向伊朗出售武器的谣言。[②] 随后，两国就此问题进行了多次磋商，中国政府一方面反驳美国的指责，另一方面，也承诺将采取严格的措施，阻止“蚕”式导弹通过国际武器市场流向伊朗。1988 年 3 月，美国政府决定重新实行放宽对中国高技术产品出口。[③] 在中美两国就伊朗售武问题争执的过程中，美国对中国实施了两国建交以来第一次制裁，尽管制裁的手段比较温和，时间也比较短，但这反映了美国在处理与中国分歧问题时策略上的一种变化。之后，两国间又就中国售沙特阿拉伯 CSS-2 导弹问题及美国指责中国向其他中东国家出售导弹问题进行了交涉。

中美两国关于中国武器出售问题分歧增多，与 20 世纪 80 年代晚期国际局势变化有密切的关系。随着美苏关系实质性的缓和及中苏关于正常化谈判的进行，苏联的威胁对两国来说都有所减小，两国关系中一些潜在的分歧和矛盾开始有所显露。但是由于冷战格局依然存在，双方对这些分歧和矛盾解决采取了相对积极的态度，通过双方的交涉，使它们或得到缓和，或进一步存异，因而对两国关系的发展态度没有造成过多的影响。

① Molly Moore and David B. Ottaway, “U. S. Reacts to China Silkworm Sales,” *Washington Post*, October 23, 1987.

② 参见《外交部新闻发言人答记者问》,《人民日报》1987 年 11 月 5 日。

③ Don Oberdorfer, “U.S. Lifts Sanctions against Beijing,” *Washington Post*, March 10, 1988.

三、冷战后中美关系中的防核扩散问题

冷战结束后，防扩散问题成为中美关系中的一个重要议题。为了维护全球及区域和平与安全，中美两国在防止国际社会日益严重的核扩散趋势方面利益共同点增多，因而两国在全球、区域及双边层面就防扩散问题进行了逐步深入的合作。中美两国在防扩散问题领域里的合作，对于稳定这一时期跌宕起伏的中美关系产生了一定的积极作用。同时，中美两国关于防扩散问题的一些分歧，特别是这一问题被美国国内政治势力所利用，对两国关系产生了消极的影响。

冷战结束后，美国对其防扩散政策进行了调整。美国政府认为冷战结束后其面临的安全威胁主要是地区性冲突与动乱、先进军事技术扩散、跨国性犯罪和“不对称”袭击，其中某些国家特别是敌对国家或恐怖分子得到大规模杀伤性武器是对美国战略利益的最直接威胁和全局性挑战。为此，美国制定了一系列的防扩散战略，以应对这种威胁。中国政府这一时期对于国际核不扩散体制的看法更加积极，认识到一个强有力的国际核不扩散体制符合所有国家的利益，任何国家如果为了谋取政治、经济或战略上的短期利益而无视核武器扩散的严重后果，甚至做出损害别国和国际团结的事情，最终本国的利益也必将受到损害。中美两国在防止大规模杀伤性武器及技术扩散问题，维护国际及地区和平与稳定方面存在广泛共识，这种共识推动两国在该问题领域进行了一定程度的合作。中美在防扩散方面的合作主要表现在：

第一，两国致力于维护和加强现有防扩散机制，并在此基础上建立新的机制与规则。中国广泛参与了多边核防扩散体制，积极推动这一体制的不断完善和发展。如 1992 年加入《不扩散核武器条约》，并于 1996 年首批签署《全面禁止核试验条约》。1997 年加入桑戈委员会。1998 年，中国与国际原子能机构签署了《保障监督协定附加议定书》，并于 2002 年初正式完成该附加议定书生效的国内法律程序，成为第一个完成上述程序的核武器国家。2004 年，中国加入了核供应国集团。此外，还先后颁布实施了

《中华人民共和国核出口管制条例》《中华人民共和国核两用品及相关技术出口管制条例》《两用物项和技术进出口许可证管理办法》《两用物项和技术通用许可管理办法》。[①] 中国积极参与国际核不扩散机制，本身就是中国在此领域与美国合作的结果，因为国际核不扩散机制基本上是在美国主导下建立起来的，中国的加入是这些机制得以加强的一个积极因素。与此同时，中美两国还在一些新的国际核防扩散机制的建立方面进行了充分的合作。中美两国在1995年联合国不扩散核武器条约审议与延长会议期间的合作和努力，为《不扩散核武器条约》的无限期延长作出了重要贡献。两国在《全面禁止核试验条约》的谈判中，也进行了有效合作。

第二，中美在应对区域核扩散问题上进行了程度不同的合作。一是中美两国在朝核问题上进行了相当程度的合作。1993年以来，朝鲜半岛数度出现核危机，危机发生后，中国以特有的方式，劝和，促谈，敦促有关方谨慎行事，相互照顾彼此利益，避免采取过激的言行使局势失控。二是在南亚核问题上进行了密切合作。1998年，印巴相继进行了数次核试验，中美两国迅速作出反应。两国领导人通过热线电话协调立场，共同倡议召开安理会常任理事国外长会议，并在日内瓦外长会议上进行了密切合作。在安理会会议上，中美就南亚核试验发表的联合公报被接受为安理会1172号决议，成为处理南亚问题的指导性文件。1998年克林顿访华期间，两国元首就南亚问题发表了联合声明。[②] 三是在伊朗核问题上，中美进行了有限合作。

第三，中美两国在防止核武器及弹道导弹的扩散方面也达成了多项共识。20世纪90年代以来，中美两国在导弹出口标准的问题上进行了持续的磋商。1992年，中国政府承诺遵守《导弹及其技术控制制度》当时的准则和参数。[③]1994年，中方重申了这一承诺。1998年克林顿访华后，两国在导弹出口标准方面达成部分共识。[④]2000年，中美达成导弹不

① 参见《中国的防扩散政策和措施》，《人民日报》2003年12月4日。

② 参见《中美两国元首关于南亚问题的联合声明》，《人民日报》1998年6月28日。

③ 参见《就美宣布打算取消对华三项制裁事外交部发言人发表谈话》，《人民日报》1992年2月23日。

④ 参见《就防扩散问题外交部发言人发表谈话》，《人民日报》2000年11月22日。

扩散协议。2002 年，国务院正式颁发《中华人民共和国导弹及相关物项和技术出口管制条例》及《导弹及相关物项和技术出口管制清单》。[①]

中美两国在防扩散问题上的合作增加了相互信任，为缓和两国关系中出现的一系列矛盾起到了一定的作用。如第一次朝核危机爆发时，中美关系因克林顿上台伊始对华采取一系列强硬政策而处于困难时期，中国在这次危机化解中发挥的建设性作用，使克林顿政府认识到维护东北亚的无核化及亚太地区的稳定与和平，美国需要中国的合作。再如，两国在达成 1996 年《全面禁止核试验条约》的合作时，两国关系正因李登辉访美、第二次台海危机陷入建交以来最低点的危机时刻，两国在该条约谈判过程中建立的信任促进了两国在其他领域包括在台湾问题上磋商与交流。特别是 1997—1998 年，两国在防止核武器及运载工具弹道导弹的扩散和南亚核问题上的合作，进一步巩固了这一时期两国高层互访中取得的成果，推进了两国关系向前发展。

中美这一时期在防扩散方面进行合作的主要原因，一是两国在防止大规模杀伤性武器扩散和地区安全形势的恶化方面存在共同利益。冷战结束，核安全局势中出现的一些新情况更加重了这种危险性。这些情况主要有：核超级大国苏联的解体，导致新的核扩散源的出现；一些地区大国寻求核武器以巩固自己的地区地位，并引发周边的连带效应；非国家行为体，特别是国际恐怖分子也寻求包括核装置在内的大规模杀伤性武器。这种日益严重的核扩散形势成为威胁冷战后国际安全环境的主要因素之一。中美作为联合国安理会常任理事国和核武器国家，在防扩散问题上面临共同责任，也存在广泛的利益汇合点。二是中美两国稳定中美关系大局的需要。冷战结束后，中美关系因受多种因素的影响，呈现出周期性波动的特点。防扩散问题是影响冷战后中美关系的一个重要因素。20 世纪 90 年代初期起，美国对中国出口敏感性军民两用技术给予高度关切，并不断向中国施加压力，劝阻中国停止对伊朗等国敏感技术的出口，甚至以制裁相威胁。中国指责美国向台湾出售武器，违背了中美三个联合公报及美国的相关承诺，是对中国内政的粗暴干涉。两国间这种相互指责和批评，对这一

---

① 参见国务院新闻办公室：《2002 年中国的国防》，《人民日报》2002 年 12 月 10 日。

时期本已处于下滑过程中的两国关系产生了更加负面的影响。由于中美关系涉及两国的多层次、多领域的利益，因核扩散问题导致双边关系进一步下滑不符合双方的利益。为了寻求中国在防扩散问题上的合作，美国不得不在劝说中国加入国际防扩散机制，停止对伊朗等国的敏感技术出口的同时，在一定程度上对于中国的其他关切给予让步。中国出于促进中美关系健康稳定发展的需要，也在防扩散问题上给予美国一定程度的合作。这种合作对于促进中美关系向积极方向发展发挥了一定作用。

然而，作为冷战后世界上唯一的超级大国，美国的战略目标是谋求维持以美国为主导的单极世界，不允许世界上出现可能挑战美国霸主地位的国家或国家集团。这与中国主张全球多极化，反对霸权主义的原则立场背道而驰。由于战略利益不同，中美两国自然在防扩散问题上存有一些重要分歧。在防扩散问题上，美国既利用中国合作防核扩散，又限制中国有限战略核威慑的有效性，以防止中国挑战其在亚太事务中的主导权。这自然会受到中国的反对。这主要表现在：

第一，美国发展导弹防御体系是中美在军控与防扩散问题上发生摩擦的一个重要问题。中国认为国际防扩散的关键是继续维持和加强现有国际军控和防扩散体制，而美国认为现有的国际军控和防扩散体系已经不能有效应对扩散威胁，因此 2001 年底退出《反导条约》，加快了发展导弹防御的步伐，并于 2004 年 7 月开始部署。与此同时，美国积极推进与日本合作研制战区导弹防御系统。在美国的支持下，日本政府于 2004 年 12 月公布的新《防卫计划大纲》和新《中期防备力量发展计划》都明确了日本将建立导弹防御系统的计划。美日导弹防御系统的合作计划不利于东亚地区的安全与稳定。中国一直高度关注美国战区导弹防御计划发展状况，并与国际社会一起反对美国破坏战略平衡的企图和行为。

第二，中国与美国关于国际防扩散的途径有分歧。中国主张防扩散必须得到国际社会的普遍参与。要争取国际社会最大多数成员的理解和支持，必须确保防扩散机制的公正性、合理性和非歧视性。[①] 而美国以自己是世界上唯一的超级大国自居，不仅希望维护其在国际不扩散体系中

① 参见《中国的防扩散政策与措施》，《人民日报》2003 年 12 月 4 日。

的领导地位，而且根据自己的特殊利益来塑造其未来的发展方向。美国倡导的“防扩散安全倡议”就是一例。截至 2010 年 5 月，“倡议”有 96 个参加国。[①] 中国对这种在国际法范畴外采取拦截措施的合法性及可能由此带来的后果表示关切。

第三，中国反对美国在中美双边扩散问题上的强权行为。克林顿上台伊始对华采取“以压促变”政策，美国新政府的一些人把 1992 年底美国情报部门关于所谓中国向巴基斯坦出口 M-11 导弹的情报看成对中国施压的一个好借口，决定通过强硬的手段解决问题。1993 年 8 月 25 日，美国政府决定在两年内禁止向中国出口敏感的高级技术产品。[②] 对此，8 月 27 日，中国副外长刘华秋紧急召见美国驻华大使芮效俭，向美国提出强烈抗议。[③] “银河号事件”是美国在防扩散问题上对中国强权的另一个突出表现。

第四，美国反华势力不断用中美双边关系中的防扩散问题进行反华活动，引起中国的关注。冷战后，中美关系在不断向前发展的同时，也遇到了不少阻力，美国国内一些反华势力不断利用中美关系中存在的一些问题推波助澜，向美国政府施加压力，以达到他们恶化中美双边关系的目的。长期以来，中国与巴基斯坦、伊朗等国有和平利用核能合作项目，中国也一直是严格按照国际核不扩散机制的相关规定及中国政府的相关承诺开展这些合作的，而美国一些反华势力不断在这一问题上制造事端。美国中情局一直对中国与其他国家的和平利用核能合作严密跟踪、监视，并把一些子虚乌有的消息透露给媒体，以制造舆论，对美国政府的对华政策施加压力。[④] 美国国会一些议员借此兴风作浪，接连提出对

---

① 《防扩散安全倡议》，参见外交部网站。

② “Statement by Department Spokesman,” Washington DC, August 25, 1993, US Department of State Dispatch Vol. 4, No. 35, August 30,1993.

③ 参见《就美方无理决定对我国实行制裁刘华秋奉命向美国提出强烈抗议》，《人民日报》1993 年 8 月 28 日。

④ 如 1996 年 2 月 5 日，《华盛顿时报》报道：CIA 披露了中国违反美国反扩散法的一些证据，这些证据是中国向巴基斯坦转让用于气体离心机的环型磁铁。文章随后还报道了美国 4 个参议员就伊朗试射 C802 先进反舰巡航导弹写信给克林顿，要求制裁之事。同年 10 月 9 日，该报披露 1996 年 9 月 14 日 CIA 的一份报告说，中国卖给巴基斯坦一个特种工业炉和一套针对不安全核设施的高科技诊断设备。Bill Gertz, “China Nuclear Transfer Exposed Hill Expected to Urge Sanction,” *Washington Times*, Feb. 5, 1996.

中国进行制裁的议案。如 1997 年 7 月 29 日，麦克参议员提出参议院第 1083 号决议案，要求对中国人民解放军实行经济制裁。[①]11 月 6 日，美国众议院以 414 票对 8 票，通过了吉尔曼众议员提出的众议院第 188 号题为《防止巡航导弹扩散法案》的决议案。2000 年 5 月 25 日，参议员汤普森提出题为《防止中国扩散武器法案》的参议院法案，该法案要求总统每年向国会有关委员会提交报告，汇报中华人民共和国公民或其境内团体和个人，非法向境外个人或组织转让、再转让、出售或滥用能用来发展核武器、生化武器、弹道或巡航导弹的物品、服务和技术的情况。[②]美国反华势力这些行径引起了中国政府的关注，中国政府在不同的场合多次阐明中国的立场，并对一些议员提出的反华议案表示坚决的反对。

中美两国在防扩散问题上存在的分歧，特别是美国在处理两国关系中防扩散问题时的强权政治行为及美国国内一些反华势力利用防扩散问题所进行的反华举措，对两国关系造成了伤害。例如，美国 1993 年宣布对华制裁及“银河号事件”发生时，由于克林顿政府发布把“人权”状况与中国的最惠国待遇地位“挂钩”的行政命令，中美关系正处于矛盾和摩擦日趋加剧之际，美国的这些强权行径对中美关系无疑是雪上加霜。此外，美国反华势力在此问题上制造的舆论，及一些议员关于对华制裁的提案，增加了两国间的不信任，同时也伤害了中国人民的感情。

综上所述，中美关系中的防扩散问题，在中美关系发展的不同历史阶段，对中美关系产生了不同的影响。在中美关系处于冷战对峙阶段，美国为了巩固其核垄断地位，试图联合苏联限制甚至是遏制中国的核发展计划。1964 年 10 月，中国第一颗原子弹成功爆炸，美国不得不面对中国成为核大国这样一个事实。20 世纪 70 年代，中美关系走向缓和，促进了美苏核裁军谈判的发展。为了发展与中国的缓和关系，美国还多次拒绝苏联关于两国联合摧毁中国核设施的建议。中美建交后，为了进一步促进两国关系的发展，两国签署了《和平利用核能合作协定》。80

---

① “Statements on Introduced Bills and Joint Resolutions,” Congress Recorder 105th Congress. 美国国会议图书馆官网（http://Thomas.loc. gov）。

② “2645 China Nonproliferation Act,” Congress Recorder 106th Congress. 美国国会议图书馆官网（http://Thomas.loc. gov）。

年代中后期，美国日益关注中国的武器出口问题。冷战后，防扩散问题在两国关系中的作用上升。中美两国在防扩散问题领域里的合作，对于增进两国间的信任，促进两国间其他问题的解决起到了积极的推进作用。同时，中美两国关于防扩散问题的一些分歧，对两国关系也产生了消极影响，特别是这一问题被美国国内政治势力利用时，对两国关系产生了破坏性的影响。

[原载《中共党史研究》2011年第2期]

严重侵犯中国主权的“银河号事件”

“银河号事件”是克林顿政府执政初期对华实行强权政治的产物。美方以错误的情报为依据，指控正在驶往中东的中国远洋运输公司的一艘货轮“银河”号上载有出口伊朗的有毒化学物质，多次置中方关于“银河”号装载货物澄清的事实于不顾，无理要求中国政府命令“银河”号返回出发地，或由美国人登船检查货物，以查明船上是否载有上述化学品；并派飞机和军舰尾随“银河”号，干扰其正常航行。最后事实证明美方是完全错误的。“银河号事件”使克林顿政府在全世界面前出丑失分，也使其认识到对华采取的强硬政策行不通，不得不重新审视其对华政策。

一、克林顿上台伊始，对华采取“以压促变”政策

1992 年是美国冷战后的第一个大选年。在竞选中，民主党总统候选人比尔•克林顿指责布什政府“骄纵中国”，对华政策“软弱”，称他当选总统后将在对华外交和美中关系中强调民主和人权，对中国施加更大的压力。在克林顿政府执政前几天，即将担任国务卿的沃伦•克里斯托弗在国会听证会上宣称：美国将“重新考虑对中国的政策”，美国的政策将是“谋求促进中国出现从共产主义到民主制度的广泛的和平演变”。

为了兑现其竞选时的诺言，克林顿上台之初，采取了一系列强硬的对华政策。比较突出的有两项：首先是在对华贸易最惠国待遇问题上向中方施压。1993 年 5 月 28 日，克林顿总统签署了关于 1994 年延续中国

最惠国待遇条件的行政命令，正式宣布将最惠国待遇和所谓的“中国人权”挂钩。声称中国政府只有满足美国设定的如下与人权有关的条件：允许国际红十字会探查中国监狱、释放“政治犯”，开始同达赖对话，禁止劳改产品出口，允许不同政见者的亲戚来美国，等等，才能在第二年继续延长最惠国待遇。

其次是利用防扩散问题向中国施压。克林顿政府把防扩散问题作为其最优先考虑的问题之一。克林顿的外交班子提交的第一个跨部门的外交政策研究报告，就提议采取严厉措施对付世界范围内的武器扩散、恐怖主义和毒品走私等问题。因为他们认为冷战后美国面临的安全威胁主要是地区性冲突与动乱、先进军事技术扩散、跨国性犯罪和“不对称”袭击，其中扩散问题是对美国战略利益的最直接威胁和全局性挑战。因此，防止大规模杀伤性武器（包括核、生物和化学武器）向某些国家特别是敌对国家或恐怖分子扩散，是克林顿政府核不扩散政策的重点。在克林顿的外交助手看来，应该用制度的手段惩罚中国向世界上不稳定的地区出售危险武器。这里所说的中国对外武器出售，是指 1992 年底美国情报部门关于所谓的中国向巴基斯坦出口 M–11 导弹的报告。美国新政府的一些人把这看成对中国施压的一个好借口，对这一子虚乌有的情报进行大肆炒作。

1993 年 4 月，美国参议院外交事务委员会要求主管国际安全事务的副国务卿林恩•戴维斯到国会举行的听证会进行作证。这次听证会主要是就情报部门关于中国向巴基斯坦出口 M–11 导弹的证据说明而举行的。尽管林恩•戴维斯认为就此问题来说，针对中国的有分量的证据很重要，但她提醒参议员们注意关于这项指控的证据还不确凿，对此，她还进行了认真的说明。但参议员们却要求行政部门对中国的行为采取强硬的措施。5 月 6 日，美国务院发言人斯奈德在新闻发布会上谈中国向巴基斯坦出门导弹问题时称，总统把整个武器扩散问题视为政府首要考虑的问题。美国在审议最惠国待遇时，除考虑中国的人权和贸易行为之外，还考虑其对不扩散核武器的承诺。美国将继续向中国领导人提出这些问题。克林顿在宣布延长对华最惠国待遇的记者招待会上承诺，如果证据确凿，他将采取强硬措施。

此后，关于证据的可靠性问题，美国情报部门与国务院的分歧越来越大。美国中情局核不扩散中心主任戈登·奥埃勒接受《华盛顿邮报》记者采访时说："我们的情报没有问题。"而主管核不扩散事务的国务卿帮办罗伯特·埃音霍恩却说，关于 M-11 导弹的证据的判断工作还在进行中。中情局在国会举行的相关听证会上极力说服参议员们相信在巴基斯坦已出现了完整的导弹，而不仅仅是零部件的问题了。因而，就要依据 1990 年《赫尔姆斯武器控制出口法案》的修正案，对中国采取所谓的 I 类的制裁措施。克林顿政府就此在这一问题上陷入了两难的境地。美国政府决定通过向中国施压来解决问题。1993 年 7 月，林恩·戴维斯访问北京，指责中国向巴基斯坦出售 M-11 导弹，要求中方承认向巴出售导弹，否则将面临美国的制裁。中国政府不仅拒绝与她讨论武器扩散问题，而且告诉她，如果美国愿意同中国讨论对台"武器扩散"问题，中方可以与她讨论武器扩散问题。碰了一鼻子灰的戴维斯回到华盛顿后，继续寻找解决此问题的办法。正在此时，中美间发生了"银河号事件"。

二、获悉中国"银河"号上载有出口伊朗的危险化学品的情报，美国政府感到震惊和愤怒

1993 年 7 月 15 日，注册在中国远洋运输公司的中国货轮"银河"号在中国沿海南行的途中引起争议。原因是美国情报部门在该船启航前收到一份情报，称将由大连出发的中国货轮"银河"号将驶往伊朗的阿巴斯港，船上装有《国际化学武器公约》所严禁的可作为化学武器原料的硫二甘醇和亚硫酰氯，它们会被伊朗用在其化学武器项目上。并称美情报部门已得到上述物品的装货清单。

中国再次违反不扩散协议的报告在白宫引起了震惊和愤怒。收到报告后，防扩散主管丹尼尔·波内曼立即召开了由国务院、国防部、参谋长联席会议主席及情报系统的防扩散专家出席的秘密电视会议，研究情报的可靠性。当"确信"情报"可靠"后，波内曼正式向国家安全事务助理山姆·伯杰和安东尼·莱克汇报。伯杰和莱克与国务卿克里斯托弗和国防部部长阿斯平磋商后，决定由美国驻华大使芮效俭向中国外交部传达

美方的要求。

1993 年 7 月 23 日，美国驻华大使芮效俭突然紧急约见中国外交部国际司官员，宣称：美方获得确切情报，中国货轮“银河”号于 7 月 15 日从大连港出发，装载着制造化学武器前体（即原料）硫二甘醇和亚硫酰氯，正在驶往伊朗的阿巴斯港。美国政府要求中国政府立即采取措施，制止这一出口行为，否则美国就要按自己的国内法对中国制裁。此时，“银河”号驶到新加坡，美国在当地的情报站说，该船未在新加坡卸下化学品集装箱，相信化学品仍在船上。

7 月下旬，莱克把总统的安全事务顾问召集到白宫，商讨进一步采取的措施。他们一致同意应采取强硬措施，并建议总统派遣军舰监视，要求中国让“银河”号接受检查。美参谋长联席会议主席鲍威尔向第七舰队下达命令，监视中国货轮。从 8 月 2 日开始，美国第七舰队军舰开始对“银河”号进行监视，包括用军用飞机在“银河”号货轮上空低空盘旋、侦察、拍照。

8 月 3 日，美方在与中国外交部的又一次交涉中，要求中国政府命令“银河”号返回出发地，或由美国人登船检查货物，以查明船上是否载有上述化学品，或者索性停留在某个地点，听凭发落。

三、中方强烈抗议美方无端指控

与此同时，对于美方的多次无端指控，中方提出了强烈抗议。为避免事态恶化，中方于 8 月 3 日指示“银河”号暂停前进，在距离霍尔木兹海峡 10 多海里的公海上抛锚。中方对美方的质疑经过认真、全面调查后，8 月 4 日，外交部部长助理秦华孙奉命召见美国驻华大使芮效俭，指出中国政府已对美方的指控进行了彻底调查，经核实，“银河”号货轮根本没有装载美方所说的两项化学品。并提出愿意将“银河”号停靠第三方港口，由第三国与中方一起，对“银河”号有关货物进行检查。芮效俭向国务院作了汇报，但美国中央情报局只相信自己的“情报”，不相信中国的说明，第七舰队的舰只继续紧跟不舍。美方还向“银河”号预计停靠的港口所在国家施加压力，阻止“银河”号按计划进港卸货。

8 月 7 日，秦华孙再次召见芮效俭，对美方的无端指责和干扰中国船只正常商业运输活动的行为提出强烈抗议。中方在驳斥美方指控时严正指出，“银河”号是从天津港出发的定期货轮，其航线是：上海、香港、新加坡、雅加达、迪拜、达曼、科威特，并非美方说的从大连出发，终点是伊朗的阿巴斯港。“银河”号主要货物是文具、五金、机械等，均为集装箱货柜，而伊朗的阿巴斯港并无集装箱码头。由此可见，美方的情报完全是错误的。秦华孙强调，在国家关系中，依据莫须有的所谓情报对另外一个主权国家采取行动，是违反国际关系准则和国际法的。在中方多次澄清事实的情况下，美方仍抱住自己的所谓情报不放，企图影响中国与有关国家之间的友好关系，拒不消除由此造成的严重后果，责任完全在美方。美方的行动无端地损害了中国的国际形象，干扰了中国船只的正常航运，破坏了主权国家之间正常的关系和贸易往来，给中方造成了严重的经济损失，使中方船只及其人员的安全受到严重威胁，并给中美关系投下了新的阴影。最后，秦华孙严正指出，中国对美方所采取的这种毫无道理的霸道行为提出强烈抗议。中国再次强烈要求美方立即采取措施，确保“银河”号顺利按原计划进入各有关港口卸货。中方要求美方对其无理做法所造成的一切损失和后果进行赔偿和承担责任，并保证今后不再干扰中国商船的正常航运和商业活动。

四、中方领导人出面澄清，美国却仍然一意孤行

接下来中美关于“银河”号的外交交涉走向公开，双方一些媒体开始关注此事。8 月 8 日，《人民日报》头版以《我外交部向美提出强烈抗议　就美国无端指责干扰威胁我“银河号”货轮我外交部向美提出强烈抗议》为题，报道了中国“银河号事件”及中国政府对美国的强权行为的原则立场。美国情报官员操纵的美国的一些媒体一直报道，“银河”号上装载有几十吨的危险化学物品，将运到伊朗的化学武器工厂。8 月 12 日，克里斯托弗接受 CNN 记者采访时说，“我们必须对货船进行检查”，以确保化学品不会“落到坏人手中”。

“银河号事件”引起中国最高层领导人的重视。8 月 13 日，江泽民会

见美国众议员加利•阿克曼时谈到“银河”号，江泽民说，船上没有危险化学品。但这一消息没有被传达出来。8 月 18 日，江泽民在人民大会堂会见一个美国国会代表团，芮效俭在座。江泽民直接对他说：“我亲自过问了此事，我肯定船上没有你们指控的化学品。”芮效俭心里明白，中国最高领导人的表态已经说明，中央情报局的情报肯定有误。他立即致电国务院，既然中国国家主席已经这样表示，美国政府还是低调处理为好。但他的意见再次被中央情报局否决。中央情报局此时仍坚信自己的情报可靠，不相信任何人的说明。克里斯托弗和莱克也都支持中央情报局的意见，同意与中方斗争到底。

就在中美就“银河号事件”外交斗争逐步升级的时刻，8 月 25 日，美国务院发言人麦柯里宣布，美国有“确实证据”证明中国违反《导弹及其技术控制制度》的有关规定，向巴基斯坦出售 M-11 导弹技术。为此，美国决定在两年内禁止向中国出口敏感的高级技术产品。如前所述，美国国内关于此问题上已争论很久，一直拿不出可靠的证据，此时却突然宣布制裁中国，企图通过在此问题上的强硬立场，使中方在“银河”号问题上有所让步。就此，8 月 25 日，中国副外长刘华秋紧急召见芮效俭，向美国提出强烈抗议。刘华秋最后说，根据中美达成的协议，1992 年中国政府宣布按《导弹及其技术控制制度》的准则和参数行事是以美方取消 1991 年 6 月对中国的制裁为前提的。现在美方恢复了对中国的制裁，迫使中国政府不得不重新考虑对《导弹及其技术控制制度》承诺问题。美国政府必须对由此产生的一切后果负完全责任。美国的这一行为使本来已经处于紧张状态的两国关系更加紧张。

五、真相大白，美国不仅不道歉还四处造谣

为了用事实向国际社会说明真相，尽快解决“银河”号受阻问题，避免中方和各方货主蒙受更严重的损失，中方同意第三国与美方对“银河”号有关货物进行检查。

开始中方曾向“银河”号已到达的海域近处阿曼和阿拉伯联合酋长国联系，希望在其某个港口停泊，以便进行联合检查。8 月 17 日阿拉伯

联合酋长国本已同意提供此方便，但 8 月 18 日突然改口，表示不愿介入中美纷争，拒绝让“银河”号入港。美方此时继续向中方施压，要求“银河”号返回中国。

经过中方努力，沙特阿拉伯王国政府表示愿意接受中国“银河”号货轮进入其达曼港，并愿由中、沙共同对“银河”号上的货物进行检查工作。美国将派专家作为沙特方面的技术顾问参与检查。

8 月 25 日，“银河”号在公海上漂泊 20 余天后，终于驶抵沙特达曼港，等候检查。8 月 28 日上午，美、沙人员在中方人员陪同下对船上 782 箱货物进行了为期一周的清点和浏览检查。9 月 4 日，中、沙和美方官员共同签署一项证明文件，证实船上没有与化学武器有关的物品。同日，美国国务院确认，对中国“银河”号货船的联合检查没发现载有化学武器原料的证据。

真相终于大白。中国外交部就此事件发表声明指出，在达曼港详细核查结果表明，中国货轮“银河”号完全没有装载美方所指控的硫二甘醇和亚硫酰氯两类化学品。中方的结论完全符合事实，真相大白于天下。美国一手制造的“银河号事件”，终于以它自己的失败而告终。声明指出，近来美国动辄凭借其无中生有或捕风捉影的所谓“情报”，肆意向别国施加压力，这是地地道道的霸权主义和强权政治的表现。“银河号事件”给中国在政治上和经济上造成了重大损失。中国强烈要求美国立即消除其错误所造成的恶劣影响，要求美方向中方公开道歉，赔偿中国所蒙受的一切经济损失。中方检查组负责人沙祖康发表声明，要求美国公开赔礼道歉，并保证不再制造类似事件。沙祖康同时指出，《禁止化学武器公约》尚未生效，按照这一公约设立的检查机构还没有成立，美国至今也没有批准该公约，也没有权力对别国擅自进行核查，因此“美方根据错误情报采取的错误行动不仅违反了国际关系的基本原则，也是完全没有国际法的根据的”。

“银河号事件”也引起了国际舆论的关注。巴基斯坦外交部发言人认为，美国骚扰中国货轮的事件“违反了国际法”。泰国报纸撰文称，美国“强权政治不得人心”。《印度教徒报》报道说，美国在“银河号事件”中自取其辱。这个自封的“世界首席法官”故意制造事端，当被证明它错了之后，又拒不接受应有的惩处，显得极其傲慢。日本媒体认为"银河号事件"的结果显示"美国在外交中失分"。英国《每日电讯》评论说这次事件"使人们对美国的一些说法提出新的质疑"。

"银河号事件"使美国决策部门，特别是情报部门和防扩散部门在国际和国内的声誉和信誉受到重创。美国《华盛顿时报》刊登题为《海上的失误叫美国难堪》的文章说，"银河号事件"使美国声望受损。然而，十分尴尬的美国人在事实面前仍不认输，不仅拒绝道歉或赔偿中方的损失，美方国务院发言人还说，美国曾掌握"可靠"消息，因此追踪和检查是必要的。甚至有些官员坚持称，"银河"号的化学武器材料是在检查货物前停靠的时候被卸下，或者已被投入大海。更有甚者，还有的官员说，整个事件都是中国设计的一个圈套，中国向美国提供假情报，美国上了这些假情报的当，从而使美国难堪。9 月 9 日，中国外交部发言人对这些谬论进行批判说："在'银河'号事件真相已经大白的情况下，美国还继续造谣，为自己的错误辩解，这样做只能欲盖弥彰。"

六、强权政治行不通，克林顿政府被迫检讨对华政策

"银河号事件"在华盛顿也引起了反响。莱克、克里斯托弗和阿斯平对中央情报局因为情报使美国在全世界面前出丑极为恼怒。美国在"银河号事件"中的拙劣表现触动了美国精英阶层对行政当局对华政策的反应。黑格公开批评克林顿的对华政策。他说，"我们怎么能告诉全世界"必须实行美国标准？密执安大学的中国问题专家李侃如也批评克林顿的政策。他在《纽约时报》上刊文说，"美国该停止"因为天安门事件惩罚中国了，"中国太重要了，不能将天安门事件作为我们政策的轴心"。

在这种形势下，克林顿政府对其对华政策进行了评估，意识到一味对中国施压的强硬政策是行不通的，中美关系持续下滑对美国自己也不利。因此，决定调整其对华政策。在"银河"号问题上，克林顿派助理国务卿帮办汤姆森访华，向中方承认美方情报有误，做了口头道歉，并表示今后乐于改善对华关系。9 月 25 日，莱克会见中国驻美大使李道豫，表示克林顿愿意扭转两国关系的发展趋势，对华采取"全面接触"

政策，不但国务院和军方恢复与中方对口单位的交往，而且克林顿本人将邀请江泽民主席出席当年在西雅图召开的亚太经合组织领导人非正式会议，并将与江泽民会晤。9 月 30 日，在纽约参加联合国会议的钱其琛副总理会晤克里斯托弗。钱其琛说，中美关系对双方都很重要，在国际新旧格局转变时期，两国领导人更应高瞻远瞩，把握好中美关系发展的方向。最近，美国政府审议了对华政策，表示要改善和发展中美关系，中国对此表示欢迎。克里斯托弗表示，中国是一个大国，美国政府仍信守两国签署的三个联合公报，目前迫切需要做的是要大力推动双边关系，使其进入顺利发展的轨道。在回答记者提问时，钱其琛说："不久我们的谈判将使中美关系逐步恢复正常。"克里斯托弗则表示，我们认识到，"中国是一个正在取得重大经济进展的国家，而且我认为，中国也是一个能够对国际形势作出贡献的国家"。

总之，"银河号事件"后，美国对华政策的小幅调整，一定程度上促进了中美关系的改善。

［原载《党史文汇》2009 年第 4 期］

中美关系中的台湾问题

中美关系是当今世界最重要的双边关系之一。自中美建交以来，两国关系在曲折中前进，在斗争中合作。在中美关系中，有麻烦的问题很多，包括人权、贸易、西藏、军售问题等，其中对双边关系影响最大，也可以说最具危险性的是台湾问题。虽然这个问题属于中国的内政，但由于美国至今与台湾保持的特殊关系，没有真正放弃对台湾安全的承诺，台湾问题成为中美关系的核心和焦点问题。

一、台湾问题的缘起

台湾问题是中国的内政，是国民党反动派发动反人民的内战遗留问题，但由于美国等外国势力的干预，使台湾问题复杂化、长期化。

中国抗日战争期间，在中国共产党和其他爱国力量的推动下，中国国民党与中国共产党建立了抗日民族统一战线，抗击日本帝国主义的侵略。抗日战争胜利后，两党本应继续携手，并肩振兴中华大业，但当时以蒋介石为首的国民党集团依仗美国的支持，置全国人民渴望和平与建设独立、民主、富强的新中国的强烈愿望于不顾，发动了全国规模的反人民内战。中国人民在中国共产党领导下，被迫进行了三年多的人民解放战争，终于推翻了南京的中华民国政府。1949 年 10 月 1 日，中华人民共和国成立后，国民党集团的一部分军政人员退踞台湾，企图伺机反攻大陆。随后在美国政府的支持下，造成了台湾海峡两岸隔绝的状态。

第二次世界大战后，在当时东西方两大阵营对峙的态势下，美国政府基于它的所谓全球战略及维护本国利益的考虑，实行“扶蒋反共”的对华政策。中华人民共和国诞生以后，美国对新中国采取了孤立、遏制的政策，并且在朝鲜战争爆发后，派第七舰队侵入了台湾海峡，公然武装干涉纯属中国内政的海峡两岸关系。1954 年 12 月，美国又与台湾当局签订了所谓“共同防御条约”，将中国台湾置于美国的“保护”之下。台湾问题自此成为中美两国间的重要问题。

为了缓和台湾海峡地区的紧张局势，探寻解决中美两国之间争端的途径，中国政府自 20 世纪 50 代中期起，即开始与美国对话。1955 年 8 月至 1972 年 2 月，中美两国共举行了 136 次大使级会谈，但在缓和与消除台湾海峡地区紧张局势这个关键问题上，未取得任何进展。及至 60 年代末 70 年代初，随着国际局势的发展变化和新中国的壮大，美国开始调整其对华政策，两国关系逐步出现解冻的形势。1972 年 2 月，美国总统尼克松访问中国，中美双方在上海发表了联合公报。公报称：“美国方面声明：美国认识到，在台湾海峡两边的所有中国人都认为只有一个中国，台湾是中国的一部分。美国政府对这一立场不提出异议。”1978 年 12 月，美国政府接受了中国政府提出的建交三原则，即美国与台湾当局“断交”、废除“共同防御条约”以及从台湾撤军，中美两国于 1979 年 1 月 1 日正式建立外交关系。《中美建交联合公报》声明：“美利坚合众国承认中华人民共和国政府是中国的唯一合法政府。在此范围内，美国人民将同台湾人民保持文化、商务和其他非官方联系。”“美利坚合众国政府承认中国的立场，即只有一个中国，台湾是中国的一部分。”自此，中美关系实现正常化。

中美建交不久，美国国会竟通过了所谓“与台湾关系法”，并经美国总统签署生效。这个“与台湾关系法”以美国国内立法的形式，作出了许多违反中美建交公报和国际法原则的规定，严重损害了中国人民的权益。美国政府根据这个“关系法”，继续向台湾出售武器和干涉中国内政，阻挠台湾与中国大陆的统一。为解决美国售台武器问题，中美两国政府通过谈判，于 1982 年 8 月 17 日达成协议，发表了有关中美关系的第三个联合公报，简称“八一七公报”。美国政府在公报中声明：“它不寻求执行一项长期向台湾出售武器的政策，它向台湾出售的武器在性能和数量上将不超过中美建交后近几年供应的水平，它准备逐步减少它对台湾的武器出售，并经过一段时间导致最后的解决。”然而，多年来，美国政府不但没有认真执行公报的规定，而且不断发生违反公报的行为，致使中美关系摩擦不断，甚至多次出现危机。

二、冷战后中美关系中台湾问题凸显

中美建交到冷战结束这 10 年，中美之间在台湾问题上虽然有些摩擦，但由于在冷战格局下，美国对台政策服务于中美共同对付苏联威胁这一战略，相对而言，两国在台湾问题上的分歧，经过双方共同努力，没有影响中美关系的大局。冷战结束后，伴随着中国国际地位的上升和综合国力的日益增强，尤其是中、美、苏“大三角”关系的不复存在，中美关系的基础发生了变化，中国在美国全球战略中易位。一方面，美国在重大国际事务中不得不对中国予以重视，开始在多方面寻求与中国的合作；另一方面，美国又认为中国的日益强大将会对其在亚太地区的主导地位构成挑战与威胁。为了遏制中国，美国再次提升与台关系，致使台湾问题成为冷战后中美关系中最敏感的问题。

1989 年 6 月，北京发生政治风波后，美国国内反华势力甚嚣尘上，台湾问题成为美国反华、遏制中国的工具。一时间，对台出售武器和高层官员互访接踵而至。1992 年，台湾当局首先从美国购买了 150 架 F-16 战斗机，接着，美国贸易大臣希尔斯访台。之后严重违反“三个公报”的做法层出不穷。依据 1979 年颁布的“与台湾关系法”，美国先后通过多项亲台法案，企图进一步提升美台关系。1994 年 9 月，克林顿政府出台“对台政策调整方案”，扩大美国官员访台的范围和层次，允许台湾“高层首长”在美过境停留。中国政府对此提出抗议，中美关系日趋紧张。1995 年，美国政府允许李登辉以“私人身份”访美，造成了极其严重的后果。自中美建交以来，中国首次召回驻美大使“述职”，中美间确定的重要的双边往来与合作项目被迫中止。1996 年春，中国政府为打击“台独”的嚣张气焰，显示维护国家主权和领土完整的坚强决心，在台海举行了三军联合军事演习，美国派遣两个航母战斗群到台海附近游弋示威，配合李登辉在台湾搞所谓“总统”选举。中美关系再次因台湾问题急剧恶化。李登辉访美风波，使美国政府进一步认识到台湾问题在中美关系中的重要性和敏感性，美国以台制华阴谋难以得逞。

中美关系在经历了李登辉访美风波后的跌落和震荡后，克林顿政府开始强调平稳的中美关系对美国具有的战略价值，并重新调整了对台政策。1998 年 6 月，克林顿总统访华，重申“一个中国”立场，并宣布了对台“新三不”政策，即不支持台湾“独立”，不支持“两个中国”“一中一台”，不支持台湾加入主权国家才有资格参加的国际组织。力求长期保持两岸现状，尽量不使台湾问题妨碍中美关系的发展。克林顿执政后期，执行着两面性的对台政策。美国一方面继续向台湾出售先进的武器装备，转让军事技术，提供“安全保证”；另一方面又适当制约日益嚣张的“台独”倾向，不容许台湾当局在分裂的道路上走得太远，以防止中美关系再次因台湾问题酿成危机。这一点就鲜明地表现在美国对李登辉“两国论”的态度上。

1999 年 7 月，李登辉趁中美关系因美国轰炸中国驻南使馆事件出现的紧张局势之机，公然抛出“两国论”，图谋“台独”，分裂中国。美国一方面表示对台湾当局这一举动表示震惊，并重申“一个中国”立场和“新三不”政策；另一方面，又声称将继续遵照“与台湾关系法”，履行对台安全的承诺，并决定向台湾出售 5.5 亿美元的先进武器装备。此前的 1999 年 3 月，参议院提出了“加强台湾安全法”法案，并于 2000 年 2 月 1 日众议院表决通过。这种种举措助长了李登辉分裂祖国，走“台独”之路的步伐，也为中美关系的顺利发展设置了重重障碍。

小布什政府上台后，在其调整对华政策的过程中，多次违反中美三个联合公报原则，在台湾问题上制造事端。最具危险性的行为主要有：

（1）放宽台湾高层赴美访问、“过境”限制，准许陈水扁“过境”美国纽约和休斯敦，并与国会议员会见。美国还有意提升美国与台湾地区之间官方接触的层级。2001 年底，台湾“行政院秘书长”邱义仁一行赴美期间得以会见副国务卿阿米蒂奇和国务院、国安会以及国防部主管亚洲事务的官员。2002 年 3 月，台湾“国防部长”汤曜明以私人身份赴美时，与美国国防部副部长沃尔福威茨会晤。这在台美“断交”后极为罕见。

（2）大规模对台军售。小布什上台伊始，对台军售就实现了多重突破，在总额高达40亿美元的售台武器中，包含了高性能的进攻性武器。这是20年来第一次，其数量也是1992年以来最大宗的军事交易，致使中美关系再次跌入谷底。

（3）开始从“战略模糊”向“战略清晰”转变，全面介入台湾“安全防卫”。长期以来，美国在台湾问题上一直采取一种“模糊战略”，即美国只是强调根据“与台湾关系法”对台湾防务承担义务，而并不明确这样的“义务”是否包括直接的军事干预，让中国大陆和台湾当局都摸不清在台海出现重大纷争甚至武装冲突时美方的态度，以此使两岸均有所顾忌和克制，从而达到美国“维护台海现状”的战略企图。小布什正式入主白宫后，在台湾问题上则变“模糊战略”为“清晰战略”。“清晰战略”的基本内容是：美国继续坚持一个中国政策，反对台湾独立，但是，如果大陆要用武力解决台湾问题，美国一定会直接出兵干预。特别是在中美撞机事件发生后，小布什明确表示，一旦台海出现危机，美国将竭尽全力协防台湾。“9·11”事件爆发后，针对台湾当局对中美加强反恐合作的担心，美国国务卿鲍威尔还不止一次地向台湾当局表达了这样一个明确的信息，那就是美国与中国在反恐怖领域的合作，不会以牺牲台湾为代价，并称美国维护台海和平的政策没有改变。

另外，美国国会不顾中国的反对，通过了支持台湾参与世界卫生组织的法案。美国众议院通过的国务院授权法案，也包含了多项支持台湾的内容。

冷战结束后，中美关系跌宕起伏，冲突不断，台湾问题是困扰中美关系顺利发展的重要因素之一。回顾冷战后的中美关系史，我们不难看出，中美关系出现的几次大动荡，除了几次偶发事件诸如1999年以美国为首的北约轰炸中国驻南斯拉夫使馆、2001年中美“撞机事件”等引起外，几乎都与台湾问题有关。台湾问题上升为中美两国间最敏感、最重要的问题。台湾问题处理得比较好的时候，中美关系就比较顺利；台湾问题比较突出时，中美关系就处于低潮。

三、美国对台政策的主要目标及中美在台湾问题上的主要分歧

纵观中美关系史上因台湾问题引起的各种麻烦，责任基本上都在美国一方，是美国利用台湾问题为其对华政策服务，干涉中国内政造成的严重后果。美国对台政策的主要目标是：

（一）对台政策要着眼于稳定对华关系

如果中美关系因台湾问题而起伏不定乃至持续恶化，美国的经济利益和安全利益都要遭受重大损失。中美两国是当今世界上两个最重要的国家，美中关系在美外交战略中的地位远远高于美台关系。冷战结束以来，中美关系因台湾问题、人权问题、西藏问题、北约轰炸中国驻南斯拉夫使馆以及“撞机事件”等问题而跌宕起伏，但经过双方努力，中美关系最终在曲折中得以继续前进。在影响中美关系的诸因素中，今后几乎唯一能使中美关系脱轨的，是台海两岸发生军事对抗的局面。对于美国来说，因为台湾与中国直接交锋，即使是取得胜利也得不偿失。就美国的全球战略而言，它打的是一场没有必要进行的被人拖下水的战争，不但付出沉重的政治、经济、军事代价，而且战后将同中国人民结下世代冤仇。因此，美国不支持台湾当局铤而走险，以免引火烧身。

（二）维持两岸“不战不统”状态

利用台湾问题牵制中国国力发展和对外影响的扩大，符合美国对华总战略的需要。美国从控制欧亚大陆进而控制全球的地缘战略需要出发，将国力日强的中国视为其实现全球战略的巨大威胁，因此，企图利用台湾问题制约中国的发展：1. 利用海峡两岸的对峙，使中国不能集中精力搞经济建设，阻止中国发展和强大；2. 利用台湾问题在外交上与中国作交易，企图迫使中国在其他问题上作出让步；3. 以中国在统一问题上不承诺不使用武力为理由，宣扬“中国威胁论”，并以保护台湾安全和稳定亚太局势为借口，加强与亚太有关国家的军事合作，扩大美国在这一地区对中国的军事威慑力。

（三）美国要促进中国大陆的“和平演变”，必然要利用台湾的所谓“民主经验”做文章，以影响大陆的政治进程

中美围绕台湾问题的分歧主要集中在以下几个方面：

一是台湾问题的解决方式。中国政府自一开始就宣布，台湾问题纯属中国内政，用何种方式解决台湾问题是中国自己的事，不容别国干涉；中国政府在现阶段主张以“和平统一，一国两制”方式解决台湾问题，即尽最大诚意用和平方式解决台湾问题，但决不承诺放弃使用武力。美国却一直把“和平解决”作为解决台湾问题的方式，并把它作为放弃对台军售条件。

二是中美“三个公报”与“与台湾关系法”的关系。中国坚持认为，中美“三个公报”是中美间具有条约性质的国际文书。但美国出于干涉台湾问题的目的，不断鼓吹中美“三个公报”仅是政策声明，而没有法律和条约义务。从 1993 年起，美国国会就不断通过议案，强调“与台湾关系法”的军售部分优于中美《八一七公报》。1993 年 2 月，美国国务卿克里斯托弗代表美国政府行政当局首次正式宣布：“包括本届政府在内的每一届政府，皆确认‘与台湾关系法’在法律上优先于 1982 年公报，前者是美国法律，后者为政策声明。”1994 年 4 月 30 日，克林顿总统签署了《国务院授权法》，其中包括有关“与台湾关系法”优于《八一七公报》的国会声明。美国国务卿克里斯托弗在随后给参议员穆考斯基的信件中再次确认，行政当局同意国会关于“与台湾关系法”优于《八一七公报》的立场。此后，美方实际上将“与台湾关系法”置于中美“三个公报”之上。

三是对台军售问题。针对对台军售问题，1982 年，美国与中国签订了《八一七公报》。公报规定美国向台湾出售的武器“在性能和数量上不能超过建交后近几年的水平”，并逐年减少直到停止对台军售。但美国却不断违反公报规定，近年来不断以“协助台湾达到合理的防卫需求”“在两岸间寻求某种平衡”为借口，向台湾大量转移军事装备，而且在性能和规模上也大大提高。

四是美台关系问题。建交公报规定，美国不与台湾发展任何具有官方性质的关系，而美国却试图与台发展“实质关系”。冷战后，美国通过

逐步和小幅度提升对台关系，企图突破美台关系原有框架。

四、中美三个“联合公报”是两国应对台湾问题的基础

台湾问题是事关中国国家主权、安全和领土完整及统一等根本国家利益的原则问题。在这一根本原则问题上，中国决不会向美国妥协，更不会屈从于美国。中国坚决反对美国违反“一个中国”和“三个公报”的基本原则，反对美国纵容和支持“两个中国”或“一中一台”或“台独”的任何行为，并将这种行为视为对中国内政和国家统一大业的严重干涉。中美两国在台湾问题上的截然对立的立场，使台湾问题一再成为引发中美关系恶化的焦点，因而，台湾问题是当前影响中美关系的最大障碍。

台湾问题是中美关系中的核心和焦点问题，但同时也应看到，台湾问题毕竟不是中美关系的全部，而仅是中美关系的一部分，是美国反华战略的组成部分，是其“制华”的一种惯用的伎俩。中美关系是当今世界最重要的双边关系之一，它对亚太经济、政治态势以及世界经济、政治格局也都产生着重要的影响。因为台湾问题引起中美关系倒退乃至中美两国对抗，不符合美国的利益。随着中国经济的高速发展和国际地位的提高，美国意识到，中美两国作为最大的发展中国家和最大的发达国家，有着更多的共同利益。在全球层面的，防止大规模杀伤性武器的扩散，打击贩毒、国际恐怖主义活动，发展经济、环保等方面都需要中国的合作。在地区层面的，朝鲜半岛的无核问题，南亚的和平稳定，在“亚太经合组织”框架内推动经济一体化等方面也需要中国的合作。在双边关系层面上，中国巨大的市场、丰富的原材料、众多的人口及美国第二大贸易伙伴的地位是美国不可小视的因素。因此，发展平稳的中美关系符合双方共同的利益。为了维护中美双方的共同利益，双方应努力消除分歧，以积极、务实的态度促进台湾问题的早日和平解决。中美“三个公报”为两国处理台湾问题提出了明确的指导原则和行为标准，也是两国解决台湾问题的根本之道。过去中美关系中因台湾问题出现的严重摩擦，基本是美方违反了“三个公报”中这些原则和承诺引起的。实践表明，只有按照“三个公报”的精神妥善处理和解决台湾问题，才能解

开中美关系中的症结，排除影响两国关系发展的最大障碍，消除可能引发两国现实和潜在对抗危机的根源，中美关系才能真正走上正轨和顺利向前发展。

［原载《文明与宣传》2003 年第 1 期］

中美关系 40 年：历程、特点及经验启示

1979 年 1 月 1 日中美正式建立外交关系以来，两国关系经历了跌宕起伏的发展历程，其间虽有分歧、摩擦甚至冲突，但两国关系总体上是在求同存异、竞争合作中前行。经过 40 年的发展，中美关系成为当今世界最复杂而且越来越具世界影响力的一对双边关系，中国在两国关系中的地位也有所变化。中美关系 40 年的发展历史积累了宝贵的历史经验，也为未来中美关系向前发展留下了有益的启示。

一、中美建交以来两国关系发展历史回顾

中美建交以来，国际格局持续发生重大变化。随着改革开放的不断深入和中国经济数十年的快速发展，中国的国际地位和国际影响力也发生了重大变化。它们对中美关系发展变化产生了重要影响。中美两国是对国际战略局势有着重要影响甚至是关键性影响的两个大国，中美战略关系一定程度上对于两国其他双边关系的发展起着主导作用。建交以来，从中美关系发展的战略态势来看，两国关系经历了如下几个发展阶段：

（一）战略合作阶段（1979—1989）

1979 年 1 月 1 日中美正式建交后，根据中美建交谈判时达成的协议，为了进一步巩固中美关系正常化的成果，国家副总理邓小平应卡特总统

的邀请，于 1979 年 1 月 28 日—2 月 5 日对美国进行访问。[①] 这是中华人民共和国成立以来中国政府高级领导人的首次访美。美国政府按照最高的规格，给予隆重的接待。访问期间，邓小平副总理与美国总统卡特进行了三次会谈，两国间签署了《中美科技合作协定和文化协定》《关于两国互相建立领事关系和开设总领事馆的协议》，中美在教育、农业、空间技术合作方面达成谅解的换文。[②] 在美期间，邓小平还与美国国会参众两院议员、美国各界人士进行了广泛的接触。邓小平副总理访问美国，促进了中美两国间各领域关系的全面启动，巩固了中美两国合作的战略基础。之后，两国内阁级官员互访不断，两国经贸、科技文化及军事合作关系逐步展开。1980 年 1 月，美国防长布朗访华[③]，揭开了中美军事领导人交流的第一页。然而，1981 年，美国新一届总统罗纳德·里根在执政前后，在台湾问题上企图执行双轨政策，为刚刚启动的中美关系蒙上了阴影。特别是在他执政初期，其内阁成员中一些保守势力极力鼓动向台湾出售先进武器，对中美关系构成严重挑战。后经双方共同努力，1982 年 8 月 17 日，中美签署《八一七公报》[④]，暂时缓解了美国售台武器问题对中美关系的冲击。与此同时，伴随国际局势、美苏力量对比变化及中国改革开放的稳步推进，1982 年 9 月，在党的十二大期间，中国领导人对中国外交战略作出重大调整，把独立自主的和平外交作为新时期中国外交的主基调，在大国外交中“不打牌”。随之中苏关系逐步走向缓和。为防止自身在中美苏战略三角关系中处于不利地位，美国对华政策中合作一面上升。尽管中国在新的外交战略中试图与美国保持一定距离，但由于正在加快的中国现代化建设需要美国在资金、技术、管理经验方面提供支持和帮助，中国仍把发展积极稳定的中美关系作为中国外交的优先方向。因而，中国外交战略的调整不仅没有引发中美关系的倒退，反而

---

① 参见《应卡特总统的邀请前往美国正式访问　邓小平副总理离京赴美》，《人民日报》1979 年 1 月 29 日；《结束对美国圆满和成功的正式友好访问》，《人民日报》1979 年 2 月 6 日。

② 参见中华人民共和国外交部条法司编：《中华人民共和国条约集》第 26 集，世界知识出版社 1983 年版，第 235、232、183、13 页。

③ 参见《为两国高级军事领导人交换意见开辟道路》，《人民日报》1980 年 1 月 6 日。

④ 参见《就分步骤直到最后彻底解决美国向台湾出售武器问题》，《人民日报》1987 年 8 月 18 日。

进一步促进了中美关系的发展。在20世纪80年代中后期，中美两国关系得到快速、稳定发展，两国各领域交流与合作进一步扩大，特别是两国在军事安全领域的合作达到了前所未有的高度。在中美关系总体稳定的背景下，两国关系中也存在一些负面因素。台湾问题、西藏问题及中国“导弹出售”问题不时给80年代中后期的中美关系制造一些杂音。由于中美双方在战略上互有需要，因而两国关系中的这些负面因素总体上没有影响两国关系稳定发展的大局。

（二）战略调适阶段（1989—2001）

东欧剧变，苏联解体，延续近半个世纪的美苏两极对峙格局以美国为首的西方阵营的胜利而告终，美国成为世界上唯一的超级大国，中国成为世界上最大的社会主义国家。自20世纪70年代初起，中美战略合作基础——共同应对苏联在全球扩张威胁不复存在，两国关系进入战略调适期。

1989年6月，美国以北京发生政治风波为借口，粗暴干涉中国内政，对中国发起了全面制裁，中断所有对华高层往来和两国间的合作关系，使两国关系降到建交以来冰点。对此，中国政府以“冷静观察、稳住阵脚、沉着应付、韬光养晦、有所作为”的外交方针为指导，顶住压力，不屈服于外来势力，积极作为，坚定地维护了国家的主权和安全。同时，中国积极开展与苏联的良好关系，对美国的对华制裁政策起到了一定的钳制作用，老布什政府也不愿看到因中美关系下滑而导致中苏关系日渐密切。另外，美国对中国的制裁对中国发展所需要的良好的国际环境造成极其负面的影响，中国领导人也不愿看到中美关系继续恶化。因而，中美两国为制止中美关系进一步下滑都做出了积极努力。为了保持与中国领导人的相互沟通和了解，1989年6月21日，美国总统布什通过中国驻美使馆转交给中央军委主席邓小平一封信，希望派特使访问中国。为了避免中美关系继续下滑，邓小平同意布什的建议。①美国总统特使、美国安全事务助理斯考克罗夫特和副国务卿伊格尔伯格随后两次访华，使双方对各自立场和观点有了一定的了解。同时，中国还利用相关国际事

① 参见钱其琛：《外交十记》，世界知识出版社2003年版，第170—171页。

件提供的机会，针对美国关切的实际利益，如解决海湾危机、实现柬埔寨和平问题及核不扩散等问题，采取了一系列措施，积极推进中美合作。1990 年、1991 年中美两国外长实现互访，双方在武器出售、贸易和中国复关等问题上取得进展并达成了有关协议。①1992 年 1 月 31 日，国务院总理李鹏赴纽约出席联合国安理会理事国首脑会议，在联合国总部与美国总统布什会晤。② 这打破了美国不与中国高层接触的禁令，表明中美双边关系开始有所改善。

苏联解体后，近半个世纪以苏联为竞争对手的美国外交战略面临重大调整，基于共同应对苏联威胁的美国对华政策也面临调整。起初，美国一些人士判断中国会像苏联、东欧国家一样走向崩溃，然而，党的十四大后，中国的政治、经济和社会呈现稳定发展的良好势头。美国一些人又开始鼓噪“中国威胁论”，提请新一届政府关注来自中国的挑战。③1993 年，克林顿入主白宫后，将人权问题与“对华最惠国待遇”挂钩，使中美关系面临严峻考验。1993 年 11 月，在美国西雅图召开的亚太经合组织领导人非正式会议上，国家主席江泽民与美国总统克林顿实现会晤④，彻底打破了美国政府对中美高层往来的禁令。次年，克林顿政府提出对华接触政策，并宣布将人权问题同“最惠国待遇”脱钩。⑤ 最惠国待遇问题解决后，中美双边关系在政治、经济、军事各个方面都取得了一定进展。但 1995 年，李登辉访美事件导致中美关系跌至两国建交以来的最低点。1996 年 3 月，为进一步打击“台独”势力，中国人民解放军在东南沿海进行导弹发射训练和军事演习。美国向中国台湾附近水域派遣两艘航空母舰⑥，向中方炫耀武力，也使中美双方面临擦枪走火的危险。另外，中国人民反分裂、反“台独”斗争的坚强意志和行动，震醒

① 参见《外交部发言人谈贝克访华成果》，《人民日报》1991 年 11 月 18 日。

② 参见《李鹏总理与布什总统会晤》，《人民日报》1992 年 2 月 2 日。

③ 参见亓成章：《中国的国际环境与世界若干国家的跨世纪发展战略》，当代世界出版社 1996 年版，第 163 页。

④ 参见《江泽民主席克林顿总统正式会晤》，《人民日报》1993 年 11 月 21 日。

⑤ 参见《美国总统克林顿宣布决定延长对华最惠国待遇》，《人民日报》1994 年 5 月 28 日。

⑥ 参见《外交部发言人答记者问　美国不应给台湾当局发出错误信号》，《人民日报》1996 年 3 月 13 日。

了美国朝野，使他们认识到台湾问题的严重性和敏感性。1996 年春夏以后，美国政府采取了一些改善中美关系的措施。1997 年、1998 年，中美两国共同努力，排除了美国反华、反共势力不断制造的障碍，推动了两国关系的改善与发展。1997 年和 1998 年，国家主席江泽民和美国总统克林顿实现互访，双方就未来中美关系发展方向达成共识。克林顿总统公开明确承诺，美国不支持台湾独立，不支持“一中一台”“两个中国”，不支持台湾加入任何必须由主权国家才能参加的国际组织。[①]

在中美关系迅速发展之际，美国反华势力又开始制造事端，企图恶化两国关系。1998 年 11 月，美能源部部长访台，达赖访美。[②]12 月，关于中国窃取美国高科技和核机密的《考克斯报告》出笼。1999 年 3 月，美国参议院提出所谓“加强台湾安全法案”。[③] 凡此种种，使中国人对美国的意图产生了忧虑。5 月 8 日，以美国为首的北约部队，公然轰炸中国驻南斯拉夫大使馆。北约的这一行径是对中国主权的粗暴侵犯，也是对维也纳外交关系公约和国际关系基本准则的肆意践踏，在外交史上是罕见的，激发了国内民众强烈的反美情绪。对此，中国政府作出了强烈反应。两国关系急速逆转，再度跌入低谷。危机发生后，克林顿为恢复和改善两国关系作出了一些努力。当李登辉抛出“两国论”，克林顿政府迅速做出反应，重申美国政府坚持“一个中国”的政策。1999 年 11 月，中美达成中国加入世贸组织的协议。[④]2000 年 6 月和 9 月，美国会众参两院通过中国永久正常贸易关系方案等。[⑤] 美方对中美关系的这些积极姿态及双方共同的努力，使中美关系逐步有所好转。然而，2001 年 1 月，刚刚上台的小布什政府把中国定位为“战略竞争者”，对中国采取强硬的政

---

① 参见《克林顿公开重申对台“三不”承诺》，《人民日报》1998 年 7 月 1 日。

② 参见《就美方派内阁官员访台和美领导人会见达赖 我向美国政府提出抗议》，《人民日报》1998 年 11 月 12 日。

③ 参见《就美国参众两院通过和提出有关涉台法案 全国人大外委会负责人发表谈话》，《人民日报》1999 年 7 月 8 日。

④ 参见《关于签署中国加入世界贸易组织问题双边协议 中美两国政府发表新闻公报》，《人民日报》1999 年 11 月 16 日。

⑤ 参见《美国参院财委会作出决定 接受众院通过的对华 PNTR 议案报》，《人民日报》2000 年 6 月 9 日；《美参议院通过对华永久正常贸易关系议案》，《人民日报》2000 年 9 月 21 日。

策。4月初发生的中美撞机事件，使两国关系呈现出空前紧张的态势。

可见，中美关系这一时期摩擦、冲突不断，但两国关系又始终处于斗而不破的状态。中美关系这一时期摩擦、冲突不断的主要原因是由于建交后一度促进两国关系稳定发展的战略基础消失，而新的国际格局下两国对对方特别是美国对华的战略定位尚未确立，导致两国对对方特别是美国对华政策的摇摆所致。两国关系之所以斗而不破，是由于在两国战略关系调适过程中，在经济全球化的大背景下，两国关系中经济因素上升，两国经贸关系中互补互利性在稳定波折冲突不断的两国关系中发挥了“压舱石”的作用。

（三）稳定发展阶段（2001—2009）

2001年9月11日，在美国本土发生了严重的恐怖主义袭击事件。这一事件对国际局势和美国的外交战略产生了重大影响。它迫使美国放弃大国对抗的惯性安全思维模式，迅速确立了恐怖主义和大规模杀伤性武器是美国最大的威胁和以大国合作为基础的反恐战略。布什政府也相应调整了强硬的对华政策，以寻求与中国合作的方式来解决美国面临的安全困境。中国也深受恐怖主义之害。长期以来，东突厥分裂势力恐怖活动对中国西北安全构成严重威胁，“9·11”事件后，中国领导人迅速作出反应，与美方就反恐合作达成共识。在反恐合作的背景下，中美关系维持了稳定发展的大好局面，中美高层互动更加频繁。在布什政府8年任期内，胡锦涛主席与布什总统双边会晤多达19次，两国元首通话30余次。布什任内4次到访中国，超过以往任何一位美国总统。北京奥运会期间，布什总统顶住美国国内政治压力，坚持出席奥运会开幕式，显示了他本人对中美关系的高度重视。两国领导人间频繁会晤促进了中美交流与对话的机制化的发展。截至2008年底，两国已经建立了60多个各类双边对话机制。[①] 中美关系的稳定发展对于台湾当局日渐猖獗的“台独”分裂活动构成一定的制约。中国政府采取一系列果断措施，坚决反对“台独”分裂活动，美国在遏制“台独”的问题上，一定程度上照顾到中方的关切。在台湾地区陈水扁当局变本加厉推行“法理台独”活动，

① 《让历史昭示未来》，《人民日报》2009年1月13日。

特别是顽固推动“入联公投”的形势下，美方对陈水扁当局的不满上升，对“台独”分裂活动进行了一定警告和约束。[①]并多次拒绝陈水扁“过境”美国本土的请求。虽然中美在人权、宗教、西藏等问题矛盾与分歧依然比较突出，中国对于美国驻军中亚反恐的潜在意图有些许担心，而美国对这一时期中国在东南亚影响力的提高也表示关注，但这些问题没有影响中美关系平衡发展的大局。2009 年 1 月，奥巴马就任美国总统后，中美关系保持了良好的发展势头。11 月，奥巴马总统成功访问中国。美国总统就任第一年就访问中国，在中美关系史上尚属首次，足见美国对发展中美关系的重视。

“9·11”事件后，反对国际恐怖主义成为美国外交战略的重心，中美在反恐问题上利益交汇及合作是小布什执政时期中美关系稳定发展的主要原因。2008 年国际金融危机爆发后，美国需要中国与其通力合作，共同应对正在肆虐的金融危机，因而，奥巴马执政初期，中美关系保持了少有的良好发展势头。

（四）竞争合作并存，竞争一面上升阶段（2010—　　）

2008 年爆发的金融危机，给世界形势带来了深刻而复杂的变化，国际体系和国际秩序出现深度调整。2010 年，中国成为世界第二大经济体，国际影响力大幅度攀升。一直抱有“冷战思维”的美国对中国崛起的焦虑感上升，在美国的对华政策中对华防范、遏制因素骤升。在中国钓鱼岛和南海争端问题上，美国改变长期以来坚持的“中立”立场，行动上偏袒与中国有争端的一方，给中美关系带来不小的负面影响。同时，美国积极推进跨太平洋伙伴关系协定，试图以“高标准”贸易规则牵制中国日益增强的经济影响力。中国政府为防止中美关系偏离稳定发展的轨道作出了积极努力。2011 年 1 月，国家主席胡锦涛访美，与美方就 21 世纪中美关系发展方向进行了深入探讨。党的十八大后，习近平主席审时度势，科学统筹国内、国际两个大局，为防止中美陷入所谓“修昔底德陷阱”，避免守成大国与新兴崛起大国发生冲突，提出了构建中美新型

---

① 参见中华人民共和国外交部政策研究室编:《中国外交（2008）》，世界知识出版社 2008 年版，第 191 页。

大国关系的倡议，倡导中美间相互尊重，不冲突，不对抗，合作共赢。为稳定发展中美关系的大局做出积极的努力。2013年6月，习近平主席与美国总统奥巴马在美国加州安纳伯格庄园举行了中美两国政府换届后的第一次峰会，两国元首就建设中美新型大国关系达成共识，双方一致认为“中美应该也可以走出一条不同于历史上大国冲突对抗的新路”，并同意“共同努力构建新型大国关系，相互尊重，合作共赢，造福两国人民和世界人民”。[①]2014年11月，中美两国元首在北京举行“瀛台夜话”，双方就当前国际形势、中美各自内外政策重点和中美关系等问题坦诚深入交换意见。习近平强调，中美建交35年来的历史充分证明，一个良好的中美关系符合两国人民根本利益，也有利于亚太和世界，这是中美两国领导人共同坚持的战略共识。奥巴马表示，与习近平主席的会谈进一步加深了他对中国的情况以及中国政府和领导人执政理念的了解，更加理解中国人民为何珍惜国家统一和稳定。美国支持中国改革开放，无意遏制或围堵中国，因为这样做不符合美国的利益。美方愿意同中方坦诚沟通对话，增进相互了解，相互借鉴经验，有效管控分歧，避免误解和误判。[②]2015年9月，习近平主席对美国进行国事访问，与奥巴马总统再度会晤。两国元首在增信释疑中推进两国间合作。双方同意继续努力构建基于相互尊重、合作共赢的中美新型大国关系。访问期间，双方共达成50项重要共识和成果。2017年1月20日，特朗普就任美国总统。鉴于特朗普在大选及候任期间对华及在台湾问题上的一些言论、小动作，在特朗普就任后，中国政府采取积极措施，加强与美方沟通与联系，使中美两国领导人不到一年时间实现了多次会晤，很大程度上避免了因美国政治选举、政党轮替、政府换届导致的一些中美关系不稳定因素。党的十九大把构建总体稳定、均衡发展的大国关系框架作为发展中国与美国及其他大国关系的基本基调，特别是在2017年11月特朗普总统访华期间，中国以最大诚意推进两国合作关系发展。不过，打着“美国优先”旗号执政的特朗普政府，把中国看作美国的竞争对手。2017年底以来，美国

① 参见《习近平同奥巴马总统共同会见记者》，《人民日报》2013年6月9日。

② 参见《习近平同奥巴马在中南海会晤》，《人民日报》2014年11月12日。

政府高举贸易保护主义大棒，在中美贸易关系问题上持续制造事端，使两国经贸关系面临前所未有的考验，同时，还在台湾、南海等问题上给中国制造压力，以增大其对华博弈的筹码，给中美关系的发展带来了相当的负面影响。

二、改革开放以来中美关系发展的特点

回顾40年中美关系发展历程，相较同一时期中国与其他大国关系，如中俄、中日、中英、中法及中德等双边关系，中美关系呈现如下特点：

（一）战略态势上，波动中前行

40年来，中美关系一个突出的特点是在跌宕起伏中前行。自20世纪80年代起，中美两国间先后因美国售台武器、对华全面制裁、李登辉访美、“炸馆事件”、“撞机事件”等问题摩擦、冲突不断，数度处于危险的边缘。21世纪以来，两国关系虽然没有发生此前那样强烈的波动，但两国间的摩擦、冲突也一直不断。国际格局的持续深刻变化，中国的快速崛起，美国对中国的战略定位不断调整，导致美国对华政策的摇摆不定。苏联解体，美苏对峙的两极格局结束后，美国利用人权问题对中国施压的政策失败后，对华采取“接触”与“遏制”两面下注战略，美国不时以软、硬两手，试图把中国纳入其主导的国际秩序，以防止中国挑战其在国际事务中的主导地位。美国这种软、硬不同的对华政策对两国关系就产生了不同的影响。“接触”一手占上风时，两国关系发展就会相对平稳些，而“遏制”一面主导时，两国关系中的麻烦、摩擦就相对多一些。值得注意的是，中美两国尽管摩擦、冲突不断，但两国正常的双边关系总体上得以维持，并在曲折中得到进一步发展。

（二）双边互动关系上，存在一定程度的不对称性

以国际政治学中大国标准来判断，中美无疑都是大国，但由于中美两国经济发展阶段、发展水平不同，两国综合实力的悬殊以及两国对外战略不同，长期以来，中美关系存在一定程度的不对称性。突出表现是中美分别在对方对外战略中的地位不同。建交以来，由于美国对于中国重大战略利益、国家安全及包括领土主权安全在内的核心利益有着关键

性的影响，因而 40 年来，积极发展中美关系一直是中国外交的重中之重。而中美关系在美国的外交战略中只是重要双边关系之一。至少是在 2010 年以前，对华外交并不是美国外交的优先方向，中国在美国外交的优先议题上一般扮演的是合作者或者制约者的角色，在美国战略安全议题上被认为是潜在对手、战略竞争者，因而中国也是美国战略上防范甚至是遏制的对象。正是中美关系在两国各自外交战略中这种地位的不对称性，使美国在相当长的时间内是发展两国关系的议题的创设者，也是难题的制造者，中国多居于被动反应的地位。近年来，伴随中国综合实力的大幅度增强，中国制约美国制造难题的能力有所提高，手段和方式也在增多，但中美关系由不对称性局面大幅度改观尚需时日。

（三）双边关系性质上，存在高度的复杂性

40 年来，中美关系呈现出利益与矛盾相交织，合作与竞争并存的态势。这与国际格局不断发生复杂深刻的变化有直接关系，更与中国国际影响显著扩大，国际地位持续提升，在国际事务中的作用不断增强有关。这使中美关系由最初主要受第三方因素——苏联因素的影响，发展到如今受多层次、多领域诸多问题的影响。作为两个在国际社会有着重要影响的大国，中美两国在战略层面上的矛盾与分歧对于两国在其他层面及问题领域里的矛盾与分歧发展变化有着关键性的影响，使两国间在特定问题领域里的矛盾与分歧相互叠加，突显了两国关系的复杂性。在战略层面，中美两国对各自在维护世界和平与稳定上承担的责任都有清醒的认识，在一定程度上也有合作的愿望。另外，美国作为守成大国，中国曾作为潜在崛起大国，如今作为正在崛起的大国，两国间又存在守成大国与新兴大国结构性矛盾，存在相互防范和制约的心理和战略意图。中美在战略层面因存在的这种既合作又竞争的态势，对于两国在全球、地区层面其他问题领域诸如反恐、核不扩散、气候变化等问题上的立场和态度都或多或少产生了影响。中美在战略层面上的利益与矛盾也不同程度地对两国在双边层面上问题领域产生影响。在政治、安全和意识形态领域影响相对大一些，致使两国在这些领域的分歧较多。而自 20 世纪 90 年代后相当长的时间内，两国在经贸领域里合作大于分歧，近年来，两国间在经贸领域里矛盾与分歧上升，深层原因是两国战略层面矛盾与

分歧影响所致。

三、建交以来中美关系发展的历史经验与启示

（一）利益交汇是中美关系发展的动力

1979 年中美最终建立正式外交关系的主要驱动力是两国在共同应对苏联威胁，维护世界和平与稳定的需要。正是这一战略共识，在里根执政初期，刚刚建交的中美关系经受住了美国售台武器问题所带来的严峻挑战。也正是这一战略共识，使中美能够快速有效应对或淡化两国间存在的其他分歧，推进两国关系在 20 世纪 80 年代中后期保持平稳发展。冷战结束以来，中美两国作为世界上最大的发展中国家和发达国家、联合国安理会常任理事国，近年来又分别作为当今世界第二大经济和第一大经济体，在维护世界和地区和平稳定、反对大规模杀伤性武器扩散等传统安全领域及在反恐、应对全球气候变化、传染病、网络安全等非传统安全领域都负有不可推卸的责任。两国也在共同关心的领域以积极负责任的姿态给予对方一定程度的支持与合作，这对于维护世界及亚太地区的和平与稳定作出了积极贡献，也促进了相关国际机制的建立与完善。40 年来，两国在经贸、人文、社会及司法等领域开展的各项务实合作给两国人民也带来实实在在的利益。正是两国在国际、地区及双边层面存在的众多的利益汇合点，使中美两国在 40 年中总体上以协调、合作为主基调，不断推动中美关系稳定向前。如今，两国各自的情况以及国际形势都发生了变化，双方应适应新的现实，加强战略沟通，积极寻找和扩大利益交汇点，不断拓展合作的新领域，给两国人民带来更多的获得感。

（二）中美三个联合公报及两国领导人达成的重要共识是中美关系稳定发展的基础

中美两国在历史传统、社会形态、政治体制、经济模式、战略文化等方面存在巨大的差异，两国经济也处于不同发展阶段。这些差异使两国在战略层面及双边层面存在不同的利益期求，进而使两国对国际战略格局的发展趋势有不同的认识，也使两国关于国际新秩序的主张和战略存在差异，这些都在所难免。40 年来，中美关系能在波浪中前行，基础

是坚持中美三个联合公报原则精神及两国领导人达成的一系列重要共识。其中最为基本的是坚持了相互尊重、求同存异、不冲突、不对抗、平等互利原则。未来两国关系要稳定发展，仍离不开相互尊重、求同存异、不冲突、不对抗、平等互利原则的基础性作用。两国间只有相互尊重对方的利益关切，在追求本国利益时兼顾对方的合理关切，在谋求自身发展中也使对方获得共同发展，管控分歧，不断扩大共同利益汇合点，中美关系才能行稳致远。

（三）台湾问题是中美关系最为敏感的问题

台湾问题是中美关系中的核心问题，同时又是中美在一系列问题上存在分歧与矛盾的综合反映。台湾自古以来就是中国领土不可分割的一部分，实现祖国统一是包括台湾人民在内的全体中国人民的根本利益。能否实现台湾与大陆的统一是中国政府与人民的神圣使命，是中国实现现代化强国的重要标志。美国将台湾问题视作其亚太战略以至全球战略中的重要地缘战略资产，把台湾问题作为防范和遏制中国崛起的一枚棋子，不时利用台湾问题给两国关系制造麻烦。在中美双边关系中，美国也时常把“与台湾关系法”置于中美三个联合公报之上，不时利用台湾问题作为砝码，迫使中国在其希望获得利益的具体领域做出某些让步。美国在台湾问题不时表现出的干涉中国内政的立场，使台湾岛内“台独”分裂分子更加有恃无恐地推动“台独”路线，试图触碰两岸关系的红线，使事态一步一步向着和平解决无望的方向发展，也必将受到应有的惩罚。这恐怕也是中美两国最不愿看到的结果，也充分反映了台湾问题在两国关系中的敏感性。

（四）战略信任不足是影响中美关系稳定发展的最大威胁

战略不信任是大国关系中的一个普遍问题，由于上文谈到中美间存在的众多差异性，再加上两国在国际权势结构中地位的变化，中美两国间一直存在战略信任不足的问题。冷战结束以来，特别是进入 21 世纪以来，中美间战略疑虑日益增多。20 世纪 90 年代，中国对于美国对中国的“和平演变”表示担心。2010 年以来，美国不断加大其在亚太区域的战略部署，中国高度警惕美国对中国崛起的防范和遏制。与此同时，美国也对中国的战略意图充满疑虑。美国始终担心中国把美国排挤出亚太区域，近年来，又对中国挑战其世界霸权地位表现出焦虑。中美间存在的战略信任不足问题，一直是中美关系稳定发展的一个重要制约因素。近年来，这一问题对两国关系影响日益加重。中美两国近年来在亚太、印太区域的博弈一定程度上是两国战略互疑的体现，长此以往，两国有陷入“安全困境”的危险。

［原载《桂海论丛》2019 年第 6 期］

第四部分

南海问题及领土主权安全

奥巴马执政时期的美国南海政策及其对亚太局势的影响

南海问题是中国与东南亚海洋邻国关于南海海域中岛礁的领土主权及其附近水域海洋权益的争议。长期以来，美国对南海主权争端问题持“中立”立场。奥巴马执政8年来，美国对南海的政策立场逐步发生变化，“去中立化”倾向日益明显，甚至开始直接介入。奥巴马南海政策的变化与南海局势发展变化直接相关，更与美国的亚太战略及中美关系的发展变化相关。美国插手南海问题对亚太区域和平与安全构成威胁，也必将对中国和平发展的国际环境构成直接威胁。防止中国所处国际环境因中美可能在南海问题上发生冲突而恶化，是今后一段时间内中国外交工作的一个重要方面。

一、奥巴马执政时期美国南海政策的演变

（一）奥巴马第一届任期的南海政策开始出现变化端倪

长期以来，美国在南海问题上奉行“中立”立场。美国政府也多次对南海主权争端的具体事宜不持立场，1995年5月10日，美国国务院发布“美国的南沙群岛与南海政策”的声明，对于美国坚持的南海政策的原则立场进行了明确阐述，声称：美国强烈反对用武力或威胁解决争端，敦促所有争端方保持克制，避免采取破坏南海区域稳定的各种行动。美国在南海的长久利益是维护南海区域的和平与稳定，美国在南海的根

本利益是维护航行自由。所有船只和飞机在南海无障碍通行对包括美国在内的整个亚太区域的和平与繁荣是必要的。美国对南海的岛屿、岩礁、环礁的法律属性不持立场，但美国对于在南海海域任何与包括1982年《联合国海洋法公约》在内的国际法不一致的海洋主张和限制海洋行动的行为表示严重关切。[①]2010年7月之前，美国在南海问题上基本坚持了这一立场。这一立场使美国在南海争端中作为“离岸平衡者”，在维护南海局势稳定和美国与各声索国的关系特别是与中国的关系保持着微妙的平衡。

2009年1月，奥巴马执政不久，南海争端问题因周边国家不断挑战中国海南权益而日益升温。2月，菲律宾国会通过“领海基线法案”，将中国的黄岩岛和南沙群岛部分岛礁划为菲律宾“领土”。[②]3月5日，马来西亚总理巴达维登上南沙群岛的弹丸礁，宣示马对该礁及其附近海域的“主权”。[③]4月1日，越南国家主席阮明哲在两艘越南海军舰艇的护卫下，视察了位于越南和中国海南之间的白龙尾岛，并挑衅说：“我们不会让别人侵犯我们的领土、领海和岛屿。我们不会对任何人作出一寸土地的让步。”[④]5月6日，马来西亚和越南向联合国相关委员会提交了“200海里以外大陆架划界案”，试图在联合国框架内侵害中国南海权益。5月7日，越南又单独向大陆架界限委员会提交南海“外大陆架划界案”，声称其拥有3260公里长的海岸线，并对中国的西沙和南沙群岛享有主权。[⑤]进入2010年后，周边国家对中国南海主权侵害持续发生。为维护国家海洋权益，中国政府加大在南海区域执法巡航的力度。2010年4月15日—

① Christine Shelly, “US Policy on Spratly Islands and South China Sea,” *US Department Daily Briefing*, May 10, 1995.

② 参见《中国外交部就菲通过“领海基线法案”发表声明》，《人民日报》2009年2月19日。

③ 参见《中方对南沙群岛及其附近海域拥有无可争辩的主权》，《人民日报》2009年3月7日。

④ 蔡鸿鹏：《美国插手令南海问题复杂化》，《社会观察》2011年第7期。

⑤ Permanent Mission of the People's Republic of China to the U.N., “Note Verbale CML/17/2009”, New York, May 7, 2009, Oceans & Law of Sea United Nations. 联合国海洋法官网（http://www.un.org/Depts/los/clcs）。Permanent Mission of the People's Republic of China to the U.N., “Note Verbale CML/18/2009”, New York, May 7, 2009, Oceans & Law of Sea United Nations. 联合国海洋法官网（http://www.un.org/Depts/los/clcs）。

28 日，中国海监组织国内有关单位人员，随海监 81、83 船对黄岩岛、南海南部、西沙西部、北部湾湾口等海域进行了定期维权巡航执法工作调研，并在我国海疆的最南端——曾母暗沙投放了中华人民共和国主权碑。[①]2010 年 4 月初，7 月上旬、下旬，中国海军在南海举行三次军事演习。其间，2009 年 3 月初，美国白宫、国务院发言人及国防部指称中方有关船只对在南海国际水域活动的美国海军监测船“无瑕”号进行“骚扰”[②]，中美间发生了“无瑕号事件”。“无瑕号事件”及南海争端的升温引起美国的关注，一些人主张美国应有更为清晰的南海政策。美国国务院东亚及太平洋事务局帮办斯科特•马西尔在美国参议院外交委员会东亚及太平洋分委员会举行的听证会上谈到这两个问题时说，从战略层面上，这两件事某种程度上表明中国对于自身海洋权益的主张越来越强势。而美国在某些情况下不能同意甚至不能理解中国对海洋法的解释，并指出，“无瑕号事件”及南海争端是非常事件，需要美国有非常的政策来应对。[③]

2010 年 7 月，美国国务卿希拉里·克林顿在越南河内召开的东盟论坛外长会议期间就南海问题发表讲话。[④] 讲话重申了此前美国关于南海政策的基本原则，同时也增加了新的内容，具体表现为三点：一是在南海利益更广泛。美国在南中国海地区的“国家利益”不仅包括航行自由，而且包括海洋公有空间的使用、合法商业行为不受阻碍，以及对国际法的尊重等内容。并称，美国不仅与东盟成员国和东盟地区论坛参与国共享

---

① 参见中国海洋年鉴编纂委员会编:《中国海洋年鉴（2011 年）》，海洋出版社 2011 年版，第 148 页。

② 参见《就美国海军监测船在中国专属经济区活动事外交部发言人答记者问》，《人民日报》2009 年 3 月 12 日。

③ “Maritime Issues and Sovereignty Disputes in East Asia,” Testimony Scot Marciel Deputy Assistant Secretary, Bureau of East Asian and Pacific Affairs, Statement Before the Subcommittee on East Asian and Pacific Affairs Senate Foreign Relations Committee, Washington DC, July 15, 2009. 美国国务院官网（http://www.state.gov）。

④ 1995 年 5 月 10 日，美国国务院发布了关于《美国的南沙群岛与南海政策》的声明，声称：美国在南海的基本利益是维护航行自由。所有船只和飞机在南海无障碍通行对包括美国的整个亚太区域的和平与繁荣是必要的。美国对南海的岛屿、岩礁、环礁的法律属性不持立场。但美国对于在南海海域任何与包括 1982 年《联合国海洋法公约》在内的国际法不一致的海洋主张和限制海洋行动的行为表示严重关切。

上述利益，而且与所有海洋国家及广泛的国际社会都共享上述利益。二是主张多边合作。支持争端各方通过外交合作而不是胁迫解决各种领土争端。三是权利主张应与国际法相一致。所有声索方应依照《联合国海洋法公约》，寻求各自对领土及其附带权利和海域权利主张。在南海海域声索的权利，只能以海洋地物的特征为依据。[①]这里虽没有直接点中国的名，但有些内容有针对中国的味道。如希拉里强调的“合法诉求”就暗含有针对中国依据“九段线”所主张的“历史性权利”的含义，因为美国认为它与《联合国海洋法公约》不一致。再如希拉里特别强调“各争端方协作过程”，表明美国试图将南海问题多边化、国际化，这与中国主张的当事双方谈判解决相对。尽管希拉里再次强调美国在南海主权争端问题上的中立立场，但是由于其主张海洋管辖权主张的合法性问题，这确实增加了美国介入南海争端的可能性。此后，美国通过增加对东盟的援助，积极参与美国—东盟峰会及东亚峰会、东盟防长会议等东盟发挥主导作用的地区合作机制，并极力把南海问题引入会议议题，逐步推动南海问题的多边化、国际化。与此同时，为配合其亚太战略的调整，美国积极在南海海域进行军事安全部署。

美国南海政策的新变化使南海周边一些国家看到有机可乘，借机进一步使其在南海海域非法所得“合法化”，使南海争端进一步激化与升级。2011 年 6 月 9 日，中国渔船遭越南武装舰船非法驱赶，导致其中一艘渔船的渔网与在现场非法作业的越南油气勘探船的电缆缠绕在一起被拖曳，中国渔船被迫剪断渔网，双方才脱离接触。越南把此事歪曲为“中方精心策划准备的、蓄意的行动”，向中方提出抗议[②]，并以强硬的姿态相对抗。6 月 13 日，越南在其中部海岸附近某海域举行持续 6 个小时的实弹演习，并警告各种船只远离该海域。[③]2012 年 4 月 10 日起，中菲舰船在黄岩岛对峙月余。6 月中下旬，越南采取一系列小动作，再度挑

---

① “Hillary Rodham Clinton Remarks at Press Availability,” National Convention Center, Hanoi, Vietnam, July 23, 2010. 美国国务院官网（http://www.state.gov）。

② 参见《就越南在南沙海域驱赶中国渔船外交部发言人答记者问》,《人民日报》2011 年 6 月 10 日。

③ 参见《越南今夜将在南海举行实弹演习持续 6 小时》,《环球时报》2011 年 6 月 13 日。

起南海紧张局势。越南先是派战机对南沙群岛一些岛礁进行了所谓“巡逻侦察”①，紧接着越南国会于 6 月 21 日通过“越南海洋法”，把中国西沙群岛和南沙群岛包含在所谓越南“主权”和“管辖”范围内，以法律的形式确立越南对上述地区的“主权”。与此同时，越南在南沙南威岛上用瓷片制作巨幅越南国旗，借此宣示其对南沙和西沙的主权。菲律宾地方政府也在菲方非法侵占的中国南海中业岛上开办了一家小型幼儿园。该幼儿园已于 6 月 15 日举行了揭牌仪式。面对菲律宾和越南在南海问题上的频频挑衅，为维护中国南海权益，2012 年 6 月 21 日，国务院批准设立三沙市，辖西沙群岛、中沙群岛、南沙群岛的岛礁及其海域。②美国对日益紧张的南海局势也感到担忧，2012 年 8 月 3 日，美国国务院发言人在记者会上就南海问题发表正式声明，声明中除重申美国在南海问题上已经公开声明的主张外，不顾中国只是为维护自身权益而被迫作出的反击措施这一事实，指责中国在黄岩岛制造事端，并强调中国设立三沙市和在南海部署新的军事力量是与通过外交手段合作解决分歧的努力背道而驰，并有可能进一步加剧该地区的紧张局势。③至此，美国在南海争端问题上的立场“去中立化”倾向开始显现。

尽管在奥巴马第一任期内美国南海政策主张开始出现“去中立化”倾向，但总体而言，这一时期美国在南海问题上还是坚持其传统立场。其主要原因是美国此时正处于其亚太战略调整期，而且中东问题、美国政府债务问题、医改问题和两党争斗问题等对奥巴马政府的“重返亚太”战略步伐形成严重制约，因而，美国在南海问题上相对比较谨慎。

（二）奥巴马第二任期内美国在南海问题的介入日深

奥巴马连任后，伴随美国“亚太再平衡”战略逐步推进，美国政府对南海问题的关切度日益加强。自 2013 年下半年起，美国政府频繁对南海问题表示严重关切和担忧，美国对南海问题的立场也逐渐由模糊转变为清晰，由“中立”转变为明显的“选边站”，甚至是直接介入。

---

① 参见《国务院批准设立地级三沙市》，《青年时报》2012 年 6 月 22 日。

② 参见海南统计局：《南海统计年鉴（2013）》，中国统计出版社 2013 年版，第 3 页。

③ “South China Sea,” Press Statement: Patrick Ventrell Acting Deputy Spokesperson, Office of Press Relations Washington DC, August 3, 2012. 美国国务院官网（http://www.state.gov）。

2014 年 2 月，美国国务院负责东亚与太平洋事务助理国务卿丹尼尔·罗塞尔在出席众议院外交事务委员会亚太小组委员会听证会时，对美国南海政策进行了详细的论述。他对美国关于东海及南海争议岛礁的主权争端不持立场的含义进行了如下明确解释：第一，对于与任何权益声索有关的行为，美国坚决反对在领土声索时使用恫吓、强制或武力；第二，所有的海洋权益声索必须与国际习惯法相一致，即所有海洋权益主张必须依据海洋地物特征或与国际海洋法相一致。当美国不支持任何一个声索方反对另一方时，美国确信在南海海域不是依据地物特征声索的海洋权益本质上是有缺陷的。坚持上述及美国长期倡导的航行自由原则的同时，美国反对所有给国际社会享有的合法利用海洋的权利、自由造成侵害的权益的声索。[①] 罗塞尔在谈美国的南海政策时，还谈到如下值得注意的几点：一是详细列举近两年中国在南海的各项行为，并特别指出这些行为导致该区域局势的不稳定。二是明确指出中国“九段线”与国际海洋法不相符，不能作为在南海主张海洋权益的合法基础。三是美国坚定支持菲律宾寻求国际海洋法庭仲裁与中国的南海争端，并称赞菲律宾树立了以和平、非强制方式解决争端的典范。2014 年 12 月 5 日，美国国务院发布《海洋界限：中国的南海主张》报告，进一步对中国“九段线”作出否定性的评价，声称中国在南海的海洋主张既不明确也不连贯。[②] 由此，美国的南海问题政策远远偏离其长期坚持的“中立”立场，导致其随后在介入南海问题的道路上越陷越深。

美国对南海问题的介入主要表现在以下几个方面：

第一，美国政府持续指责中国的南海政策，措辞激烈。2015 年 1 月到 2016 年 7 月间，美国政府在一切可能的场合通过政府、军方高官表态、官方发言人讲话、国会决议案等，批评中国单方面强制改变南海局

---

① “Maritime Disputes in East Asia,” Daniel R. Russel Assistant Secretary, Bureau of East Asian and Pacific Affairs, Testimony Before the House Committee on Foreign Affairs Subcommittee on Asia and the Pacific, Washington DC, February 5, 2014. 美国国务院官网（http://www.state.gov）。

② United States Department of State, Bureau of Oceans and International Environmental and Scientific Affairs, “Limits in the Seas No. 143, China: Maritime Claims in the South China Sea,” December 5, 2014. 美国国务院官网（http://www.state.gov）。

势的现状，指责中方危害地区稳定。2015 年 1 月 21 日，美国助理国务卿拉塞尔与菲律宾副外长加西亚在共同会见记者时对南海问题表示关切，并称大国不能欺负小国。①5 月 30 日，美国国防部部长卡特在香格里拉对话会上就涉南海问题回答记者提问时说，中方在南海的行动与国际准则和规范不“合拍”。美方对南海岛礁军事化前景及可能带来的误判和冲突风险深感忧虑。并声称中国将水下岩礁变成机场不能获得主权。②7 月 21 日，美国助理国务卿拉塞尔在美战略与国际问题研究中心举办的第五次南海问题年会上讲话时，对中国关于南海问题的原则立场提出质疑，而对菲律宾单方面将中菲南海争端提交国际仲裁的行为却大加赞赏。③2016 年 1 月 4 日，美国国务院发言人约翰·柯比表示，美国对中国飞机在南海争议岛屿试降表示担忧，并称：“我们对中国在南海永暑礁停降飞机的决定表示担忧。在这一争议地区的新跑道上开启航行将加剧分歧、威胁地区稳定。”④2 月 17 日，美国国务卿克里称，中国在南海有争议岛屿的军事化活动证据充足，这违背了中国不对南海进行军事化的承诺。他表示美国对此严重关注，将就此与中国进行进一步的、非常严肃的交涉。⑤

第二，强化美国在南海区域的军事存在，扩大与南海周边国家的防务合作。美国以“航行自由”为借口，不断派遣军舰、军机在南海海域执行巡航任务。2013 年 3 月 1 日起，美国最新型濒海战斗舰“自由”号在南海执行了长达 10 个月的首次作战部署，其间，奉命在南海地区进行常规标准化的巡逻，运用舰上的雷达、侦察系统和舰载 MH-60R 直升

① “U.S.-Philippines Bilateral Security Dialogue Press Conference,” Diamond Hotel, Manila, Philippines, January 21, 2015. 美国国务院官网（http://www.state.gov）。

② Secretary of Defense Speech, IISS Shangri-La Dialogue: “A Regional Security Architecture Where Everyone Rises”, Singapore, May 30, 2015. 美国国防部官网（http://www.defense.gov）。

③ Daniel R. Russel, “Remarks at the Fifth Annual South China Sea Conference,” The Center for Strategic and International Studies, Washington DC, July 21, 2015. 美国国务院官网（http://www.state.gov）。

④ John Kirby, Spokesperson, Daily Press Briefing, Washington DC, January 4, 2016. 美国国务院网站（U. S. Department of State）。

⑤ “John Kerry Remarks With Polish Foreign Minister Witold Waszczykowski,” Treaty Room, Washington DC, February 17, 2016. 美国国务院官网（http://www.state.gov）。

机等设备展开了全面侦察。[①]2014 年 12 月，美海军濒海战斗舰“沃思堡”号又被派往新加坡，执行为期 16 个月的部署任务。[②]2015 年 5 月 11 日，“沃思堡”号驶近南海南威岛，受到中国海军护卫舰紧密监视。[③]此后，美军不断升级其在南海海域的军事行动。2015 年 10 月 27 日至 2016 年 10 月 23 日，美国军舰先后 4 次闯入中国南海相关领海及毗邻区。美军在南海海域这种接二连三的挑衅行为，对中国南海海域的主权及管辖权安全构成挑战，也对亚太区域的和平与安全构成严重挑战。2016 年 6 月 18 日，在菲律宾南海仲裁案结果即将公布之际，美国“斯坦尼斯”号航母战斗群和“里根”号航母战斗群在菲律宾海展开防空、海上侦察以及远程攻击演习。此外，美国一再诱压盟国或伙伴国，在南海搞针对性极强的“联合军演”和“联合巡航”。2015 年 4 月 20 日—30 日，美菲在南海水域进行 15 年来规模最大的“肩并肩”演习。[④]2016 年 3 月，美菲在南海进行了第一次联合巡航，美国国防部部长阿斯利·卡特表示，美国将与菲律宾继续进行联合巡航。他还表示，年度“肩并肩”演习结束后，参加军演的美军 5 架 A-10C 雷霆攻击机、4 架其他型号的战机及 200 名飞行员及机上战斗人员将继续留在菲律宾，停驻克拉克空军基地，协助训练菲律宾军队，以提升两军的海空联合行动能力。[⑤]美国还通过“东南亚海上安全倡议”[⑥]，支持东南亚国家海上能力建设，试图从海上围堵中国。

第三，进一步推动南海问题国际化。自 2013 年末菲律宾向国际法庭提出仲裁案后，美国从多方面对菲律宾这种单方行为给予鼓励和支持，

---

① 参见《美海军濒海战斗舰部署新加坡意在“搅局南海”》,《新民晚报》2013 年 3 月 7 日;《美高调公布濒海战斗舰巡逻南海曾靠近中国岛礁》,《中国青年报》2014 年 1 月 11 日。

② 参见谭顺谋:《“自由”走了,“沃思堡”来了——美海军濒海战斗舰再赴亚太》,《环球军事》2014 年第 12 期。

③ 参见《外交部发言人回应美舰驶近南海岛屿》,《人民日报》(海外版)2015 年 5 月 14 日。

④ 参见《美菲军演规模创 15 年之最》,《南方日报》2015 年 4 月 27 日。

⑤ “Joint Press Conference by Secretary Carter and Secretary Gazmin in Manila, Philippines,” April 14, 2016, United States Department of Defense. 美国国防部官网(http://www.defense.gov)。

⑥ 该倡议是 2015 年 5 月 30 日美国国防部部长卡特在香格里拉会上提出的，旨在改进这些国家探测、理解、应对南海地区海上和空中活动以及共享相关信息的能力，最终建立一个定期更新的通用共享态势图，以使相关国家能够达成共识，统一行动。2016 财年，美国为该倡议拨出了为期 5 年、耗资 4.25 亿美元第一年的拨款。

希望以此带动其他南海声索国也采取类似的做法。在 2016 年上半年，随着海牙国际仲裁法庭对菲律宾南海案裁决临近，美国从舆论上、外交上对中国施压，试图迫使中国遵守仲裁结果。2 月 18 日，美国负责南亚和东南亚事务的助理国防部长埃米·西赖特在华盛顿战略与国际研究中心研讨会上表示，美国及其盟友应当在南中国海问题上站在菲律宾和其他东盟有关声索国后面并大声疾呼，这是国际法，这点非常重要，它对所有各方都有约束力。如果中国不遵从仲裁法庭就菲中在南中国海争端问题上作出的不利于中国的判决，美国及其盟友将让中国付出代价。4 月 11 日，在日本广岛举行的七国集团外长会议上，G7 外长发表了《海洋安全声明》，呼吁所有相关国家遵照国际法解决海洋争端，履行具有约束力的法院裁定。[①]7 月 13 日，南海仲裁案临时法庭公布南海仲裁结果第二天，当记者问美国是否担忧在南海仲裁公布结果后中国不遵守国际法时，白宫新闻发言人欧内斯特表示，中菲都是《联合国海洋法公约》的签署国，《公约》有关条款对于仲裁程序有明确的规定，因而，美国认为仲裁结果是最终的，有约束力。在一个相互联系日益增强的世界里，尊重国际法律法规非常重要，为确保世界能够保持相互联系，一些法规必须得到遵守。美国试图以“国际道义”对中国施加压力。

二、美国积极插手南海问题的主因是维持其亚太霸权地位

长期以来，美国的南海政策服从服务于其全球战略尤其是亚太战略。冷战结束后，美国亚太战略的目标是防止在亚太区域出现挑战其霸权地位的地区大国或国家集团，维护其在该区域的主导地位。为此，美国在相当长时间内把中国作为潜在的战略对手，采取接触与遏制两手，力图使中国全面遵守西方的基本规范，融入美国主导的“世界新秩序”中去。2010 年，随着中国综合国力及国际影响力的进一步提高，美国感到中国

① “G7 Foreign Ministers’ Declaration on Maritime Security,” Hiroshima, April 11, 2016. 日本外务省官网（http://www.mofa.go.jp）。

即将成为其亚太区域主导地位的现实挑战者。恰在此时，奥巴马政府着手调整其亚太战略，先提出“重返亚太”，后改称为“亚太再平衡”战略，承诺将更多地参与亚洲事务，与传统盟国加强合作，并建立“新的伙伴关系”[①]，试图通过“亚太再平衡”战略对中国加以遏制。奥巴马执政期间，美国的南海政策主要是服务于这一战略。美国逐步强化对南海问题介入，主要目标如下：

（一）通过在南海海域的“炮舰政策”，遏制中国在南海影响力的提升

南海海域战略位置十分重要。南海位于太平洋和印度洋之间，是东亚各国进出印度洋到达南亚、欧洲、非洲的必经区域，地理位置极其优越。南海还是世界第二大海上航道，仅次于欧洲的地中海，全世界一半以上的大型油轮及货轮均航行经过此水域，是东亚各国的“海上生命线”，同时也是东南亚各国对外贸易的主航道。南沙群岛附近的航道也是美国西海岸与波斯湾之间的主要航道之一。从传统安全的地缘战略考虑，掌控南海意味着掌控整个亚太的经济命脉和战略制高点。2013 年以来，中国为了改善南沙群岛驻岛人员的工作和生活条件，启动填海造岛工程，本是中国主权范围内的事，美国却认为中国这些活动将直接导致中国对南海控制力的增强，进而极大增强中国在亚太区域的地缘战略优势，这对美国在亚太区域的主导权将构成致命的威胁。因而，美国试图通过多种努力，阻止中国在南海海域影响的扩大。

（二）通过鼓吹“中国威胁论”，强化其亚太同盟体系

长期以来，美国在亚太区域构建的轴心辐条式的同盟体系是美国维护其亚太霸权地位的重要支柱。过去 30 年，亚太地区经济飞速发展，成为世界经济的“发动机”，中国在其中的贡献是有目共睹的。因而，美国的亚太盟国与中国保持了良好经济关系及其他双边、多边关系，亚太区域呈现和平发展的良好局面。但随着中国崛起速度的加快，中国周边一些国家对日益走向崛起的中国感到不安。个别非法侵占中国领海主权

① “Remarks in Tokyo,” November 14, 2009, Public Papers of the Presidents. 美国总统项目官网（https://www.presidency.ucsb.edu）。

的国家，担心他们的非法所得会随着中国强大而不保，因而以只争朝夕的速度巩固他们在中国海域的掠夺所得，企图使他们对中国领土主权侵占永久化。他们也希望借助美国来平衡中国的影响力。但美国在乌克兰问题、叙利亚问题上的政策接连失败，美国的亚太盟国对美国保护他们的意志有所怀疑。特别是美国在欧洲、中东利益面临诸多挑战的情况下，对美国“亚太再平衡”战略能否得到贯彻落实，他们普遍感到担心，忐忑不安。美国深知稳固亚太盟友关系对其亚太霸权地位十分重要，通过在南海问题上炒作“中国威胁论”，加强在亚太区域的军事部署，化解其亚太盟友对其“安全承诺”的担心，以稳固其亚太霸权的安全支柱。

（三）分化中国与东盟各国的关系，平衡中国在东南亚地区日渐增长的影响力

20 世纪 90 年代中期以来，在睦邻友好外交的推动下，中国与东盟各国的关系取得显著的进展。1997 年亚洲金融风暴发生后，中国在自身面临严重经济压力的情况下，坚持人民币不贬值，并尽力向东盟有关国家提供财政和金融支持，避免了东盟国家经济进一步恶化，树立了良好的负责任大国形象，也取得了东盟国家的信任。1997 年 12 月，东盟国家邀请中、日、韩三国领导人参加东盟与中、日、韩首脑首次非正式会晤（即“10+3”）[①]，中国领导人与东盟国家领导人举行首次双边会谈（即“10+1”）。中国—东盟发表《联合声明》，宣布努力建立面向 21 世纪睦邻互信伙伴关系。[②] 此后，在“10+1”“10+3”等以东盟为主导的多个区域合作机制的推动下，中国与东盟的关系取得了全面发展，中国对东盟的政治、经济影响力得到空前的提高，对此，美国看在眼里，嫉妒在心。南海问题事涉六国七方，其中有五个东盟国家，美国通过在南海搬弄是非，煽风点火，可以达到离间中国与东盟国家关系的目的，进而平衡中国在东南亚地区日渐增长的影响力。

美国出于地缘战略利益考虑，力图阻止中国取得南海海域的控制权，遏制中国在亚太地缘战略均势中的优势。可以预料，随着中国在南海陆

---

① 参见《江泽民将出席东盟—中日韩和中国—东盟首脑非正式会晤》，《人民日报》1997 年 12 月 3 日。

② 参见《中国—东盟首脑非正式会晤举行》，《人民日报》1997 年 12 月 17 日。

域吹填工程初步完成，中国在南海控制权问题上的被动局面将会逐步扭转，奥巴马在南海问题上的立场、政策取向，实质上是对中国在不远将来确立对南海控制优势的担心，甚至是焦虑的一种反应。

三、美国插手南海问题对亚太区域的和平与安全构成严重威胁

美国把介入南海问题作为其“亚太再平衡”战略的一个支点，其目的是对综合国力日益增强的中国进行遏制。美国对南海问题的插手和干预，造成南海局势持续紧张，对亚太区域和平与安全构成严重威胁。

（一）美国在南海海域的军事挑衅行为，有引发中美两国在南海海域擦枪走火的可能

从 20 世纪 70 年代起，中美两国相当长时间内在维护亚太区域和平与稳定方面存在广泛共识，两国为维护这一局面进行了广泛的磋商与合作，一直是维护亚太区域和平与稳定的积极因素。而美国一而再、再而三派遣军机、军舰非法飞越、航行在中国南海 12 海里领海和领空，对中国领土主权安全构成挑战，也必将引发中国相关军事力量采取相应反制措施。针对 2016 年 5 月 17 日美机抵近中国海南岛附近空域实施侦察活动，中国两架军机依法依规进行跟踪监视。美国国防部发言人却称，一架美国侦察机在南海上空遭遇中国飞机迫近，最近距离小于 50 英尺（约 15 米），“此次事件为不安全事件”[①]。这种局面若反复出现，将大大增加两军间擦枪走火的风险。如果发生误判，极有可能升级为冲突。亚太区域两大国间的冲突必然危及该区域和平稳定的大局。

（二）美国介入南海问题激化南海声索国间的矛盾，进一步加剧了南海的紧张局势

南海争端问题自 20 世纪 70 年代以来，虽然偶尔成为区域国际关系中的敏感话题，但由于相关声索国的持续努力，南海问题对于亚太区域和平与稳定的大局影响始终在可控的范围内。各方也在积极努力寻求问

① 《美国有关南海的言行将导向一条冲突之路》，《中国青年报》2016 年 5 月 21 日。

题的解决。奥巴马执政第二任期间，美国企图把水搅浑，特别是美国在南海争端问题上“选边站”的行为，一定程度上激化了有关方关于南海问题的矛盾。由于有美国撑腰打气，中国周边南海声索国在南海问题上不仅采取更加强硬的立场，而且在美国的支持下积极扩军备战，加快在南海海域的军事部署，使南海局势持续紧张。

（三）美国介入南海问题对于亚太区域的国际关系产生了极端负面影响

苏联解体后，由于美苏两极对峙的冷战格局结束，国际局势总体上走向缓和。与此同时，全球化、信息化浪潮席卷全球，亚太各国利用全球化及新技术革命带来的机遇，积极寻求适合自身发展的道路，促进经济发展。亚太区域各国间逐步建立起一系列相互尊重、平等互利、合作共赢的双边关系、区域合作关系，使和平与合作成为亚太区域国际关系主流。美国在近期南海问题上“拉帮结伙”对亚太区域和平与合作的国际局势造成严重影响。美国为了使日本成为其遏制中国的“马前卒”，对于日本右翼势力修改和平宪法的行为听之任之，为日本军国主义复活打开了方便之门。2012—2016 年，日本利用各种机会炒作南海问题，并通过与有关国家在南海海域进行联合演习、开展防卫合作等，加大对南海问题的介入，对中日关系带来不利影响。美国加大对南海问题的介入，东盟成员国面临在中美两国间“选边站”的困境。这使亚太区域海上问题保持高位运行，增加了地区安全风险。

（四）美国介入南海问题加剧了中美两国间的战略互疑

中美作为安理会常任理事国，当今世界第二、第一大经济体，两个重要的有核国家，在维护世界和平与稳定，促进世界经济的繁荣与发展方面及解决影响人类共同发展的全球性问题方面有着重要影响力。两国在全球、地区及双边层面面临一系列需要合作的议题。美国作为南海争端的局外国家，南海问题本不是中美关系中的议题，但是，美国对南海问题加大介入，成为中美两国博弈的又一问题领域，加剧了中美两国间的战略互疑，对两国在其他层面合作关系也产生了一定的负面影响。

四、美国南海政策的发展趋势及中国的对策

奥巴马执政时期美国南海政策虽然有较大幅度的调整，但就其出发点而言，这些调整仍是美国传统南海政策的延续，主要目的是实现美国在亚太区域的战略利益。特朗普执政后，面临众多国内国际议题，困难连连，其亚太战略迟迟没有出台。2017 年 11 月，特朗普的亚洲之行，及 2017 年 12 月 18 日和 2018 年 1 月 20 日、31 日，短短一个多月内先后发表的《国家安全战略报告》《2018 国防战略报告》和特朗普的国情咨文三个官方文件，使特朗普的印太战略由模糊逐渐走向清晰。在特朗普的印太战略中，中国被定位为“战略竞争对手”，把中国、俄罗斯与流氓国家、恐怖主义并列为美国国家安全包括经济安全的最大威胁，进而将中国作为美国战略打压乃至遏制的对象。鉴于南海问题涉及美国在亚太区域重要的战略利益，未来美国南海政策仍将是其实现“印太战略”的一个抓手。首先，特朗普的南海政策服务于其对华政策。一年多来，从特朗普的对华政策实践可以看出，特朗普对华政策是以“美国优先”为主导，实现美国利益最大化为目标。以“交易”见长的特朗普，将利用一切可以利用的机会向中国施压，南海问题也必将成为美国实现对华政策目标的一个抓手。其次，美国仍将加大在南海海域的军事存在。特朗普执政以来，美国军舰多次闯入中国领海。2017 年 2 月 18 日，特朗普执政刚刚满月不久，美国“卡尔·文森”号航母战斗群便开进南海海域。[①]5 月 24 日，美国海军驱逐舰“杜威”号在南海执行所谓“自由航行”任务，并驶入中国美济礁 12 海里范围。[②]7 月 2 日，美国“斯坦塞姆”号导弹驱逐舰擅自进入中国西沙群岛领海。[③] 南海是中国国家安全的天然屏障、重要的海上战略通道，同时更为关键的是涉及领土主权等国家核心和重大利益，中国政府在这一问题上没有退路。鉴于中美两国在当今世界国

---

① 参见《外媒：美国航母战斗机群“巡航”南海》，《参考消息》2017 年 2 月 20 日。

② 参见《外媒：美舰闯入南沙美济礁 12 海里》，《参考消息》2017 年 5 月 25 日。

③ 参见《外交部发言人陆慷就美国“斯坦塞姆”号导弹驱逐舰擅自进入中国西沙群岛领海事答记者问》，《人民日报》2017 年 7 月 3 日。

际权势结构中的地位与影响力，中美在南海问题上的分歧乃至冲突升级，不仅影响两国关系的健康发展，也会对亚太区域乃至世界和平与稳定的国际局势产生重要影响。因此，妥善管控分歧，防止中美间可能因南海冲突而恶化中国发展的国际环境，是今后一段时间内中国外交工作的一个重要方面。

（一）从长远战略眼光看待中美关系中的南海问题

随着中国在国际权势结构中地位不断提高，美国对中国崛起的焦虑也日益上升，利用一切机会抑制、延缓中国崛起的势头是当前美国对华政策的主要选择。南海无疑是中国的重大国家利益，近年来，日益凸显的南海问题为美国提供了可资利用的机会。然而，对于中国这样一个超大型的国家，美国要遏制其发展趋势绝非易事。中美关系的发展对中国国家利益的实现也有着重要影响，直接影响中国的战略利益、发展利益及安全利益。实现不同国家利益要有轻重缓急。南海问题是历史遗留问题，主要是因为中国积贫积弱所致。南海问题的解决最终还是要以实力为基础。经过改革开放 30 多年的发展，中国的发展进入新阶段，改革进入攻坚期和深水区，党的十九大对实现全面建成小康社会目标和把中国建成富强民主文明和谐美丽的社会主义现代化强国进行了具体战略部署。党的十九大政治报告提出："从十九大到二十大，是'两个一百年'奋斗目标的历史交汇期。我们既要全面建成小康社会、实现第一个百年奋斗目标，又要乘势而上开启全面建设社会主义现代化国家新征程，向第二个百年奋斗目标进军。"① 可见，发展仍是中国当前第一要务，发展需要和平稳定的国际环境。美国利用一切机会为中国发展制造障碍，试图扰乱中国的战略部署，对此，我们应保持清醒的认识。

（二）通过进一步深化合作共赢的睦邻关系，化解东盟国家对中国崛起的戒备心理

东盟成员国作为亚太格局中较小的国际行为体，在外交方面，一直都有在区域大国间搞平衡的传统，试图左右逢源，保持相对独立的地位，力争获得更多的实惠。随着中国综合实力的增强，东盟某些国家感到莫

---

① 《中国共产党第十九次全国代表大会文件汇编》，人民出版社 2017 年版，第 22 页。

名的紧张，特别是与中国有着海洋争端的个别国家更有时不我待的压力，这是国际权势结构变化过程中弱小行为体的本能反应，也是近年来南海问题再度紧张的重要原因。20 世纪 90 年代以来，中国—东盟经贸关系取得长足发展。“21 世纪海上丝绸之路”重大倡议提出后，由于东盟地缘上与中国接近，在地理上居于“海上丝绸之路”枢纽位置，东盟诸国是“海上丝绸之路”开展合作的主要对象国。亚洲投资开发银行、丝路基金承诺为中国和东盟在公路、铁路、航运、油气管道等方面的互联互通提供长期、低成本的资金，满足基础设施投资的资金缺口。[①]中国与东盟围绕共建“21 世纪海上丝绸之路”的合作取得了可喜进展。中老铁路、印尼雅万高铁开工建设，中泰铁路项目启动；中马“两国双园”，中泰、中柬、中越、中老、中印尼等多个产业园区合作顺利推进；中国—东盟港口城市合作网络投入运行，港口物流信息中心、航线及航线服务项目启用，水上训练基地开工；中国—东盟信息港项目加快建设。[②]下一步应从进一步做实、做细上下功夫，在东盟真正树立起坚定走和平发展的形象，增强对中国的信任。就南海问题而言，中方在一系列反制措施取得显著成效后，在没有来自其他声索国明显挑衅的情况下，应在进一步巩固取得成果的基础上，在南海问题上继续坚持“双轨思路”，力争促成有关声索国就管控矛盾分歧、推进务实合作、南海划界问题展开谈判，以减少美国介入南海问题的机会。

（三）在构建中美新型大国关系的框架下积极管控中美在南海问题上的分歧

美国介入南海问题的主要目的是防止中国取得南海控制权，进而对其在亚太区域的霸权地位构成威胁。这是美国国强必霸冷战思维在作祟。美国作为当今世界唯一的全球霸权国家，“航行自由”对于美国有着非同一般的意义。但美国在南海海域一再鼓噪“航行自由”，动机并不单纯，明显有其不可告人的目的。应对中美在南海问题上的分歧，应明确向美方表明中国在南海问题上的底线，防止双方出现误判。

---

① 参见欧阳洁：《银行业要为一带一路建设铺路搭桥》，《人民日报》2017 年 5 月 15 日。

② 参见张高丽：《深入推进二十一世纪海上丝绸之路建设　共筑更紧密的中国—东盟命运共同体》，《人民日报》2016 年 9 月 12 日。

（四）继续按照自己的节奏行使在南海的主权、主权权利及管辖权

西沙群岛、东沙群岛、中沙群岛和南沙群岛自古以来是中国领土，中国对这四个群岛及附近海域拥有主权，对相关海域享有主权权利和管辖权，其他国家应当尊重。中国海岛建设是基于国家战略、安全和发展利益的考虑，要依据国家的发展战略制订合理的建设计划，并稳步推进，在亚太区域和平与发展环境没有发生重大变化的情况下，不要轻易改变发展节奏。

［原载《史学月刊》2019 年第 10 期］

南海争端中的美国因素及其对中国维护南海权益的影响

南海争端起源于20世纪70年代，主要是70年代以后周边一些国家对中国南海“U形断续线”范围内海上主权提出异议，用武力强占部分中国岛礁，并非法开采海底资源引起的中国与东南亚有关国家之间领土归属的争端。该争端本与美国无关，但美国基于其亚太战略乃至全球战略的考虑，不断调整其对南海争端的立场，70—90年代中期，美国对南海争端的立场相对较为中立，90年代中期以来，美国以保护自由通航为由逐步介入南海争端，并将此作为实现其亚太战略的一种手段。美国的介入对中国南海主权权益的维护产生了极其负面的影响。

一、南海争端历史回顾

南海是中国海域中面积最大的一个海，总面积350多万平方公里，是世界第三大海。南海诸岛是南海中中国许多岛屿、沙洲、礁、暗沙和浅滩的总称。它们分布的范围很广，北起北卫滩，南至曾母暗沙，绵延1800公里；西起万安滩，东北至黄岩岛，长900多公里，共有岛、礁、沙、滩200多个。自北向南大致可以分为东沙、西沙、中沙和南沙四大群岛。南沙群岛是四大群岛中位置最南、岛礁最多、分布范围最广的一组群岛。南海争端的焦点就是南沙群岛。争端方有六国七方，即中国大陆和台湾地区、越南、马来西亚、印度尼西亚、文莱和菲律宾。

南海诸岛历来是中国领土的一部分，中国最早发现了这些岛屿，而历代中国政府也一直致力于经营开发这些岛屿和行使行政管辖权。早在汉代，中国人就已开始在南海航行。经过长期的航海实践，中国人先后发现了西沙、南沙群岛。宋时，中国人把包括南沙群岛在内的南海诸岛命名为“长沙”“石塘”。明清时，南海诸岛被标示在中国官方的地图中，并且标出了南海航线和航程。此外，我国海南岛的渔民在每年 11 月到次年的 4 月鱼汛期都成群结队驶往南沙群岛捕鱼。他们经常把船停靠在太平岛，补充淡水，修理船只。在西沙、南沙群岛上，到处都留下了我国渔民生产活动的遗迹。①1947 年上半年，在中国政府内政部方域司编绘、国防部测量局代印的《南海诸岛位置图》中，在南海海域中标出东沙群岛、西沙群岛、中沙群岛和南沙群岛，并在其四周标绘了一条由 11 段断续线组成的线。这条线，现在国人中有的称为“U 形线”“袋形线”。1948 年初，这幅图被收入由内政部方域司傅角今主编、王锡光等人编绘的《中华民国行政区域图》中，由商务印书馆公开对外发行。②该线于 1948 年公布时，国际社会并未提出异议，周边的东南亚国家也从未提出过外交抗议，这等同于默认。中华人民共和国成立后，中国无论官方还是其他单位出版的地图中，有关南海“U 形线”的画法，基本上沿袭了 1948 年当时政府公布的地图画法。1962 年地图出版社第二版《中华人民共和国地图》（1∶400 万挂图）是目前中国所有地图中“U 形线”标准绘法的依据，将 11 段线改为了 9 段线，减去北部湾的二段线段。③此外，中国政府和人民继续对西沙群岛和南沙群岛进行管辖和经营建设。1950—1956 年，广东省琼海县大批渔民不断前往南沙群岛进行渔业生产。广东省海南行政区有关部门不断派遣人员到西沙群岛调查勘测、捕捞水产、开采磷肥、建立气象台，并对西沙群岛的渔民进行管理。④1958 年 9 月 4 日，中国政府发表声明，宣布领海宽度为 12 海里，并明确指出，这项

① 参见李金明：《南海争端与国际海洋法》，海洋出版社 2003 年版，第 1—3 页。

② 参见潘石英：《南沙群岛·石油政治·国际法：“万安北 -21”石油合同区位于中国管辖海域毋庸置疑》，香港经济导报社 1996 年版，第 57 页。

③ 参见中国南海研究院：《历史性权利与历史性水域研究》，中国南海研究院 2004 年，第 231 页。

④ 参见《中国对西沙群岛和南沙群岛的主权无可争辩》，《国务院公报》1980 年第 1 期。

规定适用于中国的一切领土，包括台湾及其周围各岛、澎湖列岛、东沙群岛、西沙群岛、中沙群岛、南沙群岛以及其他属于中国的岛屿。[①]1959年3月，海南行政区在西沙群岛永兴岛设立了“西、南、中沙群岛办事处”。[②]

越方是挑起当代南海主权争端的急先锋。1956年6月1日，南越当局发表公报，声称对西沙和南沙群岛拥有传统主权。此后不断派军舰侵占南沙和西沙群岛的一些岛屿。[③]而南海主权争端问题的凸显是20世纪70年代以后的事。1968年，联合国亚洲暨远东经济委员会“亚洲外岛海域矿产资源勘探协调委员会”公布了关于“越南邻近海域、南沙群岛东、南部海域蕴藏丰富的油气资源”的勘察报告[④]，与此同时，国际海洋法律制度也在酝酿深刻变化，沿海国纷纷将其海洋权益扩充到200海里范围。70年代起，越、菲、马、印尼及文先后宣称对南沙群岛及其周围海域拥有全部或部分主权，并强行侵占我南海岛礁，从而引发了南海岛礁归属的争端问题。70年代，越、菲共侵占中国南海15个岛礁；80年代，马来西亚加入侵占行列，越、菲、马三国共侵占中国南海20个岛礁；90年代，上述三国又侵占了中国南海8个岛礁。[⑤]与此同时，上述三国及印度尼西亚还采取种种方式，展开了对南海海域的油气资源掠夺性勘探和开采。为了维护中国的南海主权权益，1974年和1988年，中越两国两度发生海上军事冲突。与此同时，为了维护南海海域的和平稳定，90年代初，中国对外正式提出了“搁置争议，共同开发”南海的主张，期望通过和平谈判、共同开发的方式，逐步与东盟中的南海问题争端国解决问题。但90年代以来，双方在南海问题上的争端仍多有发生，特别是近几年来，周边南海主权声索国通过公布“领海基线法”和登岛“宣示主权”等方式，展开了新一轮对中国南海主权权益侵占行为，也再度使南海争

---

① 参见《中华人民共和国政府关于领海的声明》，《人民日报》1958年9月5日。

② 参见《中国对西沙群岛和南沙群岛的主权无可争辩》，《国务院公报》1980年第1期。

③ 参见李国强：《南中国海研究：历史与现状》，黑龙江教育出版社2003年版，第243页。

④ “ECAFE Committee for Coordination of Joint Prospecting Mineral Resources in Asia Off-Shore Areas (CCOP), ” Technical Bulletin, Feb., 1996.

⑤ 参见李金明：《南海争端与国际海洋法》，海洋出版社2003年版，第7页。

端达到白热化程度。

目前，在中国南沙群岛，已经形成六国七方分割占领的状况。除中国大陆控制的永暑礁等 8 个岛礁和台湾当局控制的太平岛外，南海周边等国已经陆续占据了 40 多个岛礁。其中菲律宾占据 9 个，马来西亚占据 5 个，越南占据 29 个。① 如此，中国版图上“九段线”所划的传统海上疆界被分割殆尽。与此同时，南海海域油气资源也遭到非法开采。南海周边国家已在南沙群岛海域钻井 1000 多口，发现含油气构造 200 多个和油气田 180 个，而现已投入生产的 500 余口油气井中，有 100 多口位于中国南海断续线内。参与采油的国际石油公司超过 200 家，年产油量在 5000 万—6000 万吨。②

中国南海主权权益遭受侵犯的主要原因，一是南海区域所具有的重要的地缘战略位置和丰富的自然资源，令南海周边国家垂涎。二是中国长期以来未能对南海有关岛礁实施有效管理，为南海周边国家提供了可乘之机。三是《联合国海洋法公约》存在的一系列缺陷，被南海周边各国侵蚀中国的南海权益所利用。四是域外国家介入南海问题，为南海周边国家侵犯中国的主权权益起到了提神壮胆的作用。美国是南海争端问题中一个最有影响的外来因素。

二、美国的南海政策

长期以来，美国的南海政策服从于其亚太战略乃至全球战略。直到 20 世纪 90 年代初，美国在南海问题上一直奉行所谓的“中立”立场，美国政府多次表示，它对南海各方主权争端的具体事宜不加过问，也不参与有关各方的谈判与争端解决过程。90 年代中期以来，美国对南海问题的立场开始有所变化，尽管仍一再声称对南海各方主权争端不表示立场，但以维护美国的国家利益和国际利益为借口，对南海问题的干预趋向越

---

① 参见李向阳:《2010 亚太地区发展报告：中国周边安全环境评估》，中国社会科学文献出版社 2010 年版，第 58 页。

② 参见《200 多家西方公司染指南海石油　年产量 5000 万吨》,《国际先驱导报》2019 年 1 月 21 日。

来越明显。

20 世纪七八十年代，中国与东南亚国家在南海不断发生冲突和争端，对此，美国采取不表态、不介入、不支持任何一方要求的立场。1974 年 1 月 21 日，美国国务院发言人约翰·金针对中国与南越当局在西沙群岛发生军事冲突接受记者采访说，美国对人们都自称对这些岛屿拥有主权的彼此冲突的说法不采取任何立场。[①] 在与中国的军事冲突中，南越政府曾两次要求美国第七舰队进行干涉，但是遭到了拒绝。[②]1988 年中越在南沙发生武装冲突之后不久，美国助理国务卿斯顿·西格尔称，美国不对这个争端表态，从某种意义上讲，美国不支持任何一方，希望在这里能恢复和平气氛。同时美国太平洋舰队司令罗纳德·海斯也称，美舰不介入，目前这不是美国该做的事情。[③] 这一时期，美国采取“中立”立场主要是基于其全球总体战略的考虑。由于在对付苏联在全球的扩张方面美国需要中国的支持，因而对南海主权属于中国不提异议，并拒绝支持其弱小盟友在南海问题上请求的帮助。

冷战结束以后，虽然南海问题已引起美国各界人士的注意，但对于南海争端问题，美国仍沿袭了之前的中立立场。其原因是在 20 世纪 90 年代前半期，美国亚太战略处于调适期，试图通过“经济、安全、民主”三个支柱建立“新太平洋共同体”，从而确立其在亚太区域的主导权。在三个支柱中，美国政府把“经济外交”放在首要位置，南海问题尚未进入美国亚太安全战略的议程。

90 年代中期起，美国对南海问题的立场开始有所变化，开始认为南海争端加剧了地区紧张局势，并表现出对该问题进行干预的倾向。1994 年 10 月，美国国防部部长威廉·佩里在北京国防大学讲演时指出，多年以来，南海局势一直是地区紧张的一个根源，并引起人们对未来的担

① 参见《美国务院发言人说：美对西沙群岛主权问题不采取任何立场》，《参考消息》1974 年 1 月 25 日。

② 参见《西贡说曾要求美第七舰队干涉遭拒绝》，《参考消息》1974 年 1 月 23 日。

③ 参见席来旺：《外交谋略——在崭新的世界格局中运筹帷幄》，红旗出版社 1996 年版，第 295 页。

心。[1]1995 年 5 月 10 日，中菲“美济礁事件”后，美国政府就南沙群岛问题发表了一个正式声明称，在南海地区的单方面行动和反应加剧了地区紧张，美国强烈反对使用武力和武力威胁解决领土争议，敦促所有声索方保持克制，以免破坏区域稳定。并说，维护航行自由是美国的基本利益，所有船只和飞机在南海不受阻碍地航行，对于包括美国在内的整个亚洲和太平洋地区的和平与繁荣是必不可少的。美国在有争议的领土主权要求问题上不表示任何立场，严重关切南海地区任何与国际法包括 1982 年《联合国海洋法公约》不相符合的海洋管辖权要求，或者对海上活动限制的举措。[2] 至此，美国确立了较为明确的关于南海问题的立场。虽然美国仍然表示在有争议的领土主权要求问题上不表示任何立场，但以维护贸易通道、航运自由和国际海洋公约为借口，强调美国在南海区域的利益之所在以及美国政府反对使用武力解决争端的明确态度。在此之后，美国助理国务卿约瑟夫·奈表示，如果南沙群岛发生了军事行动并且妨碍了海上航行自由，美国就准备进行军事护航，以确保航行自由。[3] 可见，美国开始表现出干预的趋向。

与此同时，美国学者、智库关于南海争端问题研究更加深入，一些质量较高的研究成果和研究报告不断问世。其中，1996 年 8 月美国和平研究所发表的《南中国海争端：预防外交前景》特别报告影响最为深远。报告主张美国应开展“预防性外交”，防止南海地区出现冲突和冲突蔓延；在南海地区，美国应坚持“中立”立场，但要有所作为，推动争端方通过协商解决问题，并保持美国海军在南海区域的常规存在，对任何争端方单方面使用武力解决争端的行为起到威慑作用。[4] 该报告提出的政策建议实际上成为之后美国南海政策的理论基础，此后，美国政府在南海区域的所作所为，便是对报告中所提政策建议的反应。

---

① William Perry, “The Sino-U.S. Relationship and Its Impact on World Peace, ” *US Department of State Dispatch*, Vol. 5, NO.44, October 31, 1994.

② Christine Shelly, “US Policy on Spratly Islands and South China Sea, ” *US Department Daily Briefing*, May 10, 1995.

③ Holloway Nigel, “Jolt from Blue,” *Far East Asia Economic Review*, August 3, 1995.

④ Scott Snyder, *The South China Sea Dispute: Prospects for Preventive Dispute*, A Special Report, the US Institute for Peace, Washington DC, August 1996. 美国和平研究所官网（http://www.usip.org）。

美国南海政策的变化与此时美国亚太安全战略调整密切相关。1995年2月，美国国防部发表的《东亚战略报告》，初步为美国的亚太安全战略指明了方向。并称，美国将继续承担在亚太地区的安全义务，改变过去5年里所执行的逐步削减东亚驻军的政策，决定在该区域保持近10万人的军事存在。[①]1996年11月下旬，美国克林顿总统访问澳大利亚时，强调美国亚太安全战略是：信守亚太地区的安全承诺，保持美在亚太地区的军事存在，继续以传统双边联盟为主、多边安全机制为辅构筑亚太安全体系。[②]1998年11月美国国防部发表的《美国东亚太平洋地区安全战略》，全方位地论述了美国在该地区的安全战略。报告指出，亚太地区依然是美国全球战略的重点，美军在东南亚建立后勤援助设施有利于维护美国的战略利益。美国应进一步扩大与东南亚国家在"军事互访、联合演习、后勤援助、训练安排以及军售"等领域的合作，大力提高美军在东南亚地区"威慑地区冲突、对危机做出灵活反应"的能力。为了实现其新的亚太安全战略，美国借南海周边国家对中国的防范心理，极力鼓噪"中国威胁论"，乘机与他们达成了一系列协议，获得这些国家的基地、机场、港口、维修补给和后勤保障设施的使用权。如，1998年，美国与菲律宾签订了《部队访问协议》，次年5月，菲律宾国会批准了该协议，向美舰开放菲苏比克海军基地和马尼拉港口；[③]2000年4月，美国与新加坡达成一项军事协议，允许美军舰（包括航母）使用新加坡樟宜海军基地；等等。如此美国便名正言顺地实现了其在南海区域的军事存在。美国还通过与东南亚国家频繁举行各类规模不等的联合军事演习，进一步加强在南海地区的军事渗透。这为其在区域发挥更大的作用，甚至干预南海争端奠定了基础。

"9·11"事件后，美国的战略重点是"反恐"，美国的亚太政策包括南海的政策服从于"反恐"的需要。奥巴马总统上台后，出于"重返亚

---

① US Department of Defense, "The United States Security Strategy for the East Asia-Pacific Region, 1998, " p.5.

② William J. Clinton, "Remarks to the Australian Parliament in Canberra," November 20, 1996, Public Papers of the Presidents. 美国总统项目官网（https://www.presidency.ucsb.edu）。

③ 参见余颂：《美国对南中国海的军事渗透》，《国际资料信息》2000年第12期。

太”的战略需要，调整了其南海政策。2009 年 6 月第十六届东盟地区论坛上，美国国务卿希拉里·克林顿代表奥巴马政府签订了加入《东南亚友好合作条约》的文件，并宣称美国“重返”东南亚。[①] 此后，奥巴马政府采取一系列措施强化美国在亚太的影响，进而推动了其南海政策的发展和变化。2010 年 7 月，希拉里在河内发表的关于南海争端的声明，第一次完整地表达了奥巴马政府的南海政策。声明虽然重申了 1995 年的《美国的南沙群岛与南海政策》的主要内容，但对美国在南海区域“国家利益”进行了拓展，指出不仅包括航行自由，还包括海洋公有空间的使用以及对国际法的尊重等内容，并认为美国不仅与东盟各国和东盟地区论坛各参与方共享这些利益，而且与其他海洋国家及更为广泛的国际社会也共享这些利益。[②] 希拉里关于美国南海政策的声明，表达了美国将南海相关权益扩大到包括国际社会绝大多数成员在内的政策导向，以及试图将南海问题国际化、多边化的政策努力。这一政策倾向实际上是明确反对中国长期坚持的南海问题是双边问题，不是多边问题的立场。

奥巴马政府南海政策的调整，既有美国全球战略重心东移亚太的深刻背景，也与中美两国在南海地区战略利益发生碰撞和美国对中国的战略防范不断加深直接相关。南海不仅是亚太地区的一个潜在的热点区域，也是大国利益、力量与意志较量的重要场所。2009 年以来，南海争端问题激化与美国某种程度上的支持有关。如 2009 年，菲律宾、马来西亚等南海主权声索国采取通过“领海基线法案”与登岛“宣示主权”等行动，使南海争端问题处于白热化状态。恰在此时，中美两国于 2009 年 3 月在南海发生“无瑕号事件”。这种巧合值得推敲。在中美南海事件外交争吵平息后，美国国内展开了关于南海政策的激烈讨论，其中一些人强烈要求美国改变以往的“中立”政策。新美国安全研究所研究员苏明凯认为美国现行南海政策暴露出美国对华战略的重大困境，建议美国积极介入南海争端与东南亚事务，加强在东南亚的军事存在，以维护美国在亚太

① Hillary Rodham Clinton, “Press Availability at the ASEAN Summit, Laguna Phuket, Thailand, July 22, 2009”. 美国国务院官网（http://www.state.gov)。

② Hillary Rodham Clinton, “Remarks at Press Availability,” Hanoi, Vietnam, July 23, 2010. 美国国务院官网（http://www.state.gov)。

地区的主导权。美国国务院副助理国务卿史考特·马锡尔和国防部副助理部长罗伯特·谢尔等人也都强调，为了维护国家利益，美国要在南海问题上有更积极的作为。[①] 在美国重返亚太的战略背景下，这些要求改变现行南海政策的观点不仅反映了美国战略界对中国在解决南海问题上所持立场的战略疑虑，也顺应了美国遏制中国，维护其亚太地区领导权的战略需要，对奥巴马政府南海政策调整产生了相当的影响。

三、美国因素加强介入南海问题对中国维护南海权益的影响

20 世纪 90 年代以来，针对南海争端问题，美国虽然一再声称不偏袒南海主权争议任何一方，但一直都把南海争端问题置于其亚太战略的框架之下，作为其实现亚太战略的一个手段。冷战结束以来，美国亚太战略的目标是维持其在亚太区域的霸权地位，防止挑战其在亚太区域主导地位的任何国家、集团或潜在的国家、集团的出现。中国作为亚太区域的大国，随着经济持续快速发展，中国的综合国力和国际影响力也得到快速提升。这引起了美国的“心理恐惧”和“战略疑虑”。在冷战后美国对华战略接触与遏制两面中，遏制和防范一面逐渐增多。20 世纪末美国亚太安全战略的调整主要是出于防范和遏制中国的考虑。21 世纪初美国的“反恐”战略暂时弱化了这一目标。奥巴马执政以来的所谓“重返亚太”战略只不过是这一目标的回归。美国把南海作为其牵制中国的前沿。这对中国的南海权益维护造成如下消极影响：

1. 危及中国战略安全利益

南海对维护中国东南地缘安全利益具有极为重要的战略意义。它是中国维护东南沿海经济发达区域的安全屏障，也是中国海军摆脱第一岛链束缚、走向印度洋的唯一出海口和中国经济发展所依赖的重要战略通道。因此，南海问题是事关中国领土主权完整与战略安全利益的重

① Scot Marciel, “Maritime Issues and Sovereignty Disputes in East Asia, ” Statement before the Subcommittee on East Asian and Pacific Affairs Senate Foreign Relations Committee, July 15, 2009. 美国国务院官网（http://www.state.gov）。

大问题。美国把东盟有关国家在南海争端问题上对中国的担忧和美国遏制中国的战略需要结合起来，以“航行自由”和“南海国际航道安全受到威胁”为由，强化其在南海地区的军事存在，不过是为达到维护其在南海地区军事霸权、封闭中国出海通道的目的。南海主权丢失，将使中国丧失纵深500—600海里的海上战略防御屏障，使中国的对外贸易、能源进口及海军活动受到严密监控，也不能充分有效地利用南海的自然资源和其他价值。这将使中国在亚太区域处于战略上相当被动的地位。

2. 增加中国收回南海主权的难度

1990年以来，美国南海政策的一个重要方面就是“和平解决，强烈反对使用武力或以武力相威胁”。表面上看，这种政策不偏不倚，甚至有利于维护南海地区的和平，使得各争端方只能用和平手段来解决南海争端。但目前，南沙群岛已被各国瓜分完毕，中国（包括台湾）只控制了其中的8个岛礁，对于本应拥有南沙岛礁主权的中国而言，美国的南海政策在实质上是剥夺了中国通过使用武力捍卫在该地区的主权和合法权益的权利。东南亚各国长期占据南沙岛礁，即使不能造成既成事实，但中国在将来要通过和平谈判来收回这些岛礁，其难度和可能性可想而知。因此，在将来中国宣布对南海的主权和通过非和平手段收回南沙岛礁的过程中，将不得不面对美国的军事力量。

3. 加剧了地区紧张局势

美国的南海政策明显地倾向于与中国存在主权争端的东南亚国家，这无疑将刺激东南亚国家进一步占据南海的野心。2011年6月，菲律宾把南海改名为“西菲律宾海”，这是公然对中国南海权益的侵犯。在此问题上，美国却站在菲律宾一边。11月，东亚峰会前夕，希拉里在马尼拉的一次记者会上谈到“中菲在西菲律宾海的争端”[①]，显然是对菲律宾的支持。菲律宾也认为这是对其在这一问题立场上的支持。菲总统发言人说，

① “Presentation of the Order of Lakandula, Signing of the Partnership for Growth and Joint Press Availability with Philippines Foreign Secretary Albert Del Rosario,” November 16, 2011. 美国国务院官网（http://www.state.gov）。

美国的存在增强了我们主张一定区域主权的能力。[①]这必然使得南海争端进一步激化，而各国为了在争端中取得优势地位而强化自身在该地区的军事存在，这在客观上加剧了地区紧张局势，冷战后南海地区出现的“逆裁军”现象便是证明。毫无疑问，美国的南海政策使中国维护南海主权的成本大大增加，随着美国越来越公开支持菲律宾和越南的主权要求，南海争端的局势可能更加不利于中国。

四、中国的应对之策

美国作为在南海问题上最重要的外部因素，在南海问题未来走向及最终解决方面可能会发挥关键性作用。中国除了正视美国在南海地区拥有较强影响力这一现实情况外，也要明确这一现状，即随着中国国力的进一步提升，中国对南海主权权益的维护与东盟一些国家不断对它进行的侵犯所形成的矛盾不会自动消失。对此，我们的政策选择是：

（一）坚定地表达维护国家领土主权的决心和意志，并采取切实措施维护中国的领海主权

领土主权利益涉及一个国家的核心利益，它是在任何情况下都要坚决加以维护的利益。如前所述，南海历来就是中国的领土主权，尽管近几十年来周边国家不断以各种借口对它进行侵犯，以种种手段非法占领南海部分岛礁，但南海主权属我这一事实是不容许改变的。因此，我们应坚定地表达维护国家领土主权的决心，对于任何对中国领土主权的侵犯行径都应该坚决予以反对。与此同时，我们还要采取如下切实的措施，维护中国的领土主权。首先，中国政府应创造条件，大力支持海军在南沙诸岛驻军，在我国领土上构筑工事，长期驻扎，以震慑和回击一切来犯之敌，保护好自己的海洋国土和海洋资源。同时，中国军队同样必须在合适的时机充分展示自己的海上军事实力，维护中国的海洋主权。其次，进一步加强对我国南海主权归属的史料和法理研究，为我国主张南

① Daniel Ten Kate and Julianna Goldman, “Obama Targets Maritime Security as China Spars with Philippines over Sea,” Bloomberg, November 17, 2011.

海主权和相关权利提供有力的证据。同时也应注意对《国际海洋法》进行深入的研究，为日后万一有国家将南海争端提交至国际争端解决机构做好法理等相关准备。再次，加强中国对海岛的法制管理。目前中国海上的执法力量主要有 5 个部门：国土资源部下属中国海洋局及“海监”系列执法船，农业部渔政局下属的“渔政”船，交通部下属的海事局“海巡”船，同时还有公安部边防局下属的“海警”，以及海关部门的缉私艇。这些部门虽然都在执行着维护中国“海上主权”和中国公民生命财产安全的神圣使命，但由于职能各不相同，加强各执法力量间协调和统筹，使它们在依法行使好各自职权的基础上，共同对我国南海主权进行更为有效的管理，是当前引起关注的问题。

（二）坚持“与邻为善，以邻为伴”的周边外交政策，加强与东盟的战略沟通和战略互信

1991 年中国东盟建立对话关系以来，各领域双边关系都取得了重大进展。仅就经贸领域而言，1991 年，双方贸易额仅为 79.6 亿美元。2010 年，双边贸易额已达 2927.8 亿美元，扩大了 37 倍，年均增长率 20% 以上。中国成为东盟第一大贸易伙伴，东盟成为中国第三大贸易伙伴。[①]但与此同时，因受“中国威胁论”影响，一些东盟国家借助其他大国力量制约中国的战略企图对中国与东盟关系产生了负面影响。作为一个由 10 个相对弱小的国家组成的区域合作组织，东盟多年来一直通过大国平衡外交来增强自身在亚太区域的影响力。实践证明，东盟国家一定程度上实现了他们的这一目标。20 世纪 90 年代以来，东盟在亚太区域合作中，如 APEC、东盟地区论坛、东亚区域合作中都发挥了任何单一东盟国家无可比拟的影响力。东盟与中国一起对 90 年代美国在亚太区域的霸权活动起到了一定的制约作用。进入 21 世纪，随着中国综合国力的提高，东盟国家对日益强大的中国产生了复杂的情绪。一方面，试图搭乘中国快速发展的便车实现自身的发展；另一方面，对崛起后中国的发展战略产生疑虑，试图联合其他亚太大国平衡中国的影响力。而美国的新亚太战略，特别是奥巴马执政后美国高调“重返亚太”的战略，与东盟国家一

① 参见《中国—东盟合作：1991—2011》，《人民日报》2011 年 11 月 16 日。

拍即合，导致他们在南海问题上相互利用。对此，我们应在积极推进中国与东盟多层次合作关系进一步发展的基础上，积极促进区域安全机制的建设。积极参与地区多边对话机制，促进地区多边建立信任措施的发展，通过政府或非政府间的各种安全对话渠道增进各国相互信任和理解，努力消除“中国威胁论”的影响，进而向周边展示一个正在崛起、成熟、言而有信的负责任大国形象。当东盟国家不再将中国视为威胁时，它们就不会引入外部力量来制衡中国，那么外部因素介入南海问题的借口将大大减少。

（三）有针对性地应对美国在南海地区的利益需求

美国在南海区域有两种重要的利益需求。一是经济利益，主要是商业通航利益。南海区域是世界贸易一个重要的海上交通枢纽，每年有价值 5.3 万亿美元的双边贸易，其中美国有 1.2 万亿美元的双边贸易途经此地。[①] 如果以 2010 年美国对外贸易额 3.24 万亿美元计 [②]，美国每年通过南海区域的对外贸易额占其总贸易额的 37%。这是美国在南海地区的合法和合理利益，应予以尊重和保障。此外，美国因美籍公司与南海周边国家合作开采南海区域自然资源所获得的“商业利益”是对中国南海主权权益的侵害，我们应坚决予以反对。二是战略利益，也就是前文所述的美国要继续保持其亚太秩序主导者的地位。美国介入南海是为遏制和防范中国的战略服务的。对此，我们一方面采取如上文所说的措施，不给外部力量介入南海问题提供机会；另一方面，仍要坚持韬光养晦战略，把工作重心放在提高自身的综合实力上。因为维护国家的领土主权权益需要强大的实力为后盾，同时中国能否崛起决定性因素在于我们自身，只要我们坚定方向，排除干扰，抢抓机遇，迎势而上，持续实现经济又快又好发展，中国的崛起是谁也阻挡不了的。

［原载《毛泽东邓小平理论研究》2012 年第 12 期］

---

① “Press Briefing by NSA for Strategic Communications Ben Rhodes and Admiral Robert Willard, U.S. Pacific Command,” November 13, 2011. 美国白宫官网（http://www.whitehouse.gov）。

② “United States Department of Commerce, U.S. Trade Overview Last updated,” June 24, 2011. 美国商务部官网（http://www.trade.gov）。

20 世纪 80 年代中国的南海政策

南海自古是中国领土，二战一结束，中国政府就开始在南海海域行使主权管辖权。中华人民共和国成立后，中国政府继续对南海海域行使主权，针对国际上任何侵犯中国南海主权的行为以外交手段、主权宣示的方式予以抗议。进入 20 世纪 80 年代后，中国政府除继续采取主权宣示的方式维护中国在南海海域的主权外，依据国际国内局势的变化，开始采取较为积极的政策，通过多种方式行使南海海域的管辖权。这一时期的南海政策对于增强南海海域的管辖权、南海资源的勘探和开发等产生了积极影响。同时，80 年代中国的南海政策也存在一定的局限性。

一、中国政府采取较为积极的南海政策的原因

这一时期中国政府采取相对积极的南海政策，出于以下几个方面的考虑：

（一）主权安全方面

20 世纪 70 年代初起，菲律宾、越南等周边国家相继出兵侵占和分割我南沙群岛的岛礁、海域，掠夺我南海海域的资源，使我南海主权权益面临严峻挑战。如上文所讲，进入 80 年代后，周边国家对我南海主权的侵害行径不仅没有减少，反而伺机扩大。近代中国百年屈辱史使中国人民对主权安全、领土完整问题非常敏感。改革开放后，中国人民开始满怀信心向着现代化强国迈进，随着香港、澳门主权问题的解决，中国政

府也就更加关注南海主权安全问题。

（二）战略方面

20 世纪 80 年代初期，中国政府主要是出于安全战略方面的考虑，防范苏联利用南海对中国进行围堵。越南战争结束后，苏联利用美国在东南亚区域战略收缩的机会，开始在该区域及南海海域扩张。越南统一后，苏联通过利用 70 年代初以来中越间的一些摩擦和矛盾、支持越南地区霸权政策、加大对越南的经援和军援等手段，使越南在中苏间作出选择，投向自己一边。1978 年 11 月，苏越签订友好合作条约，苏联从越南得到了它所需要的军事基地金兰湾。1979 年 2 月 8 日，4 艘苏联军舰驶向越南东南海岸的金兰湾。[①] 该基地的使用对苏联战略扩张有重大意义，使苏联海军的北太平洋基地从符拉迪沃斯托克（海参崴）向南大幅度伸出，其太平洋舰队的活动范围和灵活性大大增加。苏联海军进驻金兰湾，对中国战略安全构成威胁：一是苏联海军进驻中国南海海域，中国南海主权权益受到直接威胁；二是使中国有受到苏联南北夹攻的威胁。对此，中国政府被迫加强在南海海域的防御能力。

80 年代中后期，随着中苏关系缓和的发展，中国政府在南海海域战略安全方面的考虑逐渐让位于经济安全的考虑。1984 年，经过改革开放初期城市改革试点的成功实验后，中国的城市改革开始全面展开。1984 年 5 月，中共中央、国务院决定进一步开放大连、秦皇岛、湛江、北海等 14 个沿海城市。1985 年 2 月，中共中央、国务院决定将长江三角洲、珠江三角洲、闽南厦漳泉三角地区开辟为沿海经济开放区。这样，中国 4 个经济特区中的 3 个，3 个沿海经济开放区的 2 个，14 个沿海开放城市中的 2 个濒临南海，因而，南海作为中国发展外向型经济的通道，对于中国沿海经济的发展具有重要的战略意义。

（三）经济方面

南海有丰富的生物资源、滨海砂矿资源及油气资源，这些资源特别是油气资源对中国经济发展具有重要意义。在 20 世纪 80 年代之前，中国陆上石油资源不仅能够自足，还可以把剩余的出口换取外汇。80 年代

① 参见《苏联军舰驶向金兰湾炫耀武力》，《人民日报》1979 年 2 月 11 日。

初起，以大庆油田为代表的主力油田开始相继进入高含水期，产量逐年下降，下降速度也逐年加快。而随着中国城市改革开放全面开展，能源需求大幅度提高，能源短缺成为制约中国经济进一步发展的一个重要因素，加快对海上油气资源的勘探和开发成为中国政府解决能源问题的一个重要方面。早在 20 世纪 60 年代，我国就开始对南海的油气资源进行了调查和勘探，我国的海洋地质工作者们通过科学、缜密的探测、研究和论证，已经证实南海中多个盆地具有良好的油气远景。据估计，在南海将至少可以找到 250 个油气田，其中可能有 12 个大油气田，总探明可采石油储量为 200 亿吨，天然气储量约为 4 万亿立方米。如果按可采储量 1 倍推算，则南海石油地质储量为 400 亿吨，天然气地质储量为 8 万亿立方米。[①] 如果南海丰富的油气资源得到开发和利用，将对我陆上油气资源起到很大的补充作用。

二、20 世纪 80 年代中国政府管辖南海的措施

进入 80 年代后，中国政府逐步采取更加积极的政策，加强对南海诸岛及其附近海域的管理。

（一）外交上对任何侵害中国南海诸岛主权的行径进行抗议，并注重从历史、法理视角论证中国南海诸岛主权的合法性

这一时期，越南、菲律宾、马来西亚在巩固其前期侵占中国岛礁的同时，进一步扩大他们的侵占行径。越南于 1979 年 9 月、1982 年 1 月，先后发布两个白皮书，宣称拥有西沙群岛、南沙群岛的主权，企图为其占领我南海岛礁提供历史、法理依据，争取国际社会的同情和支持。越南还通过在所占岛礁上建立军事、民用设施等手段巩固其占领。与此同时，越南 1987 年侵占柏礁[②],1988 年又抢占南沙 11 个岛礁[③],1989 年 6 月

---

① 参见金庆焕：《南海地质与油气资源》，地质出版社 1989 年版，第 408 页。

② 参见《越南非法侵占我南沙群岛部分岛屿》，《人民日报》1987 年 4 月 16 日。

③ 参见《外交部发言人对记者发表谈话 正告越方立即停止侵占中国南沙岛礁》，《人民日报》1988 年 4 月 6 日；《越南继续非法侵占我南沙岛礁》，《人民日报》1988 年 5 月 25 日。

再侵占南沙万安滩等 3 个滩礁[①]。菲律宾也在找各种借口，试图使其侵占永久化。1983 年 5 月 15 日，菲国防部发表声明，称“卡拉延岛群”不是南沙群岛的一部分，并称，菲律宾对“斯普拉特利群岛”（南沙群岛）和“帕拉塞尔群岛”（西沙群岛）没有任何领土要求，“但是，她对卡拉延岛群却行使主权，因为菲律宾在那里定居的老百姓占据和开发了这个岛，菲律宾已获得了对这个岛的管辖权，而且这个岛上的菲律宾居民也要求得到菲律宾法律的保护”[②]。1987 年 11 月 24 日，菲律宾副外长何塞·因格莱斯声称菲律宾人是根据“谁发现岛屿，谁就有权在那里拓居”的国际法原则，于 1971 年占据了我南沙群岛的 3 个岛屿。他说，目前菲律宾“有效地控制着卡拉延岛群（我南沙群岛部分岛礁）53 个岛屿中的 7 个”[③]。1987 年 12 月 1 日，菲律宾外长劳尔·曼格拉普斯在招待会上同样表示，菲律宾前总统马科斯的政府把“卡拉延岛群”划为菲律宾的一个省，本届菲律宾政府对该岛群的领土要求是从旧政府那里延续而来的。[④]马来西亚于 1983 年 8 月以演习为名出兵侵占弹丸礁，1986 年 10 月又侵占南海礁和光星仔礁。[⑤]

中方对于越南侵害我南海诸岛主权的行径给予了针锋相对的回应。对于越南白皮书中的错误论点，1980 年 1 月 30 日，外交部发布题为《中国对西沙群岛和南沙群岛的主权无可争辩》的文件，以大量史料、文件、地图和文物证明西沙群岛和南沙群岛与东沙群岛、中沙群岛一样，自古以来就是中国的领土。并通过对历史记载、地理方位、地形、地貌考证，证明越南所讲的“黄沙群岛”“长沙群岛”根本不是中国的西沙群岛、南沙群岛，而只能是越南中部沿海的一些岛屿、沙洲。[⑥]针对 1982 年 11 月 12 日越南发表关于越南领海基线的声明，11 月 28 日，中国外交部发言人声明：越宣称的所谓北部湾边界线是非法的无效的，西沙和南沙群岛

---

① 参见《越南侵占我南沙群岛岛礁》,《人民日报》1989 年 9 月 29 日。

② 张良福编:《南沙群岛大事记（1949—1995 年）》，第 98 页。

③《菲律宾政府无理声称对我南沙群岛拥有主权》,《人民日报》1987 年 11 月 26 日。

④ 参见《菲政府再次无理声称对我南沙群岛拥有主权》,《人民日报》1987 年 12 月 3 日。

⑤ 参见胥士瞻:《我国周边国家（地区）概况》，空军司令部情报部 1993 年，第 1114 页。

⑥《中国对西沙群岛和南沙群岛的主权无可争辩》,《人民日报》1980 年 1 月 31 日。

是中国神圣领土。[1]而对于菲、马的侵权行为，中国的立场相对温和一些，回应一般就事谈国家的立场，不点名。如，针对马来西亚占领我弹丸礁，1983 年 9 月 14 日，外交部新闻司司长齐怀远在新闻发布会上说，最近，位于我国南沙群岛的弹丸礁被外国军队非法侵占，有的国家相继对我国南沙群岛的某些岛、礁提出领土要求。同时重申，中国对南沙群岛及其附近海域拥有无可争辩的主权。中国对于南沙群岛的合法主权，绝不允许任何国家以任何借口和采取任何方式加以侵犯，任何外国占据南沙群岛的岛屿以及在这些地区进行开发或其他活动都是非法的，不能允许的。[2]中国对菲、马的态度主要受这一时期中国外交政策的制约。

（二）加强在南海区域的防御能力和军事存在

20 世纪 80 年代，中国海军通过在南海海域进行军事训练、巡逻、进驻南沙岛礁、边防建设等加强了在南海的军事存在，以彰显维护国家主权的能力和决心。

这一时期，中国海军在南海海域开展了一系列史无前例的军事训练活动。1980 年 11 月 8 日，中国人民海军航空兵三师八团“轰 -6”飞机 2 架，首次飞往南沙群岛上空巡逻。1983 年，海军航空兵再次到南沙群岛巡逻。[3]1983 年上半年，中国海军南海舰队“X-950”综合补给船和“Y-832”运输船首次到达曾母暗沙，进行远海航海实习，历时 30 昼夜，航程 6721 海里。[4]1987 年 5 月 16 日—6 月 6 日，中国人民海军大型编队首次巡逻南沙群岛海域，这次我海军编队在南到曾母暗沙，北至北子岛以及南沙群岛的东西两线进行了正常水面巡逻。[5]10 月中旬到 12 月初，东海舰队远航一支多舰种合成编队在西太平洋和南中国海广阔的海洋空间，首次进行了一次大纵深、多波次、高强度的远程合同演练，最南抵

---

① 参见《外交部发言人声明：越南宣称的北部湾边界线是非法的无效的》，《人民日报》1982 年 11 月 29 日。

② 《外交部就弹丸礁被外国军队非法侵占一事重申南沙群岛历来就是中国领土》，《人民日报》1983 年 9 月 15 日。

③ 参见杨国宇主编：《当代中国海军》，中国社会科学出版社 1987 年版，第 710、482 页。

④ 参见卢如春等编：《海军史》，解放军出版社 1989 年版，第 338 页。

⑤ 参见曹保健：《我海军大型编队首次巡逻南沙群岛》，《人民日报》1987 年 6 月 9 日。

达曾母暗沙。[①] 中国海军在南海海域加强军事演习，主要目的是对中国海军续航能力、作战半径、舰只装备、综合保障能力和舰员素质进行检验。同时，以前所未有的频率、规模在南海海域巡逻演习，也是为了彰显中国海军维护国家在南海的领土主权和海洋权益的决心和能力，以震慑周边及相关国家对我南海主权和权益侵害的行径。

在加强对南海海域军事防御的同时，中国海军伺机进驻南沙群岛。中华人民共和国成立以来，因种种原因，特别是受中国海军投放力量的制约，中国海军一直没有进驻南沙群岛海域。1988 年 2—8 月，海军根据国务院和中央军委的决定，应联合国教科文组织的要求，在南沙群岛永暑礁建起了一座海洋观测站。1987 年 11 月 6 日，国务院、中央军委同意在南沙群岛永暑礁建设有人驻守的海洋观测站，并指示，建站任务主要由海军承担。1988 年 2 月，海洋观测站开始建造，来自南海舰队、东海舰队、交通部的 11 艘船只、登陆艇、登陆舰及补给船参与建造。海军派出作战舰艇和大型辅助船，对大现礁、华阳礁、东礁、赤瓜礁、琼礁、奈罗礁、渚碧礁等 11 个岛礁进行了实地考察，同时派出飞机，加强了对南沙海区的巡逻。[②]8 月 2 日，永暑礁海洋观测站落成。[③] 海军在建站的同时，还在渚碧礁、赤瓜礁、华阳礁、南薰礁和东门礁 5 个岛礁上建成了能抗 12 级风力的半永久性的高脚屋，并派人驻守。[④] 中国海军进驻南沙群岛是中国海军捍卫中国南沙主权领土完整的职责之所在，也为中国政府在南海海域行使管辖权提供了一定保障。在建站过程中，越南不断派出舰船对中国海军的考察、建造活动进行侵扰、阻挠和挑衅。1988 年 3 月 14 日，非法侵入中国南沙群岛海域的越方武装舰船悍然向正在南沙群岛赤瓜礁海域正常考察作业和巡逻的中国船只发起武装袭击，中国船只被迫进行自卫还击。我外交部向越方提出强烈抗议。[⑤]

---

① 参见《东海舰队首次远程合同演练成功》，《解放军报》1987 年 12 月 4 日。

② 参见卢如春等编：《海军史》，解放军出版社 1989 年版，第 323—324 页。

③ 参见黄彩虹：《根据联合国教科文组织要求 我在南沙永暑礁建成海洋观测站》，《人民日报》1988 年 8 月 2 日。

④ 参见卢如春等编：《海军史》，解放军出版社 1989 年版，第 325 页。

⑤ 参见《越南武装舰船侵入南沙群岛海域袭击我船只》，《人民日报》1988 年 3 月 15 日。

（三）强化对南海海域行使行政管辖权

20 世纪 50 年代，中国政府在西沙、南沙、中沙设立办事处，主要职责是领导开发建设南海诸岛，行使主权管辖权。但因种种因素，中国政府对南海的行政管辖成效不大。进入 80 年代后，中国政府进一步加强了对南海海域的行政管辖。1981 年 10 月 22 日，国务院批准设立广东省西沙群岛南沙群岛中沙群岛办事处（相当于县级），作为广东省人民政府的派出机构，由海南行政区直接领导。[①]1983 年 4 月 24 日，中国地名委员会受权公布我国南海诸岛部分标准地名，公布了 287 个岛礁的标准名称、汉语拼音及当地渔民习用名称。[②] 这是中华人民共和国成立以来首次大规模地对南海诸岛的地名进行普查。为加强对南海诸岛主权的行使，1984 年 5 月 31 日，中华人民共和国第六届全国人民代表大会第二次会议审议国务院议案，决定设立海南行政区，西沙群岛、南沙群岛、中沙群岛的岛礁及其海域接受其管辖，海南行政区归广东省人民政府领导。[③]1988 年 4 月 13 日，七届全国人大一次会议通过关于设立海南省的决定，南海诸岛是海南省辖区的一部分。[④] 设立海南省的主要目的是加快海南所辖区域的经济发展，同时也是为了加强对南海海域的行政管理。

（四）积极推动对南沙群岛海域进行科学考察

20 世纪 50 年代末 60 年代初全国性的海洋普查之后，中国科学院海洋研究所、国家海洋局南海分局对南海进行了多次科学考察。考察区域主要在西沙群岛、中沙群岛、东沙群岛。从 80 年代中期起，在国务院的支持下，中国科学院开始对南沙群岛进行综合考察。1984 年起，中国科学院南海海洋所执行了为期 3 年的南沙综合科学考察，期间共设 167 个站，总航程 12330 海里。研究绘制礁区新的地形地貌图；对礁区水文、气象、地质、化学、光学和生物等提出较系统的新资料和一些新见

---

① 参见张良福编：《南海群岛大事记（1949—1995 年）》，第 90 页。

② 参见《中国地名委员会受权公布我国南海诸岛部分标准地名》，《人民日报》1983 年 4 月 25 日。

③ 参见《六届人大二次会议审议国务院议案决定设立海南行政区》，《人民日报》1984 年 6 月 1 日。

④ 参见《七届全国人民代表大会第一次会议决议决定》，《人民日报》1988 年 4 月 14 日。

解。[①]1987 年 3 月 6 日，经国务院批准，由中国科学院牵头，会同国家各部委有关单位组成南沙综合科学考察队，成员单位 35 个，参加课题人员 300 多名，对南沙群岛及其邻近海域进行了最大规模的综合性科学考察。南沙考察历时 3 年，查明大面积海洋油气资源，发现一批海洋生物物种，论证了历史上我国对南沙群岛的发现和开发，获得大量第一手水文气象、海洋化学、海底声学、环境质量等综合考察资料。[②]这些考察活动是这一时期中国政府在南海海域行使主权管辖权的一个重要方面，考察所取得的成果也为开发和管理南海海域的资源、环境保护打下了基础。

三、20 世纪 80 年代中国南海政策的影响及其局限性

这一时期中国政府采取相对积极的南海政策，对于中国在南海海域行使管辖权产生了积极的影响，同时也引起周边国家的关注。

（一）中国在南沙群岛有了实际控制权

1988 年中国海军进驻南沙群岛 6 个岛礁意义重大，为之后中国政府在南海开展一系列维权举措乃至最终解决南沙问题奠定了坚实的基础，在很大程度上遏止了南海周边声索国进一步侵占岛礁的野心。之前，针对周边国家对我南海权益的侵犯，我们一直从法理上讲南沙群岛自古是中国的领土，虽然这也是捍卫主权的重要手段，但有了实际控制权，再从法理上讲就更有说服力了。同时，中国海军进驻南沙在一定程度上提高了中国在南海海域行使主权管辖权的能力。中国海军和其他海洋执法部门不仅通过在岛礁上建立一些监测和侦察点，监视南海各方行动，还可以以这些岛礁为中转站，在南海海域开展范围更大的行使管辖权的活动。

（二）促进了对南海资源的勘探和开发

中国南海政策对南海资源的勘探和开发的促进作用主要表现在对南海油气资源的开发方面。这一时期中国在南海一度掀起了勘探和开发南

① 参见中国海洋年鉴编纂委员会、中国海洋年鉴编辑部编：《中国海洋年鉴（1987—1990）》，海洋出版社 1992 年版，第 141 页。

② 参见《我国南沙科学考察获重大成果》，《光明日报》1990 年 3 月 9 日。

海海域油气资源的小高潮。为了加强中国海上石油开发和利用，1982 年 2 月，中国海洋石油总公司在北京成立，全面负责开采我国海洋石油对外合作的业务，享有在对外合作海区内进行石油勘探、开发、生产和销售的专营权。[①] 当时，启动南海油气勘探开发面临技术和资金两大难题，中海油通过与外国石油公司合作的方式来解决这些问题。中海油总公司在 20 世纪 80 年代共进行两轮招投标。第一轮招投标中，1983 年 8 月 23 日，中海油总公司与埃索、壳牌石油公司组成的投标集团签订在南海两个区块合作勘探开发石油的合同。[②]1983 年 11 月 15 日，中海油总公司同美国太阳东方勘探公司、美国宾斯石油远东公司、澳大利亚安波尔勘探有限公司、西班牙石油公司组成的投标集团签订了两项合作勘探开发海上石油的合同，这两个合同规定的勘探开发区域，位于我国南海北部湾盆地南部，面积为 1415 平方公里。[③] 在第二轮招投标中，南海区域开发的重点是珠江口盆地。中海油总公司先后与日本石油资源开发株式会社、华南石油开发株式会社及日本矿业株式会社组成的投标集团签订合作勘探开发南海珠江口 16/06 合同区的石油合同[④]，此后，中国海洋石油总公司先后与美国埃索中国有限公司、英国壳牌勘探（中国）有限公司签订了南海 39/11 区块石油勘探、开发、生产合同[⑤]，与美国菲利普斯石油国际亚洲公司及派克顿东方公司组成的投标集团签订了合作勘探开发南海珠江口 15/22 合同区的石油合同[⑥]，与美国阿莫科东方石油公司在北京签订了合作勘探开发南海珠江口盆地 16/34 合同区的石油合同[⑦]，与美国西方石油远东公司、联合石油珠江公司和日本石油资源开发株式会社组成的投标集团签订了合作勘探开发南海珠江口东部 27/24 合同区[⑧]。

---

① 参见《中国海洋石油总公司在京成立》，《人民日报》1982 年 2 月 16 日。

② 参见《我国与两个外国石油公司签订合同》，《人民日报》1983 年 8 月 24 日。

③ 参见《合作勘探开发海上石油　我国与外国石油公司又签署两项合同》，《人民日报》1983 年 11 月 19 日。

④ 参见《我国海上石油对外合作　二轮招标首批合同签字》，《人民日报》1985 年 11 月 9 日。

⑤ 参见《海洋石油招标又有进展》，《人民日报》1985 年 11 月 16 日。

⑥ 参见《海上石油二轮招标签第三个合同》，《人民日报》1985 年 12 月 18 日。

⑦ 参见《海上石油二轮招标进展快》，《人民日报》1986 年 2 月 19 日。

⑧ 参见《海上石油二轮招标又签合同》，《人民日报》1986 年 3 月 31 日。

1986 年 8 月 7 日，我国南海第一个油田投入试生产，这个油田位于南海北部湾东北部涠洲岛西南中法合同区，试生产阶段年产原油 90 万—100 万吨。目前，这个油田已钻探的 6 口生产井中有 4 口井投产，日产原油 1370 吨。[①]

（三）推动了对南海问题的研究

随着对南海海域科学考察的不断深入和发展，中国政府对南沙群岛及其周围海域有了更全面、更深入的认识，这也进一步推动了中国对南海问题的研究。这一时期，中国不仅关于南海的自然科学研究取得了很大进展，关于南海地理历史的研究也取得显著进展。中国社会科学院中国边疆史地研究中心自 1987 年以来组织、协调全国有关学者深入进行边疆史地的研究工作，着重研究了近 300 多年来的中国边界沿革史，发掘了大量散佚封存的历史资料，并受外交部委托，编辑了《南沙群岛资料》及撰写了南沙群岛史地问题综合研究报告。[②]韩振华主编的《南海诸岛史地考证论集》《我国南海诸岛史料汇编》，吴凤斌的《南海诸岛中的几个地名考证》《明清地图记载中南海诸岛主权问题的研究》《宋元以来我国渔民对南沙群岛的开发和经营》，戴可来的《〈抚边杂录〉与所谓“黄沙”“长沙”问题》，刘南威的《南海诸岛地名初探》，李庆新的《南海国考辨》，是这一时期有代表性的关于南海问题研究的优秀成果。这些成果以翔实的历史地理资料和有力的法理依据，充分论证了西沙群岛和南沙群岛自古以来就是我国的神圣领土。

（四）引起周边南海主权声索国及有关国家的关注

中国在南海行使管辖权，本是中国主权范围内的事情，却引起周边南海声索国的不安，他们最大的担心就是被中国赶出中国南海海域。越南是这一时期对中国南海政策反应最强烈的国家，越南或采取外交或采取军事手段，对这一时期中国在南海采取的每项措施都表示不满，或进行阻挠。上文谈到越南在中国南沙建站期间的活动是有代表性的行径。中越“三一四”海战后，越南一方面变本加厉地对我南沙岛礁进行军事

---

① 参见《我南海第一个油田试生产》，《人民日报》1986 年 8 月 12 日。

② 参见《我国边疆史地研究成果显著》，《人民日报》1991 年 7 月 19 日。

占领，另一方面在东盟国家中开展外交活动，以争得有关国家的同情与支持，同时联合菲律宾、马来西亚以和平解决争端为借口，试图保住他们在南海海域的非法所得。1988 年 5 月，越南副外长陈光基访问印度尼西亚、马来西亚、泰国和菲律宾后宣称："我所访问的所有国家都支持越南的立场，越南谋求通过和平谈判而非诉诸武力来解决斯普拉特利群岛的主权问题。"① 菲律宾对南海的紧张局势也感到非常不安。为试探中国的立场，1988 年 4 月中旬，菲总统访华期间与中国领导人谈到南沙问题，双方一致认为，应当用和平手段解决"斯普拉特利群岛"（南沙群岛）争端。② 但菲方仍不放心。为防止其非法所占岛礁未来被中国收复，菲政府紧急向所占南沙群岛增派军队，要求驻守部队进入全面的戒备状态。③ 同时，还试图与越南串通，联合向中国施压。1988 年 11 月底，菲外长访问越南，期间菲越发表联合声明称："双方一致认为有必须寻求和平解决有争议的斯普拉特利群岛的办法，或者是采用召开国际会议的方式，或者是要求国际法庭作出裁决。"④1988 年 7 月 2 日，马来西亚外长呼吁有关国家就南沙群岛问题举行会谈，以缓和南中国海的紧张局势。⑤ 印度尼西亚武装部队高级军官用怀疑的目光看待中国在该地区的任何活动。新任国防部部长本尼·穆达尼将军最近在吉隆坡举行的一个记者招待会上说，"斯普拉特利群岛"问题具有潜在的危险性，因为它涉及的对立国不止两国。一些观察家认为讲话中含有对中国的警告。⑥ 虽然当时两个超级大国美苏对中国南海政策没作太多表态，但是东盟国家的反应无论出于何种考虑，对于中国还是产生了一定的影响。因为这一时期，东盟国家是中国应对越南区域霸权主义需要团结的力量，而且中国与周边国家关系紧张不利于实现这一时期中国营造和平稳定的国际环境的外交目标。因而，自 20 世纪 80 年代末起，中国政府开始酝酿采取"搁置争议，共

---

① 张良福编：《南海群岛大事记（1949—1995 年）》，第 140 页。

② 参见《菲总统发言人说：科·阿基诺与李鹏的会谈友好而坦率》，《参考消息》1988 年 4 月 17 日。

③ 参见《菲报说菲向南沙群岛增派军队》，《参考消息》1988 年 6 月 2 日。

④ 张良福编：《南海群岛大事记（1949—1995 年）》，第 172 页。

⑤ 参见张良福编：《南海群岛大事记（1949—1995 年）》，第 163 页。

⑥ Rodney Tasker, "Calculating the risk factor," *Far east Asia Review*, 5 May, 1988, pp.24-25.

同开发”方式来解决南海海域的领土争端问题。

当然，由于历史及一些主观上的原因，这一时期中国南海政策也存在一定的局限性。较为突出的是，这一时期中国的南海政策总体上是一种应急反应式的政策。尽管与20世纪60、70年代相比，80年代中国政府采取了相对积极的南海政策，但是总的来看，这一时期中国的南海政策主要是对当时中国所处国际国内环境的一种反应，不是从有效行使国家南海管辖权视角制定的一项战略决策，因而，没有改变多年来中国在南海主权权益管理方面的被动局面，周边国家仍在侵占我南海岛礁，掠夺我南海资源。虽然一直以来中国政府都把领土主权利益看作国家的首要利益，但具体的领土主权问题在中国领导人决策中的优先位置是不同的。这一时期中国政府的南海政策主要着眼点不在于行使南海的主权和管辖权，而主要是服务于中国对外战略的需要。从20世纪70年代末起，中国政府就把苏联在中国南海的扩张，及苏联的支持下的越南在印度支那的扩张看作对中国安全的最大挑战。为应对这一挑战，中国政府积极发展同东盟国家的关系，争取得到东盟国家对中国东南亚政策的支持。在应对菲律宾、马来西亚侵害我南海权益的行为时，由于有这一方面的考虑，就保持相对的克制、低调。这在一定程度上放纵了菲、马在南海的非法行径，这也是这一时期不能改变中国在行使南海管辖权被动局面的一个原因。

此外，中国薄弱的海上力量是中国有效行使南海主权与管辖权的一个重要制约因素。凭借当时中国海军的技术水平、装备质量、续航能力、作战半径及综合保障能力，中国海军短期控制南海一些岛礁是绝对没有问题的，长期守卫却有困难。中国海空力量薄弱是一大短板。当时人民空军主力战斗机是歼-6、歼-7和少量歼-8，分属于第一代和第二代战斗机。中国周边越南和其他东南亚国家，其装备主力战斗机米格-21、米格-23、F-5属第二代。可见，我空军装备的战斗机的技术性能水平是比较落后的。中国大陆距南沙1000多公里，岛上没有空军基地，又没有航空母舰，在防守上中国确有补给和支援的困难。在缺乏海空优势的情况下，中国很难对南海行使有效的管辖。军事实力的发展是一个长远战略问题。

综上所述，进入 20 世纪 80 年代后，中国政府除继续采取主权宣示的方式维护中国在南海海域的主权外，依据国际国内局势的变化，开始采取较为积极的政策，通过多种方式行使南海海域的管辖权。这一时期的南海政策对于增强南海海域的管辖权、南海资源的勘探和开发等产生了积极影响。由于历史及一些主观上的原因，这一时期中国南海政策也存在一定的局限性。这一时期中国的南海政策主要是对当时中国所处国际国内环境的一种被动反应，不是从有效行使国家南海管辖权视角制定的一项战略决策，因而没有改变多年来中国在南海主权权益管理方面的被动局面。此外，相对薄弱的海上力量也对中国有效行使南海主权与管辖权构成制约。

［原载《当代中国史研究》2016 年第 3 期］

“海上丝绸之路”南海航线对于中国南海权益的历史价值

南海诸岛是中国固有领土，它们是由中国最早发现、命名及管辖的，因而，中国依法在南海享有领海主权权利和由领海主权延伸或衍生的其他权利。“海上丝绸之路”南海航线（以下称“南海航线”）至少自汉代起便是中国从海上通往西方的桥梁，是中国线路最长、连接国家最多、海域最复杂的航线，对于促进古代中国与沿线各国的贸易往来、文化交流及人员流动发挥了重要作用。中国南海诸岛是南海航线必经之地，南海航线历史变迁及其留下的历史遗迹为中国在南海享有的海洋权益提供了重要的历史依据。

一、南海航线兴起、发展变化

中国古代海上丝绸之路始于秦汉，兴于隋唐，盛于宋元，至明初达到顶峰，明中期以后，因海禁而衰落。

关于汉代丝绸之路的南海航线，《汉书•地理志》最早记载了汉代船队从雷州半岛航行南海的路线。书中记载称：“自日南障塞、徐闻、合浦船行可五月，有都元国。又船行可四月，有邑卢没国。又船行可二十余日，有谌离国，步行可十余日，有夫甘都卢国。自夫甘都卢国船行可二月余，有黄支国（今印度南部海岸康契普腊姆）。”[①]

中国唐代的航海技术继续发展，南海航线也得到进一步扩展。地理学家贾耽对当时海上交通航线有较为详细的记载。他在《新唐书·地理志》“广州通海夷道”中记载：“广州东南海行二百里，至屯门山，乃帆风西行二日，至九州石，又南二日，至象石，又西南三日行，至占不劳山，……，又西四日行，经没来国，南天竺之最南境。又西北经十余小国，至婆罗门西境。又西北二日行，至拔飓国。又十日行，经天竺西境小国五，至提飓国。又自提飓国西二十日行，经小国二十余，至提罗卢和国。一曰罗和异国，国人于海中立华表，夜则置炬其上，使舶人夜行不迷。又西一日行，至乌剌国，乃大食国之弗利剌河南入于海。小舟泝流二日，至末罗国，大食重镇也。又西北陆行千里，至茂门王所都缚达城。”[②]这一记载表明唐代的南海航线是从广州出发，经东南亚、印度洋北部诸国，由印度驶向阿曼湾，最终抵达波斯湾。

自晚唐以后，瓷器逐渐成为中国对外输出的大宗货物。由于瓷器笨重易损，经陆路运输极不方便，海上运输逐渐成为运输瓷器的主要途径。同时，不断进步的造船与航海技术也极大促进了海上交通的发展，如此南海航线呈现一派繁华景象。宋代周去非的《岭外代答·外国门》“航海外夷”条中，记录了这一景象。记载称：“诸蕃国之富盛多宝货者，莫如大食国，其次阇婆国，其次三佛齐国，其次乃诸国耳。三佛齐国者，诸国海道往来之要冲也；三佛齐之来也，正北行，舟历上下竺与交洋，乃至中国之境；其欲至广者，入自屯门，欲至泉州者，入自甲子门。阇婆之来也，稍西北行，舟过十二子石，而与三佛齐海道合于竺屿之下。大食国之来也，以小舟运，而南行至故临国，易大舟而东行至三佛齐国，乃复如三佛齐之入中国。”[③]宋朝重视和鼓励海外贸易，采取多种措施引进外国商人来华贸易。中国民间商人也活跃于海外各国港口，进一步促进了南海航线的发展。此外，宋代还开辟了广州到菲律宾的新航线。元代马端临在《文献通考·四裔考九》“占城”条中，记录了这一航线。记

① 《汉书》卷二十八下《地理志》，中华书局 1962 年版，第 1671 页。

② 《新唐书》9，地理志卷四十三，第 22 页。

③ 〔清〕鲍廷博辑：《知不足斋丛书》六，中华书局 1999 年版，第 231—232 页。

载称："占城国在中国之西南，东至海，西至云南，南至真腊国，北至欢州外界。海南去三佛齐五日程。陆行至宾陀罗国一月程，其国隶占城焉。东去麻逸国二日程，蒲端国七日程。北去广州，便风半月程。东北至两浙一月程。西北至交州两日程，陆行半月程。"①

元代时，中国奉行更加对外开放的政策，从泉州、广州到波斯湾的海路交流非常活跃。此时，伴随南海航线不断发展，中国人对沿线的国家和地区的认识也逐步深入。元末汪大渊撰写的《岛夷志略》一书，记载了华商所到的东南亚、南亚、西亚、东非国家和地区的地理气候、风土人情和珍奇特产，记载的国名和地名有200多个。

1405—1433年，明代郑和率领的庞大船队先后7次远航下西洋。这是中国人首次以史无前例的规模走向海洋，也是世界航海史上的伟大壮举，标志着中国的造船技术和航海能力居于世界领先水平，同时也将"海上丝绸之路"推向了鼎盛。郑和船队的足迹遍及东南亚、南亚及非洲东岸的30多个国家和地区，满载丝绸、棉布、麻布、瓷器、铁制用品、茶叶、药材等物品，航行于南海至印度洋。船队每到一地，都将中国丝绸和瓷器等物馈赠给当地国王或部落首领，并以中国丝绸等物品与当地居民进行商品贸易，增进了中国与所到之处的交流与沟通。

自郑和下西洋之后，明清长时期的海禁政策，使得中国人逐渐从"海上丝绸之路"的航线退出，留下来巨大的海洋势力和贸易真空逐渐被当时热衷于航海大发现并轻易击溃和取代阿拉伯武装商船的西方人所占据。"海上丝绸之路"这条主要以丝绸、瓷器等物品输出的贸易航路日益衰亡。

二、南海诸岛是南海航线的必经之地

由上文回顾南海航线发展变化可见，自秦汉时起，南海丝路航线便开始经今天广西南部的北部湾海域、广东西南的雷州半岛、海南岛西侧，以及南海南部海域。当时，国际上的航海水平均低于中国，这是世界公

① 〔元〕马端临:《文献通考》卷三三二《四裔考·占城》，中华书局1986年版，第2608页。

认的事实。可以说自汉代开辟的经过南海通往东南亚各国的这条航路，在相当长的历史时期内，仅有中国船只在行驶。[①]因而，这些海域及海岛首先为中国人民认识和开发。

唐代，如上文《新唐书·地理志》所载的这条沟通亚、非、欧海上丝路最长的航线，便是从广州出发，经今九龙半岛、西沙、南沙海域，到达西亚和东非乃至欧洲。这一时期，中国到印度求佛经的僧人半数以上是通过水路往来中国与印度的。据《大唐西域求法高僧传》记述，当时西行求法僧徒约 60 人，其中半数走海道。航线一般是从广州出发，经交趾再转向室利佛逝（今苏门答腊南部），再通过末罗瑜到印度。[②]这条航线经过南海西沙、南沙群岛海域。这些僧人一般搭乘过往的商船，因而他们走的也是南海航线。

宋代，中国西北陆上丝路交通在战乱中受阻，南海航线的地位进一步上升，与广州通商的国家有 50 多个。大量典籍记载显示南海诸岛海域为丝路航线所经。如上面提到的周去非《岭外代答·外国门》、马端临《文献通考》中记载了与广州通商的国家与地区的一些情况。特别是广州至菲律宾新航线开辟后，中沙群岛海域为新辟至菲律宾航线经过海区，使南海诸岛在南海航线中居于交通枢纽地位。

在明中后期之后，中国虽然实行海禁，但仍留广州一口对外通商，因而以广州为进出港的南海航线仍然畅通，并且在沿用和发展传统南海航线的基础上，又开辟了几条自广州出发的新航线。主要有三条：一是明代由七洲洋（西沙）、占城附近海面南下抵爪哇海、帝汶岛航线，二是明中叶从欧洲绕非洲好望角入印度洋经南海抵广州航线，三是明末从广州经菲律宾到南美洲墨西哥航线。这些航线基本上以西沙为中心展开，在西沙东西两侧形成两条常用航线。东侧一条叫“外沟航线”，西侧一条叫“内沟航线”。《海录》“噶喇叭（雅加达）”条指出这两条航线使用情况：“噶喇叭在南海中，海舶由往广东者，走内沟，则出万山（群岛）后，往西南行，经琼州、安南至昆仑。又南行约三四日到地盆山，万里

① 参见李国强：《南中国海：历史与现状》，黑龙江教育出版社 2003 年版，第 127 页。

② 参见〔唐〕义净：《大唐西域求法高僧传校注》，王邦维校注，中华书局 1988 年版，第 152—154 页。

长沙在其东。走外沟，则出万山后，向西南行，少西，约四五日过红毛浅（中沙群岛），有沙坦在其中，约宽百余里，其极浅处止四丈五尺，过浅又行三四日到草鞋石，又四五日到地盆山，与内沟道合。”① 可见，无论“内沟航线”还是“外沟航线”，南海诸岛都是必经之地。明清时期，南海周边很多国家或为中国藩属国，或为葡、荷等国殖民地，这些航线开辟和使用者主要是中国政府和中国人民。

三、南海航线推动了中国对南海诸岛的认识、开发和管辖

自秦汉时期起，南海航线的开辟与发展推动了中国先民对沿线地理、水文知识的认识，同时带动了沿线区域生产活动的发展。可以说，在长期的航海和生产实践中，中国人首先发现了南海诸岛，并逐步纳入版图，行使管辖权。

伴随涉海经历的发展变化，中国人民对南海诸岛的认识经历了一个逐步深化的过程。中国文献古籍中，最早关于南海海域，多数学者认为是东汉杨孚所著的《异物志》，书中记载：“涨海崎头，水浅而多磁石，徼外大舟，锢以铁叶，值之多拔。”② “涨海”是中国古代对整个南海最早的称谓。由于没有关于“涨海”方位的记载，因而对于“涨海”到底是否是中国南海，国内外学界存在争议。三国时吴国万震著《南州异物志》在记录汉代从马来半岛陆地到中国的航程时，有如下记载：“东北行，极大崎头，出涨海，中浅而多磁石。”③ 这一记载与杨孚的记载可谓不谋而合。此处的“涨海”，应是中国的南海海域。

到了隋唐两代，中国人民对南海的认识有了进一步发展。“焦石山”一名的出现，标志着中国人民对南海的认识更加深入，其范围已经扩展

---

① 〔清〕杨炳南：《海录》，商务印书馆 1936 年版，第 18 页。

② 〔明〕唐胄：《正德琼台纪》上卷九《土产下·药之属》，海南出版社 2006 年版，第 197—198 页。

③ 〔宋〕李昉：《太平御览》卷七百九十《四夷部十一·句稚国》，清嘉庆鲍氏校宋版 1812 年，第 7 页。

到了具体的岛屿。据《隋书》记载，大业三年（607年）十月，“（常）骏等自南海郡乘舟，昼夜二旬，每值便风，至焦石山，而过东南，泊陵伽钵拔多洲，西与林邑相对，上有神祠焉”[①]。其中所记载的陵伽钵拔多，即陵山，在今越南归仁的燕子岬。林邑是今越南中部。而“焦石山”即礁石，从其航程来看指的是西沙群岛。当然，因为人们对不同岛屿发现的角度有所不同，在称谓上也各不相同。在唐代也有人将西沙群岛称为“象石”。如贾耽在其所著的《广州通海夷道》中记载：“广州东南海行二百里，至屯门山，乃帆风西行二日，至九州石，又南二日，至象石，又西南三日行，至占不劳山，山在环王国东二百里海中。”[②]著名史地学家冯承钧先生认为，九洲石即七洲，今海南省文昌县的七洲列岛；占不劳山即今越南的占婆岛；环王国即占婆国，在今越南中部。韩振华先生认为“象石”就是中国的西沙群岛。但在宋以前，南海诸岛基本上被包括在“涨海”之内，并无专门的名称。宋代以后，随着航海事业的发展，人们对南海诸岛的认识更进一步，因而对南海诸岛的命名趋于指向性。从宋代至清代，中国许多官修的和个人的历史地理著作，一般都用石塘（石堂）、长沙（长砂）以及千里石塘、万里长沙（万里长堤）或千里长沙、万里石塘（万里石床）等来泛称南海诸岛。

一些史籍记载表明，在宋代，中国人民也有把西沙群岛称之为“七洲洋”的。吴自牧《梦粱录》有这样的记载：“若欲船泛外国买卖，则是泉州便可出洋，迤逦过七洲洋，舟中测水，约有七十余丈……但海洋近山礁则水浅，撞礁必坏船，全凭南针，或有少差，即葬鱼腹。自古舟人云：‘去怕七洲，回怕昆仑’，亦深五十余丈……若商贾止到台、温、泉、福买卖，未尝过七洲、昆仑等大洋，若有出洋，即从泉州港口至岱屿门，便可放洋过海，泛往外国也。”[③]其所言“七洲洋”是指西沙群岛一带的海域。这表明至少在宋代，中国沿海的渔民就已经发现并涉足于西沙群岛了。元代文献记载虽不多，但叙述较为详尽，容易明确所指岛群。元代航海家汪大渊在《岛夷志略》中记载：“古者昆仑山，又名军屯山。山高

① 《隋书》，中华书局1973年版，第1231页。

② 《新唐书》卷四十三下《地理志》，中华书局1975年版，第1153页。

③ 〔南宋〕吴自牧：《梦粱录》卷十二《江海船舰》，中国商业出版社1982年版，第102页。

而方，根盘几百里，截然乎瀛海之中，与占城及西竺鼎峙而相望，下有昆仑洋，因是名也。船贩西洋者，必掠之，顺风七昼夜可渡。谚云：上有七洲，下有昆仑。”[①] 这里所说的昆仑山，即指南沙群岛；而昆仑洋是指南沙群岛及其航海危险区。

郑和下西洋航程绘制的航海图，即《自宝船厂开船从龙江关出水直抵外国诸番图》，简称《郑和航海图》（载《武备志》卷二百四十）。该图将东沙群岛和中沙群岛统称为“石星石塘”，西沙群岛称“石塘”，南沙群岛称“万生石塘”。[②] 明代还有不少记述南海诸岛和航海指南之类的书籍。如黄衷的《海语》记载：“万里石塘在乌潴独潴二洋之东，阴风晦景不类人世。”“万里长沙在万里石塘东南，即西南夷之流河沙也。”[③] 再如张燮的《东西洋考》记载道：“每月初一、卅日、初二三四六，水醒，至初七，……，廿一日，水平如前，水醒，水流势甚紧，……，船到七州洋及外罗，值此数日斟酌船身，不可偏西，西则无水，宜扯过东。凡行船可探西水色青，多见拜浪鱼，贪东则水色黑，色青有大朽木深流，及鸭鸟声见，如白鸟尾带箭，此系正针。足见近外罗对开，贪东七更船，便是万里石塘。”[④] 在此不仅记载了西沙群岛、南沙群岛的位置，而且对相关海域的航路、岛礁的分布、海流潮汐的变化规律以及航行与风向的关系，都做了极其详细的描述。清代不少历史典籍不仅记录了有关中国人民在南海诸岛生产和生活的情况，而且开始对南海诸岛进行区分。康熙末年成书的《指南正法》中将南海诸岛分为“南澳气”（指东沙群岛）、“七洲洋”（指西沙群岛）、“万里长沙”（指中沙群岛）和“万里石塘”（指南沙群岛）。[⑤] 而雍正八年（1730 年）出版的陈伦炯《海国闻见录》，把南海诸岛分为“南澳气”（指东沙群岛）、“七洲洋”（指西沙群岛）、“万里长沙”（指中沙群岛）和“千里石塘”（指南沙群岛）。[⑥] 书中附图《四海总图》明

---

① 〔元〕汪大渊：《岛夷志略校释·昆仑》，苏继校释，中华书局 1981 年版，第 318 页。

② 〔明〕茅元仪辑：《武备志》卷二百四十，占度之航海，第 11 页。

③ 〔明〕黄衷：《海语》，中华书局 1991 年版，第 16 页。

④ 〔明〕张燮：《东西洋考》卷九，商务印书馆 1935 年版，第 129 页。

⑤ 参见《两种海道针经》（“指南正法”序），向达校注，中华书局 1961 年版，第 107—121 页。

⑥ 参见〔清〕陈伦炯：《海国闻见录校注》（“南洋记”和“南澳气”条），李长傅校注，中州古籍出版社 1985 年版，第 50—73 页。

确标绘有四大群岛的地名和位置。

南海航线持续发展推动了沿线海域的生产开发。史籍对中国人民在南海诸岛从事的捕捞海产等活动记载甚多。晋代裴渊的《广州记》也记述中国人在东沙群岛捕鱼的事情。书中记载：“珊瑚洲，在（东莞）县南五百里，昔人于海中捕鱼，得珊瑚。”[①] 这里所说的珊瑚洲，显然指东沙群岛。明清时期，中国到南海诸岛进行捕捞和开发的人逐渐增多，开发经营活动的范围也日益扩大。除了捕捞海产之外，还在岛上种植果树、开垦农地等，开发南海诸岛的资源。据清代道光年间的调查，中国渔民在东沙群岛“捕鱼为业，安常习故，数百余年”[②]。据海南渔民蒙全洲（1884年生）回忆，从乾隆时期曾祖父蒙宾文开始，连续四代到西沙、南沙群岛捕鱼。琼海县草塘港渔民吴坤俊、李沣松等是在道光年间（1821—1850 年）到西沙、南沙群岛的。铺前港渔民蒙辉曹、蒙辉联、蒙辉明等人是在咸丰年间（1851—1861 年）到西沙、南沙群岛从事渔业生产的。[③] 在 1868 年英国官方出版的《中国海指南》中，记载了中国渔民在郑和群礁上生产活动场景。书中记载：“海南渔民，以捕取海参、贝壳为活。各岛都有其足迹，亦有久居岩礁间者。海南每岁有小船驶往岛上，携米粮及其他必需品，与渔民交换参、贝。船于每年 12 月或 1 月离海南，至第一次西南风起时返。”[④]

20 世纪 70 年代以来，在中国沿海渔民中发现的 20 多种《更路簿》是海南渔民世世代代在西沙、中沙和南沙海域生产作业的航海指南。记载内容表明，中国海南岛等地的渔民，至少从明代起就已在西沙群岛进行渔业生产。他们征服了惊涛骇浪，开发和经营了这些地区。如苏德柳的《更路簿》，是琼海县谭门港草塘村渔民苏德柳 13 岁（1921 年）时从他父亲处抄来的，而他父亲又是年轻时从文昌县老渔民处转抄过来的。全书对折双面，共八篇 47 页，8000 多字。第一篇《西沙更路》，共 29

① 〔宋〕乐史：《太平寰宇记》卷一百五十六《岭南道一·广州·东莞县》，木刻本，第 12 页。

② 郑资约：《南海诸岛地理志略》，商务印书馆 1947 年版，第 72 页。

③ 参见韩振华编：《我国南海诸岛史料汇编》，东方出版社 1988 年版，第 403—404 页。

④ 林金枝：《得道多助——外国方面对中国拥有西沙和南沙群岛主权的论证》，《南洋问题》1981 年第 2 期。

条，记述西沙群岛航海针位、更数和渔民俗称地名 17 处；第二篇《南沙更路》，共 116 条，记述南沙群岛航海针位、更数和渔民俗称地名 65 处；第三篇《驶船更路定例》，主要记载海上行船应注意的事项。需要指出的是，《更路簿》中所记载的有关南海诸岛的名称是中国人民最早发现、命名南海诸岛的最好例证。

与此同时，中国人民发现和开发南海诸岛后，中央政府逐步加强了对南海诸岛的行政管辖。汉武帝平定南粤之乱，以其地置“儋耳、朱崖、南海、苍梧、玉林、合浦、交趾、九真、日南九郡”。其中，儋耳、朱崖二郡在海南岛。邻近海区也纳入所在郡管辖范围。贞观元年（公元 627 年）置岭南道，下设崖州都督府，管辖海南岛崖州、儋州、振州及其邻近海域军事。唐代时，西沙群岛已归振州管辖。如《旧唐书·地理志》记载，振州（州治在今三亚市崖城镇）东至万安州陵水县一百六十里，南至大海，西北至儋州四百二十里，北至琼州四百五十里，东南至大海二十七里，西南至大海千里。[①] 永兴岛距三亚 300 多公里，可见西沙群岛在振州的管辖范围。北宋开始将南沙群岛明确置于中国行政管辖之内。《诸蕃志》记载：“海南，汉朱崖、儋耳也，武帝平南粤，遣使自徐闻渡海略地，置朱崖、儋耳二郡，昭帝省儋耳，并为朱崖郡。元帝从贾捐之议，罢朱崖。至梁、隋复置。唐贞观元年，析为崖、儋、振三州，隶岭南道。五年，分崖之琼山置郡，升万安县为州，今万安军是也。儋、振则今之吉阳、昌化军是也。贞元五年，以琼为督府，今因之……。至吉阳，乃海之极，亡复陆涂。外有洲，曰乌里，曰苏吉浪。南对占城，西望真腊，东则千里长沙，万里石床……。四郡凡十一县，悉隶广南西路。”[②] 可见，早在唐贞元五年（公元 789 年），南沙群岛就属于中国管辖范围。在宋朝，西沙群岛、南沙群岛等南海诸岛归属广南东路琼管。北宋朝廷首命水师出巡至“九乳螺州”（即今西沙群岛）。记载宋朝军事制度和国防大事的《武经总要》一书就记载中国水师巡视西沙群岛海域的历史事实，该书说：“命王师出戍，置巡海水师，营垒在海东西两口，阔

---

① 参见〔后晋〕刘昫等撰《旧唐书》第二册，陈焕良、文华点校，岳麓书社 1997 年版，第 2084 页。

② 〔宋〕赵汝适：《诸蕃志》卷下（志物，附载海南条），商务印书馆 1937 年版，第 40 页。

二百八十丈，至屯门山二百里……，从屯门山用东风西南行，七日至九浮螺洲，又三日至占不劳山，又三日至陵山（今越南归仁燕子岬），东有甜水。"[①] 文中的"九乳螺洲"，就是今天的西沙群岛。元代派著名天文学家郭守敬到西沙群岛进行天文测量，表明此时西沙群岛已经归属元代王朝管辖。在明代的《正德琼台志》的《琼海方舆志》里，对于疆域的记载是：《琼管古志》云："外匝大海，接乌里苏密吉浪之州，南则占城，西则真腊、交趾，东则千里长沙、万里石塘，北至雷州、徐闻。"[②] 清代将南海诸岛置于广东省琼州府万州辖下。

四、南海航线留下了中国人民在南海诸岛生产生活的历史遗迹

20 世纪 70 年代中期，广东考古工作者在西沙群岛的许多岛礁，先后进行了两次考古调查和挖掘，大批地下文物和居民生活遗迹被发现。在西沙群岛的甘泉岛、永兴岛、金银岛、晋卿岛、广金岛、北礁、全富岛等 11 个岛屿、沙洲和礁盘上发掘出了大量的古代遗物，包括陶瓷器和铜钱等，其中陶瓷器多达两千余种，通过对胎质、釉面、器形等方面的综合考证，这些陶瓷器的时代从南朝（420—589）起，包括隋、唐、宋、元、明、清和近代各个历史时期的均有。在西沙群岛发现有唐宋时期的民居遗址、庙宇。[③]

20 世纪 90 年代，南海考古又取得了重大进展。考古学家、中央民族大学教授王恒杰先后于 1992 年、1995 年赴西沙群岛和南沙群岛进行考古工作，并在西沙群岛和南沙群岛的岛礁和礁滩上发现一批古代遗物。在西沙群岛最大岛屿永兴岛右侧的石岛的多个地点发现了压印纹陶，属秦汉时期海南和华南的典型出土物；出土一个唐代瓜瓣酱釉小缸，完整无损，系净瓶一类的供器；还有元代残瓷片；并采集到一枚五铢钱，系西汉稍晚时代的货币。在七连屿北岛岛礁滩多处地点，发现了应是汉代

① 〔宋〕曾公亮：《武经总要：前集》卷二十《广南东路》，中华书局 1959 年版，第 18 页。

② 〔明〕唐胄：《正德琼台志》上册卷四《疆域》，海南出版社 2006 年版，第 67 页。

③ 参见〔明〕张燮：《东西洋考》卷九，商务印书馆 1935 年版，第 129 页。

遗物的素面硬陶。[①] 在南沙群岛发现包括秦代的压印纹硬陶片、唐宋青瓷片、明清青花瓷片，还有一些铜钱及一个长约 2 米的单翼铁锚等。[②] 这些文物的发现，证明过去中国西沙群岛、南沙群岛出土秦汉时代的文物不是孤立的和偶然的。中国秦汉时期典籍有关南海的记录并非虚辞。这些文物的发现，说明南海诸岛自古以来就是中国人民生产生活的地方，是中国不可分割的神圣领土。

综上所述，早在世界地理大发现前，经过一千多年的开发、发展，南海航线逐渐发展成为连接亚、欧、非的重要通道，为加强沿线国家间贸易往来和文化交流互鉴作出了不可磨灭的贡献。在南海航线的开发和航行过程中，作为南海航线的重要开辟者，中国人民最早发现了南海航线上的南海诸岛，并伴随着航海技术的提高，人们对海洋水文、地理环境认识的深化，中国人民最早开始在南海诸岛上生产生活，中国政府也逐步加强了对南海诸岛的行政管辖。与此同时，20 世纪 70 年代以来，中国考古学界对南海诸岛考古发现表明，南海诸岛自古以来就是中国人民生产生活的地方，因而是中国不可分割的神圣领土。

［原载《桂海论丛》2018 年第 4 期］

---

① 参见张良福：《让历史告诉未来——中国管辖南海诸岛百年纪实》，海洋出版社 2011 年版，第 366 页。

② 参见陈江：《王恒杰自费渡海考古南沙发现秦陶唐瓷》，《人民日报》1992 年 7 月 13 日。

改革开放前新中国的海洋权益管理

中华人民共和国成立之初，以美国为首的西方国家对新生政权采取敌视政策，他们从海上对新中国进行战略挤压，频繁武装侵扰中国领海。周边国家不断对中国岛礁、领海主权肆意挑衅和非法侵占。中国的海洋权益面临严峻挑战。中国政府在彻底肃清西方列强对中国海权管理影响的基础上，着手对国家的海洋权益进行行政、安全及外交上的管理。截至目前，学术界尚未见有专文对这一课题进行研究。探讨这一课题，对于进一步加强中国海洋权益管理极有意义。本文在揭示新中国面临的主要海洋权益问题的基础上，力求对改革开放前中国海洋管理的历史状况作出符合实际的评价。

一、海洋权益管理的内涵及改革开放前新中国面临的主要海洋权益问题

（一）海洋权益管理的内涵

海洋权益管理是指运用国家力量或专门的管理队伍，采用先进的技术装备手段和可行的方式，根据国内、国际海洋法律、法规，对国家管辖海域实施有效管理，防止外来侵犯、损害和破坏，以保证国家的海洋权益。海洋权益是国家在海洋上的权利和利益，是国家领土向海洋延伸形成的权利。依照《联合国海洋法公约》（下称《公约》），国家海洋权益主要包括一国在内水和领海、毗邻区、海洋专属经济区、大陆架、公

海资源等方面应享有的权益。在《公约》出台之前，各国对于海洋权益管理依据的是国内相关法律、相关国际习惯法则。

中国关于海权的认识始于 19 世纪中期。1864 年，普丹战争中，普鲁士军舰在渤海湾捕拿到一艘丹麦船。清政府依据惠顿著《国际法原理》中提及的关于领海规则，向普鲁士提出抗议，该船最终获得释放。[①]1875 年，日本派舰到朝鲜（时为中国籓属国）沿海测量，遭清守军轰击。日驻京公使森有礼提出抗议，李鸿章辩称："查万国公法近岸十里即属本国境地，日本既未通商，不应前往测量，高丽发炮有因。"[②]可见，清政府认为，沿岸 10 里（约 3 海里）以内是一国的领海。但清政府时期没有明确规定中国的领海范围，仅在 1899 年 12 月中国与墨西哥缔结的通商条约中明确规定了中国的海关缉私区的范围，内称："……彼此均以海岸去地三力克（每力克合中国 10 里）为水界，以退潮时为准。界内由本国税关章程切实施行，并设法巡缉以杜走私、漏税。"[③]1930 年 4 月，民国政府颁布《领海范围 3 海里令》，决定把领海范围定为 3 海里，缉私界程定为 12 海里。[④]并制订了一项条例，规定我国的海岸线（包括群岛在内），自低潮线算起，在 12 海里以内，海关有施行查缉走私之权。如船舶逃脱，可以施行紧追权。[⑤]

（二）改革开放前新中国海洋权益面临的主要问题

中华人民共和国成立前，中国的海洋权益面临着严峻的形势。西方列强在中国领水的特权对中国领水主权的侵害根深蒂固。美国对新中国采取敌视政策，不仅从海上挤压中国的战略空间，甚至直接侵入中国的领海。从 50 年代中后期起，周边国家不断对南海、东海中国的领土主权进行挑衅和侵占。

1. 西方列强在中国领水的特权严重伤害了中国的领水主权

鸦片战争后，西方列强强迫清政府签订一系列不平等条约，逐步攫

---

① 参见王铁崖主编：《国际法》，法律出版社 1981 年版，第 17 页。

② 故宫博物院：《清光绪朝中日交涉史料》第 1 册，第 15 页。

③ 王云五编：《中外条约汇编》，商务印书馆 1933 年版，第 485 页。

④ 参见王云五编：《国际关系》，台湾商务印书馆股份有限公司 1970 年版，第 309 页。

⑤ 参见海关署核定：《海关法规汇编》，海关总税务司公署统计科 1937 年印行，第 591 页。

取了中国沿岸贸易权、内水航运权、引水权及军舰驻泊中国领水等特权，中国的领水主权遭到严重破坏。1842 年，中英《南京条约》10 款规定英商在五口通商处所缴纳关税税率应由中、英双方“秉公议定”，从此逐步丧失关税议定权。1858 年，中英《天津条约》附约《通商章程善后条约》第 10 款规定，“总理大臣”可以邀请英人帮办税务。随后，英人李泰国受命列席《通商章程善后条约：海关税则》会议。1859 年，清政府任命他为海关总税务司[①]，总理海关事务。从此，中国海关行政权一直被西方列强把持。在直接掌握中国海关行政权后，西方列强还任意扩大海关管辖事务的范围。他们在海关设立海务部（后又分设工务部），执掌港务的管理，灯塔、浮标及一切便利航行设备的装置和维修，沿海及内地水道的测量，河海航道图表的绘制，气象的报告和记录，等等。自此，中国港口管理权也完全落入列强之手。

20 世纪 40 年代初，国民党政府先后通过与英、比、挪、瑞典、荷、美、法、葡等国缔结新约，取消了他们在华领水的特权。但由于西方列强在中国领水的特权根深蒂固，新约中的保留条款以潜在的方式保留了他们在中国领水的特权，加之国民党政府的腐败无能，中国领水主权遭受侵害的局面并没有得到实质性的改变，中国的海关、航运、港口仍由英美等列强把持。

2. 美国在西太平洋的海上霸权对中国海洋主权和海洋权益构成威胁

中华人民共和国成立后，美国为确保其在亚太地区的战略优势地位，对新中国采取遏制和封锁政策。20 世纪 50 年代初，美国先后与泰国、澳大利亚、新西兰、菲律宾、日本、韩国等国签订双边安全条约，挤压中国的战略空间。1954 年，美国与英、法、泰、菲、澳、新西兰、巴基斯坦等国签订了《东南亚集体防御条约》。通过建立这种轴心辐条式的联盟结构，加强对中国沿海制海权的控制，形成了对中国战略空间的弧形包围圈。

美国还悍然出兵，对中国领土、领海进行侵占和侵扰。1950 年 6 月，美第七舰队侵占台湾高雄、基隆港，并以此为基地，不断地或直接或间

① 参见孙修福：《中国近代海关史大事记》，中国海关出版社 2005 年版，第 14 页。

接支持国民党当局对中国领海进行侵扰。据不完全统计，1950 年 6 月到 1954 年 2 月，美舰侵入中国领海 336 次，计 704 艘舰只。[①] 美国还公然占领中国岛礁。1951 年 9 月，美国根据其与日本缔结的《旧金山对日和平条约》规定，以“作为唯一施政当局”的身份，开始对北纬 29 度以南的西南诸岛等进行托管。并于 1952 年 2 月 29 日、1953 年 12 月 25 日，先后发布第 68 号令（即“琉球政府章典”）和第 27 号令（即关于“琉球列岛的地理界限”布告），擅自扩大托管范围，将中国领土钓鱼岛划入其中。1971 年 6 月 17 日，美国通过美日“关于琉球诸岛及大东诸岛的协定”，将钓鱼岛的“施政权”私相授受给日本。[②] 这不仅是对中国主权的严重侵犯，也为中日今后钓鱼岛主权争议埋下了祸根。1957 年 5 月，美国军队侵占中国南沙群岛的 3 个岛屿，并在岛上驻扎了航空队。[③] 美国的这些侵略行为和霸权行动，使中国人民生命财产安全受到严重威胁，中国的海洋权益受到严重破坏。

3. 周边国家对中国领海、岛礁进行肆无忌惮的挑衅和侵占，严重威胁中国的领土完整

日本投降后，中国政府根据《开罗宣言》《波茨坦公告》等规定，于 1946 年派员分赴西沙、南沙群岛，在岛上举行了接收仪式，竖立碑石，并派兵驻守南沙太平岛。[④]1947 年，重新命名东沙、西沙、中沙、南沙四群岛名称及各岛、礁、滩的名称[⑤]，再度划归广东省管辖。然而，从 1956 年起，南越政府、菲律宾等国先后以各种手段侵占和侵扰中国南海部分岛礁、领海。1956 年 4 月，南越政府派遣由 40 余人组成的保安排，以接替法军为由，侵占我西沙群岛珊瑚岛。[⑥]5 月，菲律宾副总统兼外长加西亚在一次记者会宣称：南中国海上包括太平岛和南威岛在内的一群岛屿，

---

① 参见《美国蓄意对我国扩大侵略制造紧张局势　如果美国不立即停止这种侵犯行动必将自食其果》，《人民日报》1954 年 7 月 29 日。

② 参见《钓鱼岛是中国的固有领土》，中国政府网（http://www.gov.cn）。

③ 参见《不容美军侵占南沙群岛》，《人民日报》1957 年 5 月 23 日。

④ 参见麦蕴瑜等：《1946 年我国收复南海群岛实纪》，载《广东文史资料》第 62 辑，广东人民出版社 1990 年版，第 1—3 页。

⑤ 参见韩振华：《我国南海诸岛史料汇编》，东方出版社 1988 年版，第 184—192 页。

⑥ 参见韩振华：《我国南海诸岛史料汇编》，东方出版社 1988 年版，第 674 页。

由于距离菲律宾最近，理应属于菲律宾。[①]50 年代后期到 60 年代中期，南越政府不断对我西沙、南沙部分岛礁的主权进行侵扰。70 年代起，南越政府、菲律宾开始疯狂侵占我西沙、南沙部分岛礁。1971 年 7 月 11 日，菲律宾总统马科斯公然声称，南沙群岛是所谓“有争议的”岛屿，“占领是决定性的因素，占领就是控制”。[②] 在此之前，菲律宾已经侵占了中国南沙群岛中的马欢岛、费信岛、南钥岛、中业岛，1971 年下半年，菲律宾又先后侵占了西月岛、北子岛、礼乐滩。[③]1973 年 8 月底，南越政府在非法侵占了中国南沙、西沙群岛的 6 个岛屿之后，宣布将中国南沙群岛中的南威、太平等 10 余个岛屿，划归其福绥省管辖。[④]1975 年，越南民主共和国统一越南全境后，改变了其一贯承认西沙和南沙群岛主权属于中国的立场，转而占领南沙群岛部分岛礁，进而对全部西沙、南沙群岛提出所谓领土主权要求。

与此同时，日本也不断就钓鱼岛主权问题进行挑衅。1970 年 8 月 31 日，冲绳“地方立法机构”通过“法律”，确认钓鱼岛群岛属于冲绳石垣市，亦即单方宣布了钓鱼岛主权属于日本。1972 年 3 月 8 日，日本外务省发表了“关于尖阁列岛领有权”的官式声明，声明罗列了一系列钓鱼岛属于日本的“证据”，为日本方面处理这个问题定下了基调。[⑤]

二、改革开放前新中国海洋权益管理的主要举措及成就

（一）肃清西方列强在中国领水的特权，建立国家领水管理制度

为彻底肃清西方统治者近百年来在中国领水形成的特权，新中国政府采取积极措施，初步建立起内水和领海管理制度，加强了对中国海洋

① 参见《“外交部”南海诸岛档案资料汇编》，台湾“外交部”研究设计委员会 1995 年编印，第 842 页。

② 参见《我国领土南沙群岛不容侵犯》，《人民日报》1971 年 7 月 17 日。

③ 参见李国强：《南中国海研究：历史与现状》，黑龙江教育出版社 2003 年版，第 261 页。

④ 参见解放军军事科学院历史研究部：《中国人民解放军七十年》，军事科学出版社 2000 年版，第 389 页。

⑤ 参见张荣植：《边疆与民族问题》，北京大学出版社 2004 年版，第 199 页。

主权和海洋权益的管辖和维护。

1. 建立内水管理制度

建立海关管理制度，是肃清西方列强在中国领水特权的有效保证。以毛泽东为核心的中共第一代领导集体非常重视海关管理工作。随着解放战争的胜利推进，秦皇岛、天津、北京、南京、上海、青岛、福州、乌鲁木齐等地的海关相继由各地军管会接管。1949年7月中央财政经济委员会成立后[①]，即着手筹备成立海关总署。10月25日，中央人民政府海关总署在北京正式成立[②]，由中央人民政府政务院直接领导，统一领导全国海关机构和业务，并受政务院财政经济委员会指导。[③]随后，中国政府先后颁布《关于设立海关原则和调整全国海关机构的指示》《中华人民共和国暂行海关法》《中华人民共和国海关进出口税则》及其实施条例等法令，中国开始真正行使独立的海关管理权。

同时，逐步建立航运、港口等管理制度。1949年6月14日，上海军事管制委员会颁布《外籍轮船进出口管理暂行办法》[④]，废除了列强在中国的航务特权。广州、天津等地的军事管制委员会在接管各城市后，也都颁布了类似的管理办法。为加强对沿海港口的管理，1950年3月，政务院在沿海主要港口设航务局，负责航务管理工作，其中包括海务和港务监督管理。[⑤]1950年7月26日，中国国家财经委员会作出统一航务港务管理的指示，要求制定统一的航务及港务管理规章制度，建立统一的航务港务管理机构。并决定在天津、广州、上海、青岛、大连等港口设立港务局，负责港务统一管理工作。[⑥]1952年3月，上海区港务局接管由外国引航员控制的“铜沙引水公会”，辞退中华人民共和国成立后留用的外籍引水员，海港引航工作全部由中国人员接管。至此，中国政府收回

---

① 参见《陈云年谱（1905—1975）》上卷，中央文献出版社2000年版，第569页。

② 参见海关总署办公厅编：《海关总署全宗指南（1949—2006）》，海关出版社2007年版，第3页。

③ 参见《中央人民政府法令汇编（1949—1950）》，法律出版社1982年版，第439页。

④ 参见《银行周刊》，1949年第26—27期。

⑤ 参见《中央人民政府法令汇编（1949—1950）》，法律出版社1982年版，第519—522页。

⑥ 参见《中央人民政府法令汇编（1949—1950）》，法律出版社1982年版，第523—526页。

了自 1844 年以来丧失的引水权。[①] 交通部先后公布了一系列管理规定，如《外籍轮船进出口管理暂行办法》（1952 年）、《海港引水暂行通则》（1953 年）、《船舶登记章程》（1953 年）、《进出口船舶联合检查通则》（1961 年）等，新中国内水管理制度初步建立。

2. 初步建立领海管理制度

1958 年 9 月，中国政府发表《关于中国领海的声明》，明确规定了中国的领海宽度为 12 海里。这对于维护新中国主权独立和领土完整具有十分重要的意义。近代以来，中国领海遭到西方列强肆意的践踏，沿海成为列强的“航道”，江河成了他们的“内湖”。中华人民共和国成立后，虽然已经收回了航运权，但在台湾海峡通行的美国军舰经常驶进中国 12 海里甚至更近的海域，危及中国的安全，侵犯中国的海洋主权。《声明》同时规定一切外国飞机、军用船舶，未经中国政府许可，不得进入中国的领海和领海上空。任何外国船舶在我国领海航行，必须遵守中国政府的有关法令。这是根据国家主权原则，在总结中国领海管理的经验与教训的基础上结合国际实践而制定的，它标志着新中国领海制度的初步建立。根据周恩来总理的指示，1958 年 10—12 月，海军完成了自鸭绿江口至北仑河口的领海基线点测量，共测定控制点和方位点 316 个，地形和水深图 64 幅。[②] 这为中国政府进一步完善领海制度提供了依据。

（二）建立海上安全保障力量，对中国海洋权益进行安全管理

新中国前期，对中国海洋权益进行安全管理的机构主要是海军和公安边防部队。

1. 新中国领导人非常重视海上军事力量的建设

早在 1949 年 1 月 8 日中共中央政治局通过的《目前形势和党在一九四九年的任务》中就指出，1949 年和 1950 年我们应当争取组成一支

---

① 参见罗钰如、曾呈奎主编：《当代中国的海洋事业》，当代中国出版社 1985 年版，第 234 页。

② 参见国土资源部中国地质调查局：《新中国海洋地质工作大事记（1949—1999）》，海洋出版社 2000 年版，第 8 页。

能够使用的空军，及一支保卫沿海沿江的海军。[①]1949 年 4 月 23 日，中国人民解放军的第一支海军——华东军区海军宣告成立。这一天也被中央军委定为中华人民共和国海军的成立日期。[②]中华人民共和国成立的当月，毛泽东在会见即将上任的海军司令员萧劲光时说道，有海就要有海军。过去我们有海无防，受人欺侮。我们把海军搞起来，就不怕帝国主义欺侮了。[③]1950 年 4 月 14 日，海军部队领导机关成立，人民海军正式成为中国人民解放军的一个军种。虽然起步较晚、一穷二白，但经过逐步发展，到 20 世纪 70 年代中期，人民海军已成为一支多兵种合成、初具现代化水平的近岸防御力量。1974 年，在西沙海战中，人民海军为捍卫国家主权、领土完整作出了重要贡献。

2. 公安边防部队的体制适时发展变化

为稳定边境地区的社会秩序，1949 年 11 月，公安部设立边防保卫局，直接领导全国的边防保卫工作。[④]1949 年 12 月，第一次全国公安会议制定了《整顿各级人民公安武装的方案》，规定自 1950 年 1 月至 5 月，将各地公安武装统一整编为“中国人民公安部队”，隶属于各级公安机关。在海防地区组建了边防公安机构和武装部队。[⑤]之后，公安部根据 1951 年 7 月 15 日《中央批转公安部第一次全国边防保卫工作会议的决议》精神，对各地的边防机构和部队进行了整编。除中苏、中蒙边境外，各大区和边疆省、市先后成立了边防局（处或科）、边防分局、边防团、海防大队、派出所和检查站，隶属于公安机关。云南、西藏边境及深圳、珠海一线的边防任务，由进驻该地区的解放军野战部队担任。[⑥]受中央军委统一领导，公安部门的边防机构负责具体业务指导。1955 年

① 参见《建党以来重要文献选编（1921—1949）》第 26 册，中央文献出版社 2011 年版，第 27 页。

② 参见卢如春等编：《海军史》，解放军出版社 1989 年版，第 15 页。

③ 参见《肖劲光回忆录（续集）》，解放军出版社 1989 年版，第 2 页。

④ 参见刘尚煜主编：《公安机关领导干部全书》下，中国人民公安大学出版社 1998 年版，第 1542 页。

⑤ 参见董纯朴主编：《中国警察史》，吉林人民出版社 2005 年版，第 122—123 页。

⑥ 参见军事科学院军事历史研究所编：《中国人民解放军八十年大事记（1927—2007）》，军事科学出版社 2007 年版，第 291 页。

7月18日，根据国防部的命令，公安部队改为公安军，成为中国人民解放军的一个军种[①]，担负国境警卫、边防检查、海上巡逻、边防侦察等任务。1957年1月22日，根据中共中央军委的决定，撤销中国人民解放军公安军及其领导机关；公安军内卫、边防部队分别交所在省军区领导指挥。9月1日，公安军领导机构改编为总参谋部警备部，作为研究和领导内卫、边防工作的业务部门。[②]1958年8月4日，中共中央批准中央军委《关于公安部队整编问题的报告》，将人民解放军序列内所属的公安部队移交国家公安部，编入人民警察序列。决定于当年底将解放军担负看押劳改和守护铁道、厂矿的内卫部队，中苏、中蒙、中朝、中越边境，沿海港湾和对外开放口岸的边防部队移交公安机关，改为人民武装警察部队。1963年1月16日，经中共中央批准，中央军委、公安部下发《关于改变公安部队名称的命令》，1963年2月1日起，"中国人民武装警察部队"改为"中国人民公安部队"，其建制和领导关系仍按原规定不变。[③]1966年7月1日，撤销中国人民解放军公安部队的番号，统一整编为中国人民解放军。[④]边境防卫与管理交由中国人民解放军担负。无论称谓、体制如何沿革，边防部队的职责基本上是打击小股敌特窜扰，堵截偷渡外逃，查缉走私贩毒等犯罪活动，出入境检查，口岸边防检查，边境及海上治安管理，保卫国家领海主权，等等。

（三）成立国家海洋局，着手开展对中国海洋权益的综合管理

中华人民共和国成立之初，没有成立专门的海洋开发和管理机构。从中央到地方，根据海洋自然资源的属性及其开发产业特点，按行业部门管理为主，基本上是陆地各种资源开发部门管理职能向海洋的延伸。国家和各级政府的水产主管部门负责海洋渔业的管理，交通部门负责海

① 参见《中华人民共和国解放军通鉴》，甘肃人民出版社1997年版，第1682页。

② 参见郑惠、张静如等主编：《中国共产党通志》中，中央文献出版社1997年版，第1681页。

③ 参见靳娟娟、金天义：《新疆边防管理与边防建设》，社会科学文献出版社2011年版，第169页。

④ 参见李俊亭、杨金河主编：《中国武装力量通览（1949—1989）》，人民出版社1990年版，第55—56页。

上交通安全管理，石油部门负责海上油气的开发管理，轻工业部门负责海盐业的管理。由于当时社会经济技术水平较低，对海洋空间和资源的开发利用规模比较小，各涉海行业之间以及行业内部的矛盾不太突出，涉海行业部门的主要职能是进行生产管理。随着时代发展，对海洋的管理不单单涉及各行业生产的局部问题，而发展为事关国家利益和国家经济发展的重大战略，必须建立相应的海洋管理机构，加强对海洋的全面管理。1963 年 5 月，国家科委制定《海洋科学发展十年规划（草案）》时，邀请了一些专家对此进行论证。在此基础上，毛汉礼、文圣常等 29 名海洋专家学者就当时海洋工作中存在的一些问题，写信给党中央、国务院，建议成立国家海洋局。[①]1964 年 7 月 22 日，国家海洋局正式成立[②]，负责统一管理海洋资源和海洋环境调查、资料收集整编和海洋公益服务。中国从此有了专门的海洋工作管理机构。

国家海洋局成立后，积极开展海洋调查和科研工作，为国防建设和国民经济建设服务。1964 年 10 月，国家海洋局在天津组建了海洋科技情报研究所，并接管沿海各地的海洋台站，编制沿海潮汐表。1965 年成立了海洋水文气象预报总台，次年开始发布中国近海部分海区天气预报和海浪预报，接着陆续在青岛、宁波、广州三地组建了北海分局、东海分局、南海分局，在各分局成立海洋调查大队和海洋调查队，开展中国沿海标准断面的海洋调查工作。1965 年以后，国家海洋局分别在青岛、杭州、厦门、天津、大连等地接收并组建了第一、第二、第三海洋研究所、海洋仪器研究所、东北海洋工作站等机构，开展中国河口港湾和海岸带的调查工作。从 20 世纪 70 年代起，国家海洋局开始承担国家下达的大量海洋科研任务，成为中国海洋调查和科学研究的主体力量。[③]

（四）发表声明，利用外交手段捍卫中国的海洋权利

面对中国海洋主权安全面临的诸多挑战，中国政府多次发表针对性

---

① 国家机构编制委员会办公室编：《中国政府机构》第 1 卷，中国经济出版社 1990 年版，第 602 页。

② 参见《全国人大常委会举行第一百二十四次会议》，《人民日报》1964 年 7 月 23 日。

③ 参见杨文鹤等编著：《二十世纪中国海洋要事（1901—2000）》，海洋出版社 2003 年版，第 88—89 页。

声明，明确宣示中国海洋主权，表明中国维护领土、领海完整的原则立场。

针对美英等西方国家片面缔结的《旧金山对日和约》草案中，故意不提日本放弃的南威岛和西沙群岛的主权权利归还问题，1951 年 8 月 15 日，周恩来外长发表严正声明，指出，西沙群岛和南威岛正如整个南沙群岛及中沙群岛、东沙群岛一样，向为中国领土，在日本帝国主义发动侵略战争时虽一度沦陷，但日本投降后已为当时中国政府全部接收。中华人民共和国在南威岛和西沙群岛之不可侵犯的主权，不论美英对日和约草案有无规定及如何规定，不受任何影响。① 明确向世界宣示中国南海诸岛的主权权利。针对菲律宾外长以距离菲律宾较近为由对中国南沙群岛提出的主权要求，1956 年 5 月 29 日，中国政府发表声明指出，中国对于南沙群岛的合法主权，绝不容许任何国家以任何借口和采取任何方式加以侵犯。② 针对菲律宾侵占中国南沙群岛几个岛礁、菲总统马科斯公然宣称南沙群岛存在“争议”的言论，1971 年 7 月 16 日，中国人民解放军总参谋长在朝鲜驻华大使玄峻极举行的宴会上，重申中国对南沙群岛等南海岛屿具有无可争辩的合法主权，要求菲律宾政府立即停止对中国领土的侵犯，从南沙群岛撤出它的一切人员。1974 年 1 月 11 日，我外交部发言人发表声明，抗议南越西贡当局将中国南威、太平等 10 多个南沙群岛的岛屿划归福绥省管辖。③

针对日本单方面非法占领钓鱼岛的行径，1971 年 12 月 30 日，中国外交部发表声明称，钓鱼岛、黄尾屿、赤尾屿、北小岛、南小岛等岛屿是台湾的附属岛屿，它们和台湾一样，自古以来就是中国领土不可分割的一部分。美日两国政府在移交琉球诸岛及大东诸岛的协定中，把我国钓鱼岛等岛屿列入“归还区域”完全是非法的，这丝毫不能改变中华人

① 参见《中华人民共和国中央人民政府外交部部长周恩来关于美英对日和约草案及旧金山会议的声明》,《人民日报》1951 年 8 月 16 日。

② 参见《中华人民共和国政府郑重声明中国对南沙群岛的主权绝不容许侵犯》,《人民日报》1956 年 5 月 30 日。

③ 参见《我外交部发言人发表声明》,《人民日报》1974 年 1 月 12 日。

民共和国对钓鱼岛等岛屿的领土主权。[①]1972 年 3 月 3 日，中国代表安致远在联合国海底委员会会议上发言时，代表中国政府再次重申中国对钓鱼列岛拥有主权。[②]

上述抗议、声明和谈话尽管没有完全阻止个别国家对中国岛礁、领海的侵占行为，但依照国际法的有关规定，这些声明、谈话宣示了中国的立场和态度，表明了中国对那些被侵占的岛礁、领海的主权权利，待时机成熟时，中国随时有权收回这些岛礁、领海。

三、改革开放前新中国海洋管理的局限性

（一）对海洋权益认识的局限性

就地缘特征而言，中国是世界上少见的陆海兼有的大国，陆疆和海疆都十分辽阔。虽然早在春秋战国时，中国人就认识到海洋可以“兴盐渔之利，通舟楫之便”，中国的造船和航海技术曾一度在世界上处于领先地位，但由于长期受内陆文明的影响，中国人特别是历朝历代统治者普遍高度重视陆疆的稳定与安全，陆权意识始终占据主导地位，海洋权益意识则一直属于次要地位。改革开放前，尽管新中国领导人已意识到敌人自东南沿海对中国的安全构成威胁，但由于中国在海上长期受到以美国为首的西方国家的围堵和封锁，现有的国力也很难使中国在海上有所作为，再加上漫长的陆地边境危机丛生，因此，这一时期的中国把维护国家安全的战略重点、立足点主要放在陆疆安全上。基于传统安全战略思维，改革开放前新中国领导人的海权意识主要根植于领土、领海主权安全的思想，重点是维护和捍卫国家领土主权、领海的安全和完整。对海洋重要性的认识还仅仅停留于海洋是抵御外敌入侵的“天然屏障”的思维模式。这实质上是传统陆权至上国防观念的重要体现。

（二）对于海洋安全管理的战略性考虑不充分

由于受海洋权益认识局限性的影响，中华人民共和国成立后一段时

---

① 参见《中华人民共和国外交部声明》，《人民日报》1971 年 12 月 31 日。

② 参见《安致远在联合国海底委员会会议上驳斥日本代表谬论》，《人民日报》1972 年 3 月 12 日。

间里，在国家海洋权益安全管理方面坚持的是一种海防理念，主要是捍卫国家领土、主权安全、完整。中国海军从建立到20世纪70年代末，一直执行的近岸防御战略，就是这一理念的集中体现。中国海军的“近岸防御”战略是与当时中国面临的安全环境、经济状况及中国海军实力状况相适应的。由于国际上始终存在着超级大国的海上威胁，加之对外贸易渠道被封锁和受到限制，中国海军海上活动的空间极为狭小，只能在近岸（大约40海里）保卫海防和抵御侵略。这一战略在保卫国家主权、安全和领土完整方面发挥了重要作用，并为未来人民海军的扩展打下了基础。通过一系列战斗，人民海军不仅协助其他军兵种解放了除台湾、澎湖、金门、马祖以外的东南沿海全部岛屿，还在海上作战中彻底粉碎了国民党军队的海上袭扰行动，遏制了美军可能对中国的侵犯，实现了保家卫国的目标。但是，由于海军力量的严重薄弱，中国海军无力控制周边近海，致使20世纪60年代末以后，一些远离大陆的岛屿开始遭到周边邻国的疯狂侵占。历史证明：中国有漫长的海岸线，有辽阔的海洋国土和已经倍受联合国海洋法大会关注的专属经济区，没有强大的海军根本无法保障领土的完整和有效维护国家的海洋权益。

（三）海洋权益的维护囿于“敌友”关系的分解

改革开放前中国前期所处的历史大背景为美苏对抗的冷战时代，分别以美苏为首的两大阵营在全球的对峙、对抗，对国际安全局势产生了决定性的影响。为了给新中国的生存和发展营造一个安全的环境，中国政府当时不得不把对美苏两国的外交作为中国外交的重点，为此，在外交上先后采取“一边倒”“两个拳头打人”和“一条线”战略，虽然这些战略针对的对象各不相同，但这些战略的共同点是敌友分明，以对抗为特征。这些战略在维护国家重要的安全利益、提高中国的国际地位方面发挥了积极作用，但这种以敌友划线战略对中国海洋权益管理也产生了一定的负面影响，如北部湾中部白尾龙岛历史上曾是中国的领土，1957年，出于与越南的友好关系及与胡志明的“同志加兄弟”友谊，中国把该岛移交给了越南，这为后来中国在北部湾区域与越南划界时维护国家海洋权益带来了不小的麻烦。再如在《联合国海洋法公约》形成期间，中国已经恢复了在联合国的合法席位，在国际上的政治地位不断提高，话语权迅速增强，同时，中国代表参加了《公约》形成和制定的全过程，但遗憾的是，当时中国政府在这过程中受“敌友”观的制约，没能根据中国周边海域的地理特征、人文环境以及历史传统等特点提出对中国维护海洋权益有利的提案或建设性意见，这也在一定程度上为后来中国与邻国的海上划界问题留下了隐患。

（四）海洋权益的经营遭受“文革”的干扰

20 世纪 50 年代，中国政府重视对南海诸岛的管辖和经营。广东省海南行政区有关部门不断派遣人员到西沙群岛调查勘测、捕捞水产、开采磷肥、建立气象台，并对西沙群岛的渔民进行管理。1959 年 3 月，海南行政区在西沙群岛的永兴岛设立了“西、南、中沙群岛办事处”。1969 年 3 月，该办事处改称“广东省西沙、中沙、南沙群岛革命委员会”。[①] 但在“文革”时期，这些管辖和建设都受到一定程度的破坏，给那些多年觊觎中国领海主权的国家提供了可乘之机。上文所述中国政府在不同场合关于中国海岛的主权宣示，明确表示中国领土主权不容侵犯，这种严正立场虽然使个别国家肆意侵占、蚕食中国岛礁、领海的行径有所收敛，但中国海岛、领海的部分岛礁还是不时被一些周边国家侵占的局面没有改变。这尽管是由多种原因造成的，但深究起来，缺乏对中国所宣示的海洋权利进行相应的持续有效的管理经营实为重要原因。

［原载《军事历史研究》2016 年第 3 期］

---

① 参见《中国对西沙群岛和南沙群岛的主权无可争辩》,《人民日报》1980 年 1 月 31 日。

新时期中国的海洋权益管理

伴随第三次联合国海洋法会议召开、《联合国海洋法公约》生效及中国改革开放的深入进行，中国政府对中国海洋权益的管理和维护逐步重视，先后采取一系列措施，为加强中国海洋权益管理提供组织和制度保障。然而，由于长期以来我们对海洋权益管理重视程度不够、海洋管理体制分散、管理效能欠佳等原因，中国的海洋权益管理仍面临严峻挑战。

一、海洋权益管理概念及新时期中国海洋权益面临的挑战

（一）海洋权益管理

海洋权益是国家在海洋上的权利和利益。海洋权利属于国家主权范畴，它是国家领土向海洋延伸形成的权利，或者说，它是国家在海洋上获得的属于领土主权性质的权利，以及由此延伸或衍生的部分权利。[①] 依照《联合国海洋法公约》（以下简称《公约》），国家在领海区域享有完全排他性的主权权利，除了允许外籍船舶无害通过外，这一权利和陆地领土主权性质是完全相同的。在毗连区享有的权利也属于排他性的，主要有安全、海关、财政、卫生等管辖权。这一权利是由领海主权延伸或衍生出来的权利。在专属经济区和大陆架享有勘探开发自然资源的主权

① 参见高之国、张海文主编：《海洋国策研究文集》，海洋出版社 2007 年版，第 483 页。

权利，这是一种专属权利，也可以说是仅次于主权的“准主权”；在专属经济区还有对海洋污染、海洋科学研究、海上人工设施建设的管辖权，这可以说是上述“准主权”的延伸。

海洋权益管理是指运用国家力量或专门的管理队伍，采用先进的技术装备手段和可行的方式，根据国内、国际海洋法律、法规对国家管辖海域实施有效管理，防止外来侵犯、损害和破坏，以保证国家的海洋利益。主要包括：内水和领海的权益管理，海洋专属经济区的权益管理，大陆架的权益管理，海洋岛屿的权益管理，公海资源的权益管理等方面。

（二）新时期中国海洋权益面临的挑战

按照《公约》，中国可以主张大约 300 万平方公里的海洋国土及管辖海域，但由于历史和现实的复杂原因，其中近一半的海域存在争议，与海上邻国的各种海洋权益矛盾也十分突出。中国大陆濒临渤海、黄海、东海和南海 4 个海区，渤海是中国的内海，在其他 3 个海区，中国与海岸相邻和相向的国家存在着程度不同的海洋争端。主要有以下几个方面：

第一，岛礁主权争端。在东海，日本在本属于中国的钓鱼岛及其附属岛屿问题上挑起事端。近年来，日本不断采取措施，试图加强对钓鱼岛的实际控制。在南海，周边邻国对中国部分海域、南沙群岛的全部或部分岛礁提出主权要求，侵占中国海域和岛礁。南沙群岛中的 40 多个岛、礁、沙、滩已被他国侵占。其中菲律宾占据 9 个，马来西亚占据 5 个，越南占据 29 个。[①]

第二，海域划界争议。中国与周边 8 个海上邻国都存在着海洋划界争议，包括领海划界、专属经济区划界和大陆架划界。

黄海总面积约 38 万平方公里。在黄海，中国同朝鲜存在划分领海边界、专属经济区边界和大陆架边界争议，同韩国存在划分专属经济区边界和大陆架边界的争议。

东海总面积约 77 万平方公里，主要是中日之间的海洋划界问题。东海北部涉及中、日、韩三国的海洋划界主张重叠区，日韩曾经签订《大陆架共同

---

① 参见李向阳：《2010 亚太地区发展报告：中国周边安全环境评估》，中国社会科学文献出版社 2010 年版，第 58 页。

开发协定》，侵犯了中国的海洋权益[①]，中国政府多次提出抗议。此外，钓鱼岛的主权归属对海洋划界也有一定的影响。

南海周边各国均已宣布建立专属经济区制度，有关国家提出的海洋权利主张侵入中国“九段线”，相互之间也多方重叠，造成较大的争议面积。中国与越南、菲律宾、马来西亚、印度尼西亚、文莱等国存在海域划界争议。

第三，海洋资源争夺。周边国家逐渐加大对争议海域或我国管辖海域油气资源的勘探开发。在南海，20 世纪 60 年代以来，南海周边邻国就开始勘探开发掠夺中国油气资源。南海周边国家已在南沙群岛海域钻井 1000 多口，发现含油气构造 200 多个和油气田 180 个，而现已投入生产的 500 余口油气井中，有 100 多口位于中国南海断续线内。参与采油的国际石油公司超过 200 家，年产油量在 5000 万—6000 万吨。

二、新时期中国管理海洋权益的主要措施及成效

面对复杂的海上形势，中国在管理国家海洋权益方面做出诸多努力：不断改革海洋行政管理体制，为加强国家海洋权益管理提供组织保障；通过制定一系列海洋法律、法规，逐步确立中国基本海洋制度；建立和不断加强海上执法队伍建设，加大维护国家海洋权益的执法力度；通过外交努力，与周边国家就海域划界、专属经济区管理不断进行磋商。

（一）不断改革海洋管理体制，加强对国家海洋事务的管理

随着国家海洋事业的逐步发展，中国的海洋管理体制经历了一个从行业管理到综合与分散管理相结合的发展过程。中华人民共和国成立后前 30 年，是国家海洋管理体制初步建立时期。这一时期的海洋管理以行业管理为主，按照海洋自然资源的属性进行分部门管理，基本是陆地自然资源管理部门的职能向海洋的延伸。1964 年，中国成立国家海洋局，由海军代管，主要职能是负责统一管理海洋资源和海洋环境调查、资料收集整编和海洋公益服务，负责组织协调有关海洋的管理和服务工作，

① 参见《我外交部发言人发表声明》，《人民日报》1974 年 2 月 15 日。

负责对全国海洋调查、监测、科研、预报、南北极考察等工作的统一管理。

1982 年《公约》签订后，国家管辖的海域范围扩大，管理海洋的事务增多，领域拓宽，此前的海洋管理体制难以适应需要。1983 年，国务院批准了国家海洋局的机构改革方案，明确国家海洋局为国务院直属机构，是国务院管理全国海洋工作的职能部门。[①]1988 年国务院机构改革时，再次对海洋管理体制进行改革。此次海洋机构改革初步建立了海洋综合管理与分部门、分级管理相结合的管理体制。综合管理是指国家海洋局作为国务院管理海洋事务的职能部门，对国家海洋事务进行综合管理。1989 年，国家海洋局根据国务院批准的海洋行政管理职能，确立了中国海洋行政管理实行国家海洋局、海洋管理分局、海洋管区和海洋监察站四级管理的格局。分部门的海洋行业管理，仍是依海洋各类产业不同性质，分行业类别进行管理。分级管理包括了综合管理和行业管理，在各自的垂直系统都是依附于行政管理层次分级达成的。1989 年后，中国所有沿海省、自治区、直辖市及计划单列市和沿海县（市）都设立了海洋管理职能部门，承担地方的海洋综合管理任务。

根据 1998 年 3 月国务院机构改革方案，国家海洋局成为新组建的国土资源部部管国家局。[②]其职责是监督管理海域使用和海洋环境保护、依法维护海洋权益、组织海洋科技研究。[③]此次改革完善了海洋综合管理与分部门、分级管理相结合的管理体制。2008 年，国务院机构改革中，将国家海洋局的职责进一步拓展，由 1998 年 7 项拓展到 11 项，并赋予国家海洋局“组织拟订国家海洋事业发展战略”和对海洋事务的综合协调的职责。[④]通过两次改革，虽然海洋综合管理因素有所加强，但综合管理

---

① 参见鹿本守、艾万铸主编：《海岸带综合管理体制和运行机制研究》，海洋出版社 2001 年版，第 130 页。

② 参见中国海洋年鉴编辑部编：《中国海洋年鉴（1999—2000 年）》，海洋出版社 2001 年版，第 49 页。

③ 参见郭永祥主编：《中国国土资源年鉴（1999 年）》，中国国土资源年鉴编辑部 2000 年，第 142 页。

④ 参见《国家海洋局主要职责内设机构和人员编制规定》，载滕祖文编《海区海洋行政管理研究》，海洋出版社 2009 年版，第 39—41 页。

和分部门、分级管理相结合的分散的海洋管理体制并没有改变，使得中国的海洋管理工作，从中央到地方都分散在各个部门，职能职责既重叠又分散，缺乏强有力的综合协调管理职能。其结果是行政成本高、行政效率低，明显不能适应形势发展的需要。

2013 年 3 月全国两会期间，国务院决定重组国家海洋局，将原国家海洋局及其中国海监、公安部边防海警、农业部中国渔政、海关总署海上缉私警察的队伍和职责整合，重新组建国家海洋局，由国土资源部管理。国家海洋局的主要职责是，拟定海洋发展规划，实施海上维权执法，监督管理海域使用、海洋环境保护等。国家海洋局以中国海警局名义开展海上维权执法，接受公安部业务指导。与此同时，为加强海洋事务的统筹规划和综合协调，设立高层次议事协调机构——国家海洋委员会，负责研究制定国家海洋发展战略，统筹协调海洋重大事项。① 国家海洋委员会的具体工作由国家海洋局承担。此次改革的主要目的是加强国家海洋局的综合管理职能。

（二）制定和完善关于海洋权益的法律、法规、条例，为维护国家海洋权益提供法律依据

在很长一个时期，中国涉及海洋权益的法律法规几乎是空白。伴随中国改革开放的快速发展和《公约》的签订和生效，中国政府加快了制定涉海法律、法规的步伐，使中国的海洋权益管理逐渐步入法制化轨道。

20 世纪 80 年代，沿海地区海洋资源开发进入快速发展时期。为了规范和调节海洋资源开发和保护海洋环境，中国政府出台了关于海洋资源开发和环境保护的法律法规，先后颁布了《对外合作开采海洋石油资源条例》（1982 年，2001 年修订）、《海洋环境保护法》（1982 年，1999 年修订）、《矿产资源法》（1986 年，1996 年修改）、《渔业法》（1986 年，2000 年、2004 年修订）、《铺设海底电缆管道管理规定》（1989 年）。《公约》签订后，国家相关部门便着手制定相关法律，与《公约》接轨。1984、1985 年，国家海洋局和外交部、海军、交通部、农牧渔业部等单位先后开始了《领海及毗连区法》《专属经济区和大陆架法》的拟订

---

① 参见《关于国务院机构改革和职能转变方案的说明》，《人民日报》2013 年 3 月 10 日。

工作。[①]

20世纪90年代以来，随着《公约》的正式生效以及中国对《公约》的批准，中国对原有的一些涉海法律法规进行了修改，制定和出台了一系列涉海基本法律。如:《领海及毗连区法》(1992年)、《测绘法》(1992年,2002年修订)、《关于中华人民共和国领海基线的声明》(1996年)、《专属经济区和大陆架法》(1998年)、《海域使用管理法》(2001年)、《海岛保护法》(2009年)、《关于钓鱼岛及其附属岛屿领海基线的声明》(2012年)。经过30多年努力，中国基本建立起了管理国家海洋权益的海洋法律制度，它们是:

第一，领海制度。1958年9月4日，中国政府发布《中华人民共和国关于领海的声明》，宣布中华人民共和国的领海宽度为12海里，领海基线采用直线基线。[②]《声明》初步确立了中国领海的范围和基本制度，但随后未通过立法形式对领海内的法律制度作出全面规定，也未公布领海基点基线。这样，给海洋方面单行法律的实施带来了一定困难。随着《领海及毗连区法》《中华人民共和国领海基线的声明》《关于钓鱼岛及其附属岛屿领海基线的声明》的出台，中国的领海制度逐步完善。这一制度规定了中国领海范围、领海基线的划法、大陆领海的大部分海基线、西沙群岛和钓鱼岛及其附属岛屿的领海基线以及中国在领海享有的权利。

第二，毗连区制度。根据《领海及毗连区法》，中国的毗连区为领海以外邻接领海的一带海域，宽度为12海里。毗连区的外部界限为一条其每一点与领海基线的最近点距离等于24海里的线。中国在毗连区内，为防止和惩处在其陆地领土、内水或者领海内违反有关安全、海关、财政、卫生或者入境出境管理的法律、法规的行为行使管制权。

第三，专属经济区和大陆架制度。依照《专属经济区和大陆架法》，中国的专属经济区是从领海基线量起200海里宽的海域。中国的大陆架是领海以外依本国陆地领土的全部自然延伸，如果从测算领海宽度的基

---

① 参见中国海洋年鉴编纂委员会、中国海洋年鉴编辑部编:《中国海洋年鉴(1987—1990年)》，海洋出版社1992年版，第101页；中国海洋年鉴编纂委员会、中国海洋年鉴编辑部编:《中国海洋年鉴(1991—1993年)》，海洋出版社1994年版，第132页。

② 参见《中华人民共和国政府关于领海的声明》,《人民日报》1958年9月5日。

线量起不足200海里的，则扩展到200海里。中国与海岸相邻或者相向国家关于专属经济区和大陆架的主张重叠的，在国际法的基础上按照公平原则以协议划定界线。在东海，中国主张构成中国大陆领土全部自然延伸的大陆架，直到冲绳海槽最大水深线。在专属经济区，中国行使对勘探和开发、养护和管理自然资源的主权权利和在该区域内从事经济性开发和勘查活动的主权权利。中国对专属经济区和大陆架的人工岛屿、设施和结构的建造、使用和海洋科学研究、海洋环境的保护和保全行使管辖权。

任何国际组织、外国的组织或者个人对中国的专属经济区和大陆架的自然资源进行勘查、开发活动或者在中国的大陆架上为任何目的进行钻探，必须经中华人民共和国主管机关批准，并遵守中华人民共和国的法律、法规。任何国家在遵守国际法和中华人民共和国的法律、法规前提下，在中国的专属经济区享有航行、飞越的自由，在中国的专属经济区和大陆架享有铺设海底电缆和管道的自由，以及与上述自由有关的其他合法使用海洋的便利。铺设海底电缆和管道的路线，必须经中华人民共和国主管机关同意。

中国对在大陆架违反中国法律、法规的行为，有权采取必要措施，依法追究法律责任，并可以行使紧迫权。

（三）逐步加强海洋执法力量的建设，积极维护国家海洋权益

管理国家海洋权益的目的是依法使国家权力更为有效地施行于“海洋国土”上，这需要一支强有力的海洋执法队伍。20世纪末以来，中国的海洋执法力量建设经历了一个从分散到集中的变化过程。

为适应管理国家海洋权益的需要，从1998年起，国家层面的主要涉海管理机构相继成立了一些海洋执法机构。1998年10月19日，经中共中央编制委员会办公室批准，海洋局正式设置中国海监总队。[①] 其职责是依照有关法律和规定，对中国管辖海域（包括海岸带）实施巡航监视，查处侵犯海洋权益、违法使用海域、损害海洋环境与资源、破坏海上设

① 参见《高起点高标准打造一流海监队伍》，《中国海洋报》2008年10月21日。

施、扰乱海上秩序等违法违规行为，并根据委托或授权，进行其他海上执法工作。1998 年 10 月 27 日，经国务院批准，中华人民共和国海事局正式成立，为交通部直属机构，实行垂直管理体制。① 该局负责行使国家水上安全监督管理和防止船舶污染、船舶及海上设施检验、航海保障和行政执法，并履行交通部安全生产管理等职能。2000 年 7 月，农业部渔政指挥中心成立②，其主要职责是承担全国渔业统一综合执法行动的指挥、协调任务。中国公安边防海警部队是指沿海公安边防总队及其所属的海警支队、海警大队，是维护海上治安秩序的执法力量。其职责是根据中国相关法律、法规、规章，对发生在我国内水、领海、毗连区、专属经济区和大陆架违反公安行政管理法律、法规、规章的违法行为或者涉嫌犯罪的行为行使管辖权。③ 该部队隶属公安部边防局执法队伍，编制列入武警序列。1999 年成立的中国海关总署缉私局，既是海关总署的一个内设局，也是公安部的一个序列局，实行海关总署与公安部双重领导、以海关总署为主的领导体制。主要职责是依法查缉涉税走私犯罪案件和打击走私行为。④

上述执法机构成立后，在各自职权范围内，依法积极开展执法维权活动。尤其是中国海监总队，因其在海洋执法中的特殊地位，在维护国家海洋权益方面发挥了较大作用。如：2006 年，中国海监开始在东海中国海域实行定期维权巡航。⑤ 从 2008 年起，中国海监总队把这项工作扩展到中国全部海域。⑥ 据统计，2006 年 7 月至 2010 年 12 月，海监总队船舶累计执行定期维权巡航任务 1668 航次，航程 160 万海里；出动海监飞

---

① 郭永祥主编：《中国国土资源年鉴（1999 年）》，中国国土资源年鉴编辑部 2000 年，第 51 页。

② 参见中国海洋年鉴编纂委员会、中国海洋年鉴编辑部编：《中国海洋年鉴（2001 年）》，海洋出版社 2002 年版，第 51 页。

③ 参见中国法制出版社编：《治安管理实用法律手册》，中国法制出版社 2008 年版，第 307 页。

④ 参见《缉私警察有哪些主要职能和权限》，《人民日报》1999 年 1 月 6 日；《海关总署缉私局成立》，《人民日报》2002 年 12 月 31 日。

⑤ 参见《2006 年中国海洋行政执法公报》，国家海洋局海洋信息网（http://www.mlr.gov.cn）。

⑥ 参见中国海洋年鉴编纂委员会编：《中国海洋年鉴（2008 年）》，海洋出版社 2009 年版，第 32 页。

机 1994 架次，飞行 8985 小时，航程 198 万公里。[①] 多次成功制止了外方的侵权行为，维护了中国海洋权益。仅 2010 年，就监视进入中国管辖海域的外国船舶 1303 艘次、飞机 214 架次，其他目标 43 次，拍摄监视照片 57332 张，摄像资料 6921 分钟，发现其他违法行为 7 次，进行喊话 124 次。[②]

多部门分散执法体制在一定时期内对于国家海洋权益的维护起到了积极作用，但由于各支队伍隶属关系不同，加之其主管部门不适当的干预，使得彼此之间缺乏沟通与合作，在现实执法中各自为政，无法形成海上执法的"合力"，致使执法效果大打折扣。此外，这种分散的海上执法体制还造成各支海上执法队伍自成体系，各自建设，导致低层次的重复建设，造成资源浪费。2013 年国家海洋局重组后，新整合的中国海警局使中国的海洋执法开始走上统一执法的轨道。

（四）积极推动同周边国家就海上问题进行磋商，注重以外交手段维护国家海洋权益

中国致力于维护周边海域的和平稳定，一贯坚持通过对话谈判处理同邻国的领土和海洋权益争端；对争议海域的资源开发，始终保持克制，提出"搁置争议，共同开发"的主张。经过中方的积极努力，在部分海域划界、资源合作开发方面取得了一些进展。

在处理同邻国的领土和海洋权益争端方面，2000 年 12 月，中国同越南签订了《北部湾划界协定》。[③] 这是中国与邻国划定的第一条海上界线。2002 年 11 月，中国同有关国家签署《南海各方行为宣言》[④]，在一定时期内使南海问题的解决向着积极方向发展。中国对南海诸岛及其附近海域拥有无可争辩的主权，然而近年来，周边国家对南海的争夺逐渐从军事占领转变为战略角力。马来西亚和越南于 2009 年 5 月 6 日向大陆架界限委员会提交的 200 海里以外大陆架划界案、越南 2009 年 5 月 7 日向大陆架界限委员会提交的 200 海里以外大陆架划界案，侵犯了中国在南海的

① 参见《我国积极开展管辖海域定期维权巡航》,《人民日报》2011 年 7 月 24 日。

② 参见《2010 年中国海洋行政执法公报》，国家海洋局海洋信息网（http://www.nmdis.org.cn）。

③ 参见《中越草签北部湾划界协定和北部湾渔业合作协定》,《人民日报》2000 年 12 月 25 日。

④ 参见《中国与东盟签署南海各方行为宣言》,《人民日报》2001 年 11 月 5 日。

主权、主权权利和管辖权。中国政府郑重要求该委员会对马来西亚和越南联合划界案、越南划界案不予审理。[①] 近两年，周边国家又积极推进南海问题“国际化”。2013 年 1 月，菲律宾将中菲南海争议提交国际仲裁；2014 年 3 月 30 日，菲律宾向仲裁庭提交了所谓“诉状”。[②] 菲这一行为是徒劳的，因为在 2006 年 8 月 25 日，中国依据《联合国海洋法公约》第 298 条规定，向联合国秘书长提交书面声明，对于《公约》第 298 条第 1 款所规定的事关海洋权益和海上安全的任何争端（即涉及海洋划界、领土争端、军事活动等争端），中国政府不接受《公约》第 15 部分第 2 节规定的任何国际司法或仲裁管辖。[③] 在黄海，中韩自 1997 年开始建立正式海洋法磋商机制，就海洋划界及其他海洋法问题交换意见。在中韩有关磋商中，中国政府主张按照公平原则，同时考虑所有有关情况，以实现公平合理地解决中韩海洋划界问题。苏岩礁位于中韩两国专属经济区和大陆架主张的重叠区，经 2006 年 12 月中韩海洋法磋商，双方认为，苏岩礁不具有领土地位，中韩不存在领土争议。[④]

在资源合作开发方面，黄海和东海是中国的重要渔区，也是中、日、韩三国共同的渔场。1997 年 11 月 11 日，中日两国签订《中华人民共和国和日本国渔业协定》。该协定于 2000 年 6 月 1 日起正式生效。[⑤]2000 年 8 月 3 日，中、韩两国签订《中华人民共和国政府和大韩民国政府渔业协定》，该协定于 2001 年 6 月 30 日正式生效。[⑥] 这些渔业协定对维护中日、中韩正常的渔业秩序，保护海洋渔业资源具有重要意义。2000 年，中越签订了《中华人民共和国政府和越南社会主义共和国政府北部湾渔

---

① 参见《我就马越联合提交“划界案”表明立场》，《人民日报》2009 年 5 月 8 日。

② 参见《违背国际法之举是徒劳的》，《人民日报》2014 年 4 月 1 日。

③ 参见国家海洋局海洋发展战略研究所课题组编：《中国海洋发展报告（2009 年）》，海洋出版社 2009 年版，第 89 页。

④ 参见中国海洋年鉴编纂委员会：《中国海洋年鉴（2010 年）》，海洋出版社 2011 年版，第 119 页；中国海洋年鉴编纂委员会、中国海洋年鉴编辑部编：《中国海洋年鉴（2012 年）》，海洋出版社 2013 年版，第 59 页。

⑤ 参见中国海洋年鉴编纂委员会、中国海洋年鉴编辑部编：《中国海洋年鉴（2001 年）》，海洋出版社 2002 年版，第 59、61 页。

⑥ 参见中国海洋年鉴编纂委员会编：《中国海洋年鉴（2002 年）》，海洋出版社 2003 年版，第 87—89 页。

业合作协定》，对两国在北部湾的渔业合作关系作出了规定。[①] 自20世纪90年代以来，中国在东海中方管辖海域内开发的包括“春晓”在内的油气田位于日本单方面主张的所谓的“中间线”中方一侧，但中方正常、合法的油气资源开发活动频受日本的干扰。为促进问题的解决，2004年10月，中、日两国启动东海问题磋商。[②] 经过10多轮的正式磋商谈判，2008年6月18日，中、日两国就东海油气资源共同开发问题达成原则共识。[③]

三、新时期中国海洋权益管理存在的问题及发展的方向

（一）新时期中国海洋权益管理存在的问题

新时期中国海洋权益管理是从一个比较低的起点开始的。20世纪80年代以来，随着国际社会对海洋权益认识的不断深化，中国海洋事业快速发展。中国海洋权益面临越来越严峻挑战的情况下，中国政府才逐步采取措施，加强对中国海洋权益的管理。一定程度上，这一时期中国对海洋权益某些方面的管理是处于被动地位的，但不可否认这一时期中国海洋权益管理取得了不小的成效，同时，我们更应清晰地看到存在的问题。

第一，对海洋权益管理的战略定位较低。海洋权益尤其是领海主权是国家的核心利益，对于海洋权益的管理在国家的发展战略中应居于重要地位，然而在相当长的时间内，中国海洋权益管理由于服从某方面的战略需要而暂时搁置。比如：《专属经济区和大陆架法》送审稿于1992年1月25日报送国务院[④]，1998年才获通过，审批长达6年。这其中固然有《公约》生效后与《公约》接轨的问题，但外交方面的考虑应该是

① 参见《中越草签北部湾划界协定和北部湾渔业合作协定》，《人民日报》2000年12月25日。

② 参见《中日举行东海问题磋商》，《人民日报》2004年10月26日。

③ 参见《让东海成为和平、合作、友好之海——评中日就东海问题达成原则共识》，《人民日报》2008年6月19日。

④ 参见中国海洋年鉴编纂委员会、中国海洋年鉴编辑部编：《中国海洋年鉴（1991—1993年）》，海洋出版社1994年版，第132页。

一个重要因素。关于中国领海基线公布问题，也因服从中国外交战略的需要，致使中国部分海岸线和岛屿的领海基线至今尚未公布。中国南海“九段线”的法律地位也是同样情况。此外，中国与邻国就有关海洋权益的外交交涉中，有时也因种种原因在权益主张中处于被动地位。

第二，海洋权益管理体制分散，各管理主体间责权不清。海洋权益的管理需要一种综合高效的管理体制。中国现行海洋管理体制是综合管理与分部分级管理相结合的体制，包括国家海洋局、发展与改革委员会、外交部、国土资源部、环境保护部、科技部、公安部、国家旅游局、工业和信息化部、国家林业局、国家文物局、海关总署等多部门都具有涉海行政管理职能。众多管理主体之间权限不明，职责不清，容易造成管理制度不统一，甚至是制度冲突的现象，对国家海洋权益的管理十分不利。2013 年，国家海洋局重组，仅是涉及了 4 个海上执法机构，原行政主管的体制并没有变化。毋庸置疑，中央成立国家海洋委员会将对实现海洋综合管理起积极的作用，但实现海洋权益综合高效管理还需要一个过程。

第三，管理海洋权益的法律、法规有待进一步健全与完善。改革开放以来，中国在海洋权益立法方面取得了显著的成就，但由于受海洋领域的立法积累少、经验不足和受外部环境制约等因素影响，中国关于海洋权益法律还存在不完善、配套法规不全甚至法律空白等问题。上文提到的关于领海的 3 个法律文件，基本上确立了中国的领海制度，但时至今日，中国大陆海岸线的南北两端即与朝鲜相邻的辽东半岛、与越南相邻的北部湾沿岸，西沙群岛之外南海其他岛屿的海基线没有公布。有些国家就以无法识别领海基线为借口，肆意侵犯我领海、领空，掠夺我海洋资源。专属经济区和大陆架制度建立以来，中国对专属经济区的管理还非常薄弱，执法效果不理想。主要原因是《专属经济区和大陆架制度法》作为海洋领域的基本法之一公布后，配套法规迟迟没能出台，造成海上执法缺乏法律支持的窘境。如在海洋权益管理部分缺乏海上人工构造物管理方面的立法；在海洋资源开发方面缺少海洋资源开发保护等法规；该法规定：外国的舰船、飞机“在遵守中国法律、法规的前提下，在专属经济区内享有航行、飞越的自由”，但尚无约束外国飞机、军舰的具体法律等。

第四，海洋执法力量建设面临重新布局、统筹规划的问题。2013 年，中国海警局成立，标志着海上执法由分散管理向集中管理转变迈出了关键一步。建立统一的执法队伍，可以最大限度地降低海上执法成本，提高海上执法效率，减少过去由于职能相互交叉或重复引发和造成不必要的矛盾和纠纷。但要真正落到实处，还有大量工作要做。这次整合 4 支海上执法力量，把几个部门的职能职责列在一起，梳理、整合出一套今后中国海警局统一、明晰、规范的职能职责绝非易事，需要对当前海洋现状及维权行动的实时掌握，对机构改革和职能转变的深入掌握，对国内外海洋法律法规的透彻掌握。而如何处理裁撤部门的善后工作等也是改革难点。

（二）中国海洋权益管理的发展方向

第一，高度重视海洋权益管理在国家战略中的地位。海洋在中国发展战略中发挥着日益重要的作用。数据显示，2013 年，中国海洋生产总值超过 5.4 万亿元，占国内生产总值的 9.5%，全国涉海就业人员达到 3513 万人。[①] 随着陆上资源短缺对中国经济发展制约作用的增强，有着丰富生物、矿物资源的中国海域乃至辽阔公海将为中国今后发展提供强有力的支撑。海洋权益还事关国家安全，必须把国家海洋权益的管理放在国家战略的优先位置。党的十八大报告提出："提高海洋资源开发能力，发展海洋经济，保护海洋生态环境，坚决维护国家海洋权益，建设海洋强国。"新一届中央领导集体对国家海洋事业的高度重视，为从战略上加强国家海洋权益管理提供了契机。

第二，提高海洋管理能力，理顺海洋行政管理部门的权责与关系。分散的海洋行政管理体制已成为提高海洋管理能力的最大制约因素，建立统一协调的海洋行政管理机构势在必行。2013 年，中央设立国家海洋委员会，这是目前国家海洋事务管理中的最高层级的机构。不过，它不是一个独立主体，而是一个协调机构。海洋委员会的具体工作由国家海洋局承担。长远来说，国家海洋委员会将成为实质的行政主管部门，负责海洋事务的决策。国家海洋局作为执行机关，这将会极大地提高海洋

---

① 参见余建斌：《2013 年海洋生产总值超 5.4 万亿》，《人民日报》2014 年 6 月 11 日。

行政管理能力，此外，也可以将国家海洋局的核心业务进行重组，改变原有事业性、科研主导的机构性质，注入事关推动经济发展和维护海洋权益的核心业务，变成“实权”部门，实现责权相匹配。

第三，完善和健全国家海洋权益法律体系。国家海洋权益的维护，海洋权利的行使，海洋开发和涉外海洋科研等活动，都离不开海洋法律制度的保障和规范。要加紧制定相应的法律法规，尽快完善海洋立法，在维护国家海洋权益的实践中做到有理有据。目前最紧迫的是，在进一步完善国家海洋权益基本法的基础上，加快制定各有关基本法的配套法规。如加快制定海洋基本法、海上安全法、关于外国军舰无害通过领海的许可或管理、领海基点的管理和保护等法律法规，以及海底电缆管道管理法、海洋资源勘探开发法（海上石油天然气开采法）等维护国家在专属经济区和大陆架及公海上权利的法律法规。尽早完成与《公约》接轨的系统工程。通过加强海洋立法等手段，最大限度地实现《公约》所赋予的权利，履行《公约》所规定的义务。

第四，提高海上执法的效能。新组建的中国海警局，承担着统一海上执法的职责，将会一定程度上改变长期以来中国海上执法力量分散薄弱、执法效率低的问题。要真正提高海上执法效能，首要任务是建立和完善海上执法的法律法规体系，建立健全海上执法体制。其次是提升海上执法装备能力。经过多年的发展，中国海上执法装备有了很大的发展。各类执法船数量达数千艘，从数量上讲居世界前列。但执法船吨位小，能够胜任远海执法任务的1000吨级的执法船只有40艘左右。随着中国周边海域划界、岛屿主权、资源开采等争夺日趋激烈，专属经济区的维权形势日益紧张，为了有效维护国家海洋权益，海上执法力量在专属经济区常态化的执法势在必行。只有进一步优化提升海上执法装备能力，才能适应有效维护国家海洋权益的需要。

［原载《毛泽东邓小平理论研究》2014年第10期］

毛泽东与新中国领土主权安全

中华人民共和国成立后，以美国为首的西方国家不断从中国周边、近海对我进行战略挤压，并频繁侵扰中国领土。周边国家也不时在中国边境、领海对我领土主权进行武装挑衅和蚕食。与此同时，国民党集团盘踞台湾，海峡两岸处于严重分离状态。为此，新中国的领土主权安全面临着严重威胁。作为开国领袖的毛泽东，从维护国家利益出发，坚定地捍卫国家的安全，为维护国家主权安全和领土完整作出了不可磨灭的贡献。

一、领土主权的内涵及新中国前期领土主权安全面临的挑战

（一）领土主权的内涵

领土是指处于国家主权管辖下的地球表面的特定部分，包括陆地、水域以及陆地和水域的上空与地下层。[①] 领土是国家物质财富的主要源泉，是国家和人民赖以生存的物质基础。主权是国家的固有权利，指的是一个国家独立自主处理自己内外事务，管理自己国家的最高权力。

领土主权是指国家在其领土范围内享有的最高的排他的权利。包括三个方面的含义：一是所有权。国家对于其领土及其中蕴含的自然资源享有占有、使用和处置的权利。二是管辖权。即国家对于其领土范围内的一切

① 参见曾令良：《国际法》，武汉大学出版社 2011 年版，第 125 页。

人（享有外交豁免权的人除外）和事物以及领土外的本国人实行管辖的权力。三是领土主权神圣不可侵犯。领土是国家行使主权的空间和范围，领土一旦遭到破坏，一国的其他主权也就难以实现，甚至于被毁灭。因此，国家领土主权不可侵犯已成为现代国际法的最重要原则之一。

（二）新中国前期领土主权面临的主要挑战

中华人民共和国的成立结束了中国人民百年来饱受帝国主义欺压凌辱的历史，一个独立自主的主权国家巍然屹立于世界东方。然而，由于以美国为首的西方国家对新中国采取敌视政策，对其新生政权实行军事威胁和武装包围，近代以来西方列强对中国领土百年的蚕食和鲸吞留下诸多历史遗患，加之台湾与大陆处于分离状态，等等，内忧外患，新中国领土主权安全面临着诸多严峻挑战。

1. 美国在亚太地区的霸权战略和侵略行径严重威胁新中国领土主权的安全

中华人民共和国成立后，美国拒不承认新生政权，为确保其在亚太地区的战略优势地位，采取与中国周边国家建立双边、多边军事联盟等方式对中国构成弧形包围圈，挤压中国的战略空间。同时，美国还悍然出兵，对中国领土、领海进行侵占和侵扰。1950 年 6 月，美军第七舰队开进台湾海峡，侵入台湾。1953 年、1954 年，美国与台湾当局先后签订了“军事协调谅解协定”和所谓“共同防御条约”，取得了在台湾、澎湖列岛驻军的权力。美军不断直接或间接支持国民党当局对中国领海、领空进行袭扰。据不完全统计，1950 年 6 月到 1954 年 2 月间，美舰侵入中国领海共有 336 次，704 舰次。[①] 美国还试图以武力阻止新中国政府解放台湾、实现国家统一。美国先后在朝鲜半岛、印度支那推行的武装干涉政策，对中国东北、东南边境的安全造成严重威胁。

2. 周边一些国家对中国陆疆、海域的武装挑衅和非法侵占严重挑战中国的领土完整

近代殖民侵略为中国与邻国的边界纠纷留下了诸多遗患。印度独立

---

① 参见《美国蓄意对我国扩大侵略制造紧张局势　如果美国不立即停止这种侵犯行动必将自食其果》,《人民日报》1954 年 7 月 29 日。

后的执政当局秉承大英帝国对华侵略遗留的衣钵，不断在中印边境寻衅滋事，蚕食中国领土。中苏边界问题作为历史悬案，自从 1960 年中苏关系恶化以后，两国边境地区也开始发生冲突。1960 年 8 月，苏联在中国新疆博孜艾格尔山口挑起第一次边境事件后，两国边界冲突不断升级。从 1964 年 10 月至 1969 年 3 月，由苏方挑起的边境事件达 4189 起。[①]1969 年 3 月，珍宝岛事件爆发，双方边界冲突达到高潮。随后，苏联在中国北部边境陈兵百万，严重威胁中国领土主权安全。

自 20 世纪 50 年代中后期起，中国的领海主权也不断受到周边国家的挑衅和侵犯。在中国南海海域，日本投降后，第二次世界大战结束，根据《开罗宣言》《波茨坦公告》，1946 年，国民党政府指派高级官员赴南沙群岛，在岛上举行接收仪式，并立碑纪念，派兵驻守。南沙群岛重新置于中国政府的管辖之下。直到 1956 年，从未有任何一个国家对南海主权属于中国提出异议。1956 年后，南越、菲律宾等国先后对我南海主权进行挑衅，甚至武装占领。特别是在 20 世纪 70 年代，菲、越不惜冒更大风险，在中国南海海域展开外交和军事攻势，疯狂侵占中国南海岛礁。到 1971 年下半年，菲律宾先后非法侵占中国南海海域的马欢岛、费信岛、南钥岛、中业岛、西月岛、北子岛、礼乐滩。[②]1973 年 8 月底，南越当局在非法侵占了中国南沙、西沙群岛的 6 个岛屿之后，于 9 月宣布将中国南沙群岛中的南威、太平等 10 余个岛屿划归其福绥省管辖。[③]1975 年越南民主共和国统一越南全境后，改变了其一贯承认西沙和南沙群岛主权属于中国的立场，转而占领南沙群岛部分岛礁，进而对全部西沙、南沙群岛提出所谓领土主权要求。在中国东海海域，因战后美国托管琉球群岛期间擅自扩大范围，把中国钓鱼岛划入其中，为中日钓鱼岛主权争端埋下了祸根。在美日交接琉球行政权前后，日本就不断对钓鱼岛主权问题进行挑衅。1970 年 8 月 31 日，冲绳“地方立法机构”通过“法律”，确认钓鱼岛群岛属于冲绳石垣市，也就是单方宣布了钓鱼岛主权属于日本。1972 年 3 月 8 日，日本外务省发表了“关于尖阁列岛领有权”

---

① 参见《中华人民共和国政府声明》，《人民日报》1969 年 5 月 25 日。

② 参见李国强：《南中国海研究：历史与现状》，黑龙江教育出版社 2003 年版，第 261 页。

③ 参见刘成军、刘源：《新中国国防和军队 60 年》，人民出版社 2009 年版，第 51 页。

的官式声明，罗列了一系列钓鱼岛属于日本的所谓“证据”，为日本方面处理这个问题定下了基调。[①]

二、毛泽东维护新中国领土主权安全的主要举措

面对新中国领土主权和国家安全面临的严峻挑战，毛泽东从维护国家利益出发，不屈服于强权和外国势力，坚决反对美国的侵略行径和强权政策，坚定地维护国家主权和领土完整，积极发展国家防御力量，奋起抗击外来侵略和颠覆活动，强有力地维护新中国领土主权安全。

（一）坚决反对美国的侵略行径和强权政策，维护领土主权安全和领土完整

1. 坚决反对美国武力侵占中国台湾和制造“两个中国”阴谋，维护领土完整

针对美国武装侵入台湾海峡、阻挠中国实现国家统一的侵略行径，1950 年 6 月 28 日，毛泽东在中央人民政府委员会第八次会议上发表重要讲话，指出：“美国对朝鲜、菲律宾、越南等国内政的干涉，是完全没有道理的，全中国人民的同情和全世界广大人民的同情都将站在被侵略者方面，而决不会站在美帝国主义方面。全国和全世界的人民团结起来，打败美帝国主义的任何挑衅。”[②] 同日，周恩来外长发表声明指出，不管美国帝国主义者采取任何阻挠行动，台湾属于中国的事实，永远不能改变；中国必能收复台湾和一切属于中国的领土。[③] 针对美国的侵略行为，8 月 24 日，周恩来外长致电联合国安理会主席马立克、联合国秘书长赖依，要求联合国制裁美国武装侵略中国领土的罪行，并应立即采取措施，使美国政府自台湾及其他属于中国的领土完全撤出它的武装侵略部队。[④] 10

---

① 参见张荣植：《边疆与民族问题》，北京大学出版社 2004 年版，第 199 页。

② 参见《毛泽东年谱（1949—1976）》第 1 卷，中央文献出版社 2013 年版，第 159—160 页。

③ 参见中华人民共和国外交部、中共中央文献研究室：《周恩来外交文选》，中央文献出版社 2000 年版，第 19 页。

④ 参见《周外长致电安理会要求制裁美国武装侵略我国领土的罪行》，《人民日报》1950 年 8 月 25 日。

月 23 日，中国政府任命伍修权为大使衔特别代表，出席安理会讨论中国控诉美国侵略案。[①]11 月 28 日，安理会讨论美国武装侵略台湾案，伍修权代表中国政府提出控诉。[②]朝鲜停战后，美国以台湾“中立”“托管”名义干涉中国内政，企图制造“一中一台”，分裂中国主权。毛泽东针锋相对，采取了一系列举措，与美国的强权行为及阴谋进行不屈的斗争。新中国政府在不同场合向国际社会揭露美国的阴谋，并警告美国政府，如果它以为可以用战争威胁来吓倒中国人民，来使中国承认“两个中国”，承认美国侵占台湾和侵入台湾海峡的行为合法，那是梦想；如果美国硬要把战争打到中国头上，我们是一定抵抗到底的，我们决不屈服。[③]同时，积极抵御美国武装侵扰。用武力解放一江山岛，全部收复浙江沿海岛屿，炮击金门、马祖，更显示了新中国政府维护国家主权和领土完整的决心和勇气。正是这种维护国家独立、主权的坚定立场和不畏强暴的英勇气概，迫使美国从 20 世纪 60 年代末开始改变敌视新中国的政策，承认新中国是国际社会中不可忽视的力量，在 70 年代初，实现了美国总统首次访华。

2. 坚决反击美国在中国周边战争恐吓和武装侵略行径

毛泽东是国家利益的坚定捍卫者，对于美国对中国领土主权安全的任何威胁与侵犯，他都敢于斗争，坚决予以还击。毛泽东把敢于斗争比作不怕鬼，他认为，越怕鬼就越有鬼，不怕鬼就没有鬼了。[④]当美国对朝鲜、越南发动侵略战争，威胁中国边境安全时，毛泽东果断作出抗美援朝、抗美援越的决策和战略部署，使美国的侵略和颠覆活动遭到彻底失败，维护了新中国东北、东南边境领土主权的安全。

---

① 参见《周外长通知联合国秘书长赖伊我已任命伍修权为特派代表》，《人民日报》1950 年 10 月 24 日。

② 参见《安理会讨论控诉美国武装侵台案 我代表伍修权严正提出控诉》，《人民日报》1950 年 11 月 30 日。

③ 参见中华人民共和国外交部、中共中央文献研究室：《周恩来外交文选》，中央文献出版社 2000 年版，第 222 页。

④ 参见毛泽东：《世界上有人怕鬼，也有人不怕鬼》，载《毛泽东文集》第 8 卷，人民出版社 2004 年版，第 51 页。

（二）高度重视国家防御力量建设，捍卫领土完整和主权安全

强大的国防力量是国家领土主权安全的重要保障，毛泽东高度重视新中国国防力量的建设。在指导国防建设中，毛泽东适时提出了建设正规化、现代化的人民军队和大办民兵师等一系列主张。为建设一支强大的国防力量，毛泽东做出了积极努力。

1. 领导建设陆、海、空兵种齐全的合成现代化正规化军队

在相当长的时间，人民解放军基本上是一支单一步兵型的军队，而作为一个海域、陆疆都很辽阔的国度，仅靠单一兵种捍卫国家领土主权的安全非常困难。在中华人民共和国成立前夕，毛泽东就指出，我们将不但有一个强大的陆军，而且有一个强大的空军和一个强大的海军。[①]突出强调了新中国国防建设的重要地位，提出了建设一支强大的现代化人民军队的历史性任务。中华人民共和国成立后，毛泽东立即指示部署组建空军和海军等各兵种。1949—1951 年，新中国相继建立了空军、海军、炮兵、装甲兵、防空部队和工程兵等军兵种，初步实现了由单一步兵型向诸军兵种合成型军队建设的转变。

2. 部署国防高端技术研究工作，发展先进的武器装备系统

透过朝鲜战场的炮火硝烟，毛泽东清醒地看到了现代化战争与我们过去所进行的战争的巨大差别，深刻指出，为了保卫祖国免受帝国主义者的侵略，依靠我们过去和较为落后的国内敌人作战的装备和战术是不够的了，我们必须掌握最新的装备和随之而来的最新的战术。[②]在发展现代化武器装备的问题上，毛泽东提出了“两条腿走路”的方针，即常规武器与尖端武器并举。他指出，我们不但要有更多的飞机和大炮，而且还要有原子弹。[③]根据毛泽东的指示，中国逐步建立起独立完整的国防科研和国防工业体系，集中力量发展国防尖端技术。随着“两弹一星”的相继研制成功，中国的国防事业实现了“跨越式”发展，促成了中国国

---

① 参见《毛泽东文集》第 5 卷，人民出版社 1999 年版，第 345 页。

② 参见中共中央文献研究室：《毛泽东思想年编（1921—1975）》，中央文献出版社 2011 年版，第 744 页。

③ 参见《毛泽东文集》第 7 集，人民出版社 2004 年版，第 27 页。

防现代化事业的质的飞跃。

3. 重视军事院校建设，大力培养专业骨干人员

毛泽东非常重视部队军事技术骨干的培养教育和军队院校建设工作，亲自指派大批具有丰富实践经验的高级将领去办军校。1950 年 10 月 23 日，毛泽东电令西南军政委员会主席刘伯承到北京主持陆军大学的筹建工作。1951 年 1 月，中国人民解放军军事学院在南京成立。[①]该学院是培养合成军队高级指挥员和高级参谋人员的综合性军事学府，毛泽东称它的建立是中国人民解放军建军史上重大转变的标志之一。随后，全军又先后成立了一批专业院校。到 1952 年底，全军共有军事、政治、文化、后勤、技术院校 200 余所[②]，为人民解放军建设和发展培养输送了一大批专业人才，极大地促进了部队的现代化、正规化建设。

（三）加强对国家领土主权的管辖，维护国家主权独立的权利

毛泽东非常重视国家独立自主的权利。他提出，中国的事情必须由中国人民自己作主张，自己来处理，不允许任何帝国主义国家再有一丝一毫的干涉。[③]然而，近代以来，帝国主义通过与当时的中国政府签订的各种不平等条约，在中国夺取驻军权、自由经营权、内河航运权、海关管理权等，不仅严重侵犯了中国的独立和主权，而且控制了中国的政治和经济命脉。对此，毛泽东作出了未来新中国将采取“另起炉灶”和“打扫干净屋子再请客”的决策，彻底废除一切不平等条约和清除一切在华帝国主义势力。据此，新中国有步骤、有计划地废除了一切不平等条约，肃清了帝国主义在华特权和影响。这不仅恢复和巩固了新中国的独立与主权，而且为同世界各国建立和发展新的平等互利合作关系开辟了道路。

苏联在中国大连、旅顺港的驻军，在毛泽东看来同样是对中国主权独立和领土完整的侵害。中华人民共和国成立伊始，毛泽东就出访苏联，

---

① 参见军事科学院军事历史研究部：《中国人民解放军的七十年（1927—1997）》，军事科学出版社 1997 年版，第 391 页。

② 参见当代中国研究所：《中华人民共和国史稿》第 1 卷，人民出版社、当代中国出版社 2012 年版，第 287 页。

③ 参见《毛泽东选集》第 4 卷，人民出版社 1991 年版，第 1465 页。

以解决旅顺苏联海军基地等历史问题。在主权问题上，毛泽东寸步不让。经过中苏双方多次谈判，终于签订了《关于中国长春铁路、旅顺以及大连的协定》，苏联将旅顺口海军基地等全部归还中国。1955 年 5 月 31 日，苏联军队全部完成移交和撤离事务。[①] 至此，新中国在中国大陆实现了领土的完全管辖权。

能否及时有效地控制中国的边界，是关系到新中国领土主权安全的大事。人民解放军实现对大陆全境抵边控制后，毛泽东领导新政府迅速建立起新中国边境管理和边防保卫制度，有效地维护国门安全。1949 年 10 月，首先在天津、青岛、烟台、厦门、深圳、丹东等口岸建立边防检查站，11 月，公安部设立边防保卫局。随后，公安部对各地的边防机构和部队进行了整编。除中苏、中蒙边境外，各大区公安部和边疆省（市）、自治区公安厅先后成立了边防局，边境一线设立了边防分局、边防团、海防大队、边防派出所和检查站。至此，我国的边境管理机构初具规模。

妥善解决历史遗留问题，维护周边安全，关系到新生政权的稳定。20 世纪 50 年代，中国与周边国家边界争端增多，一度影响到中国周边的稳定。毛泽东和中国政府在坚持和平共处五项原则基础上，本着平等互利、互谅互让、照顾历史与现实、友好协商的态度，先后与缅甸、尼泊尔、巴基斯坦、阿富汗、蒙古等国妥善解决了历史遗留的边界问题，一定程度上缓解了边界问题的压力，赢得了有利的国际环境。

毛泽东高度重视新中国领海主权的安全问题。1950 年美军舰进驻台湾海峡后，经常驶进中国 12 海里甚至更近的海域，危及中国的安全，侵犯中国的海洋主权。如何确定我国领海宽度，是中华人民共和国成立初期亟待解决的一个问题。1958 年，第一次联合国海洋法会议召开，领海问题再度凸显。毛泽东密切关注这一问题。他及时掌握动向，积极听取各个方面人士特别是专家、学者的意见建议。1958 年 8 月，中共中央在北戴河召开政治局扩大会议期间，毛泽东指示外交部把有关专家专程请到北戴河去面议

---

① 参见裴坚章：《中华人民共和国外交（1949—1956）》，世界知识出版社 1994 年版，第 39 页。

此事。在广泛听取意见建议、参照国际通行规则的基础上，1958 年 9 月 4 日，《中华人民共和国政府关于领海的声明》发表，宣布中国领海宽度为 12 海里，规定用直基线划定领海的起算点，外国飞机和军用船舶未经中国政府许可不得进入中国的领海及其上空[①]，初步确立了中国的领海范围。

（四）坚决反对任何他国对中国领土主权的侵略蚕食，维护领土神圣不可侵犯的权利

毛泽东深爱我们的祖国和人民，他对近代中国遭受蹂躏践踏的屈辱历史刻骨铭心，一直把保卫国家领土主权不受侵犯视为高于一切的大事。他强调，中国的领土主权，中国人民必须保卫，绝对不允许外国政府来侵犯。[②]对于周边国家对中国领土主权的侵犯和蚕食，毛泽东明确指示我边防部队务必针锋相对、以牙还牙地予以坚决反击。他亲自指挥了中印边界自卫反击战、珍宝岛自卫反击战和西沙保卫战等著名战斗。需要指出的是，这几次武装冲突都是在中国保持极大克制，忍无可忍的情况下被迫自卫反击。关于中印边界问题，中国政府一贯主张，由于边界从未正式划定，双方应该考虑历史背景和当前的实际情况，根据和平共处五项原则，采取互谅互让的态度，通过和平友好的协商，求得两国边界的合理解决。在此之前，双方应该维持边界现状，不应片面行动，更不允许使用武力来改变这种现状，对于某些争执，还可以通过谈判，达成临时性的协议。印方却通过“前进政策”，不断在中印边境挑衅和蚕食中国领土，并设据点。在西段，到 1962 年 10 月 20 日止，印度已在中国境内建立了 43 个据点，在东段，仅 1962 年上半年，印度就沿“麦克马洪线”建立了 24 个新哨所，6 月 4 日甚至在该线以北的扯冬新设了哨所。[③]对印军的不断入侵和蚕食中国领土的行径，中国保持了极大的克制和忍让，采取了一系列避免武装冲突的措施。然而，当时的印度政府却一意孤行，甚至不惜以武力谋求其领土要求。10 月，印度军队不断侵入中国领土并向我边防军发起进攻，使中国边防部队遭受严重伤亡。在这种情况下，

① 参见《中华人民共和国政府关于领海的声明》，《人民日报》1958 年 9 月 5 日。

② 参见《毛泽东选集》第 4 卷，人民出版社 1991 年版，第 1460 页。

③ 参见石志夫：《中华人民共和国对外关系史（1949.10—1989.10）》，北京大学出版社 1994 年版，第 147 页。

中国政府才被迫决定实施自卫反击。中国政府通过有理、有节的自卫反击斗争，维护了中国领土主权的安全。

三、毛泽东对维护国家领土主权安全作出的贡献及启示

（一）毛泽东对维护国家领土主权安全作出的贡献

1. 维护了新中国领土的完整

毛泽东高度重视维护国家领土主权完整。他不畏强权，与霸权国家干涉、威胁及侵略中国领土主权的行径进行英勇斗争，同时，对周边国家的武装挑衅、蚕食进行坚决的自卫反击。作为内战的遗留问题，台湾与中国大陆虽然仍处于分离状态，但是，在毛泽东等中共第一代领导集体的坚决斗争下，美国等西方国家试图制造“两个中国”“一中一台”的图谋遭到了失败，一个中国的原则得到了国际社会绝大多数国家的认可。中华人民共和国成立后，中国政府向全世界宣布，不承认帝国主义强加给中国的一切不平等条约，庄严宣布香港、澳门自古以来就是中国的神圣领土，主张在条件成熟时，通过和平谈判的方式来解决这一历史遗留问题。事实上，人民解放军在解放华南的过程中，完全有能力收回香港，但毛泽东从国际关系以及新中国经济建设的需要出发，决定不急于收回香港的主权。这就使港澳成为新中国与西方关系中对我有利的一个筹码，一定程度上分化了西方反华阵营。这一决策显示了以毛泽东为核心的中共第一代领导集体在外交策略上的卓越智慧和过人远见。对于周边国家非法侵占我国岛礁、领海的行为，中国政府均提出过严正抗议、交涉，并多次发表声明、谈话，表明中国对他国非法占领的这些岛礁、领海拥有的主权无可争辩。虽然这些声明和抗议没有完全阻止个别国家对中国岛礁、领海的侵占行为，但依照国际法的有关规定，这些声明、谈话宣示了中国的立场和态度，表明了中国对那些被侵占的岛礁、领海的主权权利，待时机成熟时，中国随时有收回这些岛礁、领海的权利。可以看出，经过以毛泽东为核心的中共第一代领导集体的不懈努力，新中国的领土完整总体上得到了维护。

2. 卓有成效地对中国领土主权行使了管辖权

首先，完善边境管理和边防保卫制度对于维护国家边境安全发挥了

积极作用。1949 年中国新民主主义革命的胜利，实现了中国人民百年来反对帝国主义侵略，争取国家主权独立和领土完整的夙愿。但是，西方帝国主义并不甘心自己的失败，他们妄图把新中国扼杀在摇篮之中，重新恢复对中国的反动统治。国内残余反动势力与帝国主义侵略势力互相勾结，进行颠覆破坏活动。新中国建立起来的边境管理和边防保卫制度震慑了敌人，维护了国门安全。

其次，初步建立起领海制度。1958 年 9 月，新中国政府发表的《关于领海的声明》，确定了中国的领海宽度。之后，尽管新中国政府没有公布划定领海基线的各基点，没有同时公布毗连区及没有通过国内立法形式对领海内的有关管理做出具体规定，但它为建立系统的领海制度奠定了基础，对于维护新中国主权独立和领土完整也有着十分重要的意义。近代以来，中国领海遭到列强肆意的践踏，沿海成为列强的“航道”，江河成了他们的“内湖”。1931 年，虽然国民政府曾经颁布 3 海里领海制，但领海制度形同虚设，列强的军舰仍自由游弋在中国的海洋江河。《声明》标志着新中国领海制度的初步建立，彻底结束了百年来帝国主义的军舰可以在中国海域长驱直入的历史。

3. 为新中国建立了一支捍卫领土主权安全的国家防御力量

经毛泽东和中共第一代领导集体的不懈努力，新中国的国家防御力量得到了加强，国防建设取得了突出成就。中国人民解放军利用进口和国产的武器装备，基本实现了武器装备的制式化，共装备了 186 个师和海军的 9 个舰艇支队，极大地推进了中国武器装备现代化水平的提高；发展了国防科技工业，完成了“两弹一星”等尖端武器和技术设备的研制，为维护国家主权独立和领土完整奠定了坚实基础；建立了培养初、中、高不同层次军事干部的比较完整的军事院校体系，培养了大批专业人才；完成了人民解放军由单一军种向诸军兵种合成军队的转变，使人民军队的力量结构和作战能力提高到一个新的水平。正是毛泽东和中共第一代领导集体的高度重视和正确领导，人民军队得到了迅速发展壮大，成为新中国维护领土主权安全的重要保障力量。

（二）毛泽东维护国家领土主权安全给我们留下的启示

1. 高度重视国家领土主权利益是维护国家领土主权安全的重要前提

领土主权利益是国家的核心利益，是一国生存和发展利益的基础。毛泽东高度重视国家领土主权利益，中华人民共和国成立后，他采取了一系列措施对中国领土进行有效管辖，对于一切侵犯和危害中国领土主权安全的行径给予坚定的反抗、抵制乃至武力反击，展现出新中国政府维护国家领土主权安全的坚强意志和决心，给侵略者以有力震慑。近年来，一些周边国家持续对中国东海、南海海域的挑衅行为，在相当程度上是对中国领土主权利益的践踏和侵犯，对此，我们应坚定地表达维护国家领土主权的决心和意志，并采取切实措施维护国家的领海主权。

2. 强大的综合国力是维护国家领土主权安全的有力保障

综合国力是指一个主权国家赖以生存与发展所拥有的全部实力及影响其他国际行为主体的能力，是主权国家在国际社会中发挥重要作用的基本依据。中华人民共和国成立以来所面临的领土主权问题，相当一部分是由于中国近代时期积贫积弱而被强邻侵占或西方列强殖民统治所造成的历史遗留问题。毛泽东深谙“落后就要挨打”的道理，为了捍卫国家领土主权权益，在国内经济建设发展异常困难的情况下，仍然积极推动新中国国家防御力量的建设和发展，为维护国家领土主权的安全作出了贡献。但由于新中国前期综合国力总体上较弱，致使新中国的防御力量发展不平衡，海上防御力量还相对薄弱，对当时中国海权维护的力度还有一定的局限性。改革开放以来，随着中国经济持续 30 多年的快速增长，中国的综合国力得到大幅度的提高。中国在航空航天技术及海军装备技术方面的发展成就令人瞩目，这一方面促进了国家防御力量的快速发展，同时在技术和资源方面为维护国家领土主权安全提供了更多的保障。

3. 实行海陆平衡战略是维护国家领土主权安全的重要手段

就地缘特征而言，中国是世界上少有的陆疆和海疆都十分辽阔的大国。但由于内陆文明的影响，我们国家自古以来虽然诞生过优秀的航海家郑和，但大多数时间却是闭关锁国的，国民的意识心理也基本上是以陆缘文化为根基的，导致在中国的发展战略中陆权思想始终占据主导地位。中华人民共和国成立后，尽管以毛泽东为核心的第一代中共领导集体已意识到美国等西方国家的海上围堵严重威胁中国的安全，但由于中华人民共和国成立后我们长期受到海上围堵封锁，而漫长的陆地边境又不得安宁，因此，他们维护国家安全的战略重点、立足点始终放在陆疆安全上。这一战略导致中国海上力量的薄弱，使新中国很难对海权进行持续有效的管理和维护，这一历史经验教训，显现了新时期中国加强海防建设意义重大而紧迫。

［原载《桂海论丛》2014 年第 2 期］

后　记

我进入当代所后，当代所学术前辈常以“板凳要坐十年冷，文章不写半句空”这句名言勉励青年学者。多年来，我也时时以此自勉，心无旁骛，刻苦钻研，认真学习和深刻领会党和国家各项路线、方针和政策，及时关注党情、国情、世情，密切跟踪国史、党史、当代中国外交史学术研究前沿，针对中国外交、中美关系领域中的重点、难点问题，结合自己的学术积累，有选择地开展深入系统研究。

寒来暑往，日积月累，我在中美关系、中国外交领域的研究逐步走向深入。在中国外交战略、中美关系正常化、南海问题中的美国因素等相关问题领域的研究取得一些体会和新知。入所以来，我在国史研究领域取得的每一个进步，都得益于所领导、所学术前辈的精心呵护、正确引领，得益于所学术同人相互鼓励、相互支持，得益于当代所良好的学术氛围、工作环境。不可否认，我自己的努力也是一个重要方面。

学无止境，学术研究的道路上没有终点。当前，世界百年未有之大变局和新冠肺炎疫情蔓延的叠加冲击，导致全球政治、社会和经济发展面临的矛盾冲突和风险隐患急剧上升，进而引发国际政治格局的变化和调整。这给中国既带来了前所未有的机遇，也构成了严峻的挑战。当前及未来一段时间中国外交战略决策的着力点是把握机遇，应对挑战。进一步加强对中华人民共和国成立以来中国外交战略及实践的研究，探究中国外交战略发展变化的特点及规律性问题，为当前及未来国家外交战略决策提供智力支持，是未来个人研究要努力的方向。

王巧荣

2020 年 2 月 28 日